Elvira Niesner
Estrella Anonuevo
Marta Aparicio
Petchara Sonsiengchai-Fenzl

Ein Traum vom besseren Leben

5. März 1998

Liebe Brigitte,
es freut mich, daß
wir jetzt gemeinsam auch
aktiv – nicht nur
theoretisch – gegen
die Unterdrückung von
Frauen arbeiten.

Elvira

⇒ Unser Traum vom
besseren Leben!

Geschlecht und Gesellschaft

Herausgegeben von

Ilse Lenz
Michiko Mae
Sigrid Metz-Göckel
Ursula Müller
Marlene Stein-Hilbers

Band 9

Elvira Niesner
Estrella Anonuevo
Marta Aparicio
Petchara Sonsiengchai-Fenzl

Ein Traum vom besseren Leben

Migrantinnenerfahrungen, soziale Unterstützung und neue Strategien gegen Frauenhandel

Leske + Budrich, Opladen 1997

Überarbeitete Fassung einer im Frankfurter Institut für Frauenforschung e.V. (FIF) in den Jahren 1989 bis 1993 erstellten Untersuchung.

Titelgrafik: Franz Reuter

ISBN 3-8100-1806-6

Druck: Druck Partner Rübelmann, Hemsbach
Printed in Germany

Inhalt

Danksagung

An dem Zustandekommen dieses Werkes war eine besonders große Anzahl von Personen beteiligt, denen unser herzlichster Dank gebührt:

Wir möchten uns bedanken bei allen Migrantinnen und auch ausreisewilligen Frauen und Familienangehörigen im Heimatland, die uns zum Teil sehr detailliert über ihre Lebensumstände informierten. Wir bedanken uns für das große Vertrauen, das uns als Wissenschaftlerinnen entgegengebracht wurde.

Wir bedanken uns bei den Mitarbeiterinnen der Beratungsstelle Fraueninformationszentrum (FIZ) in Stuttgart, die mit uns über einen Zeitraum von fast fünf Jahren engagiert zusammenarbeiteten. Dies war auch auf persönlicher Ebene eine sehr schöne Zeit, in der viele weiterführende Ideen und konstruktive Ansätze entwickelt wurden.

Wir bedanken uns bei den Frauenorganisationen auf den Philippinen (Center for Women Resources und Gabriela), in Thailand (Foundation for Women) und in der Dominikanischen Republik (Mujeres del Cibao, Hermanas Mirabal und Escuelas Campesinas de Trabajadores Rurales y Campesinos), die mit sehr viel Solidarität und Engagement unsere Studienaufenthalte im Ausland vorbereiteten und organisierten. Der inhaltliche Austausch und die Erfahrungen vor Ort haben uns neue Perspektiven und Sichtweisen eröffnet.

Wir möchten uns bedanken bei den wissenschaftlichen Beraterinnen des Projektes, die, teils einfach auch 'ehrenamtlich', wichtige inhaltliche Beiträge leisteten und die Analyse von Projektergebnissen mitdiskutierten. Wichtige Gesprächspartnerinnen waren auch einzelne Mitarbeiterinnen der Ökumenischen Asiengruppe Frankfurt und der Beratungsstelle für Migrantinnen aus Osteuropa, Asien, Lateinamerika und Afrika in Herne. Die kritischen Anregungen von außen waren wichtig für einen lebhaften Forschungsprozess und für eine reflektierte Analyse der empirischen Befunde.

Wir danken den vielen Frauen und auch den einzelnen Männern, die die Realisierung des Projektes und die Erstellung des Berichtes durch professionelle Verwaltung, durch kompetente Übersetzung und Transkription, durch qualifiziertes Erarbeiten von Statistiken und Satz und durch geduldiges redaktionelles Überarbeiten überhaupt erst möglich gemacht haben.

Der langen Liste von Danksagungen sollen drei Personen namentlich folgen. Sie waren immer da, wenn es im Projekt oder bei der Erstellung von Berichten einmal brannte: Prof. Dr. Ilse Lenz, der auch das Gelingen der Veröffentlichung zu verdanken ist. Dr. Eva Brinkmann to Broxten, die das Forschungsvorhaben kontinuierlich begleitet und gestärkt hat. Konstanze Gerhard-Lazarevic, die immer verantwortlich bereit war, dringende Software-Probleme zu lösen.

I. Einleitung

1. Migration und Frauenhandel

Zum Ende des 20. Jahrhunderts fordert Menschenhandel die westliche Gesellschaft an ihren Grundpfeilern von Rechtsstaatlichkeit und Werteorientierung heraus. PolitikerInnen, Polizei und Verbände stehen eher schockiert und etwas hilflos einem überwunden geglaubten Phänomen gegenüber: In zunehmendem Maße werden Frauen relativ risikofrei und besonders gewinnträchtig in der Bundesrepublik ihrer Menschenrechte beraubt, gewaltsam zu fremdbestimmten Sexualobjekten transformiert, zu Opfern von Menschenhandel gemacht.

Die Bundesfrauenministerin appelliert. Für sie gehört Menschenhandel zu den „ekelhaftesten Verbrechen", die in unserem Rechtsstaat nicht geduldet werden dürfen (FAZ 08.03.1997). Das Bundeskriminalamt verweist nüchtern auf die Zunahme des Deliktes, eine Entwicklung, die aufgrund „...teilweise bestehender OK-Relevanz (Organisierte Kriminalität, d.A.) sowie des weiterhin zu erwartenden Einflusses Osteuropas..." anhalten wird[1].

Seit 1996 ist man auch verstärkt auf europäischer Ebene alarmiert. Die große Mehrheit der Mitgliedsstaaten der Europäischen Gemeinschaft ist nach einer Befragung mit Menschenhandel konfrontiert (Hirsch 1996: 9). Die Hauptgruppen der Opfer in der Europäischen Union sind heute mittel- und osteuropäische Frauen, eine Entwicklung, die mit dem Fall des 'Eisernen Vorhangs' begann und seither in dem Feld Menschenhandel eine neue Dimension in Ausmaß und Form eröffnet[2].

Menschenhandel entsteht mit spezifischen strukturellen Bedingungen, wie Globalisierungs- und Migrationstendenzen, internationalen sozioökonomischen Ungleichgewichten, einer männlichen Hegemonie im Geschlechterverhältnis und der weltweiten Feminisierung von Armut. Denn in erster Linie sind Frauen aus wirtschaftlich unterprivilegierten Staaten von Menschenhandel betroffen. Gleichzeitig läßt sich eine konkrete, auf die

---

1 Bundeskriminalamt 22.05.1996: 34. Der Bericht der International Organization for Migration (IOM) (May 1995) bestätigt weltweit die Expansionstendenzen.

2 In der Bundesrepublik waren von 1976 bis 1980 hauptsächlich südamerikanische Frauen (Dominikanische Republik, Kolumbien) betroffen, von 1980 bis 1983 hauptsächlich Filipinas, von 1984 bis 1985 afrikanische Frauen, von 1985 bis 1988 Frauen aus französischen Überseegebieten (Guadeloupe, Martinique und Reunion), von 1988 bis 1989 südamerikanische Frauen (Brasilien) und von 1984 bis 1989 Frauen aus Thailand (Bundeskriminalamt 22.05.1996: 3).

Praxis der Bekämpfung bezogene Tabuisierung und auch Handlungsunfähigkeit konstatieren, die Menschenhandel im großen Umfang zuläßt[3].

Obgleich in der Öffentlichkeit immer wieder unvermittelt nicht nachvollziehbare Angaben zur Anzahl der betroffenen Frauen auftauchen[4], bleibt das wirkliche Ausmaß der Probleme offen. Der kriminelle Kontext sowie die Isolation der betroffenen Frauen verhindern einen Zugang zu diesem Feld. So blieb auch in der vom Bundesministerium für Frauen und Jugend geförderten Untersuchung, die eigens zum Umfang von Frauenhandel durchgeführt wurde, die wirkliche Dimension unklar (Bundesministerium für Frauen und Jugend 1992: 164). Genauso wie in dem vom Bundeskriminalamt erstellten „Lagebild Menschenhandel" - für das Erhebungsjahr 1994 erstmals erschienen - konnten nur Aussagen über polizeilich bekannt gewordene Fälle gemacht werden. Eine Expansion des Deliktbereichs wird darin gleichwohl deutlich. Von 1987 bis 1990 wurden 172, 219, 127 und 174 Fälle von Menschenhandel, die jedoch nicht alle zur Verurteilung führten, erfaßt (Bundesministerium für Frauen und Jugend 1992: 165). Für 1994 waren 373 Fälle mit 1.045 Opfern gemeldet, 1995 waren es sogar 522 Fälle mit einer Anzahl von insgesamt 1.753 Opfern. Die Fallzahl stieg damit zwischen 1994 und 1995 um 39,9%, die Anzahl der Opfer gar um 67,8% an (Bundeskriminalamt 22.05.1996: 4ff).

Dabei gibt es wenig Einigkeit darüber, was Menschenhandel, oder auch der Zwang zur Prostitution eigentlich sei. Teilweise wird Migrantinnen in der Prostitution generell die eigene Entscheidungsfreiheit für oder gegen die Sexarbeit abgesprochen (Akademie für öffentliches Gesundheitswesen in Düsseldorf 1995: 46). Denn die strukturellen Nachteile der Frauen - sowohl im Herkunftsland wie im Aufnahmeland - ließen ihnen keine wirkliche Alternative und schafften zwangsläufig Arbeitsverhältnisse unter Bedingungen von Abhängigkeit und Ausbeutung.

Eine solche Haltung stempelt Migrantinnen in der Prostitution grundsätzlich zu Opfern von Menschenhandel. Dabei scheint das Entsetzen darüber, daß Frauen von Seiten der Täter respektlos und gewalttätig behandelt werden, die Sachlichkeit zu verdrängen. Vermutlich verhindert eine affektbetonte Betroffenheit ein Differenzieren zwischen und ein Wahrnehmen von

---

3 Vgl. FR: 11.03.1997. Auch auf europäischer Ebene finden zunehmend Bemühungen statt, effektive Strategien gegen Gewalt, Ausbeutung und sexuellen Mißbrauch dieser Frauen zu entwickeln. So auch mittels der europäischen Konferenz über Migration und Frauenhandel vom 10 - 11. Juni 1996 in Wien, dem europäischen Expertenmeeting 'trafficking in women' vom 9. - 10. Dezember 1996 in Den Haag, der Konferenz der Nichtregierungsorganisationen 'European NGO Conference on Trafficking in Women', 5. - 7. April 1997 in Noordwijkerhout in den Niederlanden.

4 Beispielsweise in der FR vom 12. Juni 1996 „Signal wider den Frauenhandel", wo von 200.000 bis 500.000 Zwangsprostituierten auf dem Gebiet der Europäischen Union gesprochen wird.

strukturellen Zwängen einerseits - denen alle Menschen mehr oder weniger stark ausgesetzt sind - und subjektiven Handlungsstrategien und -formen andererseits. Als Ergebnis wird ein aktives selbstbestimmtes Handeln der Frauen ausgeschlossen, sie selbst werden damit aber auch gleichzeitig zum Objekt stigmatisiert, sie werden zur Ware.

Für viele Berufsgruppen, die stark praxisorientiert mit Prostituierten arbeiten, hat das grundsätzliche Festhalten an einer 'eingeschränkten Freiwilligkeit' bei Migrantinnen in der Prostitution wenig mit der Realität zu tun. Von ihnen wird das Opferschema als Helferideologie enttarnt. „In der Vergangenheit hat sich nur allzu oft gezeigt, daß der Rettungsanspruch nur in den wenigsten Fällen im Interesse der Frauen war. Will man den Frauen den nötigen Respekt entgegenbringen, so sollte vielmehr davon ausgegangen werden, daß diese Frauen nicht immer, aber oft selbstbestimmte Entscheidungen treffen.“ (Akademie für öffentliches Gesundheitswesen in Düsseldorf 1995: 48).

Einer solchen Differenzierung mangelt es demgegenüber einzelnen Recherchen im Prostitutionsmilieu, die die Fähigkeit zur Selbstbestimmung betonen wollen. Sie springen von der einen extremen Position, daß die strukturellen Nachteile der Migrantinnen grundsätzlich zu Zwangsarbeit, Zwangsprostitution und Sklaverei führe, auf die Gegenseite, daß die Frauen freiwillig der Prostitution nachgingen. Frauenhandel sei ein Mythos, der an den realen Lebensbedingungen der Migrantinnen vorbeigehe (vgl. FR 08.08.1996, Henning 21.11.1995).

Zwei Probleme vermischen sich nunmehr in der öffentlichen Diskussion: zum einen eine weitgehende Unkenntnis über den wirklichen Umfang von Menschenhandel. Hier sollte mittlerweile erkannt werden, daß das Ausmaß aufgrund der Dunkelfeld- sowie der Randgruppenproblematik immer nur grob geschätzt werden kann, und daß sich höchstens regional und zeitlich begrenzt ein Überblick verschaffen läßt.

Zum anderen die zum Teil praxisfern anmutende Diskussion um die Lebensbedingungen der Frauen, um Freiwilligkeit, eingeschränkte Freiwilligkeit und Unfreiwilligkeit. Dabei vermischen sich Bewertungen und Interpretationen von strukturell bedingten Handlungsgrenzen und -vorgaben mit subjektiv ausgeübten Entscheidungs- und Selbstbestimmungsmöglichkeiten zu einer undurchschaubaren Masse von ideologisch und moralisch geprägten Argumentationssträngen.

Sich dieser Vielfalt an Wahrnehmung und Interpretation bewußt, gilt es grundlegende Begrifflichkeiten zu klären. Menschenhandel ist einerseits zu definieren und die Bedingungen der Ausbeutung von Arbeitskraft sind andererseits zu bestimmen. Außerdem sind gesellschaftliche Rahmenbedingungen zu nennen, in die das Phänomen einzuordnen ist und von denen aus die Analyse stattfindet.

Frauen, die Opfer von Menschenhandel sind, sind Teil der großen Migrationsbewegungen, die sich nach dem internationalen ökonomischen Machtgefälle zwischen den reichen Industriestaaten und den sogenannten Entwicklungs- oder Schwellenländern[5] abzeichnen. Wanderbewegungen vom Süden in den Norden, vom Osten in den Westen, von den wirtschaftlich unterprivilegierten Ländern in die Staaten des ökonomischen Reichtums und der sozialen Sicherheit nehmen alarmierend zu (UNFPA 1993). Frauen bilden oft die Mehrheit der Wandernden aus den Herkunfts- und Aufnahmeländern, um die es in dieser Untersuchung geht, so daß, bezogen auf Wanderbewegungen zwischen diesen spezifischen Ländern, von einer Feminisierung der Migration gesprochen werden kann[6].

Auf Frauen wirkt ein besonderer Migrationsdruck im Herkunftsland. Aufgrund einer spezifischen Nachfrage nach ihrer Arbeits- und Reproduktionskraft haben sie, im Gegensatz zu den Männern, in zunehmendem Maße Chancen, sich im Aufnahmeland niederzulassen.

Wanderungen oder Migrationen lassen sich definieren als „Prozesse regionaler Mobilität innerhalb einer Gesellschaft oder zwischen verschiedenen Gesellschaften und ihren geographischen und kulturellen 'Lebensbereichen'. Es wird unterschieden zwischen (1) Binnen- und Ein- und Auswanderungen, (2) freiwilligen oder erzwungenen Wanderungen, (3) zeitlich begrenzten oder dauernden Wanderungen." (Hartfiel, Hillmann 1972: 801). Migration erfolgt häufig unter ökonomischem Druck; sie ist oft zeitlich befristet geplant, jedoch in der Praxis auf Dauer angelegt.

In Kenntnis dessen, daß viele Frauen in der Migration in Abhängigkeit leben und Gewalterfahrungen machen, gehen wir dennoch davon aus, daß es sich hierbei nicht um 'Sklaverei' handelt. Dieser Begriff wird in der öffentlichen Diskussion immer wieder eingeführt. Der Terminus der Sklaverei definiert jedoch eine staatlich legalisierte Leibeigenschaft, die mit Verkaufsrecht, Tötungsrecht sowie der Kontrolle über Fortpflanzung einhergeht. Die Frauen unserer Zielgruppe sind Fremdbestimmung und Mißbrauch in dieser Form nicht ausgesetzt. Auch den Begriff der Zwangsarbeit wollen wir nicht verwenden, da er für den staatlich verfügten Zwang zur Arbeit während

---

5 Als Schwellenland werden Länder bezeichnet, die sich im Übergang von einem Entwicklungsland zu einem Industriestaat befinden.

6 Vgl. hierzu die Zahlen zu den thailändischen Arbeitsmigrantinnen in Kap. II. 1. Außerdem verweisen Aufenthaltszahlen in der Bundesrepublik auf deutliche Tendenzen. Am 31.12.1995 lebten 22.337 thailändische Frauen, demgegenüber nur 4.338 thailändische Männer in Deutschland; zum gleichen Zeitpunkt wurden 20.031 philippinische Frauen und nur 5.171 philippinische Männer gezählt (Statistisches Bundesamt).

einer Strafvollzugsmaßnahme steht und in totalitären Staaten als politisches Machtmittel in Form von Zwangsarbeitslagern eingesetzt wird.

Voraussetzungen für Menschenhandel sind gegeben, wenn Personen unter den Prämissen ihrer strukturellen Benachteiligung in ein fremdes Land, wie bspw. die Bundesrepublik gebracht werden und sie in dieser Situation von anderen Personen ausgenutzt, von ihnen fremden Interessen bestimmt werden (vgl. agisra 1990: 55). Von Menschenhandel ist jedoch erst dann zu sprechen, wenn diese Personen unter Anwendung von Gewalt, Zwang oder Täuschungsmanövern ihres sexuellen Selbstbestimmungsrechtes beraubt werden. Unsere Definition steht in Anlehnung an die bundesdeutsche Gesetzeslage, die in erster Linie Personen vor erzwungener Prostitution, aber auch vor erzwungener Ehe und vor sexueller Fremdbestimmung, unabhängig von früheren Lebensbedingungen im Heimatland, schützen will.

Wir richten uns damit auch gegen die aus 'Labour'-Perspektive gefaßte Definition von Menschenhandel, die darunter jegliche Form der Ausbeutung von Arbeitskraft sieht[7]. Diese Definition würde den Menschenhandelsbegriff entdramatisieren, den Zwang zur Prostitution mit der Ausbeutung als Reinigungskraft gleichsetzen und damit wichtige Differenzen in den Lebensbedingungen der Betroffenen einebnen. Der gesamte informelle Arbeitsmarkt würde als Menschenhandel ettikettiert, mit einem Schlag hätten wir es mit einem Massenphänomen Menschenhandel zu tun. Weibliche und männliche Migranten in ausbeuterischen Arbeitsverhältnissen würden gleichermaßen als Opfer stigmatisiert.

Der Menschenhandelsbegriff zielt jedoch auf eine extremere Form der Fremdbestimmung ab. Aus dem Terminus selbst ergibt sich, daß mit Menschen gehandelt wird, sie aus Tätersicht in ihrer Gesamtheit zur Ware deklariert werden. Opfern von Menschenhandel ist das Vertreten eigener Interessen verwehrt, in den Handel sind sie gleichermaßen als 'Ware' involviert. Diese extremen auf die gesamte Person abzielenden Formen der Fremdbestimmung sind vor allem im Rotlichtmilieu präsent, weil hier große finanzielle Summen staatlich unkontrolliert umgesetzt werden, und weil organisierte Kriminalität die Geschäfte beherrscht. Menschenhandel fordert in erster Linie strafrechtliche Konsequenzen, während die Ausbeutung von Arbeitskraft auf dem informellen Arbeitsmarkt primär auf Immigrationspolitik und auf Legalisierungs- bzw. Regulierungsmaßnahmen abzielt[8].

Die Begriffslogik zu Menschenhandel beinhaltet gleichermaßen, daß nicht nur Dienstleistungen und Arbeit eingefordert sind, sondern der gesam-

---

7 So beispielsweise die Definition der „The Global Alliance against Traffic in Women - GAATW“, die auf dem International Workshop on International Migration and Traffic in Women in Chiangmai im Oktober 1994 gegründet wurde.

8 Beratungs- und Informationsstelle für Migrantinnen aus Afrika, Asien, Lateinamerika und Osteuropa, Ökumenische Asiengruppe 02. April 1997.

te Mensch inklusive seiner Körperlichkeit betroffen ist. Folglich liegt unserer Definition von Menschenhandel die Mißachtung des sexuellen Selbstbestimmungsrechtes zugrunde. Wir sprechen dem Schutz von sexueller und körperlicher Integrität eine besondere gesellschaftliche Bedeutung zu. Obgleich die Entscheidung eines jeden Subjektes zur Prostitution als Erwerbsarbeit anzuerkennen ist, können wir der Prostitution nicht den Status eines beliebigen Berufes einräumen. „Die Prostitution ist eben doch nicht eine Arbeit wie jede andere (Lohnarbeit), sondern eine Zwischenform, die sich von industrieller Lohnarbeit durch ihren Reproduktionscharakter, d.h. durch den noch existentielleren Charakter der Entfremdung und von der Hausarbeit durch ihren industriell-professionellen Charakter unterscheidet." (Kontos 1983: 79).

Grundsätzlich können Männer sowie Frauen von Menschenhandel betroffen sein. Klammern wir den Kinderhandel aus, so werden jedoch fast ausschließlich Frauen Opfer. Sie sind nach wie vor weltweit primäres Ziel von sexualisierter Gewalt[9], was auf frauenfeindliche Gesellschaftsstrukturen verweist. Um diese Frauenspezifik beim Strafdelikt sichtbar zu machen, sprechen wir in unserer Untersuchung von Frauenhandel. Damit benutzen wir für die weitere Diskussion den politischen Begriff Frauenhandel, die strafrechtliche Terminologie Menschenhandel wird nur im konkreten Kontext der Strafverfolgung angewandt.

Bei der Diskussion um Frauenhandel ist zu berücksichtigen, daß Migrantinnen auch freiwillig, aus eigenem Entschluß in der Prostitution arbeiten können, um beispielsweise ein höheres Einkommen zu erzielen. Oder Frauen können sich selbstbestimmt aus pragmatischen Gründen in die Ehe vermitteln lassen, weil sie ihre eigene Zukunft sowie die ihrer Familien damit abgesichert wissen. Wichtig scheint uns dabei, unsere schicht- und kulturbegrenzten Definitionen zu erkennen und deren Perpetuierung zu verhindern, stattdessen aber kritische analytische Kategorien zu entwickeln. Dabei ist den Betreffenden ihre Entscheidung, auch wenn nicht gesellschaftskonform, zuzugestehen, ohne faktischen Abhängigkeits- und Gewaltbedingungen zuzustimmen oder diese gar zu ignorieren.

Genau dieses Selbstbestimmungsrecht erfahren die Frauen bislang nicht. Vielmehr wird ihnen verallgemeinernd eine passive Rolle als Opfer zugewiesen und sie werden zugleich - als 'gehandelte Frau' - wie eine käufliche Ware zum Objekt stigmatisiert. Zu diesen Stereotypen und Klischees gesellen sich häufig Projektionen aus männlichen Phantasien, die Frauen zu

---

9 Frau Coomaraswamy, die Sonderberichterstatterin der UN-Menschenrechtskommission, machte dies in ihrem Bericht für die Vereinten Nationen (10 March to 18 April 1997) deutlich.

exotisch-gefügigen Lustobjekten degradieren[10]. Die Frauen werden damit nicht nur aufgrund ihrer persönlichen Gewalterfahrung, sondern qua Definition gesellschaftlich ausgegrenzt. Ihre subjektive und objektive Lebensrealität wird über Zuschreibungen neu bestimmt.

> „...erst indem bestimmten Personen, die gemäß pragmatischen Devianztheorien dazu ausgewählt werden, ein pejoratives (abwertendes, d.A.) Etikett angeheftet wird, werden deren Handlungen als abweichende sozial relevant; der Akt der Zuschreibung konstituiert die Eigenschaft deviant. Der stigmatisierende Effekt solcher Reaktion schränkt dann die konformen Handlungschancen der einmal Markierten ein, drängt diese in abweichende Rollen hinein, fördert den Wandel ihrer Identität, so daß sie sich im Laufe der Zeit auch selbst immer mehr als außerhalb der Normalität stehend betrachten ...". (Hess 1978: 2f).

Die Folge ist, daß Migrantinnen mit rassistischen und sexistischen Klischees konfrontiert werden. Klischees haben dabei nicht nur die Funktion, durch Abwertung diejenigen auszugrenzen, auf die sie zuzutreffen scheinen, sondern auch die Funktion, diejenigen unsichtbar zu machen, die vom Klischee abweichen. Abweichende und differenzierende Informationen über Angehörige dieser Gruppe, die nicht ins Klischee passen, haben kaum eine Chance gehört zu werden. Das Wahrnehmungsmuster der Öffentlichkeit wird so von Vorurteilen geprägt, daß differenzierte Erkenntnisse durch diesen Filter der Voreingenommenheit nur schwer durchdringen können. Zusätzlich fließen selektive Informationen, die im Einzelfall Aspekte von Klischees stützen können, bestätigend und verfestigend in das gesamte stereotype Meinungsbild ein.

Somit birgt bereits die Benennung von Frauenhandel die Gefahr, die weitverbreiteten Diskriminierungstendenzen gegenüber den Frauen allgemein zu verstärken. Migrantinnen, die selbstbestimmt in der Prostitution arbeiten, sowie Frauen in bi-kulturellen Partnerschaften sind davon genauso betroffen wie illegal tätige Putz- und Haushaltshilfen[11]. Zu schnell scheinen sich in den Medien verbreitete Klischees zu bestätigen, wie etwa, alle Thailänderinnen oder Filipinas seien 'gehandelt', oder deutsche Männer wollten den 'überzogenen Forderungen der Emanzen' nicht mehr nachkommen und seien deshalb zur Eheschließung mit einer 'noch weiblichen Ausländerin' bereit.

Unsere Untersuchung will die Probleme von Frauenhandel, Ausbeutung von Arbeitskraft und Zwang zu sexuellen Handlungen sowie den dringenden Handlungsbedarf nicht verharmlosen. Die Wirklichkeit ist jedoch wesentlich differenzierter und vielschichtiger als in der Öffentlichkeit diskutiert. Neben den Frauen in Zwangssituationen gibt es auch Frauen, die selbstbestimmt, erfolgreich und zufrieden ihr Leben in der Migration bestreiten. Dazwischen finden sich viele verschiedene Lebensbedingungen von Frauen, die mehr

---

10 Lipka arbeitete das Klischee der „Exotin" in Medien und Werbung eindrucksvoll auf. Lipka 1985.

11 Vgl. zur ähnlichen Situation in der Schweiz, Japan und Australien: Cahill 1990: 53ff.

oder weniger stark von Aspekten des Zwangs sowie des selbstbestimmten Handelns durchwoben sind.

Diese Untersuchung unternimmt den Versuch, durch Genauigkeit und Detailinformation festgeschriebene Bilder über sogenannte gehandelte Frauen aufzulösen und damit den Tendenzen zur Pauschalisierung und Ausgrenzung entgegenzuwirken. Wir folgen der Einschätzung,

> „..., daß gerade die Wahrnehmung der Person Frau, ihrer Arbeitsleistung und die Argumentation aus ihrer Sichtweise einen wesentlichen Schritt im Kampf gegen geschlechtsspezifische Ausbeutung darstellt. Und weiter, daß nur eine differenzierte Analyse, die von diesem Ausgangspunkt her die Komplexität der Problemebenen - zwischen „Erster" und „Dritter Welt", weiblichen Handlungsstrategien und männlicher Motivation, interkulturellen Austausch und Ausbeutung - aufnimmt, zur realen Aufklärung und zu verändernden Handlungsansätzen führen kann." (agisra 1990: 13f).

2. Leitende Themen der Untersuchung

In dem vorliegenden Bericht wird die Situation von Migrantinnen, die laut Gesellschaftsstigma 'gehandelt' sind, von den verschiedensten Seiten beleuchtet. Zentral erforschen wir die Perspektive der Frauen, die die Entscheidung zur Migration aus individuellen Gründen trafen. Dabei sind die strukturellen Hintergründe und persönlichen Motive ihrer Migration ebenso von Bedeutung, wie die Formen ihrer Einreise und Vermittlung, ihre soziale und rechtliche Situation in der Ehe und ihre sozio-ökonomischen Bedingungen in der Erwerbsarbeit. Die Frauen kommen mit ihren eigenen Sichtweisen und Bewertungen zu Wort. Wir gingen Stigmatisierungen und Klischees sowie deren Auswirkungen auf die Frauen nach. Ebenso wird gefragt, inwieweit sich die Frauen sozial integrieren, welche Vernetzungen zwischen ihnen existieren und worauf sich offensichtliche Abgrenzungen und Distanzen zur Aufnahmegesellschaft begründen.

Mit dieser Untersuchung konzentrieren wir uns besonders auf Bedingungen, die strukturell sowie individuell begründet Gewalt und Ausbeutung ermöglichen. Um ein realitätsnahes Abbild der Situation, eine Typisierung der verschiedenen Lebensbedingungen sowie Ergebnisse zu allgemeinen Tendenzen zu gewinnen, wurde eine reichhaltige Datenbasis angestrebt, aus der sich Aussagen zur Tiefe und zur Breite der Probleme ableiten lassen (Vgl. Lamnek 1988: 177). Dabei muß die Gruppe der Betroffenen auch für sich selbst sprechen können, um die Interpretation und Einordnung der Ergebnisse unter Einbeziehung der Lebenswirklichkeit und des Selbstbildes der Frauen zu gewährleisten.

Der Bericht stellt ein Gefüge aus Informationen von Frauen aus verschiedenen Herkunftsländern dar, die jeweils unterschiedliche Aspekte der

Lebenssituation von Migrantinnen aus Thailand, den Philippinen und aus verschiedenen Ländern Lateinamerikas und der Karibik beleuchten. Hauptauswertungsgruppe sind die thailändischen Befragten, deren Angaben einen weitreichenden Aufschluß über Hintergründe, Motive und Lebenszusammenhänge geben. Die Darstellung der Situation von Migrantinnen ohne Aufenthaltsrecht basiert vor allem auf Interviews mit philippinischen Frauen. Da die Gruppe der philippinischen Befragten auch die detaillierteste Information über die verschiedensten Vermittlungsformen gab, wurden diese Interviews exemplarisch als Grundlage für die Darstellung von Migrationswegen hinzugezogen. Die empirischen Daten zur Situation von ausländischen Prostituierten konnten in den Gesprächen mit Frauen aus Lateinamerika und der Karibik gewonnen werden. Die Situation von Frauen aus Mittel- und Osteuropa wurde nicht berücksichtigt, da sie zu Untersuchungsbeginn noch kein Thema war.

Die Informationen aus einzelnen Teilbereichen zeichnen einerseits strukturelle Lebensbedingungen von Frauen in der Migration nach, beinhalten andererseits aber auch spezifische Momente, die nur für Frauen aus bestimmten Kulturkreisen zutreffen. Die Analyse eliminiert also nicht das Besondere jeder kulturell determinierten Gruppe, kann jedoch andererseits auf der strukturellen Ebene einen gewissen Gehalt der Generalisierung vertreten. Zu betonen ist, daß die Auswahl einzelner Kulturgruppen für die Aufarbeitung spezifischer Themen exemplarisch stattfand. Es werden damit keine Aussagen über die Präsenz einer Gruppe in einem spezifischen Problemfeld gemacht.

Die materielle und rechtliche Situation der Betroffenen wird nicht zuletzt von der Politik der Herkunftsländer und der Einreiseländer bestimmt. Regierungsmaßnahmen, die die Bekämpfung von Frauenhandel, Heiratshandel und Sextourismus zum Ziel haben, tangieren die Situation der Frauen. Am Beispiel von Thailand und den Philippinen werden exemplarisch diese Gegenstrategien in den Herkunftsländern und daraus resultierende Konsequenzen für die Frauen verfolgt. Die strafrechtlichen und ausländerrechtlichen Bedingungen in der Bundesrepublik, die einen bedeutenden rechtlichen Rahmen für die Migrantinnen im Aufnahmeland abstecken, wurden hinsichtlich ihrer Auswirkungen auf die Lebensbedingungen der Frauen untersucht.

Zudem werden die Erfahrungen der Beratungsstelle FIZ-Stuttgart ausgewertet, eine von mehreren sozialen Einrichtungen, die sich zum Ziel gesetzt haben, die Situation der Frauen im Aufnahmeland zu verbessern. Die Arbeit dieser Einrichtung, die fünf Jahre lang Modellprojekt des Bundesministeriums für Frauen und Jugend war, bewegt sich zwischen den Bedürfnissen der Klientinnen und den objektiven Zwängen und Grenzen, die den Frauen durch staatliche Reglementierung und der Beratungsstelle durch finanzielle Ressourcen gesetzt sind.

Am Beispiel des FIZ sollen erfolgreiche Handlungsstrategien, aber auch Probleme und Grenzen der Arbeit einer Nichtregierungsorganisation (NRO), wie sie das FIZ darstellt, aufgezeigt werden. Die Aufgabe des FIZ besteht in erster Linie aus Beratung, aber auch aus Hilfe zur Selbstorganisation von Migrantinnen sowie aus Öffentlichkeits- und Lobbyarbeit. Die verschiedenen Konzepte konnten in ihren unterschiedlich weit fortgeschrittenen Diskussions- und Arbeitszusammenhängen dargestellt werden.

Unsere Untersuchung schließt mit einer Gesamtbetrachtung, in der nochmals die verschiedenen Stränge der strukturellen Bedingungen und der individuellen Biographien, der relevanten Regierungsmaßnahmen und der Handlungsansätze von NROs in Beziehung gesetzt werden. Aus dieser Zusammenfassung werden praxisorientierte Maßnahmeempfehlungen abgeleitet. Die Empfehlungen zielen vor allem auf eine kurzfristige Umsetzung ab, um aktuelle Konfliktkonstellationen zu entschärfen. Längerfristig ist die Lösung der Probleme, d.h. eine grundlegende Verbesserung der Situation der Frauen, ohne die Veränderung von strukturellen Bedingungen - sowohl auf Seiten der Herkunfts- als auch der Nachfrageländer - nicht zu erreichen.

3. Zur Methode und Durchführung der Untersuchung

Weil Inhalte und Ergebnisse einer jeden sozialwissenschaftlich empirischen Untersuchung bestimmt und gefärbt sind von den Personen, die Informationen geben, wurde besonders auf gute Zugangsbedingungen zur Untersuchungsgruppe geachtet. Das Herstellen von Kontakten und vertrauensvollen Beziehungen zu Migrantinnen war von großer Bedeutung, da nur so ein Zugang zu authentischen Informationen erreicht werden konnte.

Wir nutzten vier Hauptstränge um das Gesamtphänomen - Ausbeutungs- und Zwangssituationen von Migrantinnen in der Bundesrepublik - zu fokussieren:

1. eine statistische Auswertung der Beratungsfälle des FIZ;
2. qualitativ orientiertes Befragen von Migrantinnen;
3. die Beobachtung eines Strafverfahrens gegen Menschenhandel als Einzelfallerhebung;
4. die Eruierung der Situation in den Herkunftsgebieten durch Feldstudien.

3.1 Die Beratungsfallstatistik

Die Problemschwerpunkte der Frauen wurden über eine Erhebung des Klientels der Beratungsstelle Fraueninformationszentrum (FIZ) in Stuttgart eruiert. Die Beratungsfallstatistik des FIZ mit seinen 296 Fällen entstand in enger Kooperation zwischen Wissenschaftlerinnen und Beraterinnen, da letztere die Daten zur Situation ihrer Klientinnen erfaßten. Dabei wurden in der Erhebungsphase sowohl standardisierte wie qualitativ orientierte Methoden angewandt. Es wurde eine Datenbank aufgebaut, die die Beratungsfälle mit detaillierter Problembeschreibung sowie einzelnen Verläufen der Beratungen enthält. Teilweise konnten biographische Daten zu den Ehemännern der Frauen miterhoben werden.

Die Datengrundlage konnte nur mit Schwierigkeiten zusammengestellt werden. Die Klientinnen des FIZ waren - vergleichbar mit Erfahrungen anderer Beratungsstellen - zunächst nicht dazu bereit, persönliche Daten weiterzugeben. Erst im Beratungsverlauf veränderte sich diese Situation, wenn die Beratungsstelle eine Vertrauensbasis mit der Klientin aufbauen konnte. Dabei mußten die Beraterinnen bei der Erhebung der Daten für die wissenschaftliche Auswertung sensibel vorgehen, um den Klientinnen nicht das Gefühl zu vermitteln, daß sie für Forschungszwecke mißbraucht werden. Im Laufe der Jahre verloren diese Befürchtungen jedoch immer mehr an Bedeutung. Demgegenüber setzte sich bei Beraterinnen aber auch bei Klientinnen die Haltung durch, daß forschungsrelevante Daten für die Beratungsarbeit als Hintergrundinformation von großem Nutzen sein können.

Die Daten aus der Beratungsfallstatistik sind aussagekräftig, weil sie auf langwierige, vertrauensvolle Kontakte zwischen Beraterin und Klientin zurückgehen. Kritisch zu bewerten ist jedoch das doppelte Interesse der Frauen, die den Beraterinnen nicht nur anonym Informationen gaben, sondern auch ein eigenes Interesse an Unterstützung und Hilfe durchsetzen wollten. Eine Strategie der Frauen liegt so manchmal in dem Überbetonen ihrer Hilfsbedürftigkeit. Da im Beratungsverlauf jedoch in der Regel nicht korrekte Behauptungen erkannt wurden, konnten auch Daten bezüglich der Fallanalysen korrigiert werden. Ein anderer Punkt ist die gezielte Falschinformation von Beraterinnen, beispielsweise hinsichtlich von Berufsabschlüssen, um bessere Chancen auf einen Job oder eine Wohnung zu haben. Wie an den entsprechenden Stellen im Text vermerkt, können deshalb manche Daten nur unter Vorbehalt miteinbezogen werden.

Grundsätzlich übernehmen Frauen in der Vermittlung der Kontakte zum FIZ eine zentrale Rolle. Die Mehrzahl der Migrantinnen kommt über die direkte Vermittlung ihrer Landsfrauen in die Beratung. Dies verweist darauf, daß eine Vernetzung mit Landsfrauen oder zumindest einzelne

Kontakte Voraussetzung sind. Gleichzeitig muß die Kompetenz und Zuständigkeit der Beratungsstelle in Migrantinnennetzwerken bekannt sein[12].

Zugang zur Beratungsstelle durch ... in %

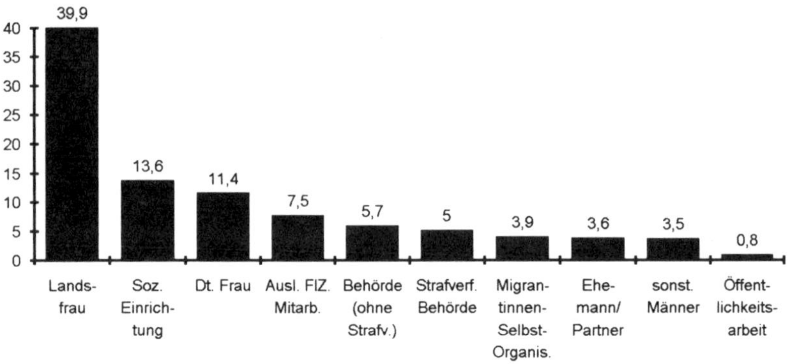

n = 281

Die Übersetzerinnen von Beratungsstellen bestimmen zentral die Kontaktaufnahme von Migrantinnengruppen aus spezifischen Herkunftsländern. Die Möglichkeit der muttersprachlichen Beratung sowie die Chance der interkulturellen Verständigung erleichtert den Ratsuchenden den Zugang zur Beratungsstelle, bzw. macht ihn überhaupt erst möglich. Dabei ist die Entwicklung um so deutlicher, je kontinuierlicher die 'Sprach- und Kulturmittlerin' in der Beratungsstelle zu erreichen ist. Ein Beratungsbedarf einer bestimmten Zielgruppe kann sich also erst dann abzeichnen, wenn die Ressourcen für diese Gruppe geschaffen wurden und Beratung überhaupt in Anspruch genommen werden kann. Unsere Untersuchungsergebnisse sind damit von den Klientinnengruppen am stärksten gefärbt, die sich am besten den Zugang zur Beratungsstelle verschaffen konnten.

Der hohe Anteil asiatischer Klientinnen ist nicht nur auf deren hohe Aufenthaltszahlen oder deren spezifisch schwierige Lebensbedingungen zurückzuführen. Während der Projektlaufzeit konnte das FIZ aus Kapazitätsgründen Frauen aus Mittel- und Osteuropa nur in dringenden Einzelfällen Unterstützung geben; die Lebensbedingungen dieser Frauen sind deshalb in dieser Untersuchung nicht dargestellt.

12 Vgl. Beratungsstatistik des FIZ. Von 281 (Grundzahl = n) der 296 Klientinnen des FIZ wurden die Zugangswege zur Beratungsstelle bekannt. In den gesamten folgenden Tabellen beziehen sich die Prozentzahlen immer auf die angegebenen Grundzahlen (n). Diese Zahlen nennen die Anzahl der Frauen, die bereit waren, die jeweilige Frage zu beantworten. Bei Mehrfachnennungen (MFN) waren jeweils bis zu drei Angaben möglich.

Die meisten Ratsuchenden des FIZ kamen von den Philippinen und aus Thailand; selten wandten sich Frauen aus anderen asiatischen Ländern an die Beratungsstelle. An dritter Stelle stehen die lateinamerikanischen Klientinnen, wobei ihre Anzahl im letzten Modellprojektjahr enorm zugenommen hat.

Nationalität der Klientinnen nach Herkunftsländern in %

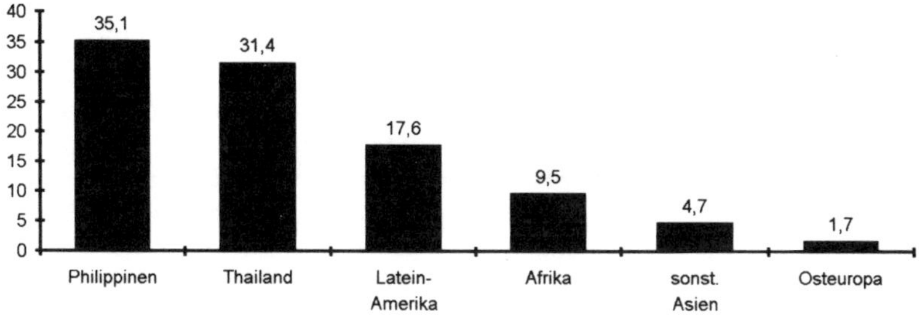

n = 296

Nur eine geringe Anzahl der Klientinnen des FIZ sind in der Prostitution tätig. Dies könnte damit zusammenhängen, daß das FIZ nie aufsuchende Sozialarbeit bzw. aktive Informationsarbeit in den Rotlichtvierteln Stuttgarts betrieben hat[13]. Die Prostituierten, die sich selbst an das FIZ wenden, haben relativ stabile Lebensbedingungen. Sie besitzen einen legalen Aufenthaltsstatus sowie eine Arbeitserlaubnis und haben einen permanenten Wohnsitz in Stuttgart. Sie dürften an existierende Landsfrauennetze angeschlossen sein, so daß ihnen darüber ein Zugang zur Beratungsstelle, wie anderen Ehefrauen auch, möglich wird.

Der Anteil der abhängigen und extrem ausgebeuteten Prostituierten ist in der Untersuchung eher niedrig. Diese Frauen, die über Frauenhandelsringe kommen und von Zuhälterkreisen ausgebeutet werden, können kaum informelle, vertrauensvolle Kontakte aufbauen und nur wenig oder überhaupt nicht an Vernetzungen von Landsfrauen partizipieren. Auch eine aufsuchende Sozialarbeit, die eine Kontaktaufnahme zu Prostituierten im Rotlichtmilieu beabsichtigt, würde sie nur begrenzt einbeziehen können. Denn oft arbeiten sie in Sperrgebieten in eher anonymen Prostitutionseinrichtungen und sind nur vorübergehend in einzelnen Regionen tätig.

13 Im FIZ fand keine aufsuchende Sozialarbeit statt, weil mit der Einrichtung der Beratungsstelle sofort zahlreiche Ratsuchende auf sie zukamen und die personelle Situation ein aktives Heranführen von weiteren Klientinnen nie zuließ.

Frauen, die Opfer von Frauenhandel sind, bekommen in der Regel dann Kontakt zu Beratungsstellen, wenn sie aussteigen, beziehungsweise bei polizeilichen Maßnahmen aufgegriffen wurden. Da häufig nur die Polizei den ersten Kontakt zu diesen Frauen herstellen kann, ist die Kooperationsbereitschaft der Behörde mit der Beratungsstelle von entscheidender Bedeutung. Auch weil dem FIZ der Zugang zu ausländischen Prostituierten, die kurz vor der Abschiebung standen, mehrfach verwehrt worden ist, sind diese Frauen weniger zu Wort gekommen.

Ebenfalls sind Frauen, die nicht in der Prostitution, sondern in anderer Erwerbsarbeit ohne Aufenthalts- und Arbeitserlaubnis tätig sind, im FIZ nur mit geringer Anzahl vertreten. Zu ihrer Situation ist bekannt, daß sie häufig lange in einer Region arbeiten und in die Vernetzung von Landsfrauen eingebunden sind. Damit hätten sie theoretisch eine gute Chance, Kontakt zur Beratungsstelle aufzunehmen. Die niedrige Zahl ihrer Beratungsfälle weist darauf hin, daß der Beratungsstelle kaum Möglichkeiten offenstehen, Frauen ohne Aufenthaltsrecht zu unterstützen.

3.2 Qualitativ orientierte Interviews

Die Einzelbefragungen der Frauen zeigen Hintergründe auf und verdeutlichen Probleme detailliert aus der Betroffenenperspektive. Mit Hilfe des Schneeballsystems, das über einzelne Kontakte zu Klientinnen der Beratungsstelle entwickelt wurde, konnten weitreichende informelle Netze zu Migrantinnen im Raum Stuttgart aufgebaut werden. Mit einem Teil dieser Frauen, die nicht alle vom FIZ beraten wurden, wurden qualitativ orientierte, halbstandardisierte Interviews in deren Landessprache durchgeführt.

Insgesamt 60 Migrantinnen, jeweils 20 Frauen aus Thailand, den Philippinen und aus verschiedenen Ländern Lateinamerikas und der Karibik wurden mit diesem Vorgehen befragt. Die Gespräche führte jeweils eine wissenschaftliche Mitarbeiterin in der Landessprache der Frau, die Interviews wurden auf Band aufgezeichnet und später transkribiert und übersetzt. Das Untersuchungssample der Befragung entspricht in seiner Zusammensetzung der durchschnittlichen Sozialbiographie der Klientinnen des FIZ.

Es war nicht möglich, in jeder der drei Gruppen jeweils die gleiche Zahl von Frauen in bestimmten Lebenslagen zu befragen, wie ursprünglich im Forschungsplan beabsichtigt[14]. Zu unterschiedlich waren die Chancen, vertrauensvolle Beziehungen zu den Frauen aufzubauen. Beispielsweise konnten zu den lateinamerikanischen Prostituierten gute Kontakte hergestellt werden, während dies bei thailändischen und philippinischen Frauen

---

14 Ziel war es, zehn verheiratete Migrantinnen, fünf Frauen ohne Aufenthaltsrechte und fünf Prostituierte jeweils aus Thailand, den Philippinen und Lateinamerika zu interviewen.

nur vereinzelt gelang. Demgegenüber wird die Gruppe der Frauen in anderer Erwerbsarbeit ohne Aufenthalts- und Arbeitserlaubnis, primär durch philippinische Migrantinnen repräsentiert. Wegen des insgesamt schwierigen Zugangs zu diesen marginalisierten Zielgruppen mußte vereinzelt auch auf andere Regionen, außerhalb Stuttgarts, ausgewichen werden[15].

Die Befragungen der Migrantinnen waren in der Regel nicht ohne die Kenntnis, oder auch die Zustimmung der engsten Bezugspersonen der Frauen möglich. So verhinderten beispielsweise einzelne Ehemänner ein Gespräch. Weil zu Beginn selbst das Mißtrauen vieler Frauen gegen das Forschungsprojekt groß war, wurde eine gründliche Vorbereitung erforderlich: Es wurden vorab schriftliche Anfragen an Frauen verschickt, die von anderen als potentielle Interviewpartnerinnen genannt wurden. Zeigte sich die Frau offen für ein Gespräch, so wurde sie von der Interviewerin persönlich über die wissenschaftliche Erhebung informiert. Für eine Zustimmung zu den Befragungen waren dabei die Zusicherung der Anonymität sowie die inhaltliche Ausrichtung des Forschungsprojektes von Bedeutung, das die Vielfalt der Lebensbedingungen und -entwürfe der Frauen aufzeigen will. Wäre es in der Untersuchung nur um die Opferperspektive gegangen, hätten sich viele Frauen gar nicht erst interviewen lassen. Sie hätten befürchtet, einer einseitigen Sichtweise und damit weiterer Stigmatisierung und Diskriminierung Vorschub zu leisten. Erst in einem dritten Schritt konnten dann Interviews durchgeführt werden. Dieses Vorgehen hatte den Vorteil, daß sich die Frauen vorab ohne Zeitdruck entscheiden konnten, die Forschung zu unterstützen sowie den Interviewerinnen zu vertrauen. Die Gespräche, die dann zustandekamen, waren meist von einer großen Informationsbereitschaft gekennzeichnet.

3.3 Die Einzelfallanalyse eines Strafverfahrens

Zu einer detaillierten Analyse kam es in einem Beratungsfall, der zu einem umfangreichen Strafverfahren wegen Menschenhandels führte. Dieses Verfahren konnte über einen Zeitraum von 10 Monaten systematisch verfolgt werden. Die Kommunikation vor Gericht wurde fast vollständig über Gesprächsprotokolle im Originalton - durch die Verwendung von Kurz- bzw. Schnellschrift - erfaßt. Anhand dieser Materialien, sowie der Befragung der Betroffenen und der Dokumentation der sozialen Unterstützung entstand eine Einzelfallauswertung, die exemplarisch für viele andere Fälle ist, und die Verfahrensprobleme bei Menschenhandelsprozessen vor Gericht sowie die ausweglose Situation der Opfer von Menschenhandel aufzeigt. In dieser Studie konnten vor allem Probleme der interkulturellen Verständigung vor

---

15 Interviews mit Prostituierten und sich illegal aufhaltenden Frauen wurden auch in Frankfurt, Bonn und Hamburg durchgeführt.

Gericht und Auswirkungen von Klischees und Vorurteilen auf den Verfahrensverlauf systematisch nachgezeichnet werden[16].

3.4 Feldstudien in den Herkunftsländern

Mit Hilfe der jeweils dreiwöchigen Studienaufenthalte in einzelnen Herkunftsländern sollten Hintergründe und Motive eruiert werden. Dazu wurden Kontakte aufgenommen und Gruppen- oder auch Einzelgespräche geführt mit migrationsbereiten Frauen, mit Rückkehrerinnen und mit Familienangehörigen von Migrantinnen in Thailand, auf den Philippinen und in der Dominikanischen Republik. Meist fanden Einzelinterviews innerhalb einer Gruppe statt, so daß Gespräche vom sozialen Umfeld kontrolliert wurden. Dies war kein gezielter forschungsmethodischer Ansatz, sondern ergab sich aus der konkreten Situation vor Ort. Die Kontakte zu den potentiellen Interviewpartnern und -partnerinnen waren in der Regel von Frauenorganisationen vor Ort vorbereitet, die dann auch aus eigenem Erkenntnisinteresse an den Interviews beobachtend teilnehmen wollten. Auch trafen wir die Interviewten meist in Begleitung von Freunden oder Verwandten an. Für alle diese Beteiligten wäre es unverständlich gewesen, die Interviewte mit der Interviewerin für den Zeitraum des Gespräches von den anderen Anwesenden zu trennen. Die Erkenntnisse aus diesen Gesprächen haben nur begrenzte Tragweite, was bei der Verwendung der Informationen berücksichtigt wird.

Zudem erwies sich vor Ort, daß spezifische Forschunginteressen nur zum Teil realisierbar waren oder neue Erhebungsansätze gesucht werden mußten. In Thailand konnten beispielsweise keinerlei Kontakte zu Migrantinnenfamilien und ausreisewilligen Frauen hergestellt werden. Die regionale Tabuisierung der frauendominierten Abwanderung und auch die engen Netze der kriminellen Organisationen verhinderten Gespräche, sowohl aus moralisch-ethischen Überlegungen, wie auch aufgrund einer möglichen existenziellen Gefährdung dieser InformantInnen. Spontan mußte deshalb auf Befragungen von Dorfchefs, regionalen NRO-Mitarbeiterinnen und von Mädchen ausgewichen werden, die in Präventionsprojekten zur ländlichen Abwanderung untergebracht waren.

Der Forschungsaufenthalt auf den Philippinen ermöglichte dagegen sowohl einen Zugang zu ausreisewilligen Frauen als auch zu Migrantinnenfamilien. Auslandsmigration gehört auf den Philippinen in einem solchen Ausmaß zum Alltag der Bevölkerung - der Arbeitskräfteexport ist lange

---

16 Da diese Untersuchung bereits vor der Novellierung des § 181 StGB Menschenhandel stattfand, ist sie hinsichtlich ihrer Analyse von strafrechtlichen Grundlagen nicht mehr aktuell. Die Studie „Die Würde der Frau ist unantastbar“ (Niesner, Anonuevo, Songsiengchai-Fenzl 1991) ist in deutscher und englischer Fassung im Frankfurter Institut für Frauenforschung sowie im Bundesministerium für Familie, Senioren, Frauen und Jugend erhältlich.

schon zur Regierungsstrategie geworden -, daß ohne Bedenken mit den Familien Kontakt aufgenommen werden konnte.

Da es nur begrenzt möglich war, in der kurzen Zeit der Studienaufenthalte informelle Kontakte zu ausreisewilligen Frauen herzustellen, wurden kurzfristig Befragungen mit Visabewerberinnen an den deutschen Auslandsvertretungen durchgeführt. Der offizielle Charakter des Befragungsortes und das Anliegen der Frauen, ein Visa zu erhalten, schränken die Validität dieser Interviewergebnisse ein. Da sie sich jedoch in vielen Punkten mit anderen empirischen Resultaten decken, werden sie teilweise ergänzend zu deren Verdeutlichung hinzugezogen.

II. Hintergründe und Motive der Migration

„Als ich ihn kennenlernte, habe ich gedacht, ich gehe. Ich dachte, ich gehe, ich werde mit ihm weggehen, denn er ist meine Zukunft. Was mache ich denn hier? Das ist kein Leben, nicht? ... Dann dachte ich, er ist meine Chance. Ich gehe weg nach Deutschland." (Migrantin aus Brasilien)

Diese Chance sehen alle Frauen, die sich für einen neuen Lebensmittelpunkt in Übersee entscheiden. Ihr primäres Migrationsmotiv liegt in der Verbesserung ihres materiellen Lebensstandardes sowie in der Unterstützung von zuhause gebliebenen Familienangehörigen. Mit der Ausreise ist zudem häufig die Hoffnung auf eine stabile Partnerschaft verbunden.

Migrationsgründe in %
(MFN)

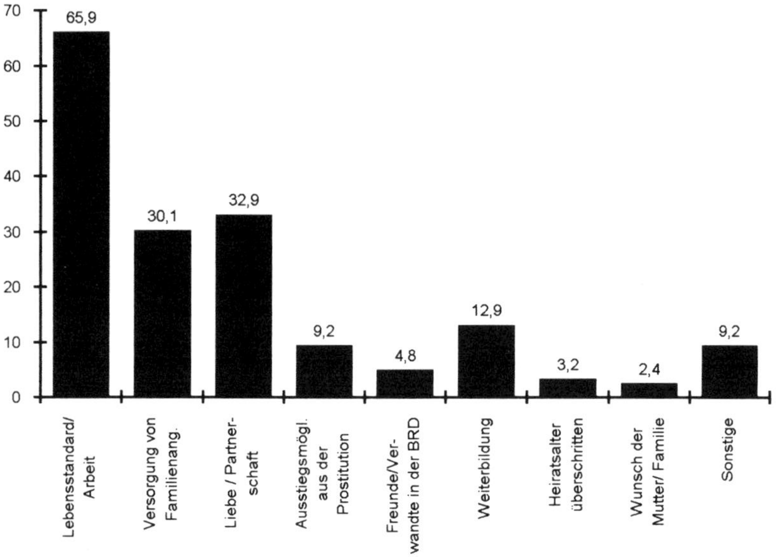

n = 249

Dabei wird die Entscheidung für einen dauerhaften Auslandsaufenthalt nicht immer sofort getroffen. Diese entwickelt sich manchmal aus einer zeitlich befristeten Erwerbsarbeit in Übersee oder aus einem vorwiegend touristisch motivierten Verwandtschaftsbesuch[1]. In den meisten Fällen war ein engagiertes Suchen nach Migrationswegen und -möglichkeiten nicht notwendig. Die konkrete Idee zur Migration entstand aus einer realen Chance, die gleich beim ersten Versuch erfolgreich zur Ausreise genutzt wurde.

Wirtschaftliche Interessen beeinflussen in der Regel mehr oder weniger stark den Migrationsentschluß. Jedoch werden über persönliche Lebensbedingungen und Erfahrungen Impulse gesetzt, die aus der Situation der wirtschaftlichen Benachteiligung den Entschluß zur Migration reifen lassen und die Frauen motivieren, diesen umzusetzen.

In der Folge wollen wir grundlegende handlungsleitende Motive darstellen - auch solche, die bislang nicht erkannt und in der öffentlichen Diskussion vernachlässigt wurden. Zu analysieren sind die spezifischen Hintergründe, die die strukturellen Voraussetzungen zur Abwanderung bilden und individuell zur Migration führen. Dabei wird der Versuch unternommen, die strukturellen gesellschaftlichen Vorgaben und Ursachen von individuellen Entscheidungen und Handlungsoptionen zu unterscheiden bzw. Interdependenzen aufzuzeigen[2].

1. Benachteiligung von Frauen auf dem Arbeitsmarkt

Frauen haben in der thailändischen Wirtschaft eine wichtige Rolle. Ihr Anteil an den Erwerbstätigen liegt nach einer Statistik des National Statistical Office im Jahre 1989 bei 43,5 %[3].

> „In vielen anderen Ländern geht es darum, den Frauen das Recht auf Erwerbsarbeit zu erkämpfen. In Thailand jedoch liegt das Problem nicht an der Teilnahme am wirtschaftlichen Produktionsprozeß, sondern an der Bewertung ihrer Arbeit".[4]

---

1 Beispielsweise waren fünf der 20 interviewten thailändischen Frauen bei der Ausreise nicht auf einen Daueraufenthalt eingestellt. Eine Frau reiste als Babysitter für das Kind ihrer Schwester ein, eine Frau war neugierig, konnte drei Jahre hin und her fliegen bis zum Heiratsentschluß, und eine Frau wollte ihre Mutter in der Bundesrepublik besuchen. Zwei Frauen waren über Frauenhandelsnetze mit falschen Arbeitsversprechungen in die Bundesrepublik gebracht und zur Prostitution gezwungen worden. Beide wollten nur befristet im Ausland bleiben.

2 Diesem Kapitel liegen in erster Linie empirische Informationen aus den 20 qualitativ orientierten Interviews mit thailändischen Frauen zugrunde. Außerdem wurden in die Analyse die Daten aus der Beratungsfallstatistik mit 296 Frauen aus verschiedenen Herkunftsländern einbezogen, so daß zu Teilbereichen quantitative Angaben gemacht werden können. Wichtige Informationen liefern zudem Interviews, die in Abwanderungsregionen Thailands durchgeführt wurden.

3 Thomson o.D.: 28. Dabei ist die nicht entlohnte Haus- und Familienarbeit nicht berücksichtigt.

4 Jull 1992: 16. Alle Übersetzungen aus dem Englischen für den Forschungsbericht wurden von E. Niesner vorgenommen.

Der Schwerpunkt der Frauenerwerbstätigkeit liegt in der Landwirtschaft[5], also dem Wirtschaftszweig, der von der thailändischen Regierungspolitik systematisch vernachlässigt wird[6]. Die Rate der Erwerbslosigkeit in ländlichen Regionen liegt bei unserer Zielgruppe der 15-19jährigen und der 20 bis 24 Jahre alten Frauen bei ca. 11 %[7]. Ein ehemaliger Dorfchef aus dem Nordosten Thailands erläuterte die praktischen Konsequenzen der Frauenerwerbslosigkeit.

> „Nach der Erntezeit gehen viele Frauen weg. Und wenn sie gute Arbeit haben und Geld, dann kommen sie nicht mehr. Manche gehen nur ein paar Monate im Jahr weg, so ungefähr vier Monate pro Jahr.“ (Gespräch im November 1990).

Als Folge einer Entwicklungsstrategie, die auf Industrialisierung und auf internationalen Tourismus setzt und die Agrarwirtschaft vernachlässigt, ist Thailand mit einer starken Land-Stadt-Migration konfrontiert. Die überwiegende Anzahl dieser Inlandsmigranten stellen Frauen dar[8], wobei die Gruppe der 15- bis 19jährigen überwiegt, dicht gefolgt von den 20- bis 24jährigen[9]. Bei der Inlandsmigration lassen sich Migrationswege von Frauen verfolgen, die sich auf der Suche nach Arbeitsplätzen in die Touristengebiete begeben.

> „An der Migration zwischen Norden und Süden in Thailand sind eindeutig mehr Frauen beteiligt. Vom Süden ◊ Norden sind es 58,8 % Frauen und vom Norden ◊ Süden sind es 69,1 % Frauen. Grund: Im Süden gibt es mehr Etablissements z.B. in Phuket, Ranong und in den Städten an der Grenze zu Malaysia. In dieser Gegend gibt es etwa so viele Prostituierte wie in Bangkok, Chonburi, Rayong, Chanburi und Trad. In umgekehrte Richtung ist es die Migration zurück in die Heimat.“ (Achawanitkul 1994: 8).

Der stärkste Devisenbringer ist für Thailand nach wie vor der internationale Tourismus. Im Jahre 1990 soll Thailand 4,33 Mrd. US $ verbucht haben, alleine 325,32 Mio. US $ sollen davon in diesem Zeitabschnitt die deutschen Touristen eingebracht haben[10].

Die Vermittlung von Arbeitskräften ins Ausland hat in der thailändischen Wirtschaftspolitik bisher eine wesentlich geringere Bedeutung als auf

---

5 Thomson 1994: 29. Unter dem verwendeten Begriff 'Landwirtschaft' sind in der Originaltabelle 'Agriculture, Forestry, Hunting and Fishing' aufgeführt. Die Daten Beziehen sich auf 1991.

6 Achawanitkul sieht die Ursache für die Krise in den thailändischen Provinzen in der Politik und Entwicklungsstrategie der Regierung in den letzten 30 Jahren begründet. (Achawanitkul 1994: 7) So „... bleibt auch in Thailand die Landwirtschaft mit Zuwachsraten von nur 2 % (trotz intensiver Kommerzialisierung!) weit hinter den anderen Wirtschaftssektoren zurück. Obwohl dort noch immer 60 % der thailändischen Bevölkerung Beschäftigung findet, trug dieser Sektor 1988 nur 18 % zum Bruttoinlandsprodukt bei, ...“ Luther 1990: 23.

7 Diese Daten beziehen sich auf das Jahr 1988, nach einer Statistik des Labour Force Survey, February 1988, National Statistical Office, Bangkok, In: Thomson o.D.: 41.

8 Im August 1988 waren 109.725 Personen erfaßt, die nach Bangkok migrierten. Davon waren 68.335 weiblich und 41.390 männlich. Die Daten gehen auf eine Auswertung des National Statistical Office in Bangkok zurück. In: Thomson o.D.: 36.

9 Diese Daten beziehen sich auf das Jahr 1986, in: Thomson o.D.: 37.

10 Vgl. Wycisk 1993: 43. Thailand soll im Jahr 1992 außerdem insgesamt 5.136.443 Besucher gehabt haben, davon 275.336 aus der Bundesrepublik.

den Philippinen, wo Arbeitsmigration mit erster wirtschaftlicher Priorität gefördert wird[11]. Jedoch gibt es in Thailand seit 1975 Bemühungen, Arbeitskräfte ins Ausland zu vermitteln. Mit Hilfe dieser Regierungspolitik sollen die Probleme der Arbeitslosigkeit gelöst sowie die Deviseneinnahmen des Landes erhöht werden (vgl. The Sunday Post: 15.08.1993). Bis heute soll es insgesamt mehr als eine Million thailändische Auslandsarbeiter und -arbeiterinnen geben. Die am stärksten frequentierten Zielregionen sind mit großem Abstand der Mittlere Osten und Südostasien, während Europa und Amerika mit 11.253 legalen Arbeitskräften aus Thailand in den Jahren 1988 bis 1992 weit hinten liegen[12].

Jedoch sollen nur ca. 20 % Frauen unter den thailändischen Arbeitsmigranten sein, die sich jedoch auf bestimmte Länder wie Hongkong, Südkorea und Japan und in ganz geringer Anzahl auf Deutschland und England konzentrieren. Meist sind die Frauen im Reproduktionsbereich eingesetzt, wie sich deutlich in Hongkong und Japan zeigt. Während in Hongkong viele thailändische Haushaltshilfen leben, sind die thailändischen Frauen in Japan neben der Fabrikarbeit in Vergnügungszentren tätig[13].

Erst wenn wir die nicht registrierten, also illegalen Auslandsarbeiter und vor allem -arbeiterinnen berücksichtigen, zeigt sich ein Bild zur wirklichen Dimension des Arbeitskräfteexports aus Thailand. Eine Illustration für eine mögliche Dunkelziffer gibt ein ausführlicher Artikel in der Sunday Post. Darin wird nach Schätzungen des National Institute for Skills Development, des Arbeitsministeriums und des Innenministeriums davon ausgegangen, daß bis zu 100.000 thailändische Arbeiter und Arbeiterinnen illegal in Japan tätig sind, wobei die Anzahl der Frauen doppelt so hoch sein soll

---

11 Die Geldüberweisungen philippinischer Arbeitsmigranten ist die Haupt-Dollar-Einnahmequelle der philippinischen Regierung. Zahlen der Philippine Overseas Employment Authority (POEA) - einer Regierungsorganisation - zeigen, daß 1991 diese Überweisungen alleine eine Summe von 1,5 Milliarden US $ betragen haben. Ein großer Teil der Gelder kommt zudem per 'padala' ins Land, d.h. das Geld wird über ein Netzwerk von Freunden und Verwandten, die nach Hause reisen, geschickt und ist in dem genannten Betrag nicht enthalten.

12 Für den gleichen Zeitraum betrug die Anzahl der thailändischen Arbeitsmigranten im Mittleren Osten 241.397 und in Südostasien 158.700 Personen. Nach einer Statistik der thailändischen Arbeitskräfte im Ausland 1983 - 1992 vom Amt für die Förderung des Arbeitshandwerks. In: Achawanitkul, 1994: 8.

13 Die Statistik der thailändischen Migranten und Migrantinnen vom Amt für die Förderung des Arbeitshandwerks (Jan. 90 - Apr. 93) verdeutlicht diese Situation.
Länder mit höherem Migrantinnenprozentsatz:

	Männer	Frauen
Hongkong	815	19.498
Japan	9.542	9.779
Deutschland	412	704
England	319	326
Südkorea	68	160

In: Achawanitkul 1994: 8.

wie die der Männer. Nach Südkorea und den Philippinen wird damit der Anteil der thailändischen Arbeitsmigranten und -migrantinnen ohne Aufenthaltsrecht in Japan als dritt höchster eingeschätzt[14].

Die wirtschaftliche Marginalisierung der Migrantinnen spiegelt sich in deren Bildungsstand sowie in deren Erwerbstätigkeit vor der Ausreise wider. Dabei sind zwei markante Momente zu unterscheiden. Zum einen ist der formale Bildungsstand eines Teils der Frauen im Vergleich zum westlichen Bildungsstandard relativ niedrig. Hier zeigt sich ein typisches Phänomen für sogenannte Länder der Dritten Welt, in denen Bildung besonders stark an das materielle Auskommen der Herkunftsfamilie geknüpft ist und viele Familien sich eine Schulbildung der Kinder und insbesondere der Mädchen nicht leisten können. So konnten viele Frauen, deren Familien nicht wohlhabend genug waren, nur wenige Jahre die Schule besuchen, bzw. hatten nie eine Chance dazu.

Zum anderen zeigt sich jedoch gleichzeitig eine weitere Gruppe von Migrantinnen, die wiederum einen relativ hohen Bildungsstand vorweisen. Dies trifft in erster Linie auf Frauen aus den Philippinen zu, wo Schule und Ausbildung eine große gesellschaftliche Bedeutung haben, die Stellenangebote auf dem Arbeitsmarkt demgegenüber jedoch völlig unzureichend sind[15].

So hatte gut die Hälfte der Klientinnen des FIZ, deren Schulbildung bekannt wurde, entweder das College oder die Universität besucht. Diese Frauen kommen vor allem von den Philippinen[16], in geringerer Anzahl aber auch aus Lateinamerika[17] und aus Afrika. Demgegenüber haben bei den

---

14 Vgl. The Sunday Post: 15.08.1993.
Von den gegenwärtigen drei bis fünf Millionen asiatischen Auslandsarbeiterinnen und -arbeitern im asiatischen Raum und im Nahen Osten sollen die Frauen mittlerweile einen Anteil von 40 %, mit steigender Tendenz, einnehmen. Dieser Markt, sowohl legal wie illegal, ist von der Nachfrage nach Arbeitskräften im Reproduktionsbereich in den Zielländern auf der einen Seite und den ansteigenden Arbeitslosenraten von Frauen in den Herkunftsländern auf der anderen Seite in Schwung gebracht worden. Allein in Japan sollen 60 % der illegal anwesenden Arbeiterinnen von Südostasien, meist von Thailand und den Philippinen kommen (vgl. The Nation: 07.06.1993).

15 Beneker und Wichtmann erläutern am Beispiel von philippinischem Pflegepersonal diese Situation: Beneker, Wichtmann 1994: 40.

16 Der hohe Grad an Schul- und Berufsbildung der Filipinas wird auch von der Commission on Filipinos Overseas bestätigt, deren Erhebung philippinische Emigrantinnen in die Bundesrepublik erfaßt und für 1990 folgenden Bildungsstand errechnete: Elementary Level/Grad.: 5 %; High School Level/Grad.: 28 %; Vocational Level/Grad.: 8 %; College Level/Grad.: 58 %; Post Graduate: 1 %. Vgl.: Commission on Filipinos Overseas, 1990 (unveröffentlichte Studie).

17 Bei einigen lateinamerikanischen Klientinnen der Beratungsstelle ist davon auszugehen, daß deren Angaben zu Schul- und Berufsausbildung zu positiv dargestellt sind. Die Frauen erhoffen sich durch diese Angaben eine bessere Chance auf gut bezahlte Erwerbsarbeit.

thailändischen Klientinnen nur weniger als ein Viertel eine höhere Schule besucht. Sie können oft nur vier Jahre Grundschule vorweisen[18].

Schulbildung der Frauen in %
nach Herkunftsland

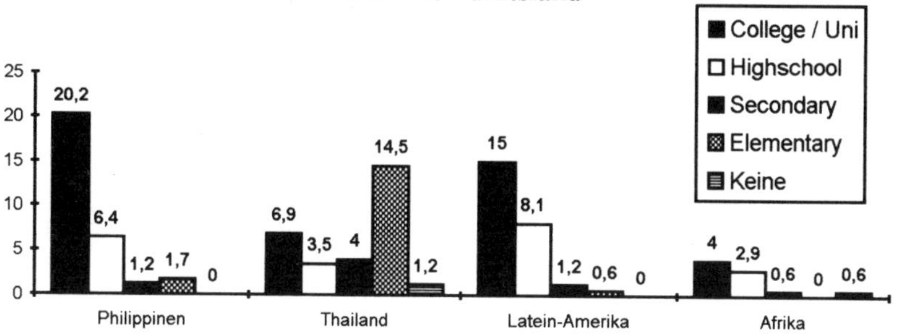

n = 173

Die Erhebung zur Berufsausbildung der Frauen zeigt ein ähnliches Bild: Gut 60 % der Frauen, die Angaben zur Berufsausbildung machten, haben eine Ausbildung absolviert, oft als kaufmännische Angestellte oder Sekretärin, Krankenschwester, Schneiderin und Lehrerin. Auch hier sind die Filipinas am besten qualifiziert, mit Abstand gefolgt von lateinamerikanischen Frauen und den Frauen aus Afrika.

Berufsausbildung der Frauen in % nach Herkunftsland

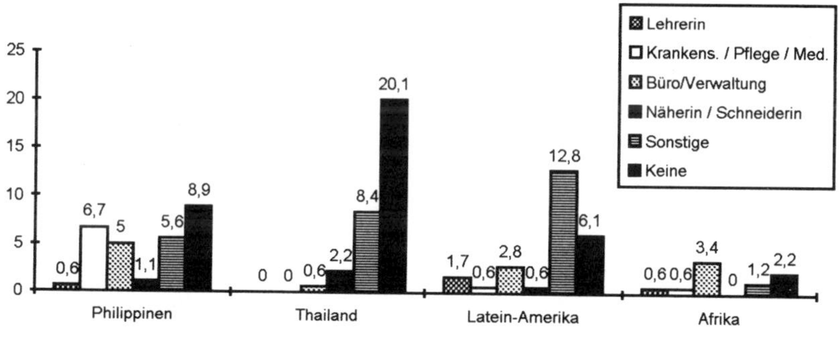

n = 179

18 Nur 173 (n) von 296 Frauen machten Angaben zur Schulbildung. Da die Frauen häufig wegen niedriger schulischer und beruflicher Qualifikation beschämt sind, ist anzunehmen, daß Frauen mit geringer Schul- und Berufsbildung öfter keine Angaben machen. In allen Tabellen, die herkunftsspezifisch aufgeschlüsselt sind (Philippinen, Thailand, Latein-Amerika, Afrika), blieben die osteuropäischen Frauen und die Frauen aus sonstigen asiatischen Ländern aufgrund ihrer geringen Anzahl ausgespart.

Eine große Anzahl der Migrantinnen war in der Heimat erwerbstätig, nämlich 83,6 %. Ihre Tätigkeiten umfaßten zu einem großen Teil Arbeiten im informellen Sektor: Erwerbsarbeit, die von völlig ungesicherten Arbeitsbedingungen und niedrigem Einkommen geprägt ist. Im informellen Sektor sind überwiegend Frauen beschäftigt, die am Rande des Existenzminimums leben. Sie stehen in nicht-offiziellen Arbeitsverhältnissen oder sind als eigenständige Unternehmerinnen ohne gewerbliche Anmeldung tätig. Ihre Tätigkeiten umfassen Arbeiten im Sexgewerbe, im Straßenhandel und als Dienstbotinnen für die Familie im Privathaushalt[19]. Darauf folgen die Frauen, die in Angestelltenberufen in Verwaltung und Büro[20] tätig waren, und darauf die Frauen aus Dienstleistungsberufen im formellen Sektor wie Schneiderin und Krankenschwester. Arbeiterinnen aus der Industrie stellen nur eine geringe Anzahl.

Erwerbsarbeit in der Heimat in %
(MFN)

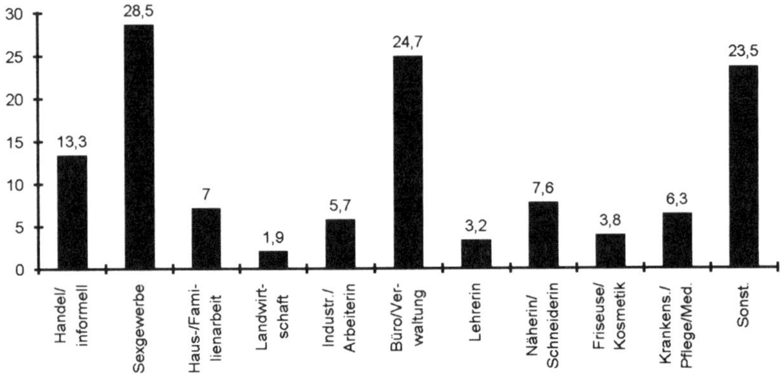

n = 158

Auch die Erwerbsarbeit der Frauen in der Heimat sieht je nach dem Herkunftsland der Frauen sehr unterschiedlich aus. Während die philippinischen, lateinamerikanischen und afrikanischen Frauen besonders häufig in Angestelltenberufen tätig waren, haben vergleichsweise viele thailändische Frauen in der Heimat im informellen Sektor gearbeitet.

---

19 Auf den Philippinen 'housemaid genannt'.

20 Darunter sind u.a. Sekretärinnen, kaufmännische Angestellte und Bankangestellte gefaßt.

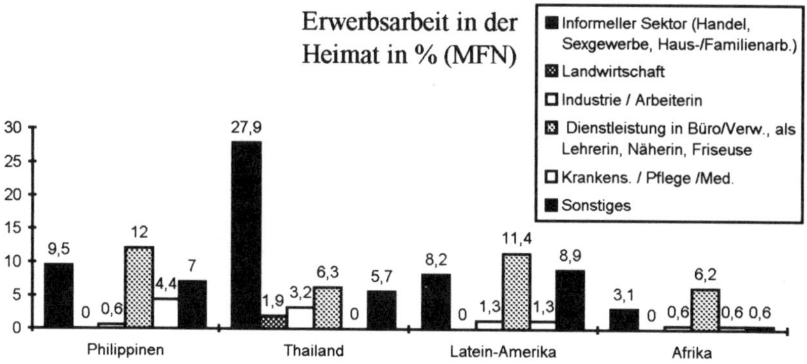

n = 158

Thailändische Frauen scheinen die Migration ins Ausland häufig über einen Zwischenschritt in der Sextourismusindustrie zu verwirklichen, aber auch Händlerinnen sind bei ihnen nicht wenige vertreten.

Erwerbsarbeit im informellen Sektor in der Heimat in % (MFN)

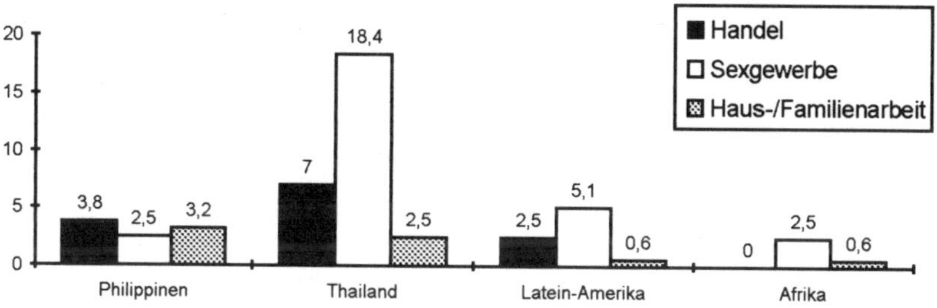

n = 67

Entgegen der Klischees handelt es sich bei den Migrantinnen weder um ehemalige Prostituierte noch um Frauen, die sich zwangsläufig oder gar natürlich an der Hausfrauenrolle orientieren. Da nur ein Viertel vor Ausreise im Sexgewerbe tätig war, geht das Stereotyp der 'Prostituierten' und 'käuflichen Migrantin' an der Lebensrealität der meisten Frauen vorbei. Die hohe Quote der Erwerbstätigen in der Heimat könnte gar auf einen Frauentyp verweisen, der berufliche Selbstverwirklichung und finanzielle Unabhängigkeit favorisiert.

Eine Orientierung an eigener Erwerbsarbeit belegt auch die Arbeitssituation in der Bundesrepublik, da mehr als die Hälfte der Migrantinnen ein eigenes Einkommen schafft. In der Regel blieben die Arbeitsbedingungen für die Frauen jedoch gleich schlecht. Waren sie im Herkunftsland im informellen Dienstleistungssektor tätig, so befinden sie sich im Aufnahmeland in gering qualifizierten und schlecht bezahlten Arbeitsverhältnissen in ungeschützter Aushilfstätigkeit. Da die ökonomisch attraktiven Industrieländer ihre Grenzen weitgehend für Arbeitsimmigranten aus Ländern der 'Dritten Welt' geschlossen halten, zeichnen sich zwei Strategien bei den migrationsbereiten Frauen ab. Zum einen arbeiten sie in Übersee ohne Aufenthaltsrechte und sind wegen ihres ausländerrechtlichen Status extrem ausbeutbar. Zum anderen streben sie eine Eheschließung in dem Aufnahmeland an, um dem illegalen Aufenthaltsstatus zu entgehen, müssen jedoch andererseits eine große Abhängigkeit von ihrem Ehemann akzeptieren. Beide Strategien betrachten wir in Kapitel IV.

2. Alle Last auf den Schultern der Frauen

Viele Migrantinnen erfüllen als Mutter die Verpflichtung zur materiellen Sorge. Mehr als die Hälfte der Befragten ist in eine finanzielle Zwangssituationen geraten, weil der thailändische Vater gemeinsamer Kinder keine materielle Unterstützung gibt und der Mutter die alleinige Verantwortung für die Kinder überläßt. Da alleinerziehenden Müttern in Thailand auch keine staatliche Unterstützung zusteht, kommen die Frauen, deren Einkommen in der Regel sowieso am unteren Existenzminimum liegt, in ernste materielle Schwierigkeiten. Dem Familienverband, der in der Regel als soziales Auffangbecken fungiert, dürften auch enge Grenzen der finanziellen Belastbarkeit gesetzt sein. Großfamilien der unteren Einkommensschichten können wahrscheinlich nur das Überleben, also die existenzielle physische Versorgung sichern. Zeit- und kostenaufwendige Schul- und Ausbildungsprogramme für die Kinder sind meist nicht zu realisieren.

Den Wunsch, ihren Kindern eine gute Zukunftsperspektive zu ermöglichen, trägt unsere Zielgruppe der Migrantinnen aber gerade in sich. Ob aus der Trennungserfahrung mit dem Ehemann und Vater des Kindes geboren, oder ob als Grundeinstellung präsent: Die meisten Befragten möchten ihren Kindern ein deutlich besseres Leben ermöglichen, als sie es selbst haben und hatten. Die thailändischen Befragten haben selbst im Durchschnitt weniger als sechs Jahre die Schule besucht und nur zu einem Fünftel eine Ausbildung für einen Beruf absolvieren können. Vermutlich liegt eine solide Schul- und Berufsausbildung für die Kinder auch deshalb im Zentrum des Interesses. Das eigene Wohlergehen ist für die Frauen direkt mit dem Wohlergehen ihrer Kinder verknüpft, ja geradezu davon abhängig:

„Jetzt hab ich schon den Erfolg. Mein Kind studiert jetzt an der Uni, und ein Haus für mein Kind habe ich gekauft. Ich glaube, viel ist schon gelungen. Zur Zeit fühle ich mich wohl. Mein Kind hat schon etwas in der Hand."

Die Migrantinnen, die Kinder in Thailand haben, schicken in erster Linie Gelder zu deren Versorgung nach Hause[21]. Die große Mehrheit der Migrantinnen kommt zudem finanziellen Anforderungen gegenüber anderen Angehörigen in der Heimat nach. Nach Möglichkeit werden auch die Eltern und Geschwister regelmäßig unterstützt. Dazu fühlen sich die thailändischen Befragten verpflichtet, wobei die Geschwister der Frauen in der Reihe der zu Unterstützenden nach den eigenen Kindern und den Eltern an dritter Stelle stehen[22]. Die materielle Unterstützung der Herkunftsfamilie hängt zudem auch von deren wirklichem finanziellen Bedarf ab. So gehören die Frauen, die keine finanzielle Unterstützung leisten, meist dem (unteren) Mittelstand an, so daß materielle Hilfe nicht unbedingt notwendig ist[23].

Inwieweit die Migrantinnen nun eher überzogenen finanziellen Anforderungen von Familienangehörigen ausgesetzt sind, die sich nur mit Erwerbsarbeit in der Prostitution oder durch Migration erwirtschaften lassen, läßt sich nicht genau sagen. Sicher ist jedoch, daß die Höhe der Zahlungen, wie sie von der Bundesrepublik aus geleistet werden, nicht mit ungelernter Erwerbsarbeit in Thailand erbracht werden kann[24]. Und es ist auch sicher, daß viele Familien durch die Migration der Frauen auf finanzielle Unterstützung hoffen[25]. Gerade die Geschwister scheinen manchmal die Lebensbedingungen im Ausland zu überschätzen und schwer erfüllbare materielle Wünsche an die Migrantinnen heranzutragen.

Die Migrantinnen kommen hohen finanziellen Anforderungen nach. Der materielle Aufstieg ihrer Familien ist in ländlichen Gebieten auch äußerlich sichtbar. Wohlstand zeigt sich in renovierten und neu gebauten Familienhäusern, die manchmal die besten und schönsten im Dorf sind. Die Verschönerung des Familienhauses bzw. der Neubau stehen an erster Stelle

21 Bleiben die Kinder im Herkunftsland zurück, so leben sie fast immer bei der Mutter, bzw. den Eltern der Migrantin, eher selten bei den Geschwistern oder anderen Familienangehörigen. Nur bei einem Fall des FIZ lebt der frühere Ehemann - ein Filipino - mit den gemeinsamen Kindern zusammen.

22 Mit Ausnahme von drei Frauen schicken die Befragten seit ihrer Auswanderung regelmäßig Geld. Bei einer Frau erübrigten sich die Zahlungen, nachdem sie ihr Kind in die Bundesrepublik nachholen konnte.

23 Nach den Berufsbildern der Eltern, der Geschwister und dem der Migrantin, können drei der 20 thailändischen Befragten der Mittelschicht zugeordnet werden.

24 Durchschnittlich schicken die Frauen im Monat zwischen DM 200,-- und DM 300,--. Die höchsten Zahlungen betrugen DM 750,-- monatlich und die niedrigsten DM 50,--.

25 Dies wird durch die Ergebnisse der Befragung an der Deutschen Botschaft in Bangkok bestätigt: 16 thailändische Frauen antworteten auf die Frage, was die Familie in Verbindung mit der Ausreise von ihnen erwarte. Sechs Frauen gaben an, daß sie finanzielle Unterstützung geben sollen, vier Frauen, daß sie für sich selbst sorgen können sollen, vier Frauen, daß sie Erfolg in der Arbeit haben sollen und zwei Frauen, daß sie in der Bundesrepublik heiraten bzw. dort leben können sollen.

der Investition bei Migranten- und Migrantinnenfamilien[26]. Die Besitzerin eines kleinen Lebensmittelgeschäftes in einem Dorf bei Chiang Mai im Norden Thailands berichtete, wie stark erfolgreiche Migrantinnenfamilien auf junge Frauen wirken:

„Meine Nachbarn haben ein Mädchen, das ist seit fünf Monaten weg und schickt 10.000 Baht[27] monatlich nach Hause. Die Familie baut schon jetzt ein neues Haus. Wenn die Frauen (die Migrantinnen, d.A.) zu Besuch da sind, dann kommen die Mädchen des Dorfes und fragen, ob sie mitgehen dürfen.“ (Gespräch am 15.11.1990.)

Nicht von der Hand zu weisen ist, daß auf die thailändischen Frauen die Last von nicht vorhandenen institutionell abgesicherten Sozialleistungen abgeschoben wird. Im Notfall sind die Frauen im Familienverband die Trägerinnen der Verantwortung. So kritisieren auch thailändische Feministinnen, daß die gruppenorientierten Sozialstrukturen und das erweiterte Familiensystem in Thailand den Druck auf die Frauen verstärken, die sich dieser Rolle verweigern (vgl. Bangkok Post: 07.12.1989).

Andererseits stehen die Frauen diesen Verpflichtungen tendenziell nicht ablehnend gegenüber. Unsere quantitative Erhebung bestätigt ihre große Unterstützungsbereitschaft: 37,2 % der Klientinnen des FIZ gaben an, wenn möglich, regelmäßig Geld an die Eltern, die Geschwister und die eigenen Kinder zu schicken. 31,4 % der Frauen konnten kein Geld in die Heimat senden, wollen dies aber tun, sobald sie die notwendigen finanziellen Grundlagen in der Bundesrepublik geschaffen haben. Bei 93 Klientinnen (31,4 %) wurde nicht bekannt, ob Zahlungen an Angehörige geleistet werden oder nicht. Nur zwei von 296 Frauen gaben explizit an, daß keine finanziellen Forderungen aus der Heimat an sie gestellt werden.

In der materiellen Unterstützung der Herkunftsfamilie drücken sich Dankbarkeitsbezeugungen aus, an die sich die Frauen über soziale Normen gebunden fühlen.

„Die Versorgung der Familie ist nicht nur eine wirtschaftliche Verpflichtung, sondern als Tochter schuldet man den Eltern Dank, und als Mutter muß man liebevoll die Kinder versorgen. Durch die religiöse Besetzung dieser beiden Beziehungen mit 'bunkhun'[28] gibt es für die Frau keine gesellschaftlich akzeptierte Möglichkeit, ihre Familie zu verlassen oder zu vernachlässigen.“ (Thiemann 1987: 132).

---

26 Kritaya Achawanitkul bestätigt in ihrem Bericht: „Die Familien der Migranten und Migrantinnen geben das meiste Geld für folgendes aus: 33% für Haus, Grundstück und für die Reparaturen des Hauses; 11 % für Elektrogeräte und Möbel; 7 % für Essen und Schmuck; 5 % für Auto und Motorrad; 21 % zur Abzahlung von Schulden; 13 % für Ersparnisse; 3 % zum Verleihen und 6 % als Kapital für die Agrarwirtschaft.“ (Achawanitkul 1994: 10).

27 15 Baht sind ca. DM 1,--.

28 Bunkhun steht für die Verpflichtung zur Dankbarkeit. Sie wird von dem subjektiven Gefühl getragen, den Personen etwas schuldig zu sein, für die man sich sozial verantwortlich fühlt.

Die besondere Obligation thailändischer Frauen zur Versorgung von Familienangehörigen wird deutlich. Skrobanek schreibt hierzu 1983 in einer der ersten deutschsprachigen Analysen zu Frauenhandel:

> „In Thailand internalisieren Frauen durch ihre Sozialisation tief ihre familiären Verpflichtungen. Die Frauen 'opfern sich' bewußt oder unbewußt zugunsten anderer Familienmitglieder 'auf'. Als 'poo ying ha kin' (wörtl. eine Frau, die zu essen sucht) können sie ihren Familien in verschiedener Weise helfen:" (Skrobanek 1983: 11).

Auch in der neueren Studie von Achawanitkul zur Auslandsmigration von thailändischen Frauen wird die geschlechtsspezifische Zuweisung bei der Wahrnehmung der Familienverantwortung verdeutlicht. Es geht daraus hervor,

> „... daß Migrantinnen sich stärker verantwortlich fühlen und mehr Geld nach Hause schicken als Männer. Wenn die Familie in wirtschaftliche Not gerät und viel Geld benötigt, sehen sich die Töchter gezwungen, in die Prostitution zu 'springen', weil das der einzige Job ist, mit dem sie viel und schnell Geld für die Familie beschaffen können." (Achawanitkul 1994: 6).

Dabei tragen nicht alle Geschwister eine gleich starke Verantwortung. Die Ältesten in der Geschwisterfolge haben bekanntermaßen eine besondere Rolle, was sich wiederum in unserer Erhebung bestätigt[29].

Verschiedene Erklärungsmuster zur Rolle der Frau als Dienerin der Familie finden sich in der Literatur. Zum einen wird die besondere Verantwortung der Frau für das materielle Überleben der Familie auf Ideologie und Praxis der Religion des Theravada-Buddhismus zurückgeführt. Frauen gelten als unrein, sie sollten keinen Mönch berühren, und ihnen selbst ist die privilegierte Rolle des Mönches verwehrt. Über außerordentliche weltliche Verdienste, die beispielsweise durch die Fürsorge für die Familie erworben werden können, versuchen thailändische Frauen, ihren geringen Status als Frau aufzuwerten. Dabei motiviert sie die Hoffnung, im nächsten Leben eine höhere Reinkarnation zu erreichen[30].

> „Die spirituelle Teilnahme von Frauen an religiösen Zeremonien ist begrenzt, häufig auf ein passives Mitwirken reduziert. Aufgabe der Frauen ist es, den Lehren und Gesängen der Mönche und der männlichen religiösen Praktikern zuzuhören und ihnen gegenüber Gehorsam und Ehrfurcht zu zeigen. Die Frauen sind von der Ordensgemeinschaft, dem wichtigsten Weg für spirituelles Wachstum, ausgeschlossen. Sie sehen sich deshalb gezwungen, über weltliche Arbeit Verdienste zu erwerben. So bieten die Frauen meist einen Teil ihrer produktiven Leistungen (Geld, Essen, Waren) den Mönchen an. Diese materielle Unterstützung der religiösen (begüterten) Schichten kann zu einer schweren Last für das Haushaltsbudget werden, insbesondere bei armen Familien." (Meyer 1988: 295).

---

29 Von den 20 befragten thailändischen Migrantinnen gab jede dritte Frau (Anzahl sieben) an, die Älteste in der Geschwisterfolge zu sein. Die Beratungsstatistik verweist auf eine Anzahl von durchschnittlich mehr als vier Geschwistern, wobei mehr als ein Drittel der migrierten Frauen die Ältesten in der Geschwisterreihe waren.

30 Vgl. Thitsa 1980: 6f. und 20ff., vgl. auch Gräning 1984: 63ff.

Andererseits wurde die thailändische Gesellschaft besonders durch die Ayutthaya-Periode geprägt. In dieser Epoche gehörten die Töchter zum Besitz ihrer Familien bzw. die Ehefrauen zu dem ihrer Männer. In der Folge konnten Frauen auch aus Existenznot verkauft oder verpfändet werden (Meyer 1988: 292).

Wie stark sich einzelne dieser Werte hielten und bis zu welchem Grad die Auswirkungen dieser Sozialgeschichte noch spürbar sind, kann nicht geklärt werden. Jedoch weisen heute noch Frauenforscherinnen und -forscher in Thailand auf eine weitgehende Gültigkeit der Norm einer untergeordneten und selbstlosen Haltung bei Frauen hin.

> „Thailändische Frauen wachsen in dem Glauben auf, daß sie Männern gegenüber generell unterlegen seien. Sie sind schwächer und deshalb dazu geboren, anderen Folge zu leisten und nicht dazu, selbst Entscheidungen zu treffen. Sie werden gelehrt, ihre Rolle als Besitztum ihrer Eltern zu akzeptieren, und später, wenn sie verheiratet sind, als Eigentum ihres Ehemannes."[31]

Einzelne Frauen widersetzen sich jedoch grundsätzlich dem System einer 'lebenslänglichen Verpflichtung'. Sie geben keine finanzielle Unterstützung und stehen eher für einen Lebensweg, der von Unabhängigkeit und Eigenständigkeit geprägt ist. Wir können davon ausgehen, daß sich diese Frauen aus den sozialen Normen des thailändischen Familienverbandes lösen. Mit dieser Haltung verlieren die Zahlungen an Herkunftsfamilien an Bedeutung, wenn sie nicht mit akuten Finanzkrisen begründet sind, sondern als 'Kompensationsleistung' für die eigene Sozialisation in der Familie fungieren.

3. Auf der Suche nach gesellschaftlicher Akzeptanz

Nicht nur Armut oder weibliche materielle Pflichten motivieren die Frauen zur Migration. Migration wird auch durch sexistische gesellschaftliche Ausgrenzungen gefördert, denen sich thailändische Frauen ausgesetzt sehen. Stigmatisiert sind Frauen, denen geringere Chancen auf eine 'seriöse' Partnerschaft gegeben sind, weil sie ihre Jungfräulichkeit verloren haben.

> „Die thailändische Gesellschaft bringt einer Frau bei, 'anständig' und zurückhaltend in Bezug auf Sexualität zu leben. Sie soll viel Wert auf die Jungfräulichkeit bis zur Heirat legen. .... Wobei die Frauen ihr ganzes Selbstwertgefühl verlieren, wenn sie ihre Jungfräulichkeit verloren haben. Aus diesem Grund benutzen viele dann ihren Körper zum Geld verdienen." (Achawanitkul 1994: 6).

Migration ist danach auch eine Folge von sanktioniertem Verhalten. Frauen migrieren, wenn sie von den engen Vorgaben der geschlechtsspezifischen Normen abweichen und darauf in gesellschaftliche Randpositionen gedrängt werden. Zwei Frauen unserer Untersuchungsgruppe verdeutlichen diesen

31 Dr. Suir Vichitwatakarn, zitiert in: Jull 1992: 16-18.

Punkt. Eine der Frauen schätzte ihre persönliche Situation sogar so ein, daß sie in Thailand keine reale Chance mehr auf ein 'normales' Familienleben gehabt hätte.

> „Der Grund war, daß ich mich von meinem Mann habe scheiden lassen. Wäre ich in Thailand geblieben, wäre ich wie der Abschaum oder der Mülleimer gewesen. Ich kann keinen guten Mann mehr für mich oder einen guten Vater für meine Kinder finden ... Nach thailändischer Sitte kann ich keinen guten Mann mehr haben."

Die zweite Frau macht Angaben darüber, unter welchen konkreten Bedingungen Migration stattfindet.

> Frage: „Wollen Ihre Freundinnen auch hierher kommen? ..." Antwort: „Nein, meine Freundinnen nicht, aber meine Nachbarinnen. Zum Beispiel wenn sie Kinder haben, die einen Fehler gemacht haben (d.h., sie haben die Jungfräulichkeit verloren, d.A.) oder die 'Taugenichtse' sind, die nicht arbeiten wollen. Sie haben halb ernst und halb im Spaß zu mir gesagt, suchen Sie bitte einen Mann für mich. Aber meine Freundinnen nicht."

Wie in den meisten Ländern, die sich der Liberalisierung und dem Modernisierungsprozeß öffnen, dürfte sich auch in Thailand die strenge Sexualmoral in den städtischen Gebieten schneller verwässern. Auch höhere Schichtenzugehörigkeit und besserer Bildungsstand werden sich auf ein freizügigeres Sexualverhalten auswirken. Da die meisten Befragten in ländlichen Regionen aufgewachsen sind und überwiegend unteren Einkommensschicht zugehören, läßt sich bei ihnen jedoch eine enge Orientierung an restriktiven Sexualnormen vermuten[32].

Die Idealisierung von Jungfräulichkeit ist mit der Tabuisierung von weiblicher Sexualität verknüpft. Dies drückt sich darin aus, daß kaum sexuelle Aufklärung stattfindet. Die meisten der Befragten machten ihre ersten sexuellen Erfahrungen in der Hochzeitsnacht im Alter zwischen 18 und 20 Jahren, ohne aufgeklärt zu sein[33]. Wie sehr die Tabuisierung von Sexualverhalten bei Frauen und Mädchen in Thailand verankert ist, veranschaulichen zwei Frauen, die selbst als Kinder ihnen zugängliche aufklärende Informationen aus Scham abwiesen:

> „Nein, niemand hat mir davon erzählt. Wenn die Erwachsenen darüber gesprochen haben, bin ich immer weggegangen. Für mich war es noch nicht die richtige Zeit. Ich habe mich geschämt. Wenn ich gehört habe, was die Erwachsenen gesprochen haben, habe ich mich geschämt."[34]

Der thailändische Moralkodex sieht für Frauen ein sexuell monogames Leben innerhalb der Ehegemeinschaft vor, während zur Männerrolle ein aktives Sexualleben mit verschiedenen Frauen gehört. Das promiskuitive Sexu-

---

32 Mit Ausnahme von einer Frau machten alle Befragten vor der Eheschließung mit ihrem deutschen Mann sexuelle Erfahrungen in Thailand. Dies trifft auch auf die Frau zu, die noch nicht verheiratet ist.

33 Die jüngste Frau hatte ihren ersten Sexualkontakt mit 14 und die älteste mit 23 Jahren.

34 Möglicherweise zeichnen sich im Bereich sexueller Aufklärung gesellschaftliche Veränderungen ab. So wurde die Jüngste der Befragten im Alter von heute 20 Jahren in Thailand in der Schule als Kind aufgeklärt.

alverhalten thailändischer Männer wird gefördert, und vielfältige sexuelle Aktivitäten gehören zum männlichen Image.

> „Sexuelle Beziehungen sind für Thailänder nicht nur anerkannt, sondern sind eine Sache, die 'richtige' Männer vor der Heirat vorzeigen müssen. Wer das nicht macht, wird als komisch angesehen. Die übliche Tradition, der die Männer folgen sollen, ist es, bei Prostituierten zu lernen. Diese Tradition wird weit verbreitet praktiziert. Es gibt Eltern, die ihren Söhnen dafür Geld geben." (Achawanitkul 1994: 6).

Zwar bescheinigen thailändische Feministinnen den Frauen in den letzten Jahren kleine Erfolge im Bildungsbereich und im beruflichem Weiterkommen, jedoch sei das Verständnis für das promiskuitive Sexualverhalten der thailändischen Männer nach wie vor groß (Bangkok Post 07.12.1989).

Die strenge gesellschaftliche Doppelmoral schafft neben der Ausgrenzung von 'unmoralischen' Frauen eine hohe Nachfrage nach Prostituierten, die vorwiegend von thailändischen Männern ausgeht. Mit Recht verweist deshalb Achawanitkul auf die Verantwortung der thailändischen Männer, deren Verhalten die Sexbranche unterstützt:

> „Der Bedarf und die Erwartung der Gesellschaft an die thailändischen Männer in Bezug auf Sexualität werden allgemein nicht als ein Faktor gesehen, der einen festen Boden für Sexgeschäfte in Thailand bietet. Man sieht die Münze nur von einer Seite, und das ist eben die Situation der Prostituierten und deren Familien."[35]

Promiskuitives weibliches Sexualverhalten ist besonders dann mit gesellschaftlicher Marginalisierung verknüpft, wenn sich für die Frau die geltende Norm des Zusammenlebens in der Ehegemeinschaft nicht mehr realisieren läßt. Die Frau erfährt gesellschaftliche Ächtung, weil ihr der Zugang zur Institution Ehe und der damit verbundenen Aufwertung verwehrt bleibt. Die Möglichkeit einer existenziellen Absicherung durch eine eheliche Verbindung besteht nicht. Feministische Wissenschaftlerinnen in Thailand stellen in der Konsequenz fest:

> „Heirat wird unter Frauen auch als Tugend betrachtet. Auf unverheiratete Frauen wird hinuntergesehen. Die Auswirkungen davon sind, daß Männer um so wichtiger und mächtiger für Frauen sind, je wichtiger die Heirat für die Frau ist." (Bangkok Post: 01.02.1990).

Auf der Basis einer sexuellen Allianz mit einem ausländischen Ehemann können die Frauen dem Heiratsdruck nachgeben und ihre materiellen Interessen in einer ehelichen Wirtschaftsgemeinschaft zu verwirklichen suchen. Damit verfolgen sie das Modell der weiblichen Normalbiographie, sie kommen den Vorgaben der geschlechtsspezifischen Rollenmuster nach und vermeiden ihre Ausgrenzung.

Mit der Trennung vom thailändischen Ehemann und Vater der gemeinsamen Kinder verloren die geschiedenen Befragten an existenzieller Sicher-

---

35 Achawanitkul 1994: 6. Aufgrund des umfangreichen Auftretens von Aids-Fällen in Thailand sehen sich sogar Regierungsvertreter gezwungen, auf eine notwendige Veränderung des Sexualverhaltens thailändischer Männer hinzuweisen. Vgl. Bangkok Post: 10.07.1993 und Bangkok Post: 17.09.1991.

heit, die sie mit der Ehegemeinschaft und einem stabilen dauerhaften Familienverband verknüpften. Die meisten Frauen weisen die Schuld für die Trennung dem Ehemann zu. Da sie teils Vorurteile gegen thailändische Männer entwickelten, wollen sie sich auf eine Eheverbindung mit einem thailändischen Mann nicht mehr einlassen. Konsequenterweise sind die Migrantinnen primär auf der Suche nach einem verantwortungsvollen Ehemann aus dem Ausland, der bereit ist, die gewünschte materielle Sicherheit und Kontinuität zu liefern.

> „Ich hatte einen Thailänder geliebt, und er hat mich verlassen, ohne für die Kinder zu sorgen. Manche Leute haben gesagt, daß die Ausländer verantwortungsvoll sind. .... und ich liebte meinen (heutigen deutschen, d.A.) Mann nicht so ganz, ich mochte ihn auch nicht so, vielleicht weil wir unterschiedliche Meinungen haben, oder weil er kein Thailänder ist. Ich wollte nur ungern heiraten, aber wenn ich nach Thailand zurückgehe, ist es immer noch dasselbe. ...“

Vereinzelt formulieren Frauen sogar ganz klar ihre finanziellen Ansprüche, ohne deren Realisierung eine Eheschließung für sie nicht in Frage gekommen wäre:

> „Wenn er kein eigenes Haus gehabt hätte, hätte ich ihn nicht geheiratet.“

Die Mehrheit der thailändischen Frauen, die gezielt den Weg der Heiratsmigration suchen, nimmt dabei stereotype Einschätzungen gegenüber den Männern der Herkunfts- wie auch der Aufnahmegesellschaft vor. Dem Negativimage des thailändischen Mannes steht das Positivimage des deutschen Mannes gegenüber. Der Grad der Verallgemeinerung ist dabei unterschiedlich. Während einzelne Frauen ihre Aussagen relativieren und abschwächen, da es beispielsweise auch einzelne 'gute Thailänder' gäbe, nehmen andere Frauen eine kompromißlose Haltung ein und sind in Schwarz-Weiß-Beschreibungen verhaftet[36].

Die thailändischen Befragten favorisieren Beziehungen, die Sicherheit, Stabilität, Hilfsbereitschaft und Treue bieten. Aus einer individuellen Enttäuschung heraus wird im Gegenbild den thailändischen Männern ein mangelndes Verantwortungsgefühl gegenüber der eigenen Familie zugeschrieben[37]. Damit sind unkontrollierte Geldausgaben in Verbindung mit Spiel- und Trinkverhalten, zum anderen aber auch Untreue in Bezug auf promiskuitives Sexualverhalten und nachfolgender Trennung gemeint.

> „Die deutschen Männer sind vielleicht treuer als die Thailänder. Ich weiß auch nicht ganz genau, ich kann nur sagen, was ich gesehen habe. Zum Beispiel bei meinen Verwandten, also den weiblichen Verwandten, schon kurz nach der Heirat, wenn der Mann ein bißchen Geld hat oder wenn er ein bißchen mehr Geld hat, dann hat

---

36 Drei Frauen zeigen sehr grundsätzliche Vorurteile gegen thailändische Männer. Auf der anderen Seite gibt es eine Befragte, die verallgemeinernd und unumstößlich das Verhalten thailändischer Männer als das bessere beurteilt. Bei dieser Frau haben eigene Gewalterfahrungen mit dem deutschen Ehemann, die die Frau in eine Existenzkrise stürzten, zur kompromißlosen Verurteilung deutscher Männer geführt.

37 Dieser Zusammenhang wird von acht Frauen genannt.

er noch eine andere Frau. Aber hier ist es nicht so. Vielleicht haben sie weniger Chancen oder irgendwie, das weiß ich nicht. Ich habe es nicht so oft gesehen, das gibt es nicht so oft. Meine Nachbarn, mein Mann selbst und die Männer von meinen Freundinnen sind auch in Ordnung. Wenn sie Thailänder wären, dann hätten sie mehrere Frauen."

Ein zweiter, jedoch deutlich weniger bedeutsamer Kritikpunkt an thailändischen Männern ist das Verhalten in Bezug auf Haus- und Familienarbeit. Die Frauen beklagen die einseitige Außenorientierung von thailändischen Männern, die dazu führt, daß sie sich an der Hausarbeit nicht beteiligen. Zwei Frauen loben regelrecht ihre deutschen Männer und deren Sinn für die Arbeiten im Haushalt.

Komplementär zu dem Bild der 'verantwortungslosen' thailändischen Männer enthält das Bild von deutschen Männern Zuschreibungen von Vertrauenswürdigkeit und Verantwortlichkeit. Sechs der Frauen heben diesen Aspekt besonders hervor, der sich in einer soliden Existenzsicherung für die ganze Familie, in Sparsamkeit und Treue ausdrückt. Dabei wird von den Frauen völlig ausgeblendet, daß auch in der Bundesrepublik viele Mütter ihre Kinder alleine großziehen. Zwar können diese rechtliche Ansprüche auf finanzielle Unterstützung durch den Vater geltend machen, dennoch leben sie oft am Existenzminimum und stehen manchmal mit der Verantwortung für das Kind alleine[38].

Angesichts der Beratungsrealität des FIZ, wo Partnerschaftsprobleme an erster Stelle stehen, scheint das idealisierte Bild des deutschen Mannes eher illusorisch zu sein und eine andere Funktion als die der Wirklichkeitsbeschreibung zu haben. Für die Frauen scheint vielmehr die Flucht vor der Doppelmoral in Thailand zentral zu sein, wobei sie sich dann auf die vermeintlich funktionierenden Geschlechtsrollen in der Bundesrepublik beziehen.

Die stereotypen Männerbilder dürften auch die Rolle haben, das eigene Verhalten - die Heiratsmigration - nachträglich zu legitimieren. Andererseits erreichen viele Frauen durch die Ausreise einen deutlichen materiellen Aufstieg, den sie jedoch nicht den unterschiedlichen gesellschaftlichen Rahmenbedingungen, sondern der persönlichen Leistung ihres Ehemannes zuschlagen. Dabei scheint der persönliche Anspruch der Frauen an den deutschen Ehemann und an sein Verhalten reduziert. Die Frauen verfolgen damit eine resignative Beziehungsstrategie, die ihnen die Ehe erleichtert und eine scheinbare Zufriedenheit auf einer funktionalen Ebene beschert.

38 Nach den Ergebnissen des Mikrozensus von 1991 gab es 2,5 Millionen Alleinerziehende, davon waren 2,145 Millionen Frauen. Vgl. Statistisches Bundesamt: 1993: 28, 200.

4. Zwischen Tabu, Stigma und Anerkennung

Sichert Migration ein materiell verantwortungsvolles Verhalten gegenüber der Heimatfamilie, dann bewirkt sie soziale Anerkennung. Gleichzeitig belegt Migration ein soziales Unvermögen. Die Wahl, einen ausländischen Mann - also einen 'Farang' - zu heiraten, scheint aus der Not geboren, Aspekte gesellschaftlicher Abwertung sind damit präsent. Den Weg gehen Frauen, die marginalisiert waren, die beispielsweise aus der ländlichen Unterschicht kamen, den gesellschaftlichen Moralkodex brachen und den Geschlechtsnormen nicht entsprachen. Tendenziell sind alle Heiratsmigrantinnen mit diesem Stigma behaftet. Implizit steht der Vorwurf, daß sie migrierten, weil sie sich keine akzeptierte Position in der thailändischen Gesellschaft erwerben konnten. Andere hatten die Hoffnung, im Ausland sehr leicht, bequem und ohne Anstrengung gut und luxuriös leben zu können. Beide Gruppen erwecken den Eindruck, sich selbst zu Markte zu tragen und die sozialen Normen mit ihren moralischen Ansprüchen und ihrer Leistungsorientierung im Heimatland ignoriert zu haben.

Die große Bedeutung von Dankbarkeitsbezeugungen ist auch dann zu verstehen, wenn sie ein negatives Image, das die Frauen als Sexarbeiterinnen bekommen, ausgleichen.

> „Nicht selten wird Dankbarkeit als Vorwand, Rechtfertigung oder Entschuldigung mißbraucht. ... Denn es gibt niemanden, der so hoch geschätzt wird, wie der, der bun-khun-Verantwortung übernimmt. Viele Frauen zeigen deswegen gern, daß sie sich aus dem Grund opfern. In diesem Sinn bietet die Erfüllung des bun-khun der Eltern einen Schutz für diese Frauen, und es rechtfertigt die Entscheidung für die Prostitution, so daß sie nicht von der Gesellschaft ausgestoßen werden." (Ruenkaew 1994: 134).

Im Norden und Nordosten Thailands ist es deshalb ein offenes, dennoch aber wohlbehütetes Geheimnis, daß viele Frauen das Geld nicht mit 'normaler' Arbeit, sondern nur in der Prostitution erwirtschaften können. Eine Frau, die in Thailand im Sexgewerbe tätig war, berichtet von der Einstellung ihrer Familie, die über ihre Arbeit informiert war.

> Frage: „Als Sie in Thailand waren, hatten Ihre Familienangehörigen gewußt, was Sie gearbeitet haben?" Antwort: „Ja." Frage: „Was dachten sie darüber?" Antwort: „Sie dachten, wenn man arm ist und keine Chance hat, muß man etwas machen, um Geld zu verdienen. Also, wenn wir arm sind und nichts haben, müssen wir arbeiten. Egal was für eine Arbeit. Ich hatte keine gute Ausbildung. Ich wollte in einer Firma arbeiten, aber, wer will mich nehmen? Ich war nur bis zur 7. Klasse in der Schule. Ich könnte nur als Servierein arbeiten. Also, in einem Restaurant. Oder in der Fabrik."

Die Frauen besuchen ihre Familien laut Auskunft nur einmal im Jahr oder auch nur alle drei bis vier Jahre. Tendenziell verhält sich die Dorfbevölkerung zu den Frauen 'neutral', sie werden nicht bewundert, aber auch nicht diskriminiert. Jedoch erfährt die Familie, die zu mehr Wohlstand und Geld gekommen ist, mehr Anerkennung im Dorf. Sie gewinnt in der lokalen

Gemeinschaft an Bedeutung. Den großen Statusgewinn bei materiell erfolgreicher Migration erzielen damit die Familienangehörigen der Migrantinnen.

Die relative Normalität, die die Erwerbsarbeit im Sexgeschäft mittlerweile bekommen hat, zeigt sich auch in der Tatsache, daß ehemalige Prostituierte nach ihrer Rückkehr wieder in die Dorfgemeinschaft aufgenommen werden können. Wie ein Distriktleiter einer großen Abwanderungsregion im Nordosten Thailands behauptete, scheint der materielle Aufstieg Voraussetzung dafür zu sein, wieder integriert zu werden.

> „Wenn sie mit Geld zurückkommen, dann sind sie voll akzeptiert, auch eine ehemalige Prostituierte kann dann eine Familie gründen." (Gespräch am 08.11.1990).

Diese Aussage demonstriert die herausragende Bedeutung von ökonomischem Erfolg und seiner gesellschaftlichen Bewertung. Völlig ausgeblendet und bagatellisiert wird mit dieser Haltung die sexuelle Ausbeutung der Frauen und ihre existenzielle Gefährdung, wenn sie von kriminell organisierten Frauenhandelsringen kontrolliert werden.

In dem Bemühen, den Erfolg in jeder Hinsicht aufrechtzuerhalten, ist das Tabuisieren von Problemen eine logische Konsequenz. So dürften viele Familien zwar eine Erwerbsarbeit im Sexgewerbe vermuten, jedoch nicht über die konkreten Arbeits- und Lebensumstände ihrer Töchter im In- und Ausland informiert sein. In den Herkunftsregionen der Migrantinnen herrscht eher die Strategie des Wegsehens und der Konfliktvermeidung vor. Möglicherweise versuchen die Familien damit belastenden ethischen Fragen zu entgehen und die Ängste um die Sicherheit der Frauen zu verdrängen[39]. Ein Interviewpartner aus einem großen Abwanderungsgebiet im Norden Thailands, der als Dorfchef befragt wurde, erläutert die Gründe für die Zurückhaltung der Migrantinnenfamilien.

> „Wenn wir Fragen an die Familie stellen, so kann die Familie sehr böse werden. Sie werden sich diskriminiert fühlen und sagen: 'Die Eltern haben das Recht auf ihre Kinder, warum kommt ihr anderen Leute, ihr habt keinen Reis gegeben (d.h. niemand sonst hat uns finanziell unterstützt, d.A.)." (Gespräch am 15.11.1990).

Mit der Strategie des Wegsehens geht ein Tabuisieren und Ignorieren von Problemen einher. Teilweise verstehen Familienangehörige in der Heimat die Probleme der migrierten Töchter, Geschwister und Mütter nicht. Teilweise vermeiden die Frauen auch Themen, die ihnen unangenehm sind. Um Bilder des Erfolgs nicht zu zerstören, werden problematische Erfahrungen und Konflikte oft gar nicht erst thematisiert. Ausgespart bleiben dabei insbesondere Erfahrungen, die die Frauen persönlich abwerten könnten und ihrem Statusgewinn als Migrantin entgegenstehen.

---

39 Diesem Tabu 'Migration' begegnete das Forschungsteam in Thailand. Trotz großem Engagement der regionalen Frauenorganisation, die die Forschungsarbeit unterstützte, gelang es nicht, in Kontakt mit Familienangehörigen von Migrantinnen zu kommen.

Die Informationssperre trifft in erster Linie moralische Tabus. Die Frauen, die in der Bundesrepublik in der Prostitution arbeiten, bzw. gearbeitet haben oder aber mit dem Stereotyp der 'Käuflichkeit' diskriminiert werden, halten Informationen gezielt zurück. Mit der Geheimhaltung von schwerwiegenden Problemen soll das Bild einer erfolgreichen Migration aufrechterhalten werden. Die Frauen möchten vermeiden, daß sich Angehörige zu Hause um ihr Wohlergehen sorgen[40].

> „Nein, ich erzähle nicht so viel. Ich weiß nicht, was ich erzählen soll. Ich habe nur von der Arbeit erzählt, daß es auch hier schwer ist, Geld zu verdienen. ... Davon (von meinen Sorgen, d.A.) habe ich nichts erzählt. Ich habe auch nicht erzählt, daß die Leute mich hier diskriminieren. Ich habe nur von persönlichen Sachen erzählt. Ich habe nur meinen Geschwistern und meinem Kind erzählt, daß ich hier nicht so ganz glücklich lebe, weil hier nicht meine Heimat ist. ... Frage: Haben Sie auch erzählt, daß Sie von den Leuten hier diskriminiert werden, oder in welcher Form zu Ihnen gesprochen wurde. Antwort: Nein, das habe ich nicht erzählt. Das will ich nicht so gerne erzählen. ... Ich will nicht, daß sie denken, daß ich hier so wertlos lebe. Ich will deshalb nichts erzählen. So lange ich es aushalten kann, werde ich es aushalten. Ich habe nur ein bißchen erzählt, daß ich hier nicht so gut leben kann und es schwer ist, Geld zu verdienen. Außerdem beleidigen die Leute hier die Asiatinnen. Aber mehr habe ich nicht erzählt."

Den wenigen Frauen, die ihre Probleme im Familienkreis aufzeigen, begegnet manchmal Ignoranz und Unverständnis. So können auch einzelne negative Auskünfte über reale Nachteile dem glorifizierten Bild vom Wohlstand und besseren Leben in den Industriestaaten nicht entgegenwirken. Die Heimatfamilien entziehen sich einer differenzierten Sichtweise, setzen materiellen Erfolg mit persönlichem Glück und Zufriedenheit gleich. Konnten Migrantinnen materiellen Erfolg erreichen, so lassen sich ihre Probleme den Familienangehörigen kaum mehr verständlich machen.

> „Nein, ich habe erzählt, man lebt hier körperlich gut, aber seelisch nicht gut. ... Ich lebe hier seelisch schwer, weil ich Heimweh habe. Ich bin nicht glücklich mit meinem Mann und habe noch Schwierigkeiten in der Familie. Ich mache mir deshalb viele Gedanken. ... Ich bin nicht glücklich. ... Sie (meine Familienangehörigen in Thailand, d.A.) haben gemeint, was ist körperlich gut, aber seelisch schwer? Wir verstehen das einfach nicht. Also, sie haben es nicht verstanden. Sie haben dann gesagt, sie müssen das nicht unbedingt verstehen. Das macht nichts. Es ist schon o.k. ... Sie haben gesagt, wenn man einen europäischen Mann hat, dann geht es einem gut." [41]

Daß die manchmal schwierige Migrantinnenrealität in Thailand nicht wahrgenommen wird, legen einzelne Interviewpartnerinnen teilweise auch anderen Migrantinnen zur Last. So würden einzelne mit ihrem Verhalten das Bild von Wohlstand und Zufriedenheit festigen und mit ihrem zum Teil schwer erarbeiteten und mühsam ersparten Geld den Eindruck von Luxus und Reichtum erwecken. Diese Frauen wollten sich in erster Linie profilie-

---

40 Im Gegensatz zu den thailändischen Befragten berichten die meisten Befragten aus den verschiedenen Ländern Lateinamerikas, daß sie ihren Familien in der Heimat von ihrer Erwerbsarbeit im Sexgewerbe erzählen.

41 Diese Frau hat drei gemeinsame Kinder mit ihrem Mann in der Bundesrepublik und ein Kind aus früherer Ehe in Thailand. Sie lebt bereits 13 Jahre in Übersee.

ren; im Einzelfall würde die Dorfbevölkerung sogar über die wirklichen materiellen Lebensbedingungen in Übersee getäuscht.

> Frage: „Sie meinen, sie fliehen vor der Armut? Antwort: Nein, ich denke nicht so. Manche Leute wollen hierher kommen und heiraten. Sie wollen ein großes Gesicht haben (gut angesehen werden, d.A.). ....Wenn sie nach Thailand zurückfliegen, sagen sie natürlich, daß sie reich sind. Aber ich bin nicht so. Wenn ich nach Hause fliege, sage ich immer, ich bin wie früher. Ich bin arm wie früher. ... Meine Freundin lebt in München. Meine Freundin aus demselben Dorf, derselben Gegend. Sie ist verheiratet. ... Er (ihr Mann, d.A.) verkauft Bonbons. Wenn es irgendwo ein Fest gibt, geht er Bonbons verkaufen. Ein oder zwei Monate lang fliegt sie nach Hause. Sie hat gesagt, sie hat Geld. Wenn sie nach Thailand fliegt, geht es dann um Millionen. Aber ich denke, es kann nicht sein. Ich interessiere mich nicht für das, was sie sagt."

In der 'Bunkhun-Regelung' kann nicht nur eine von außen aufgedrängte Pflicht gesehen werden. Denn aus der Sorge für die Familie geht eine anerkannte, exponierte Position im Familienverband hervor, die zu einem Gewinn an gesellschaftlichem Status und Ansehen führt. Im Eigeninteresse wollen deshalb Frauen ihre Rolle, auch ohne sachliche oder soziale Zwänge, aufrechterhalten. Die Frauen können dann ganz gegen den Willen ihrer Familienangehörigen, insbesondere ihrer Mütter handeln. Diesen ist oft der Einsatz ihrer Töchter zu hoch. Sie haben Angst um deren Leben, fürchten schwierige Lebensbedingungen für sie und möchten die Trennung aus emotionalen Gründen nicht hinnehmen. So waren die Reaktionen der Familienangehörigen, meist der Mutter, auf die Ausreiseabsichten der Töchter eher negativ als positiv[42].

> „Meine Familie war traurig. Sie hatten Angst, daß ich sterben würde. ... Meine Mutter hat gesagt, sie will kein Geld haben. Sie will, daß die Kinder dableiben, daß die ganze Familie zusammenlebt. Ich habe ihr dann gesagt, ich werde mit ihm gehen. Wenn ich viel Geld habe, werde ich ihr und den Kindern Geld schicken, damit sie es gut haben. ... Meine Mutter hat geweint, sagte aber, ich sollte machen, was ich für richtig halte. Ich sei kein Kind mehr. Dann bin ich hierher gekommen"

Gerade die Mütter der Migrantinnen scheinen dann später für die schwierigen Lebensbedingungen im Ausland Verständnis zu zeigen, sich in die oft auch problematische Situation ihrer Töchter hineinversetzen zu können. Sie versuchen, diese teilweise zu entlasten, indem sie finanzielle Unterstützung ablehnen. Jedoch unterläßt nur ca. die Hälfte der Frauen dann ihre 'Hilfe', während die anderen nach wie vor - wenn auch mit kleineren Beträgen - weiter zahlen[43]. Das Gefühl der Verbundenheit und Dankbarkeit ist bei den Frauen stark internalisiert. Die materielle Zuwendung ist eine Form, wie sie diese innere Bindung nach außen zeigen.

---

42 Von den Frauen, die Angaben über die Reaktion von Familienangehörigen, meist der Mutter, machten, gaben nur vier an, daß die Ausreiseabsicht positiv bewertet wurde, während acht Frauen von Reaktionen der Angehörigen berichteten, die die Migration nicht billigten. Bei einer Frau verhielten sich die Familienangehörigen neutral.

43 Sieben Mütter der Migrantinnen lehnen finanzielle Unterstützung ab, und drei Töchter zahlen trotzdem weiter.

„Meine Mutter braucht keine Hilfe von mir. Aber ich bezahle die Lebensversicherung für sie, ... Ich muß für die Versicherung zahlen, und den Rest gebe ich ihr. Manchmal, wenn jemand nach Hause fliegt, gebe ich dann hundert oder zweihundert Mark mit. Meine Mutter hat nie nach Hilfe gefragt, sie hat immer gesagt, ich brauche ihr kein Geld zu schicken. Und sie hat immer gesagt, daß andere Geschwister sich schon um sie kümmern. Aber ich liebe meine Mutter und schicke ihr Geld."

Finanzielle Unterstützung beweist den Erfolg der Migration und erfolgreiche Migration wertet die Betreffenden im Verwandtschafts- und Freundeskreis auf. Für die Mehrheit der Befragten hat sich durch die Migration der Status in der Heimat verbessert[44]. Meist wird es als großes Glück betrachtet, in Deutschland leben zu dürfen, woraus sich dann eine Aufwertung der betroffenen Person ableitet. Eine Frau berichtet von diesem Phänomen; sie selbst steht ihrer persönlichen Leistung jedoch eher kritisch gegenüber.

„Ich glaube, sie denken, daß ich gut bin, weil ich hier leben kann. Sie schätzen mich und denken, daß ich gut bin. Aber ich denke, ich kann hier nur bleiben, weil ich Glück habe. Ich glaube nicht, daß ich gut bin."

Migration zählt als besonderer gesellschaftlicher Aufstieg bei materiell unterprivilegierten Gruppen. Frauen, die weder über ausreichende finanzielle Ressourcen verfügen, noch eine qualifizierte Schul- und Berufsausbildung absolvieren konnten, finden deshalb besondere Anerkennung.

„Ja, sie schätzen mich, weil ich nicht schreiben und nicht lesen kann, aber trotzdem ins Ausland gekommen bin."

Mit der Aufwertung und Verbesserung des gesellschaftlichen Ansehens entstehen bei den Frauen jedoch auch innere Konflikte. Sie möchten nach wie vor als 'Gleiche' dazugehören, werden jedoch durch die Statusverbesserung sozial aus ihrem thailändischen Familien- und Freundesverband ausgegrenzt. Der Genuß von gesellschaftlicher Aufwertung funktioniert auf Kosten einer Gruppenintegration.

„Manche Leute haben gesagt: meine Dame. Ich habe gesagt, nenne mich bitte nicht 'meine Dame', ich schäme mich. Ich möchte mich so wie früher verhalten, geht mit mir bitte so um wie früher. Nennt mich nicht so, ich schäme mich. ... Wenn ich Geld habe, behandeln mich die Leute wie ein Mensch. Aber, wenn ich kein Geld habe, behandeln sie mich wie einen Hund, also sie beleidigen mich."

Sicherlich auch, um alte Bande und enge Bezüge nicht zu lösen, bemühen sich manche Frauen wiederum, ihre wirtschaftliche Besserstellung nicht offen zu demonstrieren.

„Ich gebe auch nicht so an, zeige keinen Luxus. Wenn ich zurückgehe, weiß niemand, ob ich Geld habe oder nicht. Ich sage es auch niemandem. Ich hebe nicht alles Geld von hier ab. Wenn ich hinfahren will, dann hebe ich nur das Nötige ab, dann komme ich wieder zurück."

---

44 Entscheidend für die Bewertung des gesellschaftlichen Ansehens waren Reaktionen der Familienangehörigen, Freunde und Nachbarn. 15 der 20 Befragten machten Angaben über eine Statusveränderung in ihrer Heimat aufgrund der Migration. Acht Frauen berichten, daß sich ihr Status verbessert hat, vier Frauen, daß er gleichblieb und drei Frauen, daß er sich durch die Migration verschlechterte.

Eine Minderheit von drei Frauen spricht andererseits davon, daß sich ihr Status zu Hause durch Heirat und Migration verschlechtert hat. Bei zwei der drei Frauen läßt sich die Situation auf ihren finanziellen Mißerfolg im Ausland zurückführen. Beide haben bisher keinen materiellen Wohlstand erreichen können, ihre Hoffnungen haben sich zerschlagen.

„Ich habe schon erzählt, als ich meinen Mann heiratete, habe ich zuviel erhofft. Aber was ich gehofft habe, ist nicht eingetroffen. Und ich habe meinen Eltern erzählt, daß mein Mann arm ist. Er arbeitet und bekommt ein Gehalt, soundsoviel pro Monat. Es reicht manchmal nicht aus. Außerdem haben wir die Kinder hierhergeholt. Meine Eltern haben dann gesagt, ich brauche ihnen nichts zu schicken, sie können noch arbeiten. Ich tue allen leid, weil sie meinen, wenn ich in Thailand wäre, könnte ich etwas Besseres machen."

Bei der dritten Frau, die wohl aus der Mittelschicht stammt, ist die Situation um so gravierender, als sie selbst in Thailand eine Chance des materiellen Aufstiegs gehabt hätte, wenn sie ihr eigenes Studium nicht abgebrochen hätte. Die meisten ihrer Freunde studierten weiter und konnten eine anerkannte Berufsbildung erreichen.

5. Räumliche und emotionale Distanz aufbauen

Neben den Migrationsmotiven, die aus sozialen Nachteilen und geschlechtsspezifischer Diskriminierung resultieren, zeigen sich gemeinsame biographische Brüche in den Trennungserfahrungen der Befragten. Diese förderten die Ausreise. Bei den Frauen war eine gemeinsame psycho-soziale Disposition zur Migration aufgrund spezifischer persönlicher Trennungserfahrungen zu erkennen. Sie erlebten entweder die Scheidung der Eltern oder die Trennung vom eigenen Ehemann und Vater gemeinsamer Kinder[45].

Der Grad der persönlich erfahrenen Verletzungen läßt sich bei vielen Frauen aus den Interviews nicht ablesen. Diese Erfahrungen waren jedoch möglicherweise Voraussetzung dafür, die Hemmschwelle zur Auswanderung zu senken. In zwei Fällen müssen die Kränkungen jedoch derart gravierend gewesen sein, daß sich daraus eine Art Flucht aus dem gesamten Sozialverband in Thailand entwickelte. Die eine dieser beiden Frauen erfuhr Benachteiligung und Ausgrenzung in der Herkunftsfamilie, in die sie nach der Trennung vom thailändischen Ehemann zurückgekehrt war.

„... Ich habe dann bei meinen Eltern gewohnt. Es fiel mir aber schwer, denn andere Geschwister von mir sind noch nicht verheiratet. Am Anfang waren sie gut zu mir, danach waren sie auf mich neidisch. ... Meine Geschwister warfen mir vor, daß ich meine Sachen verkauft und das Geld nur für mich ausgegeben hätte. ... Wenn meine Schwester schimpfte, beschimpfte sie mich auch auf dem Markt, damit ich mich schämen muß, weil ich noch bei ihr lebe. Ich habe mich entschieden, hierher zukommen. Ich bin von zu Hause weggegangen und meine Eltern haben es nicht ge-

45 Diese Erfahrungen finden sich bei 17 der 20 thailändischen Befragten.

wußt. Ich habe einen Monat in Deutschland gewohnt, dann habe ich zu Hause angerufen. Meine Schwester hat am Telefon gesagt, ich soll nicht mehr zurückkommen. ... Meine Eltern empfinden für ihre verschiedenen Kinder nicht gleich viel."[46]

Die andere Frau, deren persönliche Erfahrungen hervorstechen, flüchtete wegen einer unglücklichen Liebesbeziehung, die ihr große Kränkungen verursachte.

„Am Anfang hatte ich nicht daran gedacht, nach Deutschland zu kommen. Aber wie gesagt, ich war einmal verheiratet, mußte einmal Liebeskummer haben und traurig sein. Ich habe dann gedacht, falls ich wieder einen Mann haben würde, wollte ich einen Ausländer, ich wollte keinen thailändischen Mann mehr haben. ... Nachdem wir (mein jetziger deutscher Mann und ich, d.A.) für drei Monate zusammengelebt haben, hat er mir gesagt, er liebt mich und er will nicht, daß ich zurückgehe. Er wollte ein Aufgebot bestellen. Ich habe dann gedacht, wenn ich zurückgehe, werde ich für immer 'heartbroken' (also mit einem gebrochenen Herz, d.A.) bleiben, weil ich einem einzigen Mann (in Thailand, d.A.) treu war. ... Ich habe dann gedacht, wenn ich in Thailand lebe, wird es mir immer weh tun. Ich wollte nur so weit wie möglich weggehen, damit alles zu Ende ist."

Die Intensität der Konflikte führte bei diesen beiden Frauen zur Reaktion, den Ort, ja sogar das Land zu verlassen. Mit der räumlichen Distanz wird die Hoffnung verbunden, mit kränkenden Erlebnissen abschließen und mit dem Aufbau von neuen sozialen Beziehungen beginnen zu können.

Vereinzelt wollen sich Frauen nicht nur von Einzelpersonen lösen, sondern sich aus dem heimatlichen Sozialverband, den kulturspezifischen Werten und Normen befreien. Zwei der Befragten sprechen davon, daß sie sich in dem engen Familienverband in Thailand eingeengt fühlten. Zumindest bei einer dieser beiden Frauen spielt die Ablehnung von engen Familienstrukturen und deren sozialen Kontrollfunktionen eine entscheidende Rolle für die Migration. Deshalb entschloß sie sich dazu, nicht mehr nach Thailand zurückzukehren.

„Früher, als ich noch klein war, haben mir einige Sitten (in Thailand, d.A.) nicht gefallen. Auch die Ansichten der Leute. Es sind Richtlinien, als würde man gerne mit dem Lineal messen. Ich bin in einer Familie aufgewachsen, die fest an Religion glaubt. Aber ich selbst akzeptiere nicht gerne diese Sitten."

Welchen Einfluß der enge Familienverband bei der anderen dieser beiden Frauen auf die Auslandsmigration hatte, läßt sich nicht sagen. Jedoch kann aus dem Interview interpretiert werden, daß auch sie aus ähnlichen Gründen ihre Familie verließ. In der Folge arbeitete sie in Sextourismuszentren in Thailand, wo sie ihren späteren Ehemann traf. Eine Rückkehr zur Herkunftsfamilie zog diese Frau nie in Betracht.

„Ich habe (in Thailand, d.A.) mit meinem Schwiegervater und meiner Schwiegermutter zusammengelebt. Ich hatte keine Freiheit. ... Ich durfte nicht ausgehen. ... Nachdem ich hierher gekommen bin, habe ich zu ihm (meinem jetzigen Ehemann,

46 Die Frau kehrte jedoch noch einmal nach Thailand zurück, da sie eigentlich in der Bundesrepublik nicht leben mochte. Da für sie dort nochmals klar wurde, daß ihre Eltern die älteste Schwester bevorzugen und für sie keine Liebe aufbringen, kehrte sie wieder in die Bundesrepublik zurück.

d.A.) gesagt, bei dir ist es nicht wie bei mir. Hier ist es so kalt. Er hat gesagt, ich liebe dich, ich werde dich heiraten. Ich habe aber gesagt, ich möchte zurück nach Hause gehen. Er hat dann gesagt, du willst nach Hause zurückgehen, willst du wieder in der Bar arbeiten? Ich habe deshalb gedacht, o.k., ich werde heiraten. Besser als zurückgehen und wieder so arbeiten. Ich werde immer älter, ich habe mich deshalb entschieden, ihn zu heiraten und lebe mit ihm bis jetzt."

6. Die Anziehungskraft des 'Fremden'

Der Terminus 'Ausland' - und damit ausländische Menschen und die Inländer, die ins Ausland gehen - stand bei vielen Frauen vor der Ausreise als Symbol für Wohlstand und Reichtum. Neben den Massenmedien, die, in erster Linie über Fernsehen, in der ganzen Welt den Lebensstandard der Industrieländer als den besseren darstellen, hört die Bevölkerung über den zunehmenden Wohlstand von Migrantinnenfamilien, und daß Migration Reichtum bedeutet, oder zumindest bedeuten kann. Die thailändische Bevölkerung, die in Touristengebieten arbeitet, ist direkt mit den 'Ausländern' konfrontiert, die aufgrund ihres Erscheinens und Verhaltens viel Geld zu haben scheinen.

Fast alle befragten thailändischen Frauen verbanden mit dem 'Ausland', oder den 'Ausländern' Geld, eine bessere Lebenshaltung, Fortschritt und mehr Bequemlichkeit. Generell wird das Ausland als 'gut' bezeichnet. Nur zwei der zwanzig Interviewten differenzierten zu diesem Zeitpunkt überhaupt, daß es gute und schlechte Menschen gäbe, daß die Menschen, wie in Thailand, auch im Ausland unterschiedlich seien.

Rund die Hälfte der Befragten lebte vor der Ausreise in einem Sextourismusgebiet, war also direkt mit dem Wohlstandsgefälle Inländer - Ausländer konfrontiert. Einige Frauen drücken ihre damaligen vom Eindruck des Wohlstand überdeckten Gedanken zu Ausländern sehr plastisch aus. Eine Frau, die in einem Schmuckgeschäft in einem Touristengebiet arbeitete:

„Nach meiner Meinung gaben sie Geld im Überfluß aus. Sie hatten viel Geld, aber ihre Gedanken kannte ich nicht. Ob sie sich an die armen Leute anpassen könnten, wußte ich nicht."

Mit materiellem Reichtum wird ein besseres und moderneres Leben verbunden.

„Für mich waren sie anders, sie haben Geld. Ich dachte, sie sind fortschrittlicher als die Thailänder, also damals."

Einzelne Frauen berichten in der Folge auch, wie stark sie das privilegierte Leben der Europäer angezogen habe, und daß sie sich selbst vornahmen, so leben zu wollen.

„... Ich war damals Verkäuferin, ich habe die Europäer vorbeilaufen sehen. Die Frauen haben sich schön gekleidet. ich wollte mich auch so schön anziehen. ... Ja, ich habe sie auf der Straße laufen sehen. Ich wollte genauso schön sein wie sie, weil ich arm war."

Vereinzelt wird mit dem materiellen Reichtum auch physische Schönheit verknüpft. Diese Haltung macht die Europäer implizit zu besseren Menschen, einfach weil sie eine weiße Hautfarbe haben.

„Am Anfang, (als ich in Deutschland war, d.A.) bin ich nie aus dem Haus gegangen. Ich schaute nur aus dem Fenster raus und sah die Leute vorbeilaufen. Ich sah, daß sie schöne Haut haben, alles an ihnen ist schön."

Das Bild von dem reichen, schönen und großartigen Ausländer kann jedoch mit der eigenen Erfahrung wie eine Seifenblase platzen. So berichtet eine Frau von den unterschiedlichen Verhaltensweisen der Männer, die sich im touristischen Ausland gönnerhaft zeigen und im heimatlichen Inland wieder ihre alten, bestimmenden Umgangsformen annehmen. Diese Frau hat an ihrem Mann erfahren, wie stark die Veränderungen sein können.

„Wenn sie in unser Land kommen, denken sie, daß sie die Größten sind, mit dem Geld und allem. Und wenn wir hier sind, unterdrücken sie uns. Jetzt, mein Mann auch. Er erlaubt mir nicht auszugehen, oder viele Freunde zu haben. Aber er kann mich nicht unterdrücken, ich mache alles, was ich will."

7. Zuneigung als Migrationsmotiv

Entgegen der öffentlichen Meinung, die alleine materielle Motive fokussiert, führen auch emotionale Gründe bei den Frauen zur Migration und zur Eheschließung. Die quantitative Auswertung der Beratungsfälle ergibt einen Anteil von knapp einem Drittel der Frauen, deren Eheschließung ein emotionaler Bezug zum Partner vorausging. Auch die interviewten Frauen haben trotz finanzieller Probleme und enttäuschender Liebesbeziehungen die emotionale Bindung als tragendes Fundament für die Ehe nicht aufgegeben[47].

Zwei Frauen entschieden sich sogar entgegen finanzieller Nachteile für eine Liebesheirat. Eine Frau berichtet von ihren Überlegungen.

„Ich war auch unsicher, ich dachte wegen des Geldes. Er ist nicht so reich, er ist nur ein kleiner Beamter, außerdem hat er auch Kinder und er muß für seine geschiedene Frau zahlen. Ich dachte, wegen dem Geld, aus finanziellen Gründen hätte ich ihn besser nicht geheiratet. Aber ich wußte, daß wir uns mögen. Also die Liebe ist größer, wir mögen uns, ich wußte, daß wir es aushalten können. ..., wir haben Vertrauen zueinander."

Die andere dieser beiden Frauen setzte sich gegen die Pläne ihrer älteren Schwester durch, die eine materiell stabile Ehe für sie arrangieren wollte.

---

47 Vier von den 20 thailändischen Befragten.

„Meine Schwester hatte damals schon einen Deutschen geheiratet. Sie hat mir ein Flugticket und Geld geschickt. Sie hat geschrieben, du mußt einen Freund deines Schwagers heiraten. Sie hat mich nach Deutschland geholt, dann habe ich mit meiner Schwester zusammengewohnt. Ich habe ihr gesagt, ich liebe diesen Mann nicht. Sie hat aber gesagt, du kannst nicht ablehnen. Du wirst ihn lieben. Er wird sich gut um dich kümmern, und dein Kind kann eine schöne Zukunft haben. Ich habe meiner Schwester gesagt, ich will nicht. Ich habe schon einen Ausländer kennengelernt, und der ist schön. Sie hat aber gesagt, Schönheit kann man nicht essen. An dem Tag hat meine Schwester mich überredet, mit dem Freund meines Schwagers zu schlafen. Ich habe mit ihm geschlafen, aber ich habe immer noch geweint, weil ich an den anderen Ausländer gedacht habe. An den ersten Ausländer, den ich kennengelernt habe. Danach bin ich nach Thailand zurückgeflogen."

Dort hat sie sich wieder mit dem Mann getroffen, in den sie verliebt war und den sie später heiratete.

Die Beispiele verweisen auf die ökonomische Dimension von Liebesehen. Sie sind tendenziell den finanziell Bessergestellten vorbehalten, insofern nicht parallel ein materieller Aufstieg erreicht werden kann. Denn beide Frauen, die materielle Nachteile mit der Eheschließung für sich in Kauf nahmen, können das Auswahlkriterium nach finanziellen Ressourcen vernachlässigen, weil sie der Mittelschicht angehören. Die anderen emotional motivierten Heiratsmigrantinnen waren mit der Eheschließung gleichzeitig materiell erfolgreich, so daß von ihnen beide Aspekte mit der Partnerwahl abgedeckt werden konnten.

8. Zusammenfassung

Mit der Betrachtung der persönlichen wie strukturellen Hintergründe von Migration wurde ein vielschichtiges Bild gezeichnet, das von Aspekten des Zwangs sowie von Momenten der selbstverantwortlichen Entscheidung und deren Umsetzung durchwoben ist.

Bei der Mehrheit der Migrantinnen drücken sich materielle Probleme der unteren Einkommensschichten aus. Unsere Analyse zeigt jedoch auch, daß die Frauen erst mit bestimmten persönlichen Erfahrungen die Konsequenz der Migration aus dem wirtschaftlichen Dilemma ergreifen. Die persönlichen Hürden zur Ausreise werden dabei insbesondere durch emotionale Brüche in den Biographien der Frauen gesenkt. Gemeint sind damit Trennungen von Liebes- und Ehebeziehungen, die große Enttäuschungen verursachen.

Eine Folge dieser Trennungen ist häufig eine finanzielle Überforderung der Frauen, die in der Regel die Verantwortung für die Kinder ohne die weitere Unterstützung der Väter haben. Ein zweite migrationsbestimmende Konsequenz liegt dann auch im angestrebten Beziehungsmuster, das die Ehe als Sicherheit für materielle Ressourcen definiert und Gefühle zurückstellt.

Die thailändische Herkunftsgesellschaft grenzt den Handlungsspielraum der Frauen mit engen moralisch-ethischen Rollenvorgaben ein. Schnell werden Frauen mit abweichendem Sexualverhalten marginalisiert, wobei den thailändischen Männern gleichzeitig die Rolle der Verursacher und Sanktionierer zugeordnet ist. Denn einerseits führt das promiskuitive Sexualverhalten der Männer öfter zur Auflösung von Ehegemeinschaften, andererseits entsprechen geschiedene Frauen nicht mehr dem idealtypischen Bild einer thailändischen Braut, die noch Jungfrau sein sollte.

Da sich den Frauen im Inland wenige Chancen bieten, ihre Situation - durch erneute Heirat - zu verbessern, drängen sie auf den internationalen Heiratsmarkt, wo eine andere Geschlechtermoral zu herrschen scheint. Mit einem ausländischen Ehemann können sie ihren Status verbessern und ihre materiellen Interessen in der ehelichen Wirtschaftsgemeinschaft zu verwirklichen suchen. Die Frauen schreiben dabei den Männern verschiedener Nationen dichotome Verhaltensklischees zu. Während in ihren Vorstellungen die Thailänder zu unverantwortlichen, freiheitsliebenden Gigolos werden, werden Deutsche zur verantwortungsvollen, treuen und großzügigen Vaterfigur stilisiert.

Mit der Migration versuchen die Frauen den Rollenerwartungen nachzukommen, die an sie als Tochter und Mutter in der thailändischen Gesellschaft - auch über religiöse Zuordnungen - gestellt werden. Ihnen ist es wichtig, Dankbarkeit und Respekt zu zeigen. Dabei liegt das Ziel der Frauen nicht nur in der Absicherung der Existenz ihrer Familien, sondern sie wollen einen spürbaren materiellen Aufstieg erreichen. Da viele Frauen die Ausreise gegen den Wunsch ihrer Familien, insbesondere ihrer Mütter, durchsetzen, müssen wir von einem Erfolgsdruck ausgehen, der zumindest teilweise stark internalisiert wurde. Gleichzeitig dürften eigene Interessen an der Verbesserung von Status und Macht im Familienverband zugrundeliegen. Besonders für Frauen aus materiell unterprivilegierten Herkunftsfamilien ist die Migration einem Statusgewinn, einer Aufwertung gleichzusetzen. Dahinter steht jedoch gleich auch der Zwang zum materiellen Erfolg, da Mißerfolg in das positive Bild von Ausreise und Ausland nicht paßt.

Zudem kommt bei einzelnen Migrantinnen ein starkes individuelles Interesse zum Ausdruck, wenn wir uns von der materiellen Besserstellung der Familie abwenden und uns auf psycho-soziale und emotionale Zusammenhänge konzentrieren. Ein geringerer Anteil der Frauen realisierte mit der Ausreise auch eine Liebesheirat; eine Heirat aus Liebe können sich meist jedoch nur die materiell Bessergestellten leisten. Und eine noch geringere Anzahl der Migrantinnen möchte mit der Migration dem engen familiären Kontrollsystem entkommen, um eigene individuell orientierte Lebensvorstellungen verwirklichen zu können.

Zusammenfassend läßt sich festhalten, daß nicht 'nur' Armut für die Migrationsbewegungen der Frauen verantwortlich ist, sondern verschiedene strukturelle Faktoren zusammenwirken. Dabei zeigt sich eine besondere Verknüpfung zwischen dem männlichen Geschlechtsrollenverhalten, den kulturellen Aspekten und sozialen Normen, die Leitbilder für Frauen setzen sowie den staatlichen und marktwirtschaftlichen Rahmenbedingungen, von denen das finanzielle Auskommen abhängt. Marginalisierte Frauen entziehen sich den schlechten Lebensbedingungen ihrer Herkunftsgesellschaft und öffnen damit ein Ventil, das einerseits soziale Spannungen reduziert und andererseits aber auch bestehende frauenfeindliche Verhältnisse festigt. Aber auch Frauen aus der unteren Mittelschicht mit guten Berufsbildungen gehen mit dem Ziel nach Übersee, sich eine ihren Vorstellungen entsprechende Zukunft zu verwirklichen.

Migrationsfördernd wirken zudem die ausländischen Touristenströme, die die Gegensätze zwischen Armut und Wohlstand sehr plastisch demonstrieren. Eine besonders große Signalwirkung auf potentielle Auswanderinnen haben die wohlhabend gewordenen Migrantinnenfamilien in der Provinz. Nicht selten geben sie den letzten Impuls für die Realisierung der Abwanderung, die häufig über einen ersten Schritt in inländische Städte und die Metropole Bangkok verläuft und mit einem zweiten Schritt ins Ausland verwirklicht wird.

III. In Abhängigkeit von der Vermittlung

„Aber mir hat es gefallen, daß ich geflogen bin, es war schön. Ich bin nach Paris, und von Paris bin ich nach München geflogen. Ja, ich bin geflogen, ich habe alles gegessen, was es im Flugzeug gibt. Ich habe einen Wein getrunken, einen Whisky, oh, so was Schönes." (Migrantin aus Brasilien)

1. Wege und Formen der Ausreise

Für unsere Zielgruppe besteht kaum eine legale, selbst zu organisierende Möglichkeit der Arbeitsmigration in die Länder der Europäischen Gemeinschaft[1]. Das Gelingen einer Migration hängt deshalb oft von den Verbindungen zu informellen Helfern oder auch kommerziellen Händlern ab, die die Einreise und den Aufenthalt, auch bei Umgehung von Einreise- und Aufenthaltsgesetzen, regeln. Migration wird gelenkt oder auch nur unterstützt von so verschiedenen Personen und Gruppen wie a) den (zukünftigen) Ehemännern, b) den organisierten Vermittlern, Schleppern und Heiratshändlern und c) den Verwandten und Freunden, die bereits im Ausland leben. Der Zielort der Migration wird von der Nachfrage nach einer spezifischen weiblichen Reproduktionsarbeit in Bordellen einerseits und in den privaten Haushalten in den Aufnahmeländern andererseits bestimmt.

Die Frauen benutzen verschiedene Strategien der Einreise, die sie mehr oder weniger stark in die Abhängigkeit von Dritten drängen. Die kriminelle Energie im Handeln der Migrationshelfer kann völlig unterschiedlich sein. Nach unseren Erkenntnissen wird der Umfang der organisierten Vermittlung überschätzt. So benutzten nur 21,8 % der Klientinnen des FIZ organisierte Vermittlungen, die mit einem Profitinteresse durchgeführt wurden. Läge der Prozentsatz der Prostituierten und Zwangsprostituierten in der Beratungsstelle höher, dann würde diese Vermittlung wahrscheinlich einen etwas größeren Anteil einnehmen, während das Gesamtergebnis immer noch auf die Vielfalt an Einreiseformen und -wege verweist.

Überraschend deutlich zeigt sich die Rolle der (zukünftigen) Ehemänner als Migrationshelfer. Die mit Abstand größte Anzahl von Frauen kommt durch ihre oder mit ihren (zukünftigen) Ehemännern in die Bundesrepublik.

1 Dabei lassen wir die legal tätigen Tänzerinnen außer acht, die über Künstleragenturen eine befristete Arbeitserlaubnis erhalten können. Außerdem gibt es sehr begrenzte legale Möglichkeiten der Arbeitsaufnahme für nicht-EU-Angehörige als Fachpersonal.

Das läßt darauf schließen, daß viele Männer (Sex)-Tourismus als eine aktive Form der 'Brautsuche' nutzen.

Vermittlung der Einreise in die BRD in %
(MFN)

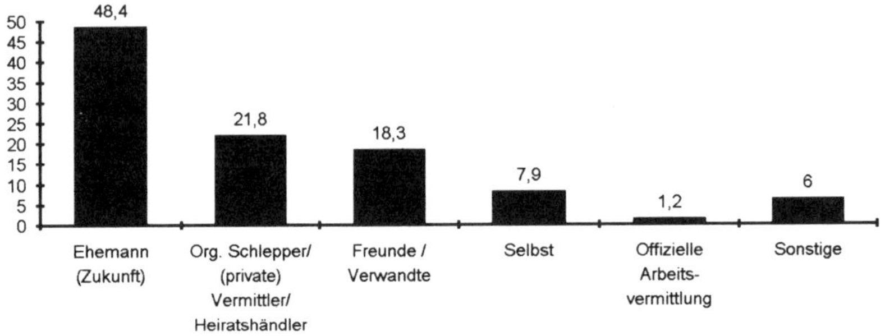

n = 252

Besonders in Thailand kristallisiert sich eine Verbindung zwischen (Sex)-Tourismus und Heiratstourismus. So reisen frühere thailändische Prostituierte häufig zusammen und mit Hilfe ihrer (zukünftigen) Ehemänner in die Bundesrepublik ein. Diese Tendenz wurde auch durch die Befragung der Migrantinnen in der Bundesrepublik und der thailändischen Frauen auf der Deutschen Botschaft in Thailand bestätigt [2].

2 Acht der 20 befragten thailändischen Frauen in der Bundesrepublik reisten mit Hilfe ihres (zukünftigen) Ehemannes, den sie im Tourismusgebiet kennenlernten, in die Bundesrepublik ein. Vier Frauen waren über Heiratshändler vermittelt worden, und vier Frauen kamen mit Hilfe von Verwandten. Zwei Frauen hatten die Unterstützung von thailändischen Freunden, die möglicherweise auch Vermittler waren, und weitere zwei Frauen kamen mit Frauenhändlern - sie versorgten deutsche Bars mit Prostituierten -, von denen einer auch mit der Frau verwandt war. Auch die Befragung an der deutschen Botschaft in Bangkok ergab einen großen Anteil der (Sex-) Touristen und zukünftigen Ehemänner als 'Helfer'. Von den 17 an der deutschen Botschaft in Bangkok befragten Thailänderinnen reisten 10 als Touristinnen in die Bundesrepublik ein, sieben von ihnen hatten einen deutschen Freund. Drei der Befragten waren bereits mit deutschen Männern verheiratet, und vier Frauen beantragten ein Visum zur Eheschließung, hatten also auch einen engen Bezug zu einem deutschen Mann vorzuweisen.

Vermittlung der Einreise in die BRD bei Prostituierten
(Heimat) in %
(MFN)

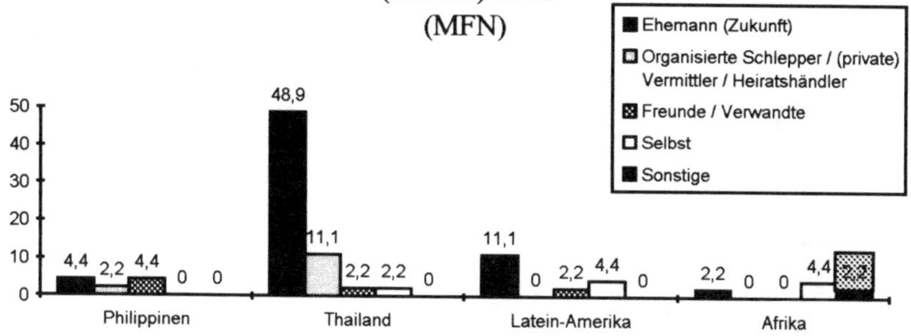

n = 45

Während thailändische Frauen verstärkt mit Unterstützung der 'Ehemänner' einreisen, lassen sich philippinische Frauen vor allem über den Heiratshandel, bzw. organisierte Schlepper und private Vermittler, verstärkt aber auch über Verwandte vermitteln[3]. Der hohe Anteil organisierter Schlepper bei philippinischen Frauen verweist zudem auf ihre illegale Tätigkeit im Haus und in der Familie in der Bundesrepublik, eine Erwerbsarbeit, der Migrantinnen von den Philippinen besonders häufig nachgehen.

3 Unsere Befragungen belegen diese Tendenz. Unter den 20 philippinischen Frauen, die in der Bundesrepublik interviewt wurden, war lediglich eine, die ihren deutschen Mann als Tourist auf den Philippinen kennengelernt hatte. Fünf der 20 philippinischen Befragten kamen über professionelle Heiratsvermittlung in die Bundesrepublik. Zwei Frauen ließen sich über legale Arbeitsvermittler anwerben. Über illegale Händlernetze ließen sich zwei Frauen vermitteln. Neun Frauen reisten mit der Unterstützung von Freunden und Verwandten ein. Auch unter den 29 philippinischen Frauen, die in der Deutschen Botschaft befragt wurden, waren lediglich zwei Frauen, die zusammen mit ihrem zukünftigen Ehemann, den sie in Touristengebiet kennenlernten, einreisten. Demgegenüber stellte das Philippine Information Center in Bonn in seinem Jahresbericht 1992 auf Seite 26 fest, daß sich nur 4,3% der von ihnen erfaßten Paare über Heiratsvermittlung kennenlernten. Es wird hierzu angemerkt, es sei nicht davon auszugehen, daß diese Angaben den tatsächlichen Gegebenheiten entsprechen, denn in der Regel weichen die Paare der Frage, wie sie sich kennengelernt haben aus oder geben beschönigende Antworten. Wir gehen davon aus, daß unsere Angaben über die FIZ-Statistik den tatsächlichen Gegebenheiten eher entsprechen.

Vermittlung der Einreise in die BRD in %
(MFN)

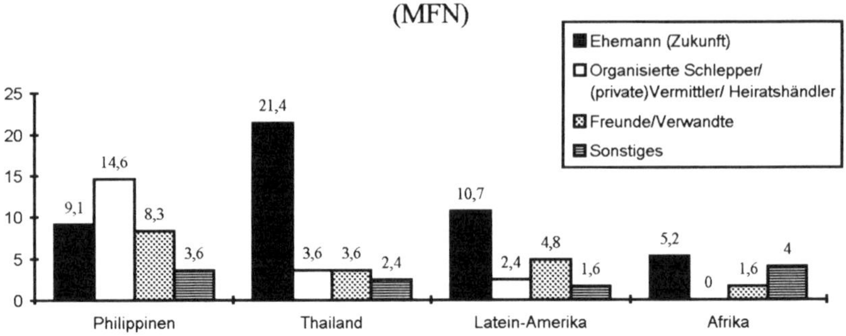

n = 252

Die verschiedenen Einreiseformen der philippinischen Frauen repräsentieren eine typische Vielfalt der Wege, die Migrantinnen nutzen. Philippinische Befragte gaben umfassend Aufschluß über die Praktiken der verschiedenen Vermittlungsformen. Dabei wird die Bedeutung von sozialen Netzen und Vertrauensbeziehungen bei der Vermittlung in den Vordergrund gestellt. Wir untersuchen Vermittlungsformen, die Ausbeutung schaffen und fragen, ob es Vermittlungswege gibt, die dies verhindern[4].

Andererseits existieren gerade in Thailand weitverzweigte Frauenhandelsnetze, die für ihre große kriminelle Energie bekannt sind. Wir wollen diese kriminellen Organisationen in Bezug auf ihre Implikationen vor Ort am Beispiel des Nordostens Thailands dokumentieren.

1.1 Kriminelle Verflechtungen in Thailand

Frauen- und Mädchenhandel, also die organisierte Anwerbung und Verschleppung von Frauen zum Zweck von sexueller Ausbeutung, nimmt in Thailand immer größere Ausmaße an (vgl. Bangkok Post: 03.06.1991). Auch der Forschungsaufenthalt im Norden und Nordosten des Landes war von dieser Situation geprägt. Viele Interviews kamen aus Furcht vor Sanktionen durch die 'Yakuza' - die thai-japanische Connection[5] - gar nicht erst zustande, andere InterviewpartnerInnen hielten sich mit Aussagen zurück, beziehungsweise warnten vor weiteren Recherchen. Das kriminelle Potential der Yakuza wird von Personen, die präventiv und aufklärend mit migrationsbereiten Mädchen arbeiten, außerordentlich hoch eingeschätzt:

4 In der Diskussion um die Einstellung der Migrantinnen zur internationalen Heiratsvermittlung werden auch die Informationen der thailändischen Befragten hinzugezogen.

5 Von Japan ausgehende mafiaähnliche Organisationen, die internationalen Handel mit Waffen, Drogen und Frauen betreiben.

„Das größte Problem stellen die Anwerber (die in der Yakuza organisiert sind, d.A.) . Sie wohnen im Distrikt oder im Dorf ... und beobachten, welche Frauen in Frage kommen. Manche Anwerberinnen waren vorher Prostituierte, manche haben wichtige Funktionen im Dorf. Es sind reiche Leute. Diese Gang ist sehr groß, und es ist sehr schwierig, etwas gegen sie zu unternehmen, weil meist die Leute, die dagegen arbeiten, ermordet werden. Das ist teilweise die Yakuza-Gang. Yakuza ist überall in Thailand." (Gespräch vom 13.11.1990).

Neben der japanischen Yakuza-Gang soll es auch deutsche mafiaähnliche Organisationen geben, die im Norden Thailands ihre Kontaktpersonen haben und über weitverzweigte Vermittlungsnetze Frauen in die Bundesrepublik bringen.

„Es gibt auch eine Gang aus Deutschland, da arbeiten auch thailändische Leute mit. Die haben Verbindungen zum Flughafen, auch manche Polizisten arbeiten mit der Gang zusammen." (Gespräch vom 13.11.1990).

Diese kriminellen Organisationen täuschen die Frauen, setzen sie unter Druck und bringen sie in Abhängigkeiten. Ihr Vorgehen zeigt sich zum Beispiel in Prozessen vor Gericht:

„Nach Aussagen von zwei Betroffenen wurden Frauen für die Bar in Thailand angeworben, mit dem Versprechen ausschließlich mit A-Go-Go-Tanz und Animieren zum Getränkekonsum 2.000,00 DM monatlich verdienen zu können. Erst auf der Reise soll den Frauen mitgeteilt worden sein, daß sie heiraten müssen; die Ehen wurden in Dänemark geschlossen. Erst in der Stadt xy soll ihnen dann eröffnet worden sein, daß sie 15.000,00 DM Schulden abzuzahlen hätten und die notwendigen Einnahmen nur mit Prostitutionsleistungen erzielt werden könnten. Eine weitere Frau soll mit dem Versprechen, als Kellnerin arbeiten zu dürfen, angeworben worden sein, ihre Eheschließung wurde in Thailand unter Zuhilfenahme eines Passes von einem deutschen Mann formal erledigt. Eine andere thailändische Frau sei mit der Erwartung, als Kindermädchen arbeiten zu können, eingereist. Neben hohen Geldforderungen an die Frauen soll es üblich gewesen sein, Reisepässe zu entwenden und sich das Rückflugticket vergüten zu lassen". (Niesner, Anonuevo, Songsiengchai-Fenzl 1991: 7f).

In den Netzwerken der Frauen- und Mädchenhändler im Norden und Nordosten Thailands werden technische Neuerungen genutzt und neue, noch professionellere Strategien der Anwerbung eingesetzt. Die Zusammenarbeit zwischen lokalen Anwerbern und den Bordellbesitzern in den Städten wird durch den Einsatz von mobilen Telefon- und Faxgeräten intensiviert. Bordellbesitzer erlauben den Mädchen teilweise ihr Heimatdorf zu besuchen, unter der Bedingung, daß sie andere Mädchen für die Sexbranche anwerben. Für jedes neue Mädchen erhalten die Anwerberinnen einen bestimmten Betrag als Kommission[6]. Lokale Anwerber bekommen mehr Entscheidungsfreiheit und größere finanzielle Unterstützung, um ihre Aufträge auszuführen. Sie sind in der Regel gut über die Lebensverhältnisse der Familien vor Ort informiert, so daß sie schnell finanzielle Notsituationen für ihre Zwecke nutzen können[7].

---

6 Entgegen einer weit verbreiteten Meinung sind viele Frauen als Täterinnen im internationalen Frauen- und Mädchenhandel aktiv.

7 Vgl. Sozialarbeiter Sompop Chantraka, zitiert in: Bangkok Post: 29.09.1993.

Möglicherweise akzeptiert ein Teil der Migrantinnen die Frauenhandelsringe wegen deren Unterstützung bei der Ausreise, wodurch sich vermeintlich die Chance für ein besseres Leben eröffnet. Denn sogar Frauen, die Opfer dieser kriminellen Praktiken wurden, unternehmen erneute und ähnliche Versuche der Ausreise:

> „Viele Prostituierte, die von Regierungsorganisationen und anderen Institutionen aus der Hölle in Japan gerettet wurden, möchten wieder nach Japan zurückgehen. Obwohl sie wissen, daß es gefährlich ist, sind sie bereit, das Risiko wieder auf sich zu nehmen. Sie glauben, daß es ihnen nicht noch einmal passieren kann, in eine ähnlich fürchterliche Situation zu geraten ..." (The Sunday Post: 15.08.1993).

Oft führt der Weg der Frauen über verschiedene Zwischenschritte ins Ausland:

> „Normalerweise fängt es mit einer Frau an, die in das Zentrum von Chiang Mai geht, von dort nach Bangkok, dann nach Phuket und schließlich nach Malaysia, Singapur oder Taiwan."[8]

Dieser Frauenhandel funktioniert also über die Netzwerke internationaler krimineller Organisationen, die Beziehungen zu Einwohnern in der Region haben. Daß in der thailändischen hierarchischen Sozialstruktur wohlhabende und auch ältere Menschen tendenziell vor Kritik geschützt sind, stabilisiert diese Handelsnetze. Denn gerade auch reiche und gesellschaftlich wichtige Persönlichkeiten sind mit Yakuzainteressen verflochten[9].

Kritiker von Yakuza fühlen sich zu machtlos, um wirkliche Schritte zu unternehmen, und die Angst vor Gewalttaten verhindert Versuche der Gegenwehr. Andererseits steht einer Veränderung die spezifische Beziehungskonstellation zwischen Eltern und Tochter entgegen. Denn oft werden die Töchter von den Eltern, trotz besseren Wissens, an Arbeitsvermittler und Bordellbesitzer 'gegeben' ohne Rücksicht auf die Gefahren, die für die Mädchen dabei entstehen.

> „In früheren Recherchen (Phongpaichit 1982, Hantrakul 1983) wurde immer wieder darauf hingewiesen, daß die Eltern oft über die wahren Absichten der Agenten getäuscht wurden. Durch die große Presse- und Informationsarbeit hat sich dies insofern geändert: Viele Dorfbewohner wissen von der Massenprostitution, aber halten sie durch die Werbung der Zuhälter und der zurückgekehrten Prostituierten für leichte Arbeit mit gutem Verdienst (Nation, 18.02.1988)." (zitiert in: agisra 1990: 212f.).

Am Beispiel Thailands wurde die Bedeutung von Frauenhandel durch kriminelle Organisationen gezeigt. Am Beispiel der Philippinen soll nun die

---

8 Gespräch mit einer Leiterin von Frauen- und Mädchengruppen am 13.11.1990.

9 Auch auf den Philippinen ist die Bedeutung regionaler Statushierarchien für den Handel bekannt. In einem Dorf in Negros, in dem von uns Befragungen durchgeführt wurden, werben beispielsweise der Großgrundbesitzer und die Verwandten des Barangay Kapitän - er ist der politische Führer des Dorfes - die Frauen an. Die Bevölkerung vertraut der Seriosität deren Handelns.

internationale Arbeitsvermittlung in ihrem Grenzbereich zu Frauenhandel und zur Ausbeutung von Frauen angeführt werden.

1.2 Internationale Arbeitsvermittlung auf den Philippinen

Auf den Philippinen ist Auslandsarbeit zur zentralen Deviseneinnahmequelle geworden. Dabei handelt es sich um eine Wirtschaftsentwicklung, die von der philippinischen Regierung stark gefördert wird. Arbeitsmigration kann über verschiedene Agenturen erfolgen: über die Regierung - die Philippine Overseas Employment Authority (POEA) -, über private legale oder illegale Arbeitsvermittler und über direkte Anwerbung und Anstellung durch den Arbeitgeber[10]. Frauen werden fast immer in schlecht bezahlte Arbeitsfelder im Reproduktionsbereich vermittelt. Sie arbeiten als Haushaltshilfe, als Babysitter und Unterhalterin. Migrantinnen mit Berufsausbildung können in etwas besser bezahlte Erwerbsarbeit wie in die Alten- und Krankenpflege vermittelt werden.

Vier der befragten philippinischen Migrantinnen waren über Agenturen, die Erwerbsarbeit vermitteln, gekommen, davon zwei auf illegale Weise - als Babysitter und Haushaltshilfe - und zwei auf legale Weise - als kulturelle Tänzerinnen. Ob legal oder illegal angeworben und vermittelt, alle Frauen waren über den Ablauf und das was sie erwartet, falsch informiert.

Die privaten Agenturen müssen von der POEA anerkannt sein, wenn sie legal anwerben wollen. 1989 gab es 740 anerkannte internationale Arbeitsvermittler. Die Agenturen werben in den Medien und schicken Repräsentanten durchs Land, um das Geschäft durch persönliche Kontaktaufnahme mit potentiellen Überseearbeitern und Arbeiterinnen zu beschleunigen. Üblicherweise sind die Agenturen als Vermittler für internationale Anstellungsagenturen oder für Arbeitsvermittler tätig, die in dem Gastland etabliert sind (vgl. Santos, Lee, Chia 1992: 46).

Auch die illegalen Arbeitsagenturen versuchen Geschäftskontakte in verschiedenen Gebieten der Philippinen aufzubauen. Manche Bewerber und Bewerberinnen sind sich deren illegalen Operationen bewußt und nehmen sie in Kauf, um eigene Interessen der Ausreise verwirklichen zu können. Manche dieser illegalen Agenturen sind in der Lage, die Bewerber und Bewerberinnen über eine 'Hintertür' tatsächlich nach Übersee zu schicken, andere jedoch verschwinden ohne Gegenleistung mit dem Geld der Ausreisewilligen.

10 Einzelne Arbeitsmigrantinnen werden auch direkt von ihren Anwerbern eingestellt, so daß keine Vermittlungsagentur zwischengeschaltet ist. Das ist meist dann der Fall, wenn dem Arbeitgeber die Vertragsarbeiterinnen bekannt sind, oder wenn sie von Überseearbeiterinnen im Bezugsland empfohlen wurden.

Die Einnahmen der verschiedenen Vermittlungsorganisationen sind hoch. Die POEA nimmt US-$ 100 Bearbeitungsgebühr pro Fall[11]. 1991 nahm die POEA nur für Bewerbungsverfahren ca. US-$ 700.000 ein[12]. Die legalen privaten Agenturen dürfen höchsten US-$ 250 pro Bearbeitung verlangen, die Einnahmen der illegalen Agenturen sollen pro Vermittlung zwischen US-$ 600 und US-$ 1400 schwanken[13].

Die illegalen Anwerber, deren Geschäfte keinerlei Kontrolle unterliegen, verfügen über sehr große Einnahmen. Frauen, die über illegale Anwerbung nach Deutschland gekommen sind, berichten von Summen zwischen US-$ 5.000 und US-$ 10.000, die sie für Vermittlung und Transport aufbringen mußten[14]. Einige Frauen, die über die ehemalige Tschechoslowakei auf dem Weg nach Italien waren und von der deutschen Grenzpolizei gefaßt wurden, gaben an: Dem Vermittler wurden US-$ 9.000 pro Person gezahlt. Falls die Einreise nicht klappen sollte, wären weitere US-$ 1.000 für eine zweite Chance zu zahlen.

Auch aufgrund mangelnder Überwachung von Seiten der Regierung können auf den Philippinen legale Anwerber mit illegalen Methoden arbeiten. Die POEA reagiert nur auf Beschwerden von Auslandsbeschäftigten und hat innerhalb der Institution keine unabhängige Abteilung, die die Geschäftsverläufe streng kontrollieren könnte. Das Fehlen von bilateralen Arbeitsabkommen zwischen den Philippinen und den Ländern, die die Arbeitskräfte nachfragen, liefert den internationalen Arbeitsvermittlern freien Handlungsspielraum mit geringem Kontrollrisiko[15].

Auch Vermittlung über legale Organisationen schützt so vor Ausbeutung nicht. Die beiden Frauen, die über legal tätige Vermittlungsagenturen in die Bundesrepublik kamen, wurden als kulturelle Tänzerinnen angeworben, später jedoch gezwungen, im Sexgeschäft zu arbeiten und in Bars in Hamburg 'oben ohne' zu tanzen.

> „Wir wurden an die POEA verwiesen ... Zur selben Zeit hat diese Vermittlung nach einer Gruppe (Frauen zum Aufbau einer Tanzgruppe, d.A.) gesucht. Wir haben uns dort beworben und einen Job bekommen ... wir haben auf den Philippinen geübt ...

---

11 Das waren im September 1993 3.000 Pesos.

12 Die POEA-Statistik bestätigt, daß 1991 die Papiere von 701.762 Vertragsarbeiterinnen und -arbeitern bearbeitet wurden.

13 Bei dieser Summe handelt es sich ausschließlich um eine Bearbeitungsgebühr, die die Agenturen für die Abwicklung der Formalitäten und die Kontaktaufnahme zum zukünftigen Arbeitgeber verlangen. Die Kosten für den Reisepaß, für das Visa und den Transport sind zusätzlich zu zahlen (vgl. Philippine Migration Review 1990: 5).

14 Eine Frau, die mehrfach abgeschoben wurde, bezahlte US-$ 15.000,--.

15 Mitte der 90er Jahre hatten die Philippinen bilaterale Arbeitsabkommen mit Jordanien, Irak und Quatar abgeschlossen (vgl. Santos, Lee, Chia 1992: 55). Außerdem lagen zum Zeitpunkt der Gespräche mit Spanien und Italien bilaterale Abkommen vor, während mit Frankreich und England darüber verhandelt wurde.

zwei Monate ... die Flugtickets haben die Inhaber des Clubs (in Hamburg, d.A.) bezahlt."

Von den beiden anderen Frauen, die von illegal tätigen Vermittlern angeworben wurden, war nur eine über die illegalen Bedingungen ihres Aufenthaltes in der Bundesrepublik aufgeklärt worden. Man hatte ihr jedoch einfache und gut bezahlte Arbeit versprochen. Ein bedeutendes Motiv für ihre Ausreise, das sich dann jedoch für sie nicht realisieren ließ.

„Sie wollten einen Job für mich suchen und ich glaubte, das ist hier viel besser, als nichts zu tun zu haben auf den Philippinen ... ich wußte schon, daß ich untertauchen muß ... DM 5.000.- und das ist alles (was ich bezahlen muß, d.A.) inklusive aller Ausgaben. Das Visum habe ich extra bezahlt ... und dann gibt es dafür noch Wucherzinsen von DM 1.000.- ... die hat für mich einen Job gesucht, aber nur eine Putzstelle im Büro, zwei Stunden pro Tag ... monatlich muß ich DM 500.- zurückzahlen ... Alles was ich in einem Jahr verdient habe, habe ich dafür bezahlt. „

Der anderen Frau war ihre schwierige arbeits- und aufenthaltsrechtliche Situation im Ausland vor der Abreise nicht bewußt. Man hatte sie mit falschen Versprechungen angeworben, ihr einen Job als Babysitter mit Arbeitserlaubnis angeboten.

„Während ich im Büro des Anwerbers wartete, traf ich eine gewisse XY. Sie sagte, wenn ich ihr 30.000 Pesos[16] gebe, könnte sie mich innerhalb von drei Tagen als Babysitter nach Deutschland schicken. Ich lieh mir von meinen Nachbarn und von meinem Bruder Geld. Sie hatte mich angewiesen, nach San Fernando La Union zu gehen und meinen Paß zu holen, den ich dort an einem Tag einfordern kann. Für den Paß bezahlte ich weitere 2.000 Pesos. Ich sollte meinen Paß fälschen und vier Jahre hinzufügen[17]. Ich zahlte die 30.000 Pesos in der Residenz von XY und wurde angewiesen, sie am Flughafen zu treffen, wo sie mir mein Ticket nach Deutschland geben würde[18]. Mir war auch gesagt worden, daß ich US-$ 300 für die Arbeitserlaubnis in Deutschland mitbringen sollte. Ich traf Mrs. XY am Flughafen und sie gab mir mein Ticket nach Frankfurt. Sie sagte mir, daß mich in Frankfurt eine Filipina abholen wird, die mir Arbeit geben und mit mir die Arbeitserlaubnis arrangieren wird. Als ich in Frankfurt am Flughafen ankam, traf ich die Filipina, die meine US-$ 300 bekam. Sie brachte mir einen „Hamburger" und sagte, daß sie nur schnell meinen Arbeitgeber anrufen wird. Ich wartete und wartete, aber sie kam nicht zurück."

Unsere Ergebnisse zeigen, daß nicht nur illegal tätige Arbeitsvermittler, sondern auch legale Anwerber und Vermittler mit Praktiken des Frauenhandels arbeiten. Manche Händler arbeiten 'halb legal', sie nutzen offizielle Wege und wenden kriminelle Praktiken an. Auch die legale Arbeitsvermittlung schützt die Frauen vor Ausbeutung nicht. Die philippinischen Befragten wurden zum Teil über wesentliche Bedingungen der Arbeit getäuscht. Sie wurden sexuell wie auch finanziell ausgebeutet.

---

16 Zum Ende 1993 waren das ca. US-$ 1.000,--.

17 Normalerweise verstreichen ca. 10 Tage, bis ein Paß von den Behörden ausgestellt ist, dafür sind ungefähr 600 Pesos zu zahlen. Wieso diese Frau ihren Paß schneller erhielt, konnte in dem Gespräch nicht geklärt werden. Wir müssen jedoch davon ausgehen, daß Zusammenhänge zur Bestechlichkeit von Staatsangestellten bestehen.

18 Zu dieser Zeit gab es noch keine Visumspflicht für die philippinische Bevölkerung; der Sichtvermerk wurde Mitte 1989 eingeführt.

Für die Frauen ist es schwierig, sich gegen diese Praktiken zu wehren. Zum einen, weil sie durch Schulden in große Abhängigkeiten gerieten und weil sie für sich nachteilige ausländerrechtliche Konsequenzen fürchten. Zum anderen auch, weil keine bi-nationalen Abkommen zwischen der Bundesrepublik und den Philippinen für legale Arbeitsmigranten existieren, die deren Rechte schützen könnten.

1.3 Internationale Heiratsvermittlung auf den Philippinen

Leider sind keine Zahlen zu den internationalen Heiratsagenturen, die auf den Philippinen operieren, vorhanden. Da ihre Geschäfte seit Juli 1989 verboten sind[19], bieten heute viele ihre Dienste inoffiziell an und sind statistisch nicht mehr zu erfassen. Mit dem Verbot setzte der Staat ein Zeichen, daß die Vermittlungspraktiken nicht mit dem rechtsstaatlichen Gedankengut, dem Schutz der Menschenwürde, vereinbar sind. Scheinbar wird diese Sanktionierung jedoch nicht von breiteren Bevölkerungsschichten mitgetragen, so daß die Geschäfte weiter florieren, der Staat jedoch auch jegliche formalen Regulierungs- und Kontrollmöglichkeiten aufgegeben hat.

Die Heiratsvermittlungen, die auf den Philippinen operieren, werden oft von deutsch-philippinischen Ehepaaren geführt. Meist leiten die deutschen Männer die Heiratsagentur und konzentrieren sich in ihrer Tätigkeit hauptsächlich auf die gewinnbringenden Klienten in Deutschland. In der Regel haben sie eine philippinische Kontaktperson, die in den Philippinen - entweder in Metro Manila oder direkt in den ländlichen Regionen - arbeitet. Oft ist die Kontaktperson vor Ort aus dem Familienkreis der philippinischen Ehefrau des Heiratshändlers.

Da die Agenturen auf den Philippinen heute verboten sind und sie ihre Geschäfte im Untergrund abwickeln, hat sich ihre Arbeitsweise verändert. Sie machen sich verstärkt über informelle Wege bekannt. Heiratsanwärterinnen erfahren meist von Frauen aus dem Freundes-, Kolleginnen- oder Nachbarschaftskreis von den örtlichen Heiratsvermittlungen und bewerben sich dann. Eine Frau berichtet von ihrem Kontakt zu der Agentin der Heiratsagentur:

> „... Die Vertreterin dieser Heiratsagentur auf den Philippinen wollte nur ein Bild haben, damit sie es zu ihrem Chef (nach Hannover, d.A.) schicken kann. Das Bild kommt in ein Album, das von den Männern angeschaut wird. Sie entscheiden dann, ob sie eine Frau nehmen. Wenn der Mann Interesse hat, dann muß die Frau die Papiere in den Philippinen selbst fertigmachen, dann kann sie hierher kommen."

19 Nach dem Republik Act No. 6955. Vgl. in diesem Zusammenhang zur Praxis der Strafverfolgung auf den Philippinen Kapitel VI.

Die Heiratsagenturen bringen verstärkt deutsche Männer in die Heimatprovinzen der Frauen zur Kontaktvermittlung[20]. In der Regel zahlen die Filipinas bei der Heiratsvermittlung nur für ihren Paß und das Visum. Alle anderen Kosten übernimmt vorab die Heiratsagentur und stellt sie dem zukünftigen Ehemann in Rechnung. Die Männer zahlen zwischen DM 5.000,-- und DM 15.000,-- pro Vermittlung, in Einzelfällen auch mehr.

Die Konditionen für die Frauen variieren. Manche Agenturen verpflichten die Frauen, dann für die Kosten aufzukommen, wenn keine Ehe zustandekommt. Andere Agenturen verzichten auf derartige Vereinbarungen, so daß die Frauen theoretisch ohne Schulden auf die Philippinen zurückkehren können, wenn für sie kein Ehemann gefunden wurde. Weil damit ein großer finanzieller Verlust verbunden ist, dürften sich jedoch die wenigsten Agenturen darauf einlassen.

Es besteht eine Grauzone zwischen der professionellen Vermittlung über Heiratsagenturen und den Heiratsarrangements philippinischer Verwandter. Die Arbeitsweisen dieser beiden Gruppen werden sich immer ähnlicher, denn es existieren Agenturen, deren Betreiber die eigenen Verwandten vermitteln, und es gibt philippinische Frauen, die ihre Verwandten mit Profit vermitteln[21]. Diese Formen haben gemeinsam, daß sie durch Profit motiviert sind. Sie unterscheiden sich jedoch in der Regel darin voneinander, daß die Heiratsagenturen härtere Geschäftsbedingungen haben und den Frauen einen größeren Druck zur Heirat machen.

Profitorientierte Vermittlungsformen entwickeln sich zunehmend zu Geschäften, in denen freundschaftliche Verbindungen, verwandtschaftliche Beziehungen und vertrauensvolle Kontakte miteinander verknüpft und geschickt zum Heiratshandel genutzt werden. Die Vermittler schaffen Vertrauensverhältnisse, so daß sich die Frauen auf ihre wohlwollende Unterstützung verlassen. Oft sind die Kontakte auch durch weitläufige verwandtschaftliche Verbindungen gefestigt, und die Motivation, einer Verwandten zu helfen, vermischt sich mit der Absicht des Geldverdienens. Soziale Bindungen gehören zum Geschäftskalkül. Ein Mitarbeiter der Deutschen Botschaft in Manila bestätigte das große Vertrauen, das die Frauen auf ihre Kontaktpersonen setzen, die sich mit einem Image der Hilfsbereitschaft anpreisen:

> „Zudem verlassen sich die Frauen blind auf die Vermittler, die oft im Freundes- und Familienkreis zu suchen sind, nach dem Motto 'mein Schwager hat gesagt, ich soll

---

20 So bestätigte ein deutscher Heiratshändler gegenüber einer philippinischen Tageszeitung, daß er deutsche Männer nach Negros auf die Philippinen bringe, damit sie dort potentielle Bräute treffen können. Für eine gelungene Vermittlung berechnet er den Männern US-$ 10.000,-- (The Visayan Daily Star, June 5-6, 1993).

21 In Folge dieser Entwicklung hat das 'Philippine Women Forum', ein Netzwerk von Filipinas in Deutschland, die sich mit Frauenthemen beschäftigen, Heiratshandel so definiert, daß er alle Formen der Vermittlung einschließt, die Profit erbringen.

deutsch lernen, ich habe einen Mann für dich'. Und diese Frau heiratet den auch. Das ist in den meisten Fällen nicht der eigene Wunsch, sondern der Wunsch der Schwester, also von jemandem der auch will, daß sie nach Deutschland kommt. Diese Verwandten erweisen sich dann häufig als Kupplerinnen. Sie möchte und muß nach Deutschland, und es hing damit zusammen, die Tante war eine Kupplerin, eine regelrechte Heiratsvermittlerin, die sie hier unter Druck gesetzt hat."[22]

Konflikte mit den Arrangements der Heiratsagenturen treten bei den Heiratskandidatinnen in erster Linie dann auf, wenn ihre sexuelle Selbstbestimmung verletzt wird, d.h. sie aus Profitinteresse des Händlers zu sexuellen Kontakten mit Eheanwärtern gezwungen werden[23]. Ein Problemfeld findet sich beispielsweise in falscher oder vorenthaltener Information. Ein Beispiel dafür ist das Versprechen an die Frauen, sie könnten sich ihren Ehemann aussuchen; später werden sie dann aber unter Druck zur Heirat eines bestimmten Kandidaten veranlaßt.

In einem Fall hatte eine interviewte Filipina einen Vertrag unterschrieben, nach dem ihre Familie US-$ 3.500 an den Heiratsvermittler zahlen sollte, falls sie nicht vermittelbar sei. Es war ihr zugesichert, daß sie sich den zukünftigen Ehemann selbst aussuchen könne. In der Bundesrepublik wurde sie jedoch gezwungen, jeden Mann zu akzeptieren, der sich für sie interessierte. Der Vermittler drohte ihr, daß sie das Geld zahlen müsse. Sie wurde insgesamt an vier Männer vermittelt. Dreimal wurde sie von den Klienten zur Heiratsagentur zurückgebracht. Die Männer bemängelten ihre Zurückhaltung hinsichtlich vorehelicher sexueller Aktivitäten und daß sie bereits Mutter sei. Von ihrem vierten Mann flüchtete sie, weil er gewalttätig war und sie vergewaltigte.

Die Frauen haben nicht die Finanzkraft und den sozialen Rückhalt, um sich der dominanten Einflußnahme durch die Händler zu entziehen. Dieser strukturelle Nachteil führt immer zur individuellen Abhängigkeit der Heiratskandidatinnen von den Agenturen. Insbesondere dann, wenn sich die persönlichen Interessen der Frauen nicht (mehr) mit den Geschäftsinteressen der Händler decken, besteht die Gefahr der sexuellen Fremdbestimmung. Um einem finanziellen Verlust zu entgehen, werden genau dann die profitorientierten Agenturen versuchen, ihre Interessen gegen den Willen der Frauen durchzusetzen.

1.4 Die Vermittlung als einzige Chance zur Migration

Bislang sind keine Informationen über die persönlichen Einstellungen der Frauen zu den Vermittlungen bekannt. Völlig ungeklärt ist die Frage, mit

22 Expertengespräch an der Deutschen Botschaft in Manila am 13.12.90.

23 Dieses Vorgehen wird nach der Novellierung des Straftatbestandes Menschenhandel mit dem 26. Strafrechtsänderungsgesetz mit Menschenhandel geahndet. Vgl. hierzu Kapitel VI 2.1.1 „Die Änderung des materiellen Strafrechts".

welcher inneren Haltung die Frauen ihre Zukunft in die Hände der Händler und 'Helfer' legen. Um das Vorgehen der Frauen besser verstehen zu können, aber auch spezifischer, um deren Bereitschaft zur Gegenwehr zu erkunden, versuchen wir diese Informationslücke wenigstens ansatzweise zu schließen. Anhand des Heiratshandels behandeln wir diesen Themenkomplex auf der Grundlage der Interviews mit der thailändischen Untersuchungsgruppe. Die Informationen werden mit den Daten der philippinischen Befragten zu Vermittlungspraktiken ergänzt.

Aus Sicht der Frauen wird die professionelle Heiratsvermittlung grundsätzlich positiv bewertet, weil sie die Chance der Migration über eine interkulturelle Eheschließung gibt. Die meisten Befragten sind gegenüber der Heiratsvermittlung jedoch ambivalent eingestellt, fürchten sie doch das persönliche Risiko, das in dieser Vermittlung liegt[24].

Die Befragten votieren dafür, daß ausreisewillige Heiratskandidatinnen eine selbstbestimmte Entscheidung für oder gegen den Vermittlungsweg über Heiratsagenturen treffen können und sprechen sich damit gegen ein Verbot dieser internationalen Agenturen aus. Gleichzeitig zeigen sie eine fatalistische Einstellung, die letztendlich das Schicksal für Erfolg oder auch Mißerfolg verantwortlich macht und die Betreffenden von ihrer persönlichen Verantwortung enthebt:

> „Es ist reine Glücksache. Wer einen guten Mann bekommt, hat es gut. Wer einen schlechten Mann bekommt, hat es nicht gut. Es ist nicht gut, weil es nur vom Glück abhängt."

Diese Einstellung begünstigt neben der persönlichen Entlastung der Frauen jedoch auch, daß sie nicht versuchen, sich über Geschäftsvorgänge der Vermittlungsagenturen zu informieren oder diese zu kontrollieren. Die Heiratskandidatinnen werden im Konfliktfall wenig Widerstand zeigen. Risikolos können Vermittler mit kriminellen Geschäftspraktiken tätig sein, weil die potentiellen Opfer von Frauenhandel tendenziell ihre Eigenverantwortung nicht bedenken.

In dem Profitinteresse der Vermittler wird das größte Risiko gesehen. Auch hier liegt das Problem darin, daß die Betroffenen die Verantwortung in die Hände der Vermittler zu legen suchen und die Realität der Gewinnorientierung ausblenden. Eine Befragte kritisiert den moralischen Anspruch, den die Vermittler zu haben vorgeben.

> „ ... Wenn sie uns wirklich helfen würden, müßten sie alle Verantwortung tragen. Sie schicken die Frauen hierher. Leben die Frauen hier glücklich? Und würden sie ihnen dann helfen, nach Hause zurückzukehren, wenn sie hier nicht glücklich leben? ..., sie kassieren nur Geld und wollen nicht mehr wissen, wie es den Frauen geht. ... Ich mag es nicht, daß es Kontaktaufnahmen auf diese Art und Weise gibt."

---

24 Drei der 20 Befragten waren selbst über gewerblich tätige Heiratshändler vermittelt worden. Die Frauen, die selbst vermittelt wurden, zeigen keine unterschiedliche Einstellung zu den Frauen, die über andere Wege einreisten.

Dahinter verbirgt sich wiederum die Schwierigkeit, daß sich die heiratsvermittelten Frauen auf einen Mann einlassen, den sie kaum oder nur ungenügend kennen. Weil ausreichende Zeit fehlt, um sich kennenzulernen, und die Vereinbarung zur Heirat oft schon vor der persönlichen Kontaktaufnahme steht, schätzen die Frauen das Risiko dieser Vermittlung besonders hoch ein. Vereinzelt wird hier von den Frauen das Bild der Vermittler als 'Helfer' relativiert und das im Vordergrund stehende Geschäftsinteresse erkannt.

> „... Wenn sie wirklich helfen würden, müßten sie sich die beiden richtig vorstellen und sich kennenlernen lassen. Ich habe das auch mal gemacht. Ich habe eine Frau vorgestellt, also meine Freundin einem Mann hier. Sie hatten Kontakt miteinander, sie haben ungefähr einen halben Monat zusammengewohnt. Danach haben sie sich getrennt. Aus welchem Grund weiß ich nicht, ich war nicht dafür verantwortlich."

Die Heirat eines 'fremden' Mannes, dessen Persönlichkeitsstruktur für die Frauen noch im Dunkeln liegt, birgt das Risiko einer konfliktreichen Ehe in sich. Die Frauen sehen die Gefahr, daß möglicherweise eigene Bedürfnisse innerhalb dieser arrangierten Ehen nicht mehr gelebt werden können. Dabei gibt das asymmetrische Machtverhältnis zwischen den Heiratskandidaten dem Mann die Möglichkeit, seinen Vorteil zu nutzen und die Frau zu mißbrauchen und auszubeuten.

> „... sie (die Frauen, d.A.) können sich selbst in Bangkok am besten einen Partner suchen. Wenn sie hier (in der Bundesrepublik, d.A.) einen Partner suchen, können sie sich nicht so gut kennenlernen. ... Sie haben eine Frau für ein oder zwei Wochen genommen und dann haben sie gesagt, daß sie nicht gut ist. Und sie haben sie wieder zurückgeschickt. Sie haben wieder eine neue Frau genommen. Ich meine, das ist nicht gut"

Die Frauen sind den Männern und deren wohlwollendem Verhalten ausgeliefert. Sie sind sogar in Gefahr, wie eine Ware weiterverkauft zu werden.

> „..., dann aber macht er etwas schlechtes mit uns. Wir kennen sein Herz nicht. Wenn wir uns so kennenlernen, er kann uns auch weiterverkaufen. Es ist nicht gut, weil wir ihn noch nicht sehen können (ihn also noch nicht einschätzen können, d.A.)."

1.4.1 Gegen Verbot, aber für Kontrolle

Während Beratungsstellen gegen internationale Heiratshändler protestieren, weil sie in deren Aktivitäten kriminelle Praktiken erkennen, lehnen demgegenüber die Frauen selbst Protestaktionen gegen Vermittlungsagenturen ab, möchten jedoch wirksame Kontrollen eingerichtet sehen[25]. Proteste gegen die Geschäfte von Agenturen sollen nach den Vorstellungen der meisten Frauen nur eine regulierende Wirkung haben und deren Aktivitäten nicht vollständig verhindern. Vielmehr soll im Interesse der heirats- und migrationswilligen Frauen zwischen guten und schlechten Vermittlern selektiert

25 Mit Ausnahme von zwei Frauen möchten die Frauen stärkere Kontrollen haben. Drei der Befragten hatten dazu keine Meinung, und einzelne Befragte antworteten erst, nachdem die Interviewerin an Beispielen allgemein bekannte und in Verruf geratene Arbeitsweisen der Heiratshändler schilderte.

werden, so daß sich die Anzahl der seriösen Organisationen erhöht und sich das Risiko für die Migrantinnen minimiert.

> „Wenn sie gegen die Partnervermittlungsbüros sind, die nicht ehrlich sind, ist es ja gut. Die Frauen haben dann Sicherheit vor dem Frauenhandel. Es (der Protest, d.A.) ist sehr gut, wenn es sich um Partnervermittlungsbüros handelt, die nicht gut sind, die nicht ehrlich zu den Frauen sind".

Diese Forderung muß als relativ unrealistisch angesehen werden in Anbetracht der Situation, daß Heiratshändler in erster Linie Geschäftsinteressen vertreten und keine Wohlfahrtsorganisationen darstellen. Zudem macht die große Anzahl an Organisationen, die international in der Ehevermittlung tätig sind, deren gründliche Kontrolle unmöglich[26]. Die Kontrollmaßnahmen können sich immer nur auf korrekte Rahmenbedingungen - wie beispielsweise steuerliche Abgaben und ausländerrechtliche Maßnahmen - beschränken. Nur in Einzelfällen werden tiefergreifende Vorgehensweisen möglich sein, die jedoch nicht präventiv wirken, sondern nur einzelne Straftaten verfolgen können.

Komplementär zu der Überschätzung von staatlichen Regulierungsmaßnahmen steht die Unterschätzung der Situation von Betroffenen und deren Unterstützungsbedarf. Eine Frau, die Protest nur gegen kriminellen Handel und nicht gegen die Betroffenen gerichtet sehen will, verdeutlicht diese Haltung.

> „Es gibt jetzt auch viele Frauengruppen, die gegen diese Vermittlungsbüros arbeiten. Ich glaube, man sollte das überhaupt gar nicht machen. Wenn es einer Frau sehr schlecht geht, dann sollte sie mir schreiben, und mein Mann könnte dann eine Heiratsanzeige für sie aufgeben. Ich meine also, man soll gegen diese Büros protestieren und nicht gegen die Frauen, die kommen wollen. Ja, wir sollten schon protestieren und wenn wir etwas erfahren in dieser Richtung, sollten wir gleich Anzeige erstatten. Wir müssen dann sofort helfen. Da habe ich einer Frau auch schon gesagt, sie soll zur Polizei gehen. Ihr Paß wurde einbehalten von dem Typ da. Diese Frau hat dann gesagt, wenn sie zur Polizei geht, dann haben die zwei anderen gar keine Chance mehr, auszureisen."

Nur drei Frauen sind völlig gegen Protestaktionen gegen internationale Heiratsagenturen eingestellt. Dahinter verbirgt sich die Haltung, daß es zum einen ein freier Entschluß der Frauen ist, sich auf Heiratsvermittlung einzulassen. Zum anderen wird für Verständnis geworben, wenn Frauen nur mit Hilfe dieser Agenturen ihre Interessen verwirklichen können. Die einzige Frau, die es sich vorstellen könnte, selbst eine Partnervermittlung zu eröffnen, befindet sich auch in dieser Gruppe. Sie hat ihren Mann im Tourismusgebiet in Thailand kennengelernt und führt selbst eine für sie emotional zufriedenstellende Ehe.

---

26 Leider liegen zu international tätigen Heiratshändlern in der Bundesrepublik keine aktuellen Daten vor. Da eine Zählung von 1990 jedoch schon alleine in Nordrhein-Westfalen die Anzahl von 27 professionell tätigen Heiratshändlern ermittelte (Lenz, Ramil-Weiss, Thiemann 1993: 12), müssen wir im ganzen Bundesgebiet von weit mehr als den 60 Instituten ausgehen, wie sie noch 1985 (Schmidt 1985: 67f.) gezählt wurden.

Ihre Vorstellungen lassen sich auf die Informationen über die Geschäfte einer Agentur zurückführen, deren Tätigkeit sie positiv bewertete.

„Ich glaube, sie helfen auch. Diese Frau hat mir erzählt, wenn ein Paar Probleme hat, kann es zu diesem Büro zurückgehen. Zum Beispiel, wenn es eine Schlägerei gibt. Also bevor sie geheiratet haben, können die beiden zurückgehen. Man kann den Vertrag zurücknehmen - also die beiden bleiben nicht zusammen. Es muß nicht sein, nur weil der Mann schon bezahlt hat. Sie muß nicht bei ihm bleiben, oder sie muß ihn nicht heiraten. Der Mann hat mir auch erzählt, es passiert auch, daß die Schwiegermutter nicht gut ist, daß sie etwas gegen Ausländer hat. Dieses Büro hilft dann auch, und es gibt dieses Büro noch. Es macht das doch ziemlich richtig."

Eine Minderheit der Befragten ist grundsätzlich gegen die professionelle internationale Partnervermittlung und deren Aktivitäten eingestellt. Die Frauen kamen selbst über die verschiedensten Wege in die Bundesrepublik, auch eine heiratsvermittelte Frau ist dabei. Sie vermuten, daß die Büros mit dieser 'Aufgabenstellung' nicht gut und seriös arbeiten können und den Frauen zwangsläufig Nachteile entstehen müssen. Zwei Frauen deuten in diesem Zusammenhang auf die ungleichen Machtverhältnisse zwischen den Partnersuchenden hin. Da die Männer im Vorteil sind, werden nach ihrer Ansicht die Frauen ausprobiert, weiterverkauft und ausgebeutet.

„Ich glaube er (Protest gegen internationale Heiratsvermittlung, d.A.) ist gut, weil hier die Frauen ausgebeutet werden." Frage: „Sie beuten die Frauen aus?" Antwort: „Ja, nur die Frauen werden ausgebeutet, die Männer bekommen nur."

Offen tritt der unlösbare Konflikt zwischen Migrationsinteressen und den Wünschen nach persönlicher Sicherheit zutage, denn die Verfolgung einer erfolgversprechenden Lebensplanung birgt die Gefahr der Fremdbestimmung in sich. Für die Frauen ist die Chance auf eine gute Zukunft nur mit einer gewissen Risikobereitschaft zu haben und genau dieses Risiko soll minimiert werden.

1.4.2 Die scheinbare Sicherheit liegt in der informellen 'Hilfe'

Die Gefahr der Fremdbestimmung bei einer professionell organisierten Einreise sehen die Frauen recht hoch, jedoch wird der Einreise über informelle 'Hilfe', die nicht an einen Profit geknüpft ist, eine größere Erfolgschance zugeordnet. Folglich ist die überwiegende Mehrheit der thailändischen Frauen selbst dazu bereit, auf informellem Wege die Einreise von Familienangehörigen und deren längerfristigen Aufenthalt zu unterstützen. Wenn die eigenen Ressourcen es ermöglichten, wurden bereits Verwandte geholt, bzw. es bestehen schon Pläne für deren Einreise.

„Meine erste Tochter hat ein Kind. Sie ist 21 Jahre alt. Wenn sie sich von ihrem Mann scheiden läßt, werde ich sie hierher holen. ... Ich meine, wenn sie nachdenken kann, dann ist es hier besser als bei uns. Weil die Thailänder wenig Einkommen haben, denn sie sind nicht sparsam. Wenn sie betrunken sind, schlagen sie ihre Frauen und Kinder. Meine Tochter wurde auch geschlagen. Ihr Mann hat sie geschlagen. Ihr sind zwei Zähne abgebrochen. Ich habe 2000 Baht für zwei dritte Zähne für sie bezahlt. Und jetzt sind sie wieder herausgebrochen. Sie hat mir geschrieben. Sie hat nicht gesagt, daß ihr Mann sie geschlagen hat. Aber, ich weiß es, mein Enkel hat es mir geschrieben."

Die solidarische Unterstützung von Familienangehörigen funktioniert nur dann, wenn sich die ausreisewilligen Frauen wirklich auf eine Versorgungsehe einlassen können. Das kann nur gelingen, wenn der Frau die materielle Sicherheit in der Ehe wichtiger ist, als die Verwirklichung von romantischen Liebesvorstellungen. Die gleiche Frau berichtet über ihre migrationswillige Nichte in Thailand und die Strategie, die sie selbst mit deren Ausreise verfolgt:

> „... Wenn sie einen jungen Mann sieht, nachdem sie einen alten Mann geheiratet hat, und wenn sie sich scheiden läßt, ist es ja auch nicht gut. Ich glaube, ich warte, bis sie älter ist und nachdenken kann. Wenn sie hierher kommen und heiraten will, ist es in Ordnung, sie kann kommen. Aber jetzt ist sie 20 oder 21 Jahre alt. Ich will ihr noch nicht helfen, sie denkt nicht nach."

Auch die in Deutschland lebenden Filipinas spielen eine große Rolle bei der Migration der ausreisewilligen Filipinas, da sie oft die Einreise organisieren und einen dauerhaften Aufenthalt ermöglichen. Fast die Hälfte der philippinischen Befragten konnte über ihren persönlichen Freundes- und Verwandtschaftskreis die Einreise regeln[27]. Die Befragung an der Deutschen Botschaft in Manila bestätigte ebenfalls, daß über zwei Drittel der ausreisewilligen Frauen Verwandte, Freunde und Freundinnen in Deutschland haben. Diese arrangieren und bezahlen den Transport nach Deutschland, der als Touristenaufenthalt oder Verlobtenaufenthalt deklariert ist[28].

Soweit sie finanziell dazu in der Lage sind, unterstützen die in Deutschland lebenden philippinischen Frauen die Migration ihrer Verwandten und ermutigen sie zur Einreise in die Bundesrepublik[29]. Oft werden sie in ihrem Vorhaben von ihren Ehemännern unterstützt. Die Vermittlung

---

27 Drei Frauen konnten so Brieffreundschaften mit deutschen Männern realisieren, die dann zur Ausreise und Heirat führten. Wiederum drei Frauen ließen sich als Heiratswillige in der Zeitung inserieren, eine dieser Frauen ist bereits verheiratet. Die anderen drei Frauen arbeiten heute illegal als Babysitter und Putzfrauen. Auch die Interviews an der Deutschen Botschaft in Manila weisen auf diese Form der Kontaktaufnahme hin. Von den zehn Heiratskandidatinnen, die in der Deutschen Botschaft interviewt wurden, hatten sechs ihre Männer über philippinische Verwandte oder Freunde, die bereits in Deutschland leben, kennengelernt. Der Kontakt wurde meist über Brieffreundschaft hergestellt. Manchmal wurde auch gleich ein Treffen auf den Philippinen arrangiert, während der deutsche Freund dort in Urlaub war.

28 21 der 29 Befragten sprachen von Verwandten und Freunden in Deutschland. 15 Frauen beantragten ein Touristen- und sechs Frauen ein Visum zur Heirat. Bei diesen Zahlen muß einschränkend berücksichtigt werden, daß möglicherweise einige Frauen aus taktischen Gründen die Existenz von Verwandten in Deutschland angeben, um von den wirklichen Vermittlern abzulenken.

29 Elf der von uns interviewten 20 philippinischen Frauen gaben an, daß sie aktiv die Migration ihrer Verwandten unterstützen. Die anderen Frauen waren (noch) nicht in der Lage, die Kosten zu tragen. In der Regel müssen die Familienangehörigen und Freunde in der Bundesrepublik die Transportkosten und die Kosten für Einreiseformalitäten abdecken, sowie die ersten Monate des Aufenthaltes finanzieren. Vereinzelt hatten die Frauen keine Verwandten, die nach Deutschland kommen wollten. Entweder bestand zu ihnen keine enge persönliche Bindung oder sie waren relativ wohlhabend, so daß eine Ausreise aus materiellen Gründen nicht infrage kam.

über Verwandte, die ein solidarisches und nicht profitorientiertes Interesse zeigen, dürfte noch am wenigsten von Ausbeutungsverhältnissen und Fremdbestimmung durchzogen sein. Jedoch werden auch hier emotionale oder materielle Gegenleistungen erwartet, ohne daß die direkte Verwirklichung eines Profites angestrebt wird.

Früher oder später kommt es zur 'freiwilligen' Gegenleistung. Zum Teil möchten die in der Bundesrepublik lebenden Filipinas Familienangehörige um sich haben, sie sehnen sich nach einem engeren persönlichen Kontakt. Zum anderen versuchen sie sich aber auch von finanzieller Verantwortung in der Heimat zu entlasten und hoffen perspektivisch, einen Teil davon abgeben zu können. Oft werden auch kostenlose Tätigkeiten, wie Babysitterdienste oder Haushaltshilfe, eingefordert.

Diese Erwartungen, Wünsche oder auch Ansprüche an die nachreisenden Migrantinnen, können die Grundlage für Ausbeutung und Fremdbestimmung liefern. Moralischer Druck dürfte die am häufigsten angewandte Methode der 'Helfer' sein, um ihre Forderungen durchzusetzen. Abhängig von der jeweiligen Situation der betreffenden Frauen können diese sich im Interesse ihrer eigenen Bedürfnisse entziehen oder müssen den Forderungen nachgeben, um nicht ihre eigene Existenz zu gefährden.

Hauptsächlich 'erfolgreiche' Frauen, die sich eine Zukunft in Übersee aufbauen, übernehmen die Rolle der Migrationshelferin. Andere bereits in der Bundesrepublik lebende Frauen sind jedoch mit ihrem Leben sehr unzufrieden, so daß sie es ihren Familienangehörigen nicht zumuten wollen, in ähnlich schlechte Lebensbedingungen zu geraten. Dazu gehören u.a. auch Migrantinnen, die im Sexgewerbe arbeiten und deren Heimatfamilie über die realen Bedingungen des Gelderwerbs in Übersee nicht Bescheid weiß. Eine philippinische Befragte unterstützt die Migration ihrer Verwandten nach Deutschland aus eigener Überzeugung nicht. Sie arbeitet als Stripease-Tänzerin und möchte nicht, daß ihren Verwandten ähnliches widerfährt.

> „Weil ich nicht möchte, daß sie auch dasselbe erleben müssen, was ich durchgemacht habe. Es ist schön, wenn das Leben genauso 'normal' wäre, wie sie es sich vorstellen. Es ist nicht das, was wir machen ... hier im 'Kabarett'."

Die bereits hier lebenden Frauen versuchen auf verschiedenen Wegen potentielle Ehemänner für die Einreisewilligen zu finden, noch bevor deren für drei Monate gültiges Touristenvisum ausläuft. Neben der Vermittlung im Bekanntschafts- und Freundschaftskreis ist die Partnerschaftsanzeige ein oft benutzter Weg[30]. Eine der Befragten berichtet von ihren eigenen Erfahrungen mit dieser Form der Kontaktaufnahme. Ihre Schwester unterstützte sie aus Motiven der verwandtschaftlichen Solidarität und ohne Interesse an

30 In der Studie zur Situation in Nordrhein-Westfalen wird von einem Trend zur inoffiziellen interkulturellen Partnervermittlung gesprochen (vgl. Lenz, Ramil-Weiss, Thiemann 1993: 15).

Profit. Weil sie nicht mehr auf die Philippinen zurückkehren wollte, entschied sich diese Frau dann trotz größter Unsicherheiten für die Ehe mit einem der Heiratskandidaten.

> „Ich wollte nicht mehr zurückkehren. Wenn ich schon hier bin, warum sollte ich noch zurück? ... Ich habe meinem Schwager gesagt, daß es mir hier in Deutschland gefällt und gefragt, welche Möglichkeiten es gibt, hier zu bleiben. Er sagte, ich müsse heiraten. Wenn ich nicht heirate, gibt es keine Chance für mich, ich muß dann wieder nach Hause. ... Mein Schwager hat für mich eine Anzeige aufgegeben. 30 Briefe habe ich bekommen. ... Ich dachte daran, ein großes Risiko einzugehen. Einfach zu heiraten, ohne den Mann kennenzulernen, das ist schwer. Aber warum nicht, ich kann es trotzdem probieren. Wenn mir niemand gefällt, dann ist niemand da. Dann haben wir von allen Briefen fünf ausgewählt und wollten sehen, wer mir am besten gefiel. Wir hatten alle fünf eingeladen, damit man sie alle persönlich sieht und kennenlernt. Sie konnten alle Englisch sprechen und wir haben uns dann unterhalten. Von einem nach dem anderen wurde ich irgendwo, vielleicht zum Kaffee, eingeladen. Im letzten Monat merkte ich, daß mir alle fünf nicht gefallen haben. Es wurde mir wirklich schlecht, wenn ich daran dachte, daß ich einfach einen heirate, ohne daß man sich länger gekannt hat. Aber meine Schwester sagte dann, ich müsse mich diesmal entscheiden, sonst müßte ich wieder auf die Philippinen zurück. Na ja, wenn es sein muß, dachte ich zuerst, o.k., dann gehe ich nach Hause. Aber mir hat es schon so gefallen in Deutschland. Ich mußte also das Risiko nehmen und den Mut haben. ...“

Daß die von Verwandten getroffene Partnerwahl nicht unbedingt die beste ist und auch an den strukturellen Bedingungen des internationalen Heiratsmarktes scheitern kann, belegt das Beispiel einer anderen philippinischen Frau. Sie wurde über ihre Schwester vermittelt, die Erwerbsinteressen hatte und eine professionelle Heiratsagentur betreibt. Die potentielle Heiratskandidatin vertraute der Zuverlässigkeit ihrer Schwester, die einen seriösen Ehemann für sie aussuchen sollte. Dabei erwiesen sich die Anforderungen an ihre Schwester als unrealistisch und illusionär. Da die Persönlichkeitsstrukturen und die Biographien der Eheanwärter auch von professionellen Vermittlern nicht wirklich zu kontrollieren sind, war es auch der Schwester unmöglich, den richtigen Partner zu finden[31].

Die Vermittlung lief folgendermaßen ab: Die Vermittlungsagentur hat keine örtliche Niederlassung, aber sie inseriert in Zeitungen. Von der Migrantin und anderen ausreisewilligen Filipinas wurde ein Video aufgenommen. Interessierten Männern wurde das Video gezeigt, damit sie eine Wahl treffen können. Die Schwester in Deutschland interviewte den zukünftigen Ehemann ihrer Schwester. Der Mann schrieb mehrmals auf die Philippinen. Die Briefe wurden von der Schwester übersetzt, die selbst offen signalisierte, daß es sich um einen guten Mann handele. Im Glauben an das, was ihre Schwester über den Mann gesagt hatte, kam die Heiratskandidatin in die Bundesrepublik und ging direkt vom Flughafen aus mit dem Mann nach Hause. Ein paar Monate nach der Hochzeit wurde der Ehemann arbeitslos und fing an, sich psychotisch zu verhalten. Später erfuhr sie, daß er ein

31 Ganz abgesehen von persönlichen Dispositionen, Neigungen u.a.

Psychotiker ist, der schon mehrere Aufenthalte in Nervenheilanstalten hinter sich hatte.

Auf einem anderen Weg der Vermittlung werden von den in Deutschland lebenden Filipinas männliche Brieffreunde im unmittelbaren sozialen Netz von Verwandtschafts- und Freundeskreisen gesucht. Nachdem die Verbindung zu weiblichen Verwandten in der Heimat hergestellt wurde, korrespondiert das Paar in der Regel zwischen wenigen Monaten und einem Jahr miteinander, bevor der Mann die Frau auf den Philippinen besucht. Nach einer kurzen Zeit des persönlichen Kennenlernens[32] entscheiden sie sich meist zur Heirat und reisen nach Deutschland aus.

Andere philippinische Frauen ermuntern ihre ausreisewilligen Verwandten und Freundinnen nicht zur Heirat, sondern vermitteln ihnen eine Erwerbsarbeit, in der Regel als Babysitter oder Putzfrau. Da diese Tätigkeiten keine Möglichkeit der Legalisierung bieten, bleiben viele dieser Frauen, die als Touristinnen einreisen, über einen langen Zeitraum illegal.

In die sozialen Beziehungen zwischen Migrationshelfern und Migrationswilligen sind informelle Tauschgeschäfte inkorporiert, die ein Konfliktpotential aufwerfen. Probleme aufgrund der Arrangements, die die bereits in Deutschland lebenden Frauen für die Neuankömmlinge treffen, entstehen dann, wenn letztere mit ihrer Situation unzufrieden sind. Die Vermittelten übertragen dabei die gesamte Verantwortung für ihre Situation den 'Organisatoren und Organisatorinnen der Migration', die sie dann auch für schlechte Bedingungen verantwortlich machen. Wenn die Migrantin den Mann nicht mag, der ihr vorgestellt wird, oder den 'Arbeitgeber' unseriös findet, entwickeln sich Probleme. Ähnlich der professionellen Vermittlung blenden auch hier die Frauen ihre eigene Beteiligung und Eigenverantwortung aus und legen ihre Zukunft in die Hände Dritter.

Verwandte oder befreundete philippinische Frauen, die die Einreise und den Aufenthalt der Migrantin zu Beginn unterstützten, werden manchmal sogar längerfristig für schlechte Lebensbedingungen verantwortlich gemacht. In den Vorwürfen wird das Arrangement der 'Helfer' kritisiert:

> „Warum hast du mir diesen Mann vorgestellt? Warum hast du mir nicht einen besseren als Ehemann ausgesucht?“ und „Warum hast du mich hierhergeholt und mich an einen Arbeitgeber vermittelt, der so schlecht bezahlt?“

Nicht immer ernten also die 'Helfer' ein 'Dankeschön' und Erwartungen an die Neuankömmlinge werden von diesen auch nicht unbedingt erfüllt. So beschweren sich manche Frauen, daß sie für ihr Engagement keine Dankbarkeit, kein 'utang na loob', erfahren: Die Familie auf den Philippinen wird von der nachgezogenen Frau nicht großzügig unterstützt, sie arbeitet im

32 In unseren Interviews zwischen drei Tagen und zwei Monaten.

Haushalt der 'Helferin' in Deutschland nicht engagiert genug mit oder ist eine zusätzliche emotionale Belastung.

2. Die Organisation der Einreise

Immer wieder wird von der Unkenntnis der Frauen gesprochen, da sie von ihren Vermittlern über wirkliche Aufenthalts- und Lebensbedingungen in Übersee nicht informiert oder getäuscht worden sind. Wir wollen deshalb die Chancen und Möglichkeiten einer gezielten kritischen, präventiv gedachten Informationsarbeit einschätzen. Dazu wurde das Wissen der Frauen über Einreise- und Aufenthaltsbedingungen eruiert, noch bevor sie sich in der Bundesrepublik befinden. Um potentielle Schutz- und Aufklärungsfunktionen deutscher Behörden ermitteln zu können, wurden die Kontakte der Frauen zu den aufenthaltserteilenden Institutionen erfaßt[33].

2.1 Wenig zweckorientiertes Wissen

Da Vermittler und (zukünftige) Ehemänner eine zentrale Funktion bei der formalen Regelung der Einreise und des Aufenthaltes einnehmen, überrascht es nicht, daß den wenigsten Frauen die aufenthaltsrechtlichen Bestimmungen in der Bundesrepublik vor Einreise bekannt waren. Die Hälfte der Befragten hatte überhaupt keine Information über aufenthaltsrechtliche Zusammenhänge, während die anderen Frauen davon in Kenntnis gesetzt waren, daß sie zur Sicherung des Aufenthaltes heiraten müssen[34]. Keine der Befragten sprach von Informationsschriften der Deutschen Botschaft, die seit Anfang 1991 ausliegen und einzelnen der interviewten Frauen theoretisch zugänglich gewesen sein müßten[35].

Die Frauen, die über eine Heiratsvermittlung einreisten, waren noch am genauesten über die aufenthaltsrechtliche Verbindung zwischen Ehe und Aufenthalt informiert. Eine Frau berichtete über ihre Erfahrungen mit Heiratshändlern.

> „Ja, ich hatte ein Flugticket hin und zurück, für drei Monate. Man muß dann in drei Monaten zurück. ... Sie haben mir gesagt, wenn ich hierher komme, muß ich heiraten. Sie haben mir aber nicht gesagt, was ich hier machen muß. Ich komme hierher, um zu heiraten. ... Sie haben mir gesagt, wenn ich meinen Mann mag, wenn ich mit

---

33 Dieser Teil basiert wiederum auf Informationen der thailändischen Befragten.

34 18 der Befragten machten hierzu Angaben; 10 Frauen hatten keine Vorstellung über die aufenthaltsrechtlichen Konditionen.

35 Die Informationsbroschüre: „Beware! Traffic in Women - Information on Traffic in Women in West Germany“ war zum Zeitpunkt des Forschungsaufenthaltes in Südostasien - Ende 1990 noch nicht ausgelegt. Anfang 1994 wurden die Deutschen Botschaften in Thailand und den Philippinen nochmals schriftlich angefragt. Von den Philippinen kam die Auskunft, daß die Broschüre gelesen wird, jedoch die Reaktionen der betreffenden Frauen nicht bekannt sind. Aus Thailand kam keine Resonanz.

ihm leben kann, soll ich ihn heiraten. Aber wenn ich mit ihm nicht leben kann, kann ich zurückgehen, weil ich ein Flugticket mit Hin- und Rückflug hatte."

Böse Überraschungen und herbe Enttäuschungen gab es demgegenüber bei den beiden thailändischen Frauen, die über informelle Frauenhandelsnetze einreisten und einer legalen Erwerbsarbeit in der Bundesrepublik nachgehen wollten. Beide Frauen waren über die Art der Beschäftigung und die aufenthaltsrechtlichen Bedingungen völlig falsch informiert. Zudem wurden einer der beiden Frauen besonders hohe Schulden berechnet, deren Abzahlung sie zur Erwerbsarbeit in die Prostitution zwang.

„In der ersten Zeit, nachdem ich gekommen war, war ich sehr enttäuscht. Ich wurde seelisch krank, weil ich gesehen habe, daß die Deutschen gut sind, aber die Thailänder betrügen die Thailänder. Ich möchte den Namen nicht nennen, aber ich weiß auch nicht, warum er lügen mußte, obwohl ich seine Schwägerin bin. Nachdem ich in Deutschland angekommen war, wußte ich sofort, daß die Arbeit nicht gut ist, die ich machen sollte. Arbeit, die die Gesellschaft nicht akzeptiert."

Berichte in Fernsehen und Radio, aber auch in Zeitungen, Zeitschriften und Büchern nehmen nur eine sehr untergeordnete Bedeutung in der Meinungsbildung der Frauen über den Zielort der Migration ein[36]. Vielleicht auch, weil die Informationen, die mit der Ausreise verbunden sind, hoffnungsvoll von Freunden, Bekannten, Verwandten und Vermittlern herangetragen werden, bleiben sie in ihrem Wahrheitsgehalt eher unhinterfragt. Die Frauen beginnen nicht, sich im Vorfeld über konkrete Arbeits- und Lebensbedingungen in dem Aufnahmeland zu informieren. Vielmehr bauen die thailändischen Frauen - ähnlich den philippinischen Befragten - ein 'blindes' Vertrauen zu den Vermittlern und Informanten auf. Ähnlich dem Verhalten der philippinischen Befragten, verlassen sie sich auf die große Bedeutung von vertrauensvollen Beziehungen, die im Patron-Client-System[37] wie auch im Verwandtschaftsbezug die soziale Norm setzen.

Entsprechend ungenau und generalisierend waren die Informationen der Migrantinnen über die Lebensbedingungen im Aufnahmeland vor der Einreise. Die meisten Frauen hatten sich keine konkreten Vorstellungen und kaum Gedanken über das Leben in der Bundesrepublik gemacht. Grob lassen sich die Ideen der Frauen vor der Einreise in zwei Hauptrichtungen einteilen: Einerseits wurde die Bundesrepublik fast durchgängig als 'gutes' Land beurteilt: ein Land, in dem es Arbeit gibt, in dem gute Verdienstmöglichkeiten bestehen und in dem sich vor allem die Männer verantwortlich gegenüber ihren Familienangehörigen zeigen. Deutlich handelt es sich hierbei um einen völlig oberflächlichen und klischeehaften Wissensstand, in

36 Was die Befragung an der Deutschen Botschaft in Bangkok bestätigt: Nur zwei der 17 Interviewten berichteten von Informationen über die Bundesrepublik, die sie den Medien entnommen haben.

37 Dieser Begriff geht auf vormoderne Gesellschaftsstrukturen und den hierarchischen Bezug zwischen dem Patron und seinen Untergebenen, die zugleich seine Schutzbefohlenen waren, zurück. Der politisch und ökonomische untergeordnete Part im Patron-Client-System geht davon aus, von seinem Patron wohlwollend bedacht und beschützt zu werden.

dem Hoffnungen und Wünsche derart dominieren, daß sogar ein Interesse an sachlicher und kritischer Information zurückgedrängt zu sein scheint.

Dennoch sind Informationen über die Gefahren von Frauenhandel zu migrationsbereiten Frauen durchgedrungen. Einige thailändische Befragte hatten vor ihrer Ausreise Angst davor, daß sie in der Bundesrepublik weiterverkauft werden könnten. Eine Befürchtung, die vor allem von den Frauen geäußert wurde, die sich in der Sextourismusszene ihren Verdienst erwarben, so daß gerade im touristischen Dienstleistungsgewerbe kriminelle Praktiken bekannt zu sein scheinen[38]. Jedoch verhindert auch diese Information eine Ausreise nicht, weil die Frauen nach wie vor in der Hoffnung auf ihr persönliches Glück einen Neuanfang in Übersee riskieren.

2.2 Arbeitsteilung bei den Formalitäten

In der Regel besorgen die Migrantinnen die notwendigen Papiere im Herkunftsland - den Reisepaß und die Ledigkeitsbescheinigung - selbst. Alle anderen Dokumente und Genehmigungen werden von den Vermittlern oder auch den (zukünftigen) Ehemännern - alleine oder in Begleitung der Frauen - organisiert. Darunter fallen die Erlaubnis für die Einreise, das Flugticket und auch die Genehmigung für den späteren Aufenthalt in der Bundesrepublik. Das folgende Beispiel dürfte die übliche Arbeitsaufteilung zwischen 'Helfern' und Migrantinnen aufzeigen. Die Befragte beschreibt die Aufgabenverteilung zwischen sich und ihrem deutschen Mann:

> Frage: „Über die Ausreise: Was mußten Sie damals machen, um ausreisen zu können ... Zum Beispiel, wer hat Ihnen das Flugticket gekauft?" Antwort: „Mein Mann." Frage: „Oder bei der Behörde, wer hat Ihnen Papiere besorgt oder den Paß?" Antwort: „Ich habe sie selbst besorgt. Oder die Bescheinigung von der Polizei (wahrscheinlich die Ledigkeitsbescheinigung, d.A.), ich habe alles selbst besorgt und bin alleine gegangen. ... Ich bin mit meinem Mann zur Deutschen Botschaft gegangen. ... Alles hat er für mich gezahlt. Jeden Baht und jeden Dime."[39] ... Frage: „Hatten Sie Probleme bei der Verlängerung des Visums oder bei der Aufenthaltsgenehmigung am Anfang?" Antwort: „Mein Mann hat alles erledigt." Frage: „Sind Sie mit ihm hingegangen?" Antwort: „Nein." Frage: „Er hat alles für Sie erledigt?" Antwort: „Ja, alles."

Aus der Sicht der Frauen scheint der Erhalt eines Personalpapiers, also eines Reisepasses, ein Problem zu sein. Dies hängt damit zusammen, daß thailändische Behörden mit restriktiven Maßnahmen bei der Paßvergabe versuchen, die Migration der Frauen zur Heirat und zur Prostitution zu erschwe-

---

38 Sechs der 20 thailändischen Interviewten kommen aus der Prostitution, und vier weitere Frauen arbeiteten in typischen Sextourismusgebieten in unterschiedlichen Dienstleistungsbereichen. Die Angst davor, verkauft zu werden, äußerten auch fünf der 17 Thailänderinnen, die an der Deutschen Botschaft in Bangkok interviewt wurden.

39 Wie bereits erwähnt, hat nur eine der 20 Befragten zu den eigenen Transportkosten beigetragen.

ren[40]. Die thailändische Regierung beabsichtigt damit, den Praktiken von Frauenhandel entgegenzuwirken. Die Maßnahmen sind in der Praxis jedoch nicht unbedingt effizient und können leicht umgangen werden.

> „Ich habe einen Paß beantragt. Sie haben mich gefragt, wozu ich einen Paß brauche. Ich sagte, ich möchte nur so einen Paß haben. Damals habe ich auch meine drei Kinder mitgenommen. Ich sagte, wenn ich Geld habe, werde ich nach Malaysia ausreisen. Oder nach Singapur. .... Ja, mein Antrag ist deshalb durchgegangen. Aber weiter am Schalter 13 war jemand nicht durchgekommen. Der Beamte hat gefragt, wozu sie, die Frau, den Paß bräuchte. Da hat die Frau geantwortet, für den Urlaub in Deutschland. Daher hat man ihr den Antrag abgelehnt."

An dieser 'Hürde' kann höchstens die Ausreise von den Frauen scheitern, deren Migration nicht 'professionell' genug organisiert war. Gut informierte Personen können auch restriktive Bestimmungen umgehen, so daß von Frauenhandelsorganisationen vermittelte Frauen nach wie vor durchgeschleust werden können.

Keine der interviewten Frauen berichtet von Problemen an der Deutschen Botschaft. Sie sind sich der Einreisemodalitäten, die bei der Visumsbeantragung zu erfüllen sind, wenig bewußt[41]. Soweit die persönliche Anwesenheit der Frauen überhaupt notwendig ist, regeln die Begleitpersonen die Formalitäten für die Einreise. Die Frauen haben große Informationsdefizite, die sich aus sprachlich bedingten Verständigungsproblemen ableiten lassen, aber wiederum auch eine Konsequenz des Vertrauens sind, das sie ihren Vermittlern und Begleitern entgegenbringen. So ein Mitarbeiter an der Deutschen Botschaft:

> „Für die Eheschließung, was wir immer wieder feststellen, ist, daß beide Partner sich in der Regel nicht verständigen können. Es kommt nicht selten vor, daß wir hier vermitteln müssen ... Die Frauen können die Schwierigkeiten und Pflichten (im Ausland, d.A.) nicht einschätzen ... die wollen zu einem Peter in Braunschweig und wissen weder den Vor- noch den Nachnamen, noch den Beruf. Die wissen nichts." (Gespräch im Dezember 1990).

Auch der Kontakt zur Deutschen Botschaft bietet kaum Schutz vor Frauenhandel. So sind alle befragten Botschaftsangehörigen einhellig der Meinung, daß die Frauen die Botschaftskontrollen passieren, die gut vorbereitet sind und eine plausible Begründung für die Ausreise haben. So bleiben auch hier - ähnlich wie bei den thailändischen Behörden - nur die uninformierten und

40 Nach Aussagen von Vertretern der „Foreign Affairs News Division" (Interview im November 1990).

41 Sichtvermerkspflicht besteht auch für thailändische Staatsangehörige seit Mitte 1989.

schlecht organisierten Bewerberinnen im Kontrollnetz hängen[42]. Daraus läßt sich schließen, daß sich seit Einführung der Visapflicht der Druck auf die Frauen noch verstärkt, die seither noch mehr auf das organisatorische 'Know-how' von Vermittlern und Händlern angewiesen sind.

Probleme zeichnen sich für die Frauen beim Grenzübertritt ab, wenn die Einreise ohne Begleitung vorgenommen wird[43]. Dabei ging es in unseren Fällen meist darum, daß den Frauen das Betreten des deutschen Bodens solange versagt blieb, bis sich die Person, die für die offizielle Einladung in die Bundesrepublik verantwortlich war - in unseren Fällen der zukünftige Ehemann - bei den Grenzbeamten meldete[44]. Es grenzt an Zynismus, daß manche Frauen von den Grenzbeamten regelrecht an ihre zukünftigen Ehemänner übergeben wurden[45].

> „Ich bin durchgekommen, weil mein Mann mir einen Brief geschrieben hat. Die Behörden haben gefragt, holt jemand Sie ab? Ich habe ihnen den Brief gezeigt, sie haben mich rausgebracht, um zu sehen, wer mich abholt. Aber damals hat mein Mann mich nicht wiedererkannt. Ich dachte damals, ich müßte zurückgehen."

Diese Frau wurde dann von dem Mann, an den sie über eine Heiratsagentur vermittelt war, doch noch erkannt. Bei einer anderen Frau war der Mann nicht gleich zur Stelle. Sie bekam eine 24-Stunden-Frist, innerhalb derer sie abgeholt werden mußte.

> „..., als sie gesagt haben, wenn mich niemand in 24 Stunden abholt, dann muß ich zurückgeschickt werden. Aber ich hatte keine Angst davor, zurückgeschickt zu werden, weil ich zumindest nach Hause zurückgehen kann."

Die Frauen betreten Behörden in Deutschland eher selten. Für die Regelung des Aufenthalts in der Bundesrepublik ist entweder der 'Arbeitgeber' oder der Ehemann zuständig, so daß viele Frauen noch nie eine Ausländerbehörde, ein Arbeitsamt oder eine andere deutsche Institution betreten haben. Die folgende Aussage dürfte stellvertretend für viele der Ehefrauen stehen.

---

42 Zur Kontrolle werden Verdienstbescheinigung, Kontoauszug, Einladung bzw. Bürgschaftserklärung erhoben und möglicherweise beim Ausländerzentralregister in der Bundesrepublik nachgefragt. Ablehnungsgründe sind gegeben, wenn Zweifel an der Rückkehrbereitschaft und Zweifel an dem angegebenen Aufenthaltsgrund bestehen. Zum Zeitpunkt der Befragung lag die Ablehnungsquote an der Deutschen Botschaft in Thailand für den Zeitraum Oktober 1989 bis November 1990 bei durchschnittlich 2-3 %. Die aktualisierten Daten der Deutschen Botschaften in Manila und Santo Domingo ergaben über einen Zeitraum von fünf Jahren - 1989 - 1993 - durchschnittliche Ablehnungsquoten von 20,1 % im ersten Fall, und von 6,5 % im zweiten Fall. Alle Daten sind jedoch nicht geschlechtsspezifisch zugeordnet. Aus den Schreiben der jeweiligen Botschaften vom 16.02.1994 und vom 23.03.1994.

43 Sechs der 20 thailändischen Befragten sprechen von Schwierigkeiten am Grenzübergang in der Bundesrepublik.

44 Zurückweisungsgründe an der Grenze haben ihre gesetzlichen Grundlagen im Ausländergesetz § 60 Abs. 2 Nr. 2. Die Person kann u.a. danach an der Grenze zurückgewiesen werden, wenn „... der begründete Verdacht besteht, daß der Aufenthalt nicht dem angegebenen Zweck dient."

45 Der Einreisestatus dieser vier Frauen blieb leider unbekannt. Eine andere Frau war zusätzlichen und besonderen Überprüfungen von Visum und Heiratspapier ausgesetzt, und bei einer weiteren Frau wurde die Art der Schwierigkeiten nicht bekannt.

„Mein Mann hat das Visum und die Arbeitserlaubnis für mich besorgt." Frage: „Hatten Sie Schwierigkeiten mit Behörden in Deutschland?" Antwort: „Ich war noch nie bei einer Behörde hier. Wenn wir Probleme gehabt haben, hat mein Mann alles erledigt."

Die Frauen bekommen häufig erst dann Kontakt zu Behörden, wenn sie darauf angewiesen sind, eigenständig formale Abläufe zu regeln. Die begleitende Unterstützung von Beratungsstellen kann dann in schwierigen Fällen von entscheidender Bedeutung sein.

3. Zusammenfassung

Die Frauen nutzen verschiedene Vermittlungsformen und Einreisewege. Grundsätzlich ist zu unterscheiden zwischen legal und illegal tätigen Organisationen und Personen, die in erster Linie materiell profitieren wollen. Dahinter stehen professionelle Schlepper- und Händlergruppen sowie Arbeitsvermittler, die mit weit verzweigten internationalen Vernetzungen im größeren Stil tätig sind.

Neben diesen hochspezialisierten Händlernetzwerken zeigen sich immer häufiger Vermittlungsformen, die über informelle Netze laufen. Diese Personen sind manchmal von Profitinteresse motiviert, sind aber auch ohne Gewinnabsicht unterstützend tätig oder beabsichtigen, auf die sozialen Ressourcen der eingereisten Migrantin zurückzugreifen. Vorwiegend handelt es sich bei den Vermittlerinnen um Frauen, die aus dem Verwandtschafts- und Freundeskreis der migrationswilligen Frauen stammen.

Insgesamt nimmt nur rund ein Fünftel der Migrantinnen die profitorientierte Vermittlung - mit legalen oder illegalen Praktiken - für sich in Anspruch. Während die philippinischen Frauen tendenziell stärker auf Verwandtschaftsnetze und professionelle Vermittlungsformen setzen, reisen thailändische und lateinamerikanische Frauen häufiger mit ihren (zukünftigen) Ehemännern ein.

Die unterschiedliche Seriosität von Vermittlungsformen - und damit deren Sicherheit für die Betroffenen - kann nicht endgültig bewertet werden. Jedoch steht fest, daß auch das legale, offizielle Gewerbe - Vermittlung von Arbeit oder in die Ehe - die Frauen nicht vor Ausbeutung schützt. Ob legal oder illegal tätig, in beiden Organisationsformen wurden Mißbrauch und Täuschung bekannt. Selbst die Vermittlung über den privaten Verwandtschaftskreis bietet keine wirkliche Sicherheit für eine gute Zukunft. Manchmal zeigt sich auch hier ein deutliches Gewinnstreben, und eine wohlwollende Vermittlung in die Ehe oder an einen 'Arbeitgeber' kann keine wirkliche Sicherheit garantieren.

Die Frauen setzen jedoch eher auf eine informelle Vermittlung über den Verwandtschafts- und Freundeskreis. Je stärker die Geschäftsinteressen der Vermittler im Vordergrund stehen, um so wahrscheinlicher sehen die Frauen ihre Bedürfnisse den finanziellen Interessen der Vermittler untergeordnet. Dabei blenden sie jedoch aus, daß das Problem der strukturellen Benachteiligung ohne eigenständiges Aufenthalts- und Arbeitsrecht sowie die asymmetrische Beziehungskonstellation in der Ehe bestehen bleibt und es keine wirkliche Kontrolle von Ehe- und Arbeitsarrangements gibt.

Die persönlichen Beziehungen, die die Migrantinnen zu den Vermittlern aufbauen, sind eng. Ob profitorientiert oder helfend tätig, die Vermittlerinnen und Vermittler genießen in der Regel einen besonderen Respekt und haben ein großes Ansehen bei den Frauen. Dies hängt zum Teil mit den Sozialordnungen der Herkunftsgesellschaften - wie in Thailand und auf den Philippinen - zusammen, die insbesondere in ländlichen Gebieten durch hierarchische Strukturen charakterisiert sind. Viele in der internationalen Vermittlung beteiligten Personen haben eine gute regionale Position, und die Ausreisewilligen stehen in einem Patron-Client-Verhältnis zu ihnen.

Der enge Bezug zu den Vermittlern weist andererseits auch auf eine Abhängigkeit zu ihnen hin: Den Frauen fehlt 1) das Geld, sie sind 2) ohne Hintergrundkenntnisse, und ihnen fehlen 3) die Kontakte, derer es zur Regelung der Ausreise bedarf. Die Frauen, die ausreisen wollen, legen ihre ganze Hoffnung und ihre Zukunft in die Hände der Vermittler. Ihnen wird großes Vertrauen entgegengebracht. Eine Kontrolle findet so gut wie nicht statt. Die Frauen fühlen sich für die 'Hilfe' zum Dank verpflichtet. Nicht zuletzt deshalb sind viele Frauen im Konfliktfall auch nicht aussagebereit und erschweren damit eine Strafverfolgung.

Parallel zur starken Betonung der Vermittlerrolle steht das Informationsdefizit der zu vermittelnden Frauen über konkrete Arbeits- und Lebensbedingungen in dem Zielland ihrer Migration. Die Frauen vertrauen blindlings den wohlwollenden und seriösen Absichten ihrer Vermittler und verlassen sich auf deren Auskünfte. Vor allem fehlen ihnen konkrete Kenntnisse über aufenthaltsrechtliche Zusammenhänge und Arbeitsbedingungen, die möglicherweise in dem einen oder anderen Fall ihre Entscheidung zur Ausreise hätte beeinflussen können.

Nicht überraschend ist die ambivalente Bewertung von internationalen Heiratshändlern durch die Migrantinnen. Während sich in ihrer Haltung zum einen die Abhängigkeit von Vermittlungs- und Transfernetzen ausdrückt, ohne deren 'Hilfe' die Ausreise nicht gelingt, ist ihnen auf der anderen Seite ihre schwache, strukturell determinierte Position mit der Gefahr von Ausbeutung und Mißbrauch deutlich bewußt.

Da für die Frauen die Chance auf Ausreise im Vordergrund steht, setzen sie sich trotz krimineller Praktiken nicht für ein Verbot von Heiratsvermittlung ein. Sie wollen Maßnahmen nicht gegen die Frauen und deren Migration gerichtet wissen, sondern ihren Weg nach Übersee absichern und schützen. Folglich sollen die 'schlechten' Geschäftemacher vom Markt vertrieben und den seriösen Organisationen die Vermittlung überlassen werden. Dabei fällt auf, daß die Frauen die Kontrollmöglichkeiten durch Behörden völlig überschätzen und wiederum auf Dritte setzen, die die Verantwortung übernehmen sollen.

Um dennoch - trotz Gefährdungsbewußtsein - auf Vermittlung eingehen zu können, hoffen die Frauen auf ihr Glück und überlassen ihr Wohlergehen dem Schicksal. Diese fatalistische Haltung der Betroffenen trägt zur eigenen Selbstentlastung bei und ermöglicht den Schritt zum Risiko. Für den Markt der 'Migrationshelfer' kommt diese Einstellung einem Freibrief für willkürliche Geschäftsaktivitäten gleich. Vermittlerinnen und Vermittler müssen im Konfliktfall nicht mit dem Widerstand der Frauen rechnen, sondern können auf deren fatalistische Einstellung und eher passive Haltung - das Schicksal sei verantwortlich - bauen.

IV. Lebensbedingungen in der Migration

„Er kaufte mir einen Papagei und sagte, ich solle gut Deutsch lernen und den Vogel pflegen. Aber einen Vogel zu Hause zu haben, war für mich keine große Beschäftigung. Er arbeitete und gab mir Haushaltsgeld.“ (Migrantin aus Peru)

Frage: „War Ihr Mann vorher schon verheiratet? Antwort: Verheiratet vorher? Nein, nein, wer wird ihn schon wollen? (Lachen) Ich und meine brasilianischen Freundinnen sagen immer, deutsche Frauen wollen Heinrich nicht. Er hat nichts, was Frauen mögen oder lieben. Er ist häßlich, hat kein Geld, kein Haus, keinen Beruf.“ (Migrantin aus Brasilien)

„Nach der Heirat dann hat es angefangen. Er hat getrunken, getrunken, getrunken. Er hat selbst gesagt, daß er nur bis zur Hochzeit aufgehört hat zu trinken. Nach der Heirat hat er angefangen zu trinken, zu trinken, zu trinken. Er hat sich vorgestellt, daß ich ihn nach der Hochzeit nicht verlassen würde, daß ich mein ganzes Leben bei ihm bleiben würde. 'Du hast mich geheiratet, also jetzt bleibst du bei mir, das ganze Leben' (Lachen), so eine Mentalität.“ (Migrantin aus Brasilien)

Bislang sind kaum differenzierte Informationen über die wirklichen Lebensbedingungen der Migrantinnen sowie über ihre Überlebensstrategien bekannt. Spektakuläre Einzelschicksale überschatten die Aufenthaltsrealität vieler Frauen. Wir stellten uns die Aufgabe, die Lebensbedingungen der Frauen in ihrer Vielfalt zu beschreiben sowie ihre eigenen Strategien und Überlegungen zur Bewältigungen von Problemen sowie zur Durchsetzung von persönlichen Zielen darzulegen.

Teilweise streifen wir damit auch Themen, die bislang in der öffentlichen Diskussion völlig ignoriert wurden, weil sich die Aufmerksamkeit auf 'sex and crime' richtet, eben den Bereichen, in denen sich die verschiedensten gesellschaftlichen Gruppierungen über eine gemeinsame moralische Entrüstung wiederfinden. Im Zentrum unseres Interesses stehen einerseits die sozialen Beziehungen der Frauen, wir betrachten ihre ehelichen wie auch ihre familiären und freundschaftlichen Kontakte. Andererseits widmen wir uns der Erwerbsarbeit der Migrantinnen, ein Aspekt ihres Lebens, der besonders stark von Diskriminierung und Unterprivilegierung geprägt ist.

1. Die Heiratsmigrantinnen

Migration und Eheschließung liegen bei der Untersuchungsgruppe eng zusammen. Versuchen Frauen, die aus einem nicht-europäischen Herkunftsland kommen, einen legalen Aufenthaltsstatus in der Bundesrepublik zu erreichen, so sind sie in der Regel auf eine Eheschließung mit einem deutschen Bürger - bzw. einem Mann mit gesichertem Aufenthaltsstatus - angewiesen.

Auch aufgrund von kurzen Kennenlernphasen wissen die Paare zum Teil wenig voneinander. Wir gehen davon aus, daß eine interkulturelle Beziehung von beiden Seiten ein besonderes Aufeinanderzugehen und viel Einfühlungsvermögen fordert, wenn die jeweilige kulturelle Identität[1] gelebt und nicht ausgeblendet werden soll. Bei unserer Untersuchungsgruppe ist die Gefahr groß, daß sich der Mann, der in der deutschen Gesellschaft verwurzelt ist, in der Beziehung durchsetzt und sich die Frau als Fremde anzupassen hat. Für einen wirklichen interkulturellen Austausch ist die Frau zumindest in vier Punkten benachteiligt: Sie ist a) eine Frau und b) aus einem sogenannten Entwicklungs- oder Schwellenland, das c) den Ländern des Sextourismus und Frauenhandels zugerechnet wird und befindet sich d) in einem wohlhabenden Industriestaat, also einem kulturimperialistischen Land[2]. D.h. ihre kulturelle Identität kann leicht über die Verknüpfung zwischen Sexismus, Ethnozentrismus, Stigmatisierung und ihren Ausländerstatus geschwächt werden.

In unserer Untersuchung gehen wir der Frage nach, wie sich die Beziehungen für die Frauen auf der Basis von gesellschaftlich vorgegebenen Ungleichverhältnissen gestalten. Es wird zunächst die Chance ergriffen, markante sozio-strukturelle Merkmale in den Beziehungen, wie sie sich teilweise von statistischen Durchschnittswerten unterscheiden, darzulegen. Dann werden ausländerrechtliche Einflüsse auf das Ehe- und Familienleben der Zielgruppe in verschiedenen Schattierungen aufgegriffen, ohne diese umfassend sozialpolitisch zu diskutieren oder rechtlich zu würdigen. Die ausländerrechtlichen Normen durchziehen und prägen die sozialen Bindungen besonders stark, da existenzielle Krisen sowie frühzeitig erzwungene Entscheidungen - beispielsweise für die Eheschließung - daran geknüpft sind.

Problematische Alltagsthemen in den bi-kulturellen Beziehungen kreisen um die finanzielle Entscheidungsgewalt, um die Kindererziehung, um sprachliche Verständigung, um die Aufteilung von Hausarbeit, um die Essenszubereitung und um die sexuelle Beziehung zum Partner. Unsere Dar-

---

1 Der Begriff der „kulturellen Identität" soll hier synonym dem Begriff der „MigrantInnenidentität" gesetzt werden, wie Lutz ihn in ihrer Abhandlung bildete. Sie bezeichnet damit das Ergebnis von Handlungsprozessen, in dem sowohl Integrations- als auch Widerstandsmomente wirken. „,... ; damit ist die individuelle Zusammenstellung verschiedener identitätsgenerierender Momente gemeint, die nicht mono-kulturell gebunden sind, sondern vielmehr klassenspezifische, ethno- und religionsspezifische Elemente umfaßt" (vgl. Lutz 1991: 126).

2 Der Begriff des Kulturimperialismus ist den 'peripherieorientierten Imperialismustheorien' zuzuordnen, wonach das 'Zentrum', also der Industriestaat, seine Kultur auf die 'Peripherie', also die abhängigen Länder, oder auch die sogenannten Entwicklungsländer überträgt (vgl. Galtung 1972: 29ff).

stellung konzentriert sich auf das geschlechtsspezifische Rollenverständnis der Befragten und die Machtverhältnisse im Mann-Frau-Bezug. Kulturelle Verschiedenheiten werden besonders berücksichtigt[3].

Unserer Dokumentation voran geht eine Analyse der Handlungsmotivation der Frauen, auf die eine Typenbildung aufbaut. Mit „... der Generierung einer Typik werden Bezüge herausgearbeitet zwischen spezifischen Orientierungen einerseits und dem Erlebnishintergrund oder existentiellem Hintergrund, in dem die Genese der Orientierungen zu suchen ist, andererseits." (Bohnsack 1993: 141). Mit diesem Verfahren werden markante und damit typische Sinn- und Relevanzstrukturen benannt, die dem Handeln der Frauen zugrundeliegen. Dieses Bündeln von charakteristischen Merkmalen einer Handlungsorientierung hat ein deskriptives, also beschreibendes Moment und soll als Erkenntnismittel für weitere Interpretationen dienen.

In unserer Typenbildung kommt die wirkliche Vielfalt an Biographien und Lebensentwürfen der Migrantinnen zum Tragen. Es ist gefragt, nach welchen inneren Mustern sie ihr Leben bestimmen und organisieren. Mit dieser Kategorisierung werden dominante Handlungsmotive der Heiratsmigrantinnen hervorgehoben, die durchaus von anderen Impulsen und Ansätzen in eher untergeordneter Bedeutung durchwoben sind[4].

1.1 Zweckrationale und emotionale Orientierungen

Drei Typen von Handlungsmotivationen konnten unterschieden werden: 1) die Versorgungsmotivation, 2) die Partnerschaftsmotivation und 3) die Individualisierungsorientierung. Die Handlungsmotivation einer Frau konnte keiner dieser Kategorien zugeordnet werden. Sie orientiert sich sowohl an der Partnerschafts- wie auch an der Individualisierungsmotivation[5].

Die größte Gruppe unter den thailändischen Migrantinnen bilden die 'Versorgerinnen', die in erster Linie für sich und ihre Kinder ein materiell besseres Leben erreichen wollen. Der besondere finanzielle Druck ergibt sich bei dieser Gruppe nicht nur aus der Notwendigkeit, die Herkunftsfamilie finanziell zu unterstützen, sondern vor allem auch aus der Situation, für

3 Die Beratungsfallstatistik des FIZ verdeutlicht Probleme der Klientinnen, die im Bereich sozialer Kontakte liegen. Die Ergebnisse werden mit Hilfe der Interviews mit den thailändischen Befragten in ihren Hintergründen und Zusammenhängen qualitativ beleuchtet.

4 In diesem Kapitel beziehen wir uns auf die Befragung der Hauptgruppe, den 20 thailändischen Migrantinnen, die alle einen deutschen Partner haben oder hatten. Zum Zeitpunkt der Befragung leben zwei der 19 verheirateten Frauen in Trennung und eine Frau ist verlobt. In die Analyse werden außerdem Informationen aus der Beratungsstatistik des FIZ und vereinzelt auch Erfahrungen aus der Arbeit anderer Beratungsstellen hinzugefügt.

5 Von den thailändischen Interviewten werden 12 Frauen der Versorgungsmotivation, vier Frauen der Individualisierungsmotivation, drei Frauen der Partnerschaftsorientierung und eine Frau den beiden letzten Kategorien zugeordnet. Letztere bezeichnen wir als freiheitsliebenden Partnerschaftstyp.

eigene Kinder alleine aufkommen zu müssen[6]. Eine Frau, die ohne Unterstützung ihres Mannes sechs Kinder versorgt, kann - stellvertretend für die anderen Frauen - angeführt werden.

> „Alle meine Kolleginnen, mit denen ich gearbeitet habe, haben gesagt, daß ich gehen soll. Das sei ein alter Mann und der sei ungefährlich. Ich sollte das Risiko eingehen. Dann habe ich mir gedacht, das stimmt aber auch. ... Und da dachte ich, ich versuch's mal, mal sehen, wie das wird. ... Ich habe nicht einmal daran gedacht, wie ich hier in Deutschland leben würde. Ich wollte nur der Not und der Armut in Thailand entfliehen."

Das Kriterium der materiellen Sicherheit für die Auswahl des Ehepartners steht bei den Frauen mit Versorgungsorientierung so stark im Vordergrund, daß sie andere Probleme als unbedeutend einstufen. Eine Frau greift beispielsweise in diesem Kontext das nicht vorhandene Sexualleben mit dem Ehemann auf und beschreibt diese Situation als relativ unproblematisch:

> „Ich weiß nicht, vielleicht hängt es doch von meinem Glück ab, weshalb er damals so einfach zugesagt hat, was ich verlangte. Zum Beispiel, er muß meinen Kindern soundsoviel geben. Meine Kinder müssen lernen und leben. Er macht aber keine Schwierigkeiten. ... Nach der Heirat muß er Geld für meine Kinder schicken und er war einverstanden. Wir haben dann geheiratet. Seitdem leben wir zusammen. Es ist schon fast sieben Jahre her. Wir haben gar kein Problem. Es gibt ja manchmal Probleme, aber keine ernsten. Das Problem ist, daß er kein sexuelles Gefühl hat, aber für mich, ich bin schon alt, gibt es vielleicht deswegen kein Problem. Nur manchmal bin ich einsam, weil er gar kein sexuelles Gefühl hat. Wir küssen uns und umarmen uns, aber wir haben gar keine sexuelle Beziehung. Manchmal bin ich einsam."[7]

Insbesondere die Frauen, die schlechte persönliche Erfahrungen mit thailändischen Männern machten und wegen des Wunsches nach Versorgung migrierten, bewerten das Verhalten deutscher Männer positiv. Sie stellen den größten Anteil der Befragten, die der Meinung sind, daß die deutschen Männer im Bereich Verantwortung, Versorgung und materielle Sicherheit solidere Verhaltensweisen als die thailändischen Männer zeigen[8].

> „Die deutschen Männer verwöhnen uns." Frage: „Und die Thailänder?" Antwort: „Nein, sie machen nur, was sie wollen. ... Ich glaube, die deutschen Männer sind besser. Es gibt auch gute Thailänder, aber es gibt wenige. Meistens verlassen sie ihre Frau und ihre Kinder."

Die zweite typische Handlungsorientierung charakterisiert Frauen, die eine emotional motivierte Liebesheirat eingingen. Gegenüber den 'Versorgerinnen' zeigt diese Gruppe einen weniger klischeehaften Blick. Diese Frauen nehmen keine explizit negative Haltung gegenüber thailändischen Männern ein und vertreten auch nicht die 'Positivfolie' vom deutschen Mann. Mögli-

---

6 12 der Frauen hatten bereits in Thailand eigene Kinder. Nur eine dieser Frauen berichtet, daß der Vater der Kinder zur materiellen Unterstützung beiträgt.

7 Diese Frau ist zum Zeitpunkt des Interviews 46 Jahre alt.

8 Diese Haltung vertreten insgesamt die Hälfte der Befragten, wovon neben den 'Versorgerinnen' eine Frau der Individualisierungsmotivation und eine Frau der freiheitsliebenden Partnerschaftsorientierung zuzuordnen sind.

cherweise spiegelt sich darin das Motiv ihrer Eheschließung wider, das nicht aus einer Abwehrreaktion zu einem thailändischen Mann heraus zustande kam, sondern mit emotionalen Beweggründen zu dem fremdländischen Mann verwoben ist.

Die handlungsorientierten Leitbilder dieser Frauen verdeutlicht das folgende Beispiel.

> „Ja, ich lebe jetzt glücklich. ... Ich habe nur gedacht, ich möchte es probieren. Ich habe eine Stiefmutter, sie kann englisch sprechen und hat für uns übersetzt. Sie kann auch ein bißchen deutsch. Ich habe mich dann in meinen Mann verliebt. Er hatte damals Liebeskummer, deshalb ist er nach Thailand gegangen. Er hatte mit einer Frau sieben Jahre lang zusammengelebt. Ich habe ihm gefallen. Danach hatten wir immer Kontakt. ... Zuerst mußten wir uns kennenlernen. ... Wenn er mich wirklich liebt oder wenn ich ihn wirklich liebe, dann bin ich einverstanden."

Bei der Gruppe mit Partnerschaftsorientierung steht die emotionale Bindung als tragendes Fundament im Zentrum der Ehe. Frühere enttäuschende Beziehungserfahrungen konnten diese Haltung nicht ändern. Im Vergleich zu den 'Versorgerinnen' achten diese Frauen bei der Eheschließung weniger auf finanzielle Vorteile. Dennoch konnten zwei Frauen dieses Typs auch ein deutlich angezeigtes materielles Aufstiegsinteresse verwirklichen, die dritte Frau hat jedoch auf materielle Vorzüge zugunsten ihres Partners verzichtet.

Eine Frau zeigt neben dem engen emotionalen Bezug zum Ehepartner gleichzeitig einen starken Wunsch nach Freiheit und Unabhängigkeit. Diese Frau entspricht von ihrer Motivationsstruktur am stärksten dem Idealtyp einer gleichberechtigten Ehepartnerin und Liebhaberin. Wir haben sie als freiheitsliebenden Partnerschaftstyp bezeichnet.

> „Ich bin immer hin- und zurückgeflogen (von Thailand nach Deutschland, d.A.), drei Jahre lang. Ich habe manchmal bei einer Freundin und manchmal hier bei ihm gewohnt, bis ich mich überzeugt hatte, daß wir uns lieben. ... Ich möchte im Ausland leben, ich möchte nicht in Thailand leben."

Während Versorgungsehen noch eher Akzeptanz bei Familienangehörigen in der Heimat finden, stehen offensichtlich den auf Gefühlen begründeten Eheschließungen mit ausländischen Männern größere Vorbehalte entgegen. Alle Familien der Befragten aus dieser Gruppe zeigen Vorurteile gegen bikulturelle Ehen, insbesondere wenn dafür noch finanzielle Nachteile akzeptiert werden müssen.

> „Aber meine Eltern wollten nicht. Sie haben gesagt, es ist egal, ob wir arm sind. Wir sollten lieber Reis pflanzen, das sei noch besser, als mit einem ausländischen Mann zu gehen" .

Ein weiteres Erklärungsmuster für die explizite Abwertung der Ehe mit einem Ausländer - die im Gegensatz dazu wiederum in vielen Familien als großes Glück betrachtet wird -, liegt in der Schichtenzugehörigkeit der Herkunftsfamilie der Frauen. Während sich Familien, die am Existenzminimum leben, auf den Versorgungsaspekt konzentrieren, können es sich Familien des (unteren) Mittelstands leisten, auf 'Moral' und 'Gesellschaftsethik' zu achten. In diesen Familien überlappt der Aspekt von Stigmatisierung und Abwertung den potentiellen Statusgewinn, der durch eine materiell erfolgreiche Migration gewonnen werden kann.

> „Meine Freunde und Verwandte haben gesagt, niemand sei dagegen. Aber ich hatte den Eindruck, die Leute haben das nicht akzeptiert, ... denn sie denken typisch Thailänderin, die Thailänderinnen und die Ausländer".

Der dritten typischen Handlungsorientierung liegen Individualisierungswünsche zugrunde. Diese Frauen streben einen individuellen Freiraum für sich an, sie wollen ihren persönlichen Bedürfnissen deutlichen Vorrang vor dem Gemeinschaftsinteresse einräumen. In Anlehnung daran wollen sie sich von traditionellen thailändischen familiären Verflechtungen und Sozialstrukturen befreien, oder deutlich eine materielle Unabhängigkeit und Eigenständigkeit erreichen. Eine Witwe, die zwei Kinder zu versorgen hat, versuchte, sich eine Erwerbsarbeit in Übersee vermitteln zu lassen. Sie lebt bereits mehrere Jahre in der Bundesrepublik und plant jetzt - nach dem Scheitern ihrer Ehe in Deutschland - nach Thailand zurückzukehren und dort einer eigenständigen Erwerbsarbeit nachzugehen.

> „Ich glaube, damals war es nicht so schwer (auszureisen, d.A.), weil ich dachte, erstens ist mein Mann schon gestorben und ich bin keine Jungfrau mehr. Ich dachte, ich kann es versuchen, gegen das Schicksal zu kämpfen, ich bin deshalb nach Deutschland gekommen. ... Er (der Vermittler, d.A.) hat nur gesagt, daß ich in einer Kaserne arbeiten sollte. Aber ich habe dort nicht gearbeitet, denn es war eine Lüge. ... Meine Hoffnung ist, ich möchte ein eigenes Gewerbe in Thailand haben. Ich möchte hier anfangen, Kapital zu sammeln, um nach Thailand zurückzukehren."

Ihre Familienangehörigen setzen jedoch - ähnlich den Angehörigen der Versorgungsorientierten - die Ausreise einem Statusgewinn gleich und unterstützen das Vorhaben. Die Chance zu gehen, wird als Glück bewertet, denn im materiellen Erfolg liegt die persönliche Unabhängigkeit. Eine Frau, deren Mutter zum Zeitpunkt der Ausreise bereits in der Bundesrepublik lebte, berichtet von Reaktionen ihrer Geschwister:

> „Ich glaube, sie waren neidisch auf mich, weil ich nach Deutschland kommen konnte. Also, ich konnte eine Reise ins Ausland machen. Für die Thailänderinnen, das wissen sie doch, ist eine Reise ins Ausland ein Glücksfall. Sie haben gesagt, du hast Glück."

Nicht alle Frauen der drei Gruppen typischer Handlungsorientierung konnten ihre Ziele erreichen, bzw. ihre Lebenswünsche für sich realisieren. Oft wurden sie gezwungen, Kompromisse einzugehen bzw. für vorrangige Interessen auf anderes zu verzichten.

Die Gruppe der 'Versorgerinnen' hat zu einem hohen Anteil ihr Hauptziel, die Sicherung und Verbesserung ihrer materiellen Lebensbasis für sich und ihre Kinder, erreicht[9]. Jedoch sind nur ca. die Hälfte dieser materiell erfolgreichen Frauen mit ihrem Leben in der Bundesrepublik emotional zufrieden. Bei vielen Frauen mußte die finanzielle Absicherung mit Abstrichen in der Partnerschaft bezahlt werden. Die Frauen fühlen sich weder emotional in ihrer Beziehung aufgehoben, noch von ihrem Partner verstanden.

Daß es schwer ist, eine auf romantischen Liebesgefühlen begründete Ehe zu halten, zeigten die Frauen, die sich an Partnerschaftsmotiven orientieren. Nur eine der Frauen konnte eine Beziehungsform bewahren, die auf Liebe und Vertrauen aufbaut. Eine Frau lebt heute getrennt und versorgt sich selbst, und eine Frau lebt mit ambivalenten Gefühlen in dem widersprüchlichen Ablauf ihres Familienalltags. Die Frau, die wir als freiheitsliebenden Partnerschaftstyp bezeichneten, fühlt sich von ihrem Ehemann eingeengt. Mit dieser Beziehung verbindet sie nach wie vor ihre große Liebe. Dennoch beabsichtigt sie die Trennung, sollten sich die Probleme in der Ehe weiterhin verschärfen.

Auch die Frauen, die deutliche Individualisierungstendenzen zeigen, mußten Abstriche machen. Nur zwei der vier Frauen können ihre Freiheits- und Selbstbestimmungsbedürfnisse zufriedenstellend leben. Sie leben materiell unabhängig von Ehemann und Partner[10], was darauf verweist, daß Wünsche nach Eigenständigkeit in einer ehelichen oder eheähnlichen Lebensgemeinschaft nur schwer realisierbar sind. Die beiden anderen Frauen, die mit ihren Ehemännern zusammenleben, fühlen sich in ihrer Beziehung fremdbestimmt und in ihrer Bewegungsfreiheit eingeschränkt.

1.2 Unterschiede und Ähnlichkeiten zu deutsch-deutschen Ehen

Die Mehrheit der Frauen realisierte eine Heiratsmigration; sie leben in einer bi-kulturellen Beziehung, in der Regel mit einem deutschen Mann[11]. In ihren Ehen zeigen sich bestimmte Merkmale, die zum Teil Stereotypen bestätigen, andererseits aber auch überraschenderweise kontrastieren: 1) ein beträchtlicher Altersunterschied, 2) häufig gescheiterte frühere Beziehungen des Mannes, 3) erste Hinweise auf eine spezifische Mutterbindung bei

9 Neun Frauen sind mit dem materiell Erreichten zufrieden und drei Frauen eher unzufrieden. Diese drei Frauen fühlen sich auch psycho-sozial und emotional unwohl in der Partnerschaft.

10 Eine der beiden Frauen ist noch nicht verheiratet und führt ihren eigenen Finanzhaushalt, und die andere Frau lebt bereits wieder getrennt und finanziell eigenständig.

11 83,1 % der Klientinnen des FIZ leben in einer Partnerschaft, damit berät und betreut das FIZ hauptsächlich Heiratsmigrantinnen. Auch die nicht-deutschen Partner kommen mehrheitlich nicht aus dem Heimatland der Frau, sondern aus den USA, England, Italien, Polen, Schweiz, Vietnam und dem ehemaligen Jugoslawien. Die Klientinnen mit Ehepartnern aus dem eigenen Heimatland kommen in der Regel aus eher untypischen Ländern der 'Heiratsmigration', wie Argentinien, Eritrea und Vietnam.

gleichzeitiger Kontaktarmut des Mannes und 4) durchschnittliche Bildungs- und Berufslaufbahnen der Ehemänner.

Zwischen den Partnern besteht 1) häufig ein großer Altersunterschied. Die größte Differenz betrug 40 Jahre bei einem 73jährigen deutschen Mann und seiner 33jährigen philippinischen Ehefrau. Im Durchschnitt sind die (Ehe-)Männer 8,8 Jahre älter als ihre Frauen[12]. Damit liegt der Altersunterschied bei den bi-kulturellen Partnerschaften unserer Zielgruppe fast dreimal so hoch wie bei dem durchschnittlichen Vergleichswert von drei Jahren in der Bundesrepublik[13].

Altersunterschied zum Partner in Jahren in %

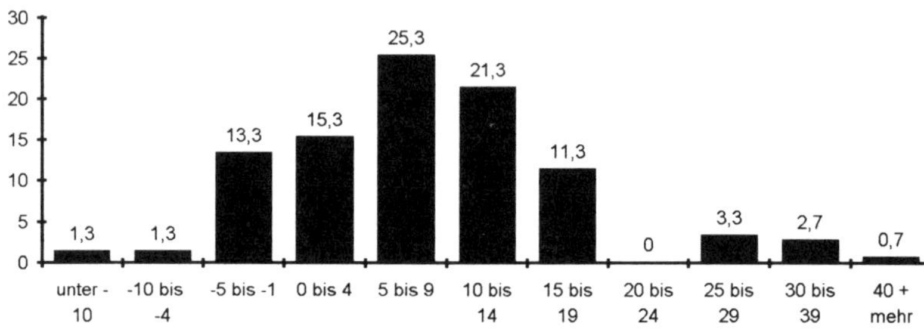

n = 150

Den Wunsch nach einer weitaus jüngeren Partnerin erfüllen sich Männer in erster Linie per Katalog. So lag der Altersunterschied bei den Paaren, die sich über Heiratsvermittlung kennenlernten, noch höher. In unserer Stichprobe mit zwölf vergleichbaren Fällen[14] lag der Altersunterschied bei zwölf Jahren. Demgegenüber zeigt eine andere Erhebung von 182 philippinischen Frauen, die durch Heiratsagenturen an deutsche Männer vermittelt wurden, sogar einen durchschnittlichen Altersunterschied von 17 Jahren an (vgl. Bundesministerium für Frauen und Jugend 1992: 125).

Der Altersunterschied von durchschnittlich über neun Jahren ist hoch. Offensichtlich profitieren die Männer von ihrer Staatszugehörigkeit, die den

12 Vgl. hierzu auch den Jahresbericht des Philippine Information Center 1992, S.25, in dem aufgeführt ist, daß 84,4 % der Frauen zwischen 18 und 35 Jahre alt sind, während demgegenüber nur 45,6 % der Männer dieser Altersstufe angehören. Der größte Altersunterschied zeigt sich in den Kategorien 18 - 25 Jahre: 37,0 % Frauen und 6,8 % Männer, und 41 Jahre aufwärts: 5,1 % Frauen und 39,5 % Männer.

13 Nach Angaben des Statistischen Bundesamtes liegt das durchschnittliche Heiratsalter der Frauen in der Bundesrepublik bei 28,4 und der Männer bei 31,4 Jahren (vgl. Statistisches Bundesamt 1990).

14 Das ist die Anzahl der heiratsvermittelten Frauen, bei denen das eigene Lebensalter und das des Partners bekannt war.

Frauen wirtschaftliche Besserstellung signalisiert und Aufenthaltsrechte verspricht. Der Macht- und Prestigegewinn scheint den Altersunterschied für die Frauen zu kompensieren. Das Bild von 'dem deutschen Rentner mit der jungen Asiatin' stellt nicht die Ausnahme, jedoch auch nicht den Regelfall dar.

Die (Ehe-)Männer der Heiratsmigrantinnen sind 2) wesentlich häufiger vor ihrer Eheschließung bereits verheiratet gewesen als der durchschnittliche deutsche Heiratskandidat. Während im Bundesdurchschnitt ein Fünftel (20,8%) der Eheanwärter zuvor verheiratet war (Vgl. Statistisches Bundesamt 1990), lag der Anteil bei unseren Befragten bei mehr als einem Drittel (38,1%).

Daraus kann geschlossen werden, daß die Männer, die sich gezielt eine ausländische Frau suchen, besonders häufig enttäuschende Erfahrungen in Beziehungen mit einer deutschen Frau machen. Nach Erkenntnissen der Beratungsstelle hatten die meisten Männer der Heiratsmigrantinnen, die bereits zuvor verheiratet waren, eine deutsche Ehefrau. Dieser persönliche Hintergrund könnte eine Erklärung für die Einstellung der Männer liefern, die in einer verallgemeinernden Schuldzuweisung den 'überemanzipierten' deutschen Frauen die Schuld für ihre 'Auslandsbeziehungen' geben.

Offensichtlich treffen sich in den bi-kulturellen Beziehungen zwei spezifische Gruppen. Auf der einen Seite die männliche Gruppe, die trotz oder gerade wegen schlechter Beziehungserfahrungen im fortgeschritteneren Alter noch einmal den Aufbau einer neuen Partnerschaft wagt. Auf der anderen Seite die jüngere weibliche Gruppe. Diese Frauen haben auch bereits schlechte Erfahrungen in der Partnerschaft gemacht und verfolgen über die Heiratsmigration in erster Linie ökonomische Sicherheit sowie stabilisierte und geordnete Lebensbedingungen. Aufgrund ihrer persönlichen Biographie sind sie bereit, das Risiko eines Neuanfangs in Übersee auf sich zu nehmen. Das Handeln der Männer könnte eher aus einer Angst vor dem Altwerden motiviert sein, während die Frauen stärker aus dem Wunsch nach einer besseren Zukunft handeln.

Die Ehemänner erheben 3) einen gewissen 'Sonderstatus' in sozialen Beziehungen. Erste Hinweise, die sich nur mit großer Vorsicht aus einer geringen Quote der Antworten ableiten lassen, deuten auf eine hohe Anzahl an Einzelkindern und an Erstgeborenen hin[15] und signalisieren einen besonders engen Kontakt zur eigenen Mutter. Annähernd die Hälfte der Männer, bei denen der Bezug zur Mutter geklärt wurde, lebte vor der Eheschließung - trotz fortgeschrittenem Alter - im gemeinsamen Haushalt mit ihrer

15 Von den 87 Männern, die zu ihrer eigenen Familie Auskunft gaben, waren 23 als Einzelkinder und weitere 19 als Älteste in der Geschwisterfolge aufgewachsen.

Mutter und ließ sich von ihr versorgen[16]. Demgegenüber steht eine Beobachtung zu nicht existierenden Familienbindungen der Ehemänner, die eine andere Problemvariante vermuten läßt. Denn viele Männer haben andererseits überhaupt keinen Kontakt mehr zu eigenen Familienangehörigen und wenden sich mit besonderem Engagement der Familie der Frau zu[17]. Genauere und detailliertere Angaben über die Sozialbiographie der Männer müßten erst noch gezielt in einer empirischen Studie erhoben und interpretiert werden.

Weisen Altersunterschiede und soziale Bindungen auf spezifische Männergruppen hin, so zielen Bildungs- und Berufsbiographien 4) auf den 'Durchschnittsmann' ab. Das pauschale Bild vom 'ungebildeten Unterschichtsdeutschen', der sich eine Frau aus Übersee holt, kann nicht bestätigt werden. Im Vergleich zur durchschnittlichen Schulbildung der männlichen Bevölkerung in der Bundesrepublik[18] sind die (Ehe-)Männer der Migrantinnen tendenziell besser gebildet.

Schulbildung der Männer in %

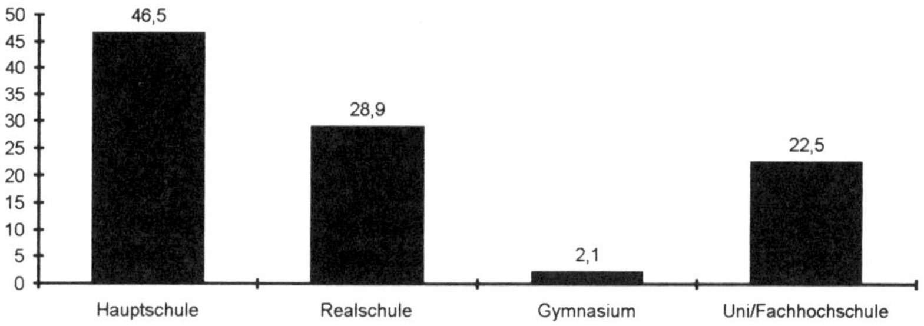

n = 142

16 104 von 246 Männern machten Angaben zu dem Kontakt mit ihrer Mutter vor der Eheschließung. 48 der 104 Männer, also 46,2 %, wurden von ihrer Mutter vor der Heirat versorgt. Häufig entzünden sich an der engen Mutter-Sohn-Beziehung Konflikte in der Partnerschaft. In 47 Fällen des FIZ wird die enge Mutterbindung des Mannes, sowohl von den Frauen als auch von den Beraterinnen als ein störender Faktor und grundlegender Konflikt in der Beziehung erkannt.

17 Diese Beobachtung führte zur gezielten Datenerfassung. Bei einem kleinen Sample von 57 Männern aus dem letzten Erhebungsjahr konnte festgestellt werden, daß zwölf (21,1%) keine Kontakte mehr zu den eigenen Familienangehörigen halten.

18 Nach den Volkszählungsdaten von 1987 haben im gesamten (alten) Bundesgebiet 63,0 % der Männer einen Hauptschulabschluß, 18,4 % einen Realschulabschluß und 18,1 % einen Hoch- oder Fachhochschulabschluß. Vgl. die absoluten Zahlen der Tabelle: „Bevölkerung am Ort der Hauptwohnung nach höchstem Bildungsabschluß“ in: Statistisches Bundesamt, 25. Mai 1987. Die Statistik erfaßt die Altersstufe der Männer zwischen 15 und 64 Jahren.

Dabei haben die meisten Ehemänner eine Berufsausbildung abgeschlossen. Insbesondere handelt es sich um technische, bzw. naturwissenschaftliche oder handwerkliche Berufe, in großem Abstand gefolgt von kaufmännischen oder Verwaltungsberufen und sozialen, erzieherischen oder pflegenden und medizinischen Berufen.

Berufsausbildung der Männer in %

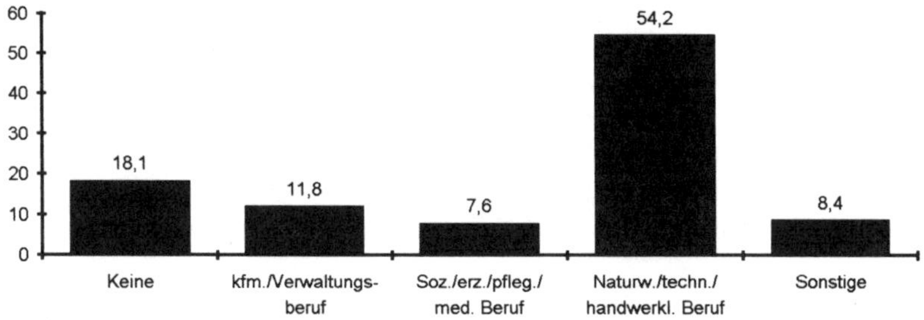

n = 144

Die überwiegende Anzahl der Ehemänner, nämlich 82,1 % war erwerbstätig[19]. Sie verteilen sich auf die verschiedenen Arbeitsverhältnisse wie folgt.

Erwerbstätigkeit der Männer in %

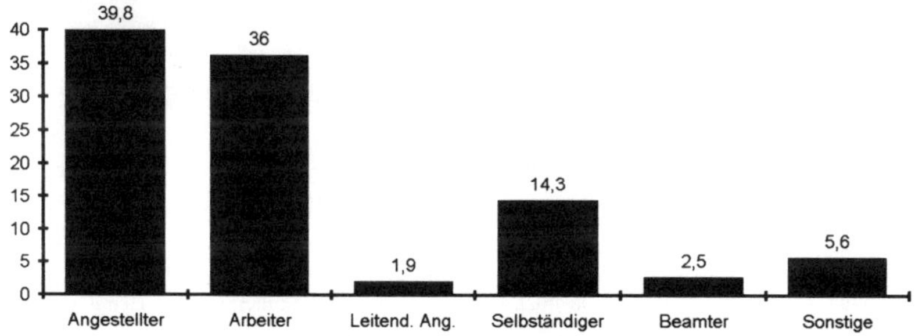

n = 161

Trotz Berufsausbildung sind viele Ehemänner in ungelernter Arbeit tätig. Sie sind im Produktionsbereich der Industrie oder im Gütertransport als

19 196 von 246 der Männer machten Angaben zur Erwerbstätigkeit. 161 (Grundzahl=n) von 196 Männern sind erwerbstätig. Von den erwerbslosen Männern sind 12 arbeitslos, neun im Ruhestand, sechs berufsunfähig und acht gaben keine Begründung.

Fahrer beschäftigt[20]. Damit wird das Ergebnis zur tendenziell überdurchschnittlichen Schulbildung und einer potentiellen Zuordnung zu einer höheren Gesellschaftsschicht wiederum relativiert. Denn viele Männer konnten keine qualifizierte Erwerbsarbeit, trotz qualifizierter Schul- und Berufsbildung, erreichen.

1.3 Die Bedeutung der ausländerrechtlichen Stellung der Frau

Ausländerrechtliche Regelungen haben einen entscheidenden Einfluß auf die Lebensbedingungen der Frauen, insbesondere auf ihre eheliche Beziehung. Aufenthaltsrechtliche Normen bestimmen die Kennenlernzeiten der Paare, verordnen einseitige Abhängigkeiten zu ungunsten der Ausländerin und verschärfen Beziehungskonflikte. Mögliche Auswirkungen dieser Regelungen werden anhand von einzelnen Beispielen aus der Beratungsarbeit illustriert[21], in denen drastische Gewalterfahrungen von den Frauen gemacht wurden.

1.3.1 Keine Zeit vor der Ehe

Die Paare haben wenig Zeit, sich vor der Eheschließung wirklich kennenzulernen: Die Gruppe, die sich im Touristengebiet traf, spricht meist über einen Zeitraum von wenigen Wochen, die die Paare gemeinsam in Touristengebieten verbringen. Häufig besucht der Mann die Frau dann noch ein-, zwei- oder dreimal während seines späteren Urlaubes, bzw. das Paar pflegt Schriftverkehr über ein bis zwei Jahre hinweg. Spätestens dann lädt der Mann die Frau in die Bundesrepublik ein. Meist wird innerhalb von drei Monaten die Eheschließung beantragt, bzw. die Ehe geschlossen. Noch kürzer sind die Kennenlernphasen bei den über Heiratshändler und Verwandte arrangierten Ehen. Der kürzeste Zeitraum vom Kennenlernen bis zur Eheschließung betrug bei unseren Befragten einen Tag bei einer Vermittlung über eine Heiratsagentur. Tendenziell nehmen die Frauen mit Partnerschaftsorientierung im Gegensatz zu den 'Versorgerinnen' längere Kennenlernphasen bis zur Eheschließung in Anspruch: Durchschnittlich 20 Monate im Gegensatz zu durchschnittlich zehn Monaten. Letztere können

20 Ein großer Anteil an ungelernten und angelernten Arbeitern (31%) wurde auch bei einer Erhebung ermittelt, die sich auf 70 deutsche Männer bezog, die sich Frauen über Heiratsagenturen vermitteln ließen. Der Anteil der Facharbeiter und Handwerker betrug hier 27 % und der Anteil der kaufmännisch/technisch Tätigen und Verwaltungsangestellten 13 % (vgl. Bundesministerium für Frauen und Jugend 1992: 125).

21 Die verwendeten Informationen basieren im Wesentlichen auf Erfahrungswerten des FIZ. Zudem beziehen wir uns auf Berichte, die auf der Anhörung zu Frauenhandel - Öffentliche Anhörung des Ausschusses für Frauen und Jugend am 01.12.1993 -, an der mehrere Beratungsstellenvertreterinnen und Experten der Strafverfolgung teilnahmen, gesammelt werden konnten.

wohl die Vernunftentscheidung für eine Heirat schneller fällen, während die Klärung von Gefühlen als Grundlage für die Ehe mehr Zeit in Anspruch nimmt.

Bi-nationale Paare werden von ausländerrechtlichen Bestimmungen zu einer schnellen Eheschließung gedrängt. Nur drei Monate können sich die Frauen in der Bundesrepublik als Touristinnen aufhalten. Der gleiche Zeitraum gilt für ein Visum zur Eheschließung, für dessen Erhalt jedoch bereits die Voraussetzungen zur Eheschließung vorliegen müssen[22]. Nach den Erkenntnissen des FIZ konnte in Einzelfällen eine dreimonatige Verlängerung erreicht werden, so daß auf der Grundlage von Ermessensentscheidungen höchstens ein Aufenthalt von sechs Monaten vor einer Eheschließung möglich ist. Spätestens aber nach dieser Zeit müssen sich die Frauen der Heirat völlig sicher sein oder in ihr Heimatland zurückkehren.

Ein Großteil der Ratsuchenden beim FIZ ist über ein Touristenvisum, bzw. vor Juni 1990 ohne Sichtvermerk als Touristin in die Bundesrepublik eingereist.

Aufenthaltsstatus bei der Einreise in die BRD in %

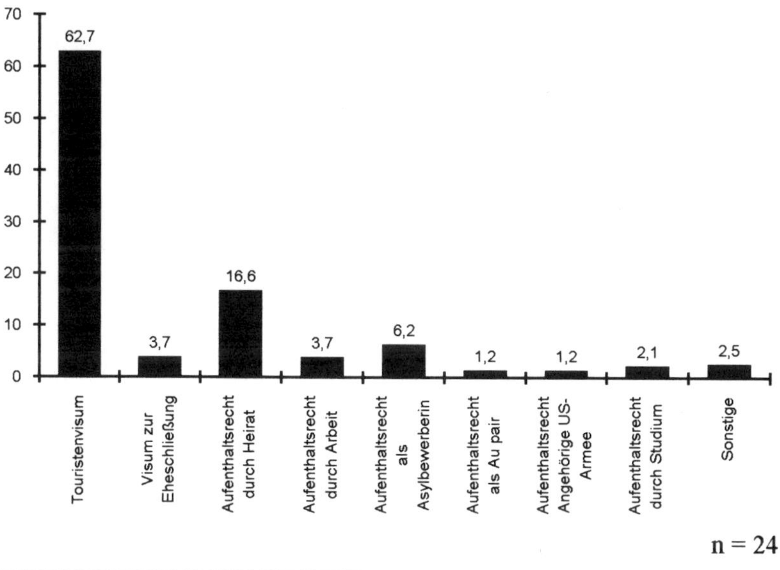

n = 241

22 Hierfür muß beispielsweise das Aufgebot zur Eheschließung schon bestellt sein. Grundlage für die Erteilung des Sichtvermerks sind die §§ 7 und 84 des AuslG, nach denen in erster Linie abzusichern ist, daß die Einreisewillige dem deutschen Staat finanziell nicht zur Last fallen wird.

Einerseits weisen die Zahlen darauf hin, daß sich viele Frauen erst in der Bundesrepublik einen Ehemann suchen und zur Eheschließung entscheiden. Dabei handelt es sich wahrscheinlich vornehmlich um die Gruppe, die sich nach Ankunft von Freunden und Verwandten vermitteln läßt. Zum anderen spiegeln sich in der Statistik jedoch auch Schwächen des Einreise- und Aufenthaltsrechtes, das für Heiratswillige keine Aufenthaltsvorteile bietet - die erlaubte Aufenthaltsdauer ist identisch - und nur zusätzliche bürokratische Verzögerungen bereit hält.

Die Behördenpraxis sieht gleichzeitig eine strikte Kontrolle von offiziellen Einreisegründen vor. Seit der Novellierung des Ausländergesetzes im Januar 1991 war es in der Regel nicht mehr möglich, auf der Basis eines Touristenvisums zu heiraten und danach eine Aufenthaltserlaubnis zu erhalten. Dies bedeutet, die Frauen müssen sich schon vor Einreise zur Eheschließung entscheiden und ein entsprechendes Visum beantragen, wollen sie eine erneute Aus- und Einreise zur Befolgung dieser Bestimmungen verhindern. Dem FIZ sind mehrere Fälle bekannt, in denen diese strikte Handhabung zu einem großen zeitlichen und finanziellen Aufwand für die Betroffenen führte.

Beratungsfall des FIZ: Frau D. erwartete von ihrem deutschen Freund ein Kind und reiste mit einem Touristenvisum mit ihm gemeinsam in die Bundesrepublik ein. Sie heiratete und bekam nach der Eheschließung durch die Ausländerbehörde eine Ausreiseaufforderung, da sie mit dem falschen Visum eingereist sei. Durch die Schwangerschaft und anschließende Geburt war sie einige Zeit nicht reisefähig. Zwei Monate nach der Geburt mußte sie ausreisen, um im Heimatland einen Antrag auf Familienzusammenführung zu stellen.

Seit Inkrafttreten der vierten Änderung der Verordnung zur Durchführung des Ausländergesetzes (DVAuslG) im Februar 1993 können solche Härten vermieden werden. Demzufolge kann

> „ein Ausländer ... die Aufenthaltserlaubnis ... nach der Einreise einholen, wenn er sich rechtmäßig oder geduldet im Bundesgebiet aufhält und 1. nach seiner Einreise durch Eheschließung im Bundesgebiet einen gesetzlichen Anspruch auf Erteilung der Aufenthaltserlaubnis erworben hat, ...". (Siehe § 9, Abs. 2, Nr. 1 DVAuslG).

1.3.2 Staatlich verfügte Abhängigkeit in der Ehe

Wenden sich die Frauen an die Beratungsstelle, so befinden sie sich zum großen Teil in einer aufenthaltsrechtlichen Abhängigkeit zum (Ehe-)Mann, denn ihr legaler Aufenthaltsstatus wäre bei Trennung der Lebensgemeinschaft gefährdet. Die meisten dieser Frauen haben ein befristetes Aufenthaltsrecht für einen Zeitraum von drei Jahren. Das unbefristete Aufenthaltsrecht kann von deutsch verheirateten Ausländern und Ausländerinnen nach dreijähriger Ehegemeinschaft beantragt werden, kann aber nachträglich befristet werden - beispielsweise wegen Sozialhilfebezug oder Getrenntleben vom Ehepartner - und stellt keinen wirklichen Schutz vor Ausweisung dar. Ein von der Ehe unabhängiges Aufenthaltsrecht ist möglich, wenn die eheliche Lebensgemeinschaft seit mindestens vier Jahren im Bundesgebiet bestand. Eine wirkliche Aufenthaltssicherheit geben nur die Aufenthaltsberechtigung und die Einbürgerung, beides hatte nur ein geringer Prozentsatz der Klientinnen des FIZ für sich realisiert.

Sicherung des Aufenthalts bei Beratungsbeginn durch...
in %
(MFN)

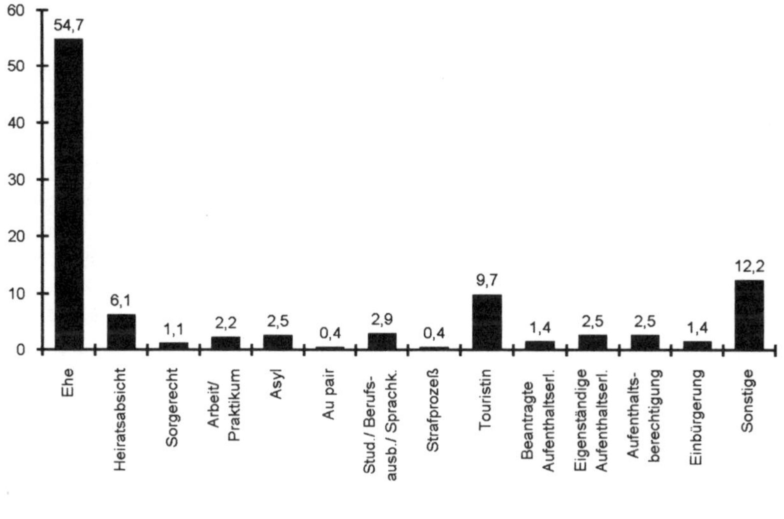

n = 278

In akuten Konfliktsituationen demonstrieren viele Männer die eigentlichen Machtverhältnisse und nutzen ihren Heimvorteil, um Widerstand zu brechen. Sie spannen deutsche Behörden und Institutionen für sich ein. In weit mehr als jedem vierten Fall, in denen Frauen Probleme in der Partnerschaft hatten, wurden ausländerrechtliche Konsequenzen als Druckmittel von den deutschen Männern angedroht oder eingesetzt[23]. Manche Männer wenden verschiedene Methoden parallel an: In 27 Fällen wandten sich Männer an die Ausländerbehörde oder den Arbeitgeber, bzw. drohten mit einer solchen Maßnahme. In 21 Fällen sprachen Männer ihren Frauen gegenüber direkt die Drohung aus, 'sie zurückzuschicken'. In weiteren 13 Fällen suchten Männer die Institutionen von Kinderbetreuung und -aufsicht, von der Schule über Kindergarten und Jugendamt, gegen die Frau zu nutzen. In der Regel wird sie dort als unfähige ausländische Mutter dargestellt. 22 Männer behielten zudem nachweisbar wichtige Papiere, meist Pässe, ihrer Frauen ein, um deren Handlungsspielraum zu begrenzen.

In 32 Fällen wurden die Konflikte in der Beziehung im Zusammenhang mit dem Aufenthalt sogar offen ausgetragen. Meist lagen Trennungsabsichten der Frau vor, wobei der Mann durch sein Verhalten ihren Aufenthalt offensiv verhinderte oder zu verhindern suchte. In 54 Fällen zeigte sich das Verhalten der Klientinnen deutlich von ihrer ausländerrechtlichen Situation - das heißt der aufenthaltsrechtlichen Abhängigkeit vom Ehemann - bestimmt. Diese Frauen nahmen von einer Trennung nur deshalb Abstand, weil sie damit ihre eigene legale Existenz in der Bundesrepublik gefährdet hätten. Sie sind mit dem Ablauf ihrer Aufenthaltserlaubnis, aber auch mit aufenthaltsbeendenden Maßnahmen, - die der Partner selbst einleitet -, konfrontiert[24].

Beratungsfall des FIZ: Frau M., 36 Jahre alt, mit guter Berufsausbildung, keine Kinder. Sie lernte ihren deutschen Mann in der Bundesrepublik kennen. Er war 42 Jahre alt, Versicherungskaufmann, hatte ein Kind aus erster Ehe und war acht Jahre lang bei der Bundeswehr beschäftigt. Beide konnten sich nur notdürftig sprachlich verständigen. Der Mann war Choleriker. Er 'fühlte sich oft verfolgt' und wurde gewalttätig. Er beschimpfte seine Frau immer wieder aufgrund ihrer Herkunft mit 'dreckige Indianerin'. Die Frau versuchte die Ehe zwei Jahre lang aufrechtzuhalten; in erster Linie auch, um ihre Mutter weiterhin unterstützen zu können. Als die Frau ihren Ehemann verließ, benachrichtigte der Mann sofort die Ausländerbehörde und verlangte die Beendigung des Aufenthaltes seiner Frau. Ihr Aufenthalt wurde von der Ausländerbehörde beendet, und ihr wurde eine Ausreiseaufforderung zugestellt.

---

23 194 Klientinnen des FIZ brachten Probleme mit ihren Partnern vor. Davon waren 57 Frauen mit direkten, indirekten, offensiven oder eher subtilen Druckmitteln der Männer bezüglich des Aufenthaltes konfrontiert. Der Beratungsstelle sind auch Fälle bekannt, in denen die Ehemänner von den Frauen Geld einfordern, sollen sie der Ausländerbehörde keine Mitteilung über die eheliche Trennung machen.

24 144 Frauen hatten im Verlauf des Beziehungskonfliktes eine Trennung oder Scheidung ernsthaft erwogen.

Mit der Verwendung von ausländerrechtlichen Druckmitteln bringen Männer ein Selbstverständnis in der Beziehung zum Ausdruck, das keine Opposition duldet und ihre Haltung als 'Herrenmensch' - als Patriarch in der weißen Gesellschaft - demonstriert. Die Vertreterin einer Beratungsstelle auf der Anhörung zu Frauenhandel in Bonn zog klare Verbindungen zwischen den ausländerrechtlichen Bestimmungen und den konkreten Lebensbedingungen in der Ehegemeinschaft: „Das Ausländeramt macht sich da zum Handlanger der Ehemänner“, (Deutscher Bundestag, Ausschuß für Frauen und Jugend 01.12.1993: 70) denn, so eine andere Teilnehmerin, die

> „... Frauen halten oft Gewalt und Mißhandlungen aus, um einer Ausweisung zu entgehen, da sie rechtlich nur innerhalb einer ehelichen Gemeinschaft geschützt sind. Der Mann hat demgegenüber alle Rechte, er kann sich sogar des Ausländergesetzes ... bedienen und sich somit eventuell drohenden Unterhaltszahlungen entziehen.“ (Deutscher Bundestag, Ausschuß für Frauen und Jugend 01.12.1993: 98).

Das eheabhängige Aufenthaltsrecht schafft eine Ungleichheit in den binationalen Beziehungen. Die Migrantinnen sind von vorneherein benachteiligt, strukturell angelegte Konfliktmuster sind vorprogrammiert. Die Bindung der Aufenthaltsgenehmigung an die Ehe verhindert eine gleichberechtigte Partnerschaft.

Nach Erkenntnissen des FIZ wirken ausländerrechtliche Bestimmungen oft subtil und müssen gar nicht erst offensiv als Druckmittel angewandt werden. In der Folge gehen viele Frauen wieder zu ihren Männern zurück, um ihre Aufenthaltserlaubnis nicht zu verlieren. Manchmal verfolgen Frauen eine klare Strategie: Sie versuchen die Zeit der ausländerrechtlichen Abhängigkeit mit dem Ehemann zu überwinden, um dann später, wenn sie ein eigenständiges Aufenthaltsrecht haben, ihre eigentlichen Lebensplanungen verwirklichen zu können. Dabei werden die Frauen genötigt, sich auf Jahre mißhandeln und beschimpfen zu lassen.

Beratungsfall des FIZ: Frau K., 36 Jahre alt, Marktfrau, keine Kinder. Sie heiratete einen deutschen Mann, 41 Jahre alt, beim Wachdienst beschäftigt und früher in der Fremdenlegion tätig. Auch hier war die sprachliche Verständigung sehr dürftig. Der Mann war alkoholkrank und die Frau kam bereits im ersten Ehehalbjahr zur Beratung ins FIZ. Um ihre Aufenthaltserlaubnis zu sichern, blieb die Frau drei Jahre lang bei dem alkoholabhängigen Mann und war seinen völlig unberechenbaren gewalttätigen Handlungen ausgesetzt. Nach dem Erhalt einer unbefristeten Aufenthaltserlaubnis trennte sich die Frau und ließ sich scheiden.

1.3.3 Die Härtefallregelung greift nicht

Auch die Härtefallklausel, die dem ausländischen Ehepartner in Ausnahmefällen eine Trennung vom Ehepartner ohne Beendigung des Aufenthaltsrechts zubilligt, schützt die Frauen nicht vor Gewalt und Unterdrückung. Zum einen, weil die Härtefallklausel (besondere Härte) an eine Ehebestandszeit von mindestens drei Jahren geknüpft ist. Dies bedeutet, daß die Frauen zumindest drei Jahre 'durchhalten' müssen, um eventuell einen eigenständigen Aufenthalt zu erreichen. Zum anderen weil die Gründe, die für die Behörden einen Härtefall belegen, bisher völlig ungeklärt sind. Die Anerkennung eines Härtefalls liegt in dem Ermessen der zuständigen Institutionen. Bislang sind keine Richtlinien festgelegt, die einen Härtefall charakterisieren. Die Anerkennung von Härtefällen sind damit Einzelfallentscheidungen und zeigen regional unterschiedliche Handhabungen[25].

Dementsprechend ist die Auslegung der Härtefallregelung und ihre Anwendung kritikwürdig. Viele Migrantinnen, die in ihrer Ehe besondere persönliche Härten zu tragen haben, vertrauen der unklaren Rechtslage nicht. Sie wollen das Risiko einer Überprüfung und Ablehnung gar nicht erst eingehen. Neben der Strategie des Verharrens in der Ehegemeinschaft für einen gewissen Zeitraum sehen die Frauen eine kurzfristige Lösung nur in der Suche nach einem neuen Ehemann[26].

1.3.4 Schwangerschaft ohne Aufenthaltsrecht

Schwangerschaft stellt keinen Aufenthaltsgrund dar, auch wenn die Vaterschaft eines Deutschen von der Frau behauptet wird. Nach Angaben einer Vertreterin der IAF (Interessengemeinschaft der mit Ausländern verheirateten Frauen - Verband bi-nationaler Ehen und Partnerschaften) auf der Anhörung zu Frauenhandel wächst die Anzahl der ausländischen Frauen, die mit einem deutschen Mann, beziehungsweise einem Mann mit legalem Aufenthaltsstatus in der Bundesrepublik zusammenleben und schwanger werden. Diese Frauen müssen ausreisen, wenn eine Eheschließung nicht

---

25 Die agisra-Vertreterin (Arbeitsgemeinschaft gegen internationale sexuelle und rassistische Ausbeutung) monierte auf der Anhörung des Ausschusses für Frauen und Jugend des Deutschen Bundestages zu Frauenhandel, daß die Härtefallklausel nach der herrschenden Praxis nur dann Anwendung findet, wenn den Frauen ein erheblicher Nachteil bei der Rückkehr ins Heimatland bevorsteht (agisra 1990: 91). Relevante Gründe, die in der Ehe in der Bundesrepublik liegen, finden nach Erkenntnissen dieser Expertin keine Berücksichtigung.

26 15 Klientinnen des FIZ lösten ihre Probleme mit einer neuen Partnerschaft und beendeten damit die Beratung.
Mit der Änderung von ausländerrechtlichen Vorschriften im Juli 1997 wurde die außergewöhnliche Härte ohne die Bindung an eine Ehebestandszeit eingeführt. Jedoch wird diese begrüßenswerte Maßnahme die Lage der Frauen in 'normalen' Gewaltbeziehungen kaum verbessern können: 1) Weil die außergewöhnliche Härte - wie der Name schon sagt - nur in außergewöhnlichen Fällen zum Zuge kommen wird. Vor allem aber erst dann, wenn „... das drohende Schicksal einer Person im Zusammenhang mit der bestehenden Rückkehrverpflichtung eine andere Entscheidung als nicht vertretbar erscheinen läßt." (Deutscher Bundestag 1997). 2) Weil bei der Beurteilung einer außergewöhnlichen Härte nun auch der Bezug von Sozialhilfe berücksichtigt werden kann.

zustandekommt (Deutscher Bundestag, Ausschuß für Frauen und Jugend 01.12.1993: 110).

Im Zweifelsfall führt diese Regelung dazu, daß Männer ihren väterlichen Pflichten entkommen können. Ist die Frau erst einmal ausgewiesen, so ist das Risiko einer Unterhaltszahlung, die von ihr nach Geburt und Feststellung der Vaterschaft von dem Mann eingefordert werden kann, gering.

Beratungsfall des FIZ: Frau K., 32 Jahre alt, Beruf unbekannt. Sie lernte ihren deutschen Mann in Peru kennen. Er ist 37 Jahre alt, von Beruf Ingenieur und an der Universität angestellt. Er lud seine Freundin mehrfach nach Deutschland ein. Sie wurde bei dem zweiten Besuch schwanger. Im vierten Monat schwanger kam sie ins FIZ, weil ihr Freund eine Abtreibung von ihr verlangte und sie sich weigerte. Sie kannte ihren Freund zwar über ein Jahr lang, fühlte sich aber durch den Vorfall von ihm derart bedroht, daß sie in diesem Zustand und ohne finanzielle Hilfe ausreiste. Eigentlich wollte sie ihn heiraten, er war aber nicht bereit dazu.

Ein Lösungsansatz könnte nach Auffassung der IAF in der Reform von § 4 Abs. 1 Reichs- und Staatsangehörigkeitsgesetz liegen, wonach seit dem 01.07.1993 die Kinder nichtverheirateter ausländischer Frauen mit der Geburt die deutsche Staatsangehörigkeit erhalten, wenn die Vaterschaft eines Deutschen feststeht. Damit wird auch den Müttern ein Aufenthaltsrecht zuerkannt[27]. Wird die Vorschrift in der Praxis handhabbar, so ist immer noch die Situation der Kinder und ihrer Mütter ungeklärt, die vor diesem Zeitpunkt geboren sind.

1.3.5 Sorgerechtsstreitigkeiten

Ausländische Frauen haben es nach erfolgter rechtskräftiger Scheidung schwer, das Sorgerecht für gemeinsame Kinder aus einer bi-nationalen Partnerschaft zu erhalten. Offensichtlich haben

> „... die Familiengerichte, Gutachter und Jugendämter zu wenig Kenntnisse, Verständnis und Sensibilität für die besondere Situation und die fremdwirkende Persönlichkeit der ausländischen Mutter ...“ (Deutscher Bundestag, Ausschuß für Frauen und Jugend 01.12.1993: 111), so eine Expertin auf der Anhörung zu Frauenhandel.

Auch die Beratungsstelle FIZ machte die Erfahrung, daß Behörden allgemeine Vorbehalte gegen nicht-deutsche Frauen haben. Die Migrantinnen werden in der Regel dann mit Vorurteilen konfrontiert, wenn sie sich alleine, ohne Unterstützung ihrer Ehemänner beziehungsweise gegen deren

---

27 Bisher existiert jedoch noch keine Vollzugsvorschrift, so daß der Aufenthalt der Frauen noch immer bis zum Abschluß des Vaterschaftsfeststellungsverfahrens ungesichert ist (Deutscher Bundestag, Ausschuß für Frauen und Jugend 01.12.1993: 110f.).

Willen, gegenüber behördlichen Einrichtungen durchzusetzen suchen[28]. Dabei spielen auch mangelnde sprachliche Verständigungsmöglichkeiten und kulturelle Hürden eine Rolle. Das FIZ versucht regelmäßig im Vorfeld präventiv zu wirken und hatte deshalb keinen Fall, in dem das Sorgerecht dem Mann übertragen und der Frau ungerechtfertigt entzogen wurde. Dies spricht in erster Linie für die Qualifikation der Mitarbeiterinnen der Beratungsstelle, die häufig - trotz anfänglicher Probleme - mit den zuständigen Einrichtungen gut kooperieren konnten und letztendlich die Situation für die Frauen verbesserten. Das FIZ versucht dabei in erster Linie für die Frauen Verständnis zu wecken und die Behördenverteter für deren Situation zu sensibilisieren. Die Entscheidungsträger und Beauftragten des Sorgerechtsverfahrens werden umfangreich informiert. Dolmetscherinnen des FIZ ermöglichen manchmal erste Gespräche zwischen den betroffenen Müttern und den Verfahrensbeauftragten.

Beratungsfall des FIZ: Frau S., 31 Jahre alt. Sie war Zimmermädchen in Saudi-Arabien. Ihr Kind ist 15 Monate alt und stammte aus der Ehe mit einem deutschen Mann. Ihn hatte sie in Saudi-Arabien kennengelernt. Er ist 31 Jahre alt und LKW-Fahrer. Nach zweieinhalb Jahren trennte sich die Frau von ihrem Mann. Ihr jüngstes Kind blieb zunächst gegen ihren Willen bei ihrem Mann und der Schwiegermutter. Bald darauf bekam die Frau eine Ausreiseaufforderung von der Ausländerbehörde. Obwohl noch keine Sorgerechtsentscheidung vorlag, sollte die Frau ihr Kind und die Bundesrepublik verlassen. Der Mann wollte das alleinige Sorgerecht auf sich übertragen haben. Nur durch das gemeinsame Sorgerecht konnte die Frau schließlich hierbleiben.

Nach Erfahrung der Expertin der IAF zweifeln überdurchschnittlich oft deutsche Männer die Erziehungseignung der ausländischen Mutter nach der Trennung an.

> 'Sie liest dem Kind nichts vor' war einer der Vorwürfe, die dazu führten, daß zwei noch nicht schulpflichtige Kinder lieber der zweiundachtzigjährigen Großmutter nebst einem Au-Pair-Mädchen anvertraut wurden, als der thailändischen Mutter. Der Vater war als Staatsbeamter ganztägig berufstätig. Daß die Mutter vom Ehemann vor den Kindern aus der Wohnung geprügelt worden war, als sie ihr Umgangsrecht beanspruchte, war von geringer Bedeutung." (Vortrag von Mach-Hour 03.03.1994: 9).

Den Hintergrund sieht die IAF nicht unbedingt in der großen Liebe des Mannes zu seinem Kind. Vielmehr wird vermutet, daß die Männer ihren Unterhaltsverpflichtungen entkommen wollen, die der Frau mit dem Kind

28 FIZ versucht Frauen alleine zu Behördengängen zu motivieren. Häufig können die Frauen ihre Interessen jedoch nicht durchsetzen und werden aus manchmal völlig unverständlichen Gründen abgewiesen.

Grüße aus dem Unstruttal bei Memleben

1998

zustehen, wenn sie das Sorgerecht zugesprochen bekommt (Vortrag von Mach-Hour 03.03.1994: 8).

Ein Umgangsrecht zieht bisher nicht das Recht auf Aufenthalt nach sich. Obwohl die Praxis zeigt, daß damit der Kontakt der Mutter zu dem Kind abbricht und abbrechen muß - dies schon allein aus finanziellen Gründen -, gehen die Behörden weiterhin davon aus, daß das Umgangsrecht auch ohne Aufenthalt wahrgenommen werden kann.

1.3.6 Sozialhilfe bedroht die Existenz

Nach § 46 AuslG führt der Sozialhilfebezug zur Ausweisung. Diese Regelung behält auch dann ihre Gültigkeit, wenn Sozialhilfe nur erforderlich wurde, weil der deutsche Eheteil seiner Unterhaltspflicht nicht nachgekommen ist (Deutscher Bundestag, Ausschuß für Frauen und Jugend 01.12.1993: 111). Damit ist den deutschen Ehemännern mit staatlicher Unterstützung ein einfacher Weg gegeben, sich von Unterhaltszahlungen an ausländische Ehefrauen zu befreien. Denn eventuelle finanzielle Ansprüche der Frauen sind nach deren Ausreise ins Heimatland praktisch kaum mehr durchsetzbar.

Beratungsfall des FIZ: Frau C. heiratete 1990 einen deutschen Touristen. Sie gab Arbeit und Wohnung im Herkunftsland auf, um mit ihm nach Deutschland gehen zu können. Im Laufe der Zeit stellte sich heraus, daß Herr C. die Lebensvorstellungen seiner Frau ablehnte und begann, ihr den Alltag vorzuschreiben. Als sie sich seinen Wünschen widersetzte, setzte er sie psychisch unter Druck. Er beschimpfte sie und warf sie letztendlich aus der gemeinsamen Wohnung. Sie ging ins Frauenhaus. Ihre Unterkunft mußte vom Sozialamt gezahlt werden, da ihr Mann Zahlungen verweigerte und sie kein eigenes Einkommen hatte. Ihr wurde die Aufenthaltserlaubnis wegen Sozialhilfebezug entzogen, und sie mußte die Bundesrepublik verlassen.

Die Beratungsstellen, wie das FIZ, müssen aufgrund dieser aufenthaltsrechtlichen Situation versuchen, den Sozialhilfebezug ihrer Klientinnen zu vermeiden. Das FIZ stellt als letzten Ausweg auch für kurze Zeit Unterkunft und Verpflegung kostenlos zur Verfügung. Zuvor wird jedoch versucht, den Ehemann für die Kosten heranzuziehen, sowie der Frau kurzfristig eine einkommenschaffende Arbeit zu vermitteln.

Vereinzelt geben auch ehrenamtliche HelferInnen sowie Mitarbeiterinnen des FIZ Unterkunft und finanzielle Unterstützung. Hierbei besteht die Gefahr, die Mitarbeiterinnen der Beratungsstelle persönlich zu überfordern, wenn sie ihre Grenzen zwischen professioneller Unterstützung und persönlichem Alltag nicht mehr wahren können. Solche Hilfen sollten deshalb nur in akuten Situationen und vorübergehend geleistet werden.

Beispielhaft zeigt die angeführte Strategie, wie Beratungsstellen über informelle Netze, Engagement und Einzelfallregelungen die härtesten Auswirkungen, die gesetzliche Regelungen auf Frauen haben, abzufedern suchen. Dabei werden formelle wie auch informelle Strukturen extrem beansprucht. Diese außerordentliche Hilfe kann immer nur einzelnen Klientinnen zugute kommen. Für Beratungsstellen ist es deshalb eine schwere, jedoch wichtige Aufgabe, gerade aus solchen konkreten Erfahrungen heraus öffentlich aufzuklären, um auf strukturelle Änderungen hinzuwirken, anstatt die eigenen Arbeitskapazitäten von arbeitsintensiven Einzelfällen völlig absorbieren zu lassen.

1.4 Den Beziehungsalltag bewältigen

In alltägliche Lebenswelten fließen weitgehend selbstverständlich traditionelles Wissen, Handeln und Erleben der Subjekte ein. In der täglichen Interaktion kommen ihre Wertvorstellungen, Normen, Gewohnheiten und Machtverhältnisse zum Ausdruck, Konfliktkonstellationen zeichnen sich in der Alltagsbewältigung ab.

Beziehungsprobleme liegen bei den Heiratsmigrantinnen in der Beratungsstelle weit vorne, diese machen sich im Alltag fest. Wir wollen einzelne Lebenszusammenhänge darstellen, die den Alltag und seinen Ablauf zentral bestimmen. Dabei färben kulturelle und sprachliche Differenzen die verschiedensten Inhalte und Problemkonstitutionen. Weiter diskutiert werden die konkreten Formen der Haushaltsführung, die Kindererziehung, die Verteilung von Geld und emotionale und sexuelle Beziehungen. Die zuvor erstellten typischen Motivationsorientierungen der Heiratsmigrantinnen - die Versorgerin, die Individualistin und die Partnerin - werden als Interpretationsfolien eingebunden. Dadurch können markante Handlungsstrategien einzelner Typen für die Auswertung nutzbar gemacht werden.

1.4.1 Verständigungsprobleme

Der interkulturelle Alltag ist bei vielen Paaren durch eine sprachliche und kulturelle Hürde erschwert. Von den verschiedenen eigenen Wünschen nach materieller und psycho-sozialer Versorgung geleitet, werden kulturelle Verschiedenheiten gerne von den Männern, aber auch von den Frauen verdrängt. Zugespitzt bedeutet diese Haltung weitgehende Unkenntnis oder sogar Ablehnung der Kultur der oder des anderen. Kommunikation und

Austausch sind zum Teil kaum möglich und werden über kulturelle und sprachliche Hürden fortlaufend behindert[29].

Die Männer sind hierbei weniger tolerant und offen, sie standen doppelt so oft ihren Frauen mit massiven Vorbehalten gegenüber, wie diese ihnen[30]. Allerdings zeigen sich manche Männer wiederum besonders interessiert an der Herkunftskultur ihrer (Ehe-)Frau. Auffällig daran ist, daß es sich mehr nur um ein theoretisches Interesse und um angelesenes Wissen handelt, das nur schwer in den Alltag der bi-kulturellen Partnerschaft integrierbar ist.

Die Mehrheit der Heiratsmigrantinnen hat Probleme mit der deutschen Sprache. Dennoch ist die gemeinsame Sprache der Paare in der Regel die Sprache des Mannes, oft verknüpft mit der Verwendung einer dritten Sprache - wie Englisch - oder auch der Heimatsprache der Frau[31]. Die Beraterinnen stuften bei nahezu zwei Drittel der Beziehungen die Sprachverständigung als 'schlecht' ein[32]. Manchmal reicht der gemeinsame Wortschatz der Paare kaum über „Hol mir eine Tasse Kaffee" hinaus.

Das Austragen von Konflikten ist bei diesen Paaren über die sprachlichen Kommunikationsschwierigkeiten stark beeinträchtigt. Die Frauen selbst sehen jedoch in diesen Verständigungsproblemen wenig Konfliktpotential. Auch vor der Eheschließung werden von ihnen kaum sprachliche Unterschiede mit den daraus resultierenden potentiellen Problemen reflektiert:

> „Ich habe schon daran gedacht, daß wir verschiedene Sprachen sprechen und ob ich seine Sprache überhaupt verstehen kann. Aber dann habe ich gedacht, wenn ich jeden Tag die Sprache höre, kann ich sie vielleicht auch mal irgendwann verstehen, ich kann vielleicht auch sprechen. Das ist nicht so schwer."

Obgleich die Mehrheit der Frauen sprachlich bedingte Verständigungsprobleme mit ihrem Ehemann hat, ist nur eine kleine Anzahl von dem engen Zusammenhang zwischen sprachlicher Kommunikationsfähigkeit und inhaltlichem Konfliktpotential überzeugt[33]. Viele Frauen zeigen sich uninter-

---

29 Dies wurde von der Beratungsstelle bei vielen Paaren als Konfliktquelle bzw. als verschärfende Komponente in Auseinandersetzungen erkannt. Bei 61 Frauen und bei 58 Männern stellten die Beraterinnen weitreichende Unkenntnis über die kulturelle Herkunft des Partners bzw. der Partnerin fest.

30 In der Beratungsstelle wollten sich 41 Männer und 20 Frauen auf kulturfremde Denk- und Verhaltensmuster überhaupt nicht einlassen.

31 Vgl. FIZ-Beratungsstatistik. Verwendete Sprache in den Beziehungen: Sprache des Mannes 68,3 % (17,1 % unbekannt), Sprache der Frau 17,9 % (17,1 % unbekannt), dritte Sprache 23,6 % (29,7 % unbekannt).

32 Bei 195 (Grundzahl) der 246 Paare können Aussagen über die sprachliche Verständigung gemacht werden. Nur bei 36,9% der Paare war die Sprachverständigung gut.

33 Nur 25% der Klientinnen des FIZ sehen in den sprachlichen Unzulänglichkeiten eine Konfliktverschärfung. Sie möchten konsequenterweise ihre Sprachkenntnisse verbessern und sind primär auf der Suche nach einem Sprachkurs. Beim Umsetzen dieser Pläne zeigen sich jedoch oft Hindernisse, beispielsweise wenn kein Zugang zu einem adäquaten Sprachkurs besteht. Dies betrifft in erster Linie wiederum thailändische Frauen, weil sie häufig durch ihr völlig anderes Sprach- und Schriftsystem auf Alphabetisierungskurse angewiesen sind.

essiert an sprachlicher Weiter- und Fortbildung. Dies könnte auf ein funktional ausgerichtetes Beziehungsmodell verweisen, in dem auf emotionale Nähe verzichtet wird; eine tiefergehende Verständigung mit dem Partner wäre damit unattraktiv. Andererseits gibt es Ängste davor, zu 'verdeutschen'. Der Aufenthalt in der Bundesrepublik wird von diesen Frauen als Übergangslösung betrachtet, wobei ihre Rückkehrperspektive den Erwerb deutscher Sprachkenntnisse überflüssig zu machen scheint.

In der Regel sind die Verständigungsprobleme zu Beginn der Beziehung besonders groß. Nur eine thailändische Heiratsmigrantin war nicht mit sprachlichen Kommunikationsproblemen konfrontiert; denn ihr Mann spricht perfekt thailändisch. Einfachere Verständigung ist auch den Frauen möglich, die bereits lange in Touristengebieten tätig waren und deshalb einige Englischkenntnisse besitzen, sofern die deutschen Ehemänner die englische Sprache beherrschen. Meistens können die Paare jedoch zu Beginn der Beziehung nur mit Hilfe von Übersetzern wirklich kommunizieren. Das Funktionieren der Partnerschaft ist dann abhängig von der Fähigkeit und dem Wohlwollen der Sprachmittler, die aus dem sozialen Umfeld oder aber auch dem Vermittlerkreis hinzugezogen werden[34].

1.4.2 Das Essen und seine soziale Bedeutung

Die Frauen sind in der Regel für die Nahrungsmittelzubereitung zuständig. Bei der Mehrheit der Befragten führt die Nahrungsmittelzubereitung nicht zu Problemen, denn ihre Männer mögen die thailändische Küche[35]. Fast alle Frauen mit Versorgungsmotivation gehören zu dieser Gruppe. Möglicherweise ist das ein Hinweis darauf, daß in diesen pragmatisch orientierten Ehen auch auf ein pragmatisches Funktionieren des Alltags geachtet wird. Das primäre Interesse liegt in der Bewältigung des täglichen Lebens, während die emotionale Beziehung zurückgestellt ist.

Ganz anders scheint es in den partnerschaftlich orientierten Beziehungen zu sein. Möglicherweise wurden in diesen affektiv besetzten Ehen pragmatische Aspekte zu Gunsten von Projektion und romantischer Liebe zurückgestellt. Der Versuch der Vergemeinschaftung über den Alltag gelingt nur schwer. So waren beispielsweise fünf Männer nur mit großen Einschränkungen oder überhaupt nicht dazu bereit, sich auf die thailändische Küche einzulassen. Mit einer Ausnahme handelt es sich hier um die Män-

---

34 Erstaunlicherweise besteht ein großes Interesse der deutschen Ehemänner an der thailändischen Sprache, das jedoch letztendlich nicht zum Erlernen der Sprache sondern nur zur Kenntnis einzelner Begriffe führt.

35 Die Auflagen der Männer, die die thailändische Küche mögen, besteht oft darin, daß nicht zu scharf gekocht wird.

ner, deren Frauen die Beziehung aus partnerschaftlicher und freiheitsliebender Motivation eingingen.

Der zum Großteil positiven Haltung der Männer gegenüber der thailändischen Küche steht die überwiegend negative Haltung der Frauen der deutschen Küche gegenüber. Nur vier Frauen erwähnen, daß sie teilweise deutsches Essen genießen und fünf Frauen behaupten von sich, daß sie es essen können, während alle anderen die deutsche Küche für die eigene Ernährung vollständig ablehnen. Parallel der Interpretation zum sprachlichen Desinteresse könnten auch hier selbst initiierte soziale Abgrenzungsprozesse zugrundeliegen.

Kann sich das Paar bei der Essenszubereitung nicht einigen, dann müssen manche Frauen zwei verschiedene Gerichte auf den Tisch bringen. Schwieriger ist es, wenn es den Frauen nicht erlaubt ist, ihr eigenes Essen zu kochen. Dieses Problem wurde in einzelnen Interviews angedeutet.

1.4.3 Hausarbeit ist Frauensache

Nur die Hälfte der Männer beteiligten sich an der Hausarbeit[36]. Dabei sind Frauen mit Partnerschaftsorientierung offensichtlich durchsetzungsfähiger in der Verteilung von Hausarbeit. Sie erhalten zufriedenstellendere Unterstützung, während die Hälfte der Frauen mit Versorgungsorientierung die Hausarbeit alleine bewältigen muß.

Überraschenderweise läßt sich die Beteiligung des Mannes an der Hausarbeit nicht an eine Erwerbstätigkeit der Frau knüpfen. Damit beteiligen sich die Männer tendenziell nicht an der häuslichen Arbeit, um einer Doppelbelastung ihrer Frauen entgegenzuwirken. So tragen erwerbstätige Frauen die häusliche Arbeit alleine, während andere nicht-erwerbstätige Frauen 'häusliche' Ehemänner haben.

Zwei Interpretationen drängen sich auf: Möglicherweise bahnt sich einerseits in den Beziehungen der partnerschaftsorientierten Frauen eine eher gleichberechtigte Form der Arbeitsteilung zwischen Mann und Frau an. Die Verteilung von Hausarbeit wäre dann ein Ausdruck für eine gleichheitlichere Verteilung von Reproduktionsarbeit. Andererseits sehen die 'Versorgerinnen' für sich womöglich eine wichtig Funktion in der Hausarbeit, als Gegenleistung für die solide Existenz, die ihnen gewährt wird. Ihre Männer bestehen auf eine klare Rollenverteilung. Sie wollen im Gegenzug zu ihrer fi-

36 Zwei Frauen machen zur Kategorie Hausarbeit keine Angaben. Eine der beiden ist noch nicht verheiratet. Zehn Frauen geben an, daß sich ihre Männer an der Hausarbeit zum Teil zufriedenstellend beteiligen, und die Ehemänner von acht Frauen arbeiten nicht, oder nur in völlig unbedeutendem Umfang, im Haushalt mit. Die Arbeitsteilung bei der Hausarbeit wurde nur pauschal angesprochen, weshalb keine Differenzierungen zu den einzelnen Arbeitsbereichen möglich sind.

nanziellen Leistung die häusliche Ordnung und Organisation von ihrer Frau bewältigt sehen.

1.4.4 Die eigene Zukunft liegt in den Kindern

Mehr als die Hälfte der Heiratsmigrantinnen haben Kinder, die entweder in der Bundesrepublik und/oder in der Heimat leben[37]. Wie die Beratungsstatistik zeigt, haben viele Frauen ihre Kinder aus der Heimat in die Bundesrepublik nachgeholt[38]. Häufig liegt also nicht nur die finanzielle Absicherung der Kinder in der Heimat im Interesse der Frauen. Vielmehr versucht ein großer Teil der Frauen über den Weg des Familiennachzugs die Zukunftsperspektiven ihrer Kinder durch Schul- und Berufsbildung zu verbessern und die Trennung von ihrer Familie zumindest teilweise zu überwinden.

Kinder haben eine entscheidende Bedeutung für die Migration: Die besseren Zukunftsperspektiven der Kinder bestärken die Frauen in ihren Migrationswegen. Kinder gehören meistens zum Lebensentwurf der thailändischen Frauen. So haben 15 der 20 thailändischen Befragten Kinder. Nur drei der fünf Frauen ohne Kinder wollen kinderlos leben. Diese drei Frauen orientieren sich an individualistischen Werten, achten auf individuelle Freiheit und materielle Unabhängigkeit. Elf der Befragten leben wiederum in ihren Familien mit Kindern zusammen, wobei in der Hälfte dieser Familien auch Kinder aus früheren Beziehungen aus Thailand leben. Die Hälfte der 'Versorgerinnen' verläßt sich also nicht alleine auf materielle Leistungen via Thailand.

Nicht selten sind unterschiedliche Erziehungsvorstellungen in der bikulturellen Partnerschaft Grundlage für ernstzunehmende Konflikte. Das FIZ war in 27 Fällen mit dieser Problematik konfrontiert. Auch drei der elf befragten Mütter, die mit Ehemann und Kind zusammenleben, sprechen von Konflikten in der Partnerschaft, die sich auf unterschiedliche Erziehungsvorstellungen zurückführen lassen.

Die Frauen möchten an ihre Kinder in erster Linie die Werte der eigenen Kultur weitergeben. Abgesehen von der thailändischen Sprache findet die Mehrheit der Frauen folgende Verhaltensregeln wichtig: An erster Stelle steht der Respekt vor dem Alter, womit die materielle Hilfe und die finanzielle Versorgung verknüpft sind. An zweiter Stelle werden dann höfliche

---

37 269 von 296 Klientinnen (90,9 %) machten Angaben über Kinder. 170 von 269 haben Kinder (63,2 %). 35,9% der Frauen haben Kinder im Herkunftsland und 72,9% der Frauen haben Kinder in der Bundesrepublik.

38 Von den 124 Frauen, die in der Bundesrepublik zusammen mit ihren Kindern leben, gibt knapp die Hälfte an, daß ein oder mehrere Kinder einen Vater ausländischer Nationalität haben. Dies entspricht einer Anzahl von 61 Fällen (49,2 %). Ziehen wir hier die Fälle der Frauen ab, die mit einem ausländischen (Ehe-)Partner in der Bundesrepublik verheiratet sind und angeben, der Vater ihres Kindes ist nicht-deutsch (betrifft 15 Fälle), dann ergibt sich immer noch ein Prozentsatz von 37,1 %.

Umgangsformen genannt, wie sie in zwischenmenschlichen Beziehungen in Thailand sehr ausgeprägt und differenziert geregelt sind[39].

Gleichzeitig möchten viele Frauen nicht, daß sich ihre Kinder deutsche Wertvorstellungen unkritisch zu eigen machen. Auf typisch deutsche Verhaltensweisen angesprochen, nennen vier Frauen nichts - ignorieren die Frage -, oder meinen, daß sich die Kinder, die in Deutschland aufwachsen, von selbst nach deutschen Maßstäben entwickeln. Nur neun Frauen können positive Punkte nennen: Vorne liegen Bildung, Wissen und Ausbildung. An zweiter Stelle steht verantwortungsvolles Verhalten, wahrscheinlich in dem Sinne, wie es von den deutschen Ehemännern eingefordert wird. Vereinzelt werden aufgeführt: Rechte einfordern können, Arbeit und Geld haben, pünktlich und vernünftig sein[40].

Die sprachliche Verständigung mit den eigenen deutschsprachigen Kindern wird für manche Mütter zum Problem. Denn viele schrecken letztendlich vor einer konsequenten zweisprachigen Erziehung zurück, obwohl es ihnen wichtig ist, ihren Kindern die Muttersprache zu lehren. Die Frauen befürchten, damit ihre Kinder zu verwirren und zu überfordern. Bei acht Klientinnen des FIZ wirken sich die fehlenden deutschen Sprachkenntnisse der Frau auf die Beziehung zu den eigenen Kindern nachteilig aus. Es entwickelten sich massive Kommunikationsprobleme mit den eigenen Kindern, die in der Bundesrepublik geboren sind und ausschließlich mit der deutschen Sprache aufwachsen. Andererseits werden Frauen auch daran gehindert, mit ihren Kindern ihre Muttersprache zu sprechen.

> Frage: „Welche Sprache benutzen Sie, wenn Sie mit ihrem Kind sprechen?“ Antwort: „Englisch, thailändisch und auch deutsch.“ .... Frage: Warum benutzen Sie nicht nur thailändisch, es ist doch einfacher? Antwort: „Ja, aber wenn ihr Vater da ist sagt er, warum sprichst Du mit meinem Kind thailändisch?“

Während thailändische Frauen eine gute Erziehung in strenger Anleitung und frühzeitiger Verpflichtung verwirklicht sehen, bevorzugen deutsche Männer oft eine eher westlich orientierte liberale Erziehungsmethode. So wünschen sich manche Männer beispielsweise, daß ihre Kinder mehr Zeit zum Lernen für die Schule sowie zum Spielen haben sollen. Die Frauen sind demgegenüber bemüht, den Kindern, insbesondere den Mädchen, frühzeitig umfangreiche familiäre Verpflichtungen aufzugeben und sie zur Hausarbeit anzuleiten. Neben der Erziehung zur Übernahme von 'frauenspezifischen

39 17 Frauen gaben hierzu Antwort. Zehn Frauen sprachen explizit die thailändische Sprache an. Elf verschiedene Frauen nannten Respekt vor dem Alter acht mal und Höflichkeitsformen sieben mal.

40 Drei der Befragten fühlten sich von der Frage zu deutschen Sozialisationswerten überfordert, weil sie kaum Deutsche kennen und nicht wissen, was sie als typisch deutsches Verhalten einordnen könnten. Von den 13 Frauen, die zu diesem Themenkomplex Angaben machten, wurde 'Wissen' von fünf Frauen und 'Verantwortung' von drei Frauen genannt.

Aufgaben' kann sich hinter solchen Maßnahmen auch ganz konkret die Notwendigkeit einer praktischen Arbeitsentlastung für die Mutter verbergen.

In einem Beratungsfall des FIZ handelte es sich beispielsweise um ein achtjähriges thailändisch-deutsches Mädchen, dem kaum Zeit zum Spielen gegeben wurde, weil es das Essen zuzubereiten hatte sowie die Pflicht übernehmen mußte, auf den kleinen Bruder aufzupassen, wenn die Mutter erwerbstätig war. Die Mutter stellte große Anforderungen an die Tochter und schlug das Mädchen, wenn sie ihre Aufgaben nicht bewältigte. Der Vater wollte nicht hinnehmen, daß seine Tochter kaum Zeit hatte, um mit anderen Kindern zu spielen, oder um die Schulaufgaben gründlich zu erledigen. Zudem war er gegen eine Bestrafung durch körperliche Züchtigung eingestellt[41].

Oft werden liberalere Erziehungsmethoden von den thailändischen Frauen kritisiert.

> „Die Deutschen lassen die Kinder machen, was sie wollen. Es gefällt mir nicht. Wenn der Vater so sagt und die Mutter was anderes sagt, gefällt es mir am wenigsten. Wenn die Mutter etwas sagt, dann muß es der Vater auch so sagen. Das gefällt mir. Aber mein Mann verbietet mir manchmal, den Kindern Vorschriften zu machen. Die Kinder fühlen sich dann dabei unterstützt, das zu machen, was sie wollen."

Hinter den auf Respektbezeugung ausgerichteten Sozialisationsstrukturen steckt der Gedanke der Dankbarkeit, die die Kinder ihren Eltern im Alter gegenüber bringen sollen. Die Mütter möchten sich auch ihre eigene soziale Versorgung für später sichern. In diesem Kontext wird überraschenderweise deutsches Verhalten als egoistischer Gegenpart karikiert.

> „Alles, die Gewohnheit, die Mentalität, ich will nicht, daß sie wie die Leute hier sind. Die Leute hier lieben nur sich, sie kümmern sich nicht um die Eltern, davor habe ich Angst. Ich will nicht, daß meine Kinder so wie die Leute hier sind. Also sie sind egoistisch, sie machen Sachen nur für sich."

Damit wird auch das Stereotyp vom verantwortungsvollen deutschen Mann in seiner Legitimationsfunktion für den internationalen Heiratsmarkt entlarvt. Denn letztendlich ist die Haltung der Frauen von einer allgemeinen Gesellschaftskritik überlagert, die Vergemeinschaftungswerte hoch ansetzt und sich von Individualisierungstendenzen distanziert.

---

41 In diesem Fall wurde in Zusammenarbeit mit dem FIZ festgelegt, wie häufig das Mädchen kochen sollte, da es der Mutter wichtig war, und wann sie einen Freiraum zum Spielen erhalten sollte, da dies die Wünsche des Vaters waren. Zudem wurde besprochen, inwieweit sich der Vater aktiv ins Familienleben einbringen und zeitweise die Versorgung des jüngeren Bruders übernehmen kann, so daß das Mädchen davon freigestellt ist. Auch führte in diesem Fall das Einvernehmen dazu, daß die Mutter ihre Erwerbsarbeit einschränkte, um dem Mädchen mehr Freizeit zugestehen zu können.

1.4.5 Geld und seine Verteilung

Viele Probleme bezüglich des Geldes spielen sich für die Heiratsmigrantinnen innerhalb der Beziehungen ab: In mehr als der Hälfte der Beziehungskonflikte (51,5 %) stellt die Kontrolle über Geld und die Entscheidung über seine Verwendung einen großen Reibungspunkt dar. In vielen Fällen ist die Frau mit der Verteilung des Familieneinkommens nicht einverstanden, wobei sie häufig keinerlei Überblick über das gemeinsame Einkommen und die tatsächlichen Ausgaben hat.

In diesen Auseinandersetzungen spiegeln sich deutlich kulturspezifische Unterschiede wider: Während in den ostasiatischen Ländern, wie in Thailand und den Philippinen, in der Regel die Frau als Hauswirtschafterin die Oberhoheit über gemeinsam erwirtschaftete Gelder der Familie hat, liegt in der westlichen Gesellschaft, wie in der Bundesrepublik, die Entscheidungs- und Verwaltungsbefugnis meistens beim Mann[42].

> „Er gibt mir wöchentlich DM 300,--. Früher hat er mir nur DM 100,-- wöchentlich gegeben. Ich habe zu ihm gesagt: 'Teuer' .... Ja, ich habe nur gesagt 'Teuer' und er hat es auch verstanden."[43].

Im Zugriff auf das Bankkonto der Familie spiegeln sich finanzielle Machtverhältnisse wider; in den Beziehungen liegt der Vorteil ganz deutlich beim Mann, wenn die Frau den Haushalt versorgt und nicht selbst erwerbstätig ist. So hat die Mehrheit der thailändischen Befragten ohne Berufstätigkeit keinen Zugriff auf das Bankkonto der Familie[44]. Die berufstätigen Frauen haben entweder Zugang zu dem gemeinsamen Konto, oder die Ehepartner lassen ihre Einkommen getrennt auf jeweils eigene Konten laufen[45]. Die Ehefrauen mit Individualisierungsmotivation achten verstärkt auf Selbständigkeit und Unabhängigkeit. Alle verfügen über ein eigenes Einkommen durch Erwerbsarbeit und haben Zugang zu dem gemeinsamen Konto.

Den Frauen, denen ausschließlich die Verwaltung von Taschen- und Haushaltsgeld zugestanden wird, ist der Umgang mit größeren Geldsummen nicht vertraut. Die Einschränkung der finanziellen Geschäftsfähigkeit der Frauen korreliert mit deren Unkenntnis von Einnahme- und Ausgaberelationen. Eine Frau schildert ihren 'Erkenntnisprozeß', nachdem sie ein größeres, nämlich eigenes Einkommen zu verwalten hatte:

---

42 Auch in allen 17 Fällen, in denen die thailändischen Befragten mit ihren Männern zusammenleben, verwalten die Männer die Gelder der Familie, die sie als Hauptverdiener erwirtschaften. Mehrheitlich wird den nicht erwerbstätigen Frauen nur ein Taschen- und Haushaltsgeld zugewiesen.

43 Diese Frau führt ein eigenes Konto, auf das das Kindergeld eingezahlt wird.

44 12 Frauen sind ohne eigene Erwerbsarbeit, davon haben nur drei Frauen Kontenzugang.

45 Nur eine erwerbstätige Frau hat keinen Kontenzugang. Sie erwirtschaftet ein Einkommen in der Höhe einer geringfügigen Aushilfstätigkeit und möchte keinen eigenen Zugriff auf das Bankkonto haben.

„Wenn man eigenes Geld hat, versteht man den Familienvorstand besser. Man weiß dann, wieviel ausgegeben wird. Und die Ausgaben sind enorm. Deswegen schimpfe ich auch nicht, wenn mein Mann Geld für etwas ausgibt. Ich bin dann trainiert, sparsam zu sein. Man kennt die Ausgaben. Das ist wahr. Wenn wir nicht wissen, wieviel man ausgeben muß, werden wir nicht sparsam sein. Früher war ich nie sparsam, mein Mann hat mir gegeben, soviel ich verlangte. Ich war nie sparsam, was ich haben wollte, kaufte ich. Ich wollte eine Hose oder eine Bluse haben, ich dachte nicht daran, wieviel das kostet, ich habe nur gekauft. Aber nachdem er mich eigenes Geld haben läßt und auch eigene Ausgaben, weiß ich, wieviel ich ausgegeben habe und wie lange es noch dauert bis zum nächsten Monat. Und wie schwer ich das Geld verdienen muß, ich kann das dann verstehen."

Manche Frauen haben sich an die monetäre Vorherrschaft des Mannes gewöhnt. Sie passen sich an, solange sie sich auch mit eigenen Wünschen nach dem Verwendungszweck der Gelder durchsetzen können. Sie haben die Kontrolle der Männer über die Geldverteilung akzeptiert.

„Mein Mann, mein Mann behält das Geld. Aber er macht es wie die Leute hier, also wenn ich etwas kaufen möchte, sage ich es ihm, und er bezahlt dafür. .... Bevor er am Morgen arbeiten geht, gibt er mir Schecks, zwei Scheine im Monat. Für jeden Schein kann ich DM 400,00 abheben, ... er gibt mir DM 200,00 bis DM 300,00 wöchentlich."

Vereinzelt erleben Frauen diese Aufgabenverteilung sogar als Entlastung:

Frage: „Können Sie selbst Geld abheben?" Antwort: „Nein. .... Es ist auch gut, ich brauche keine Verantwortung zu tragen, ich habe mein Taschengeld."

Die große Mehrheit der Frauen hat jedoch mit dieser Kontrolle Probleme und möchte ihr eigenes Geld haben, um ganz selbstverständlich eigene Verfügungsrechte ohne Überzeugungsarbeit und ohne Bitten wahrnehmen zu können.

„Wenn ich mein eigenes Geld habe, brauche ich meinen Mann nicht zu bitten. Damit kann er mir nichts vorwerfen."

Gleichzeitig finden es alle Frauen wichtig, über eigenes Geld zu verfügen. Dabei handelt es sich nicht zwangsläufig um selbstverdientes Geld, sondern es kann auch eine vom Mann überlassene feste Summe sein. Die Wünsche, die sich die Frauen damit erfüllen wollen, haben in der Regel nichts mit Familienangehörigen zu tun. Vielmehr möchten sie, getrennt davon, ihr eigenes Leben absichern und eigene Interessen für einen geruhsamen Lebensabend verwirklichen können. Die Frauen möchten sich schützen vor unvorhersehbaren Ereignissen, insbesondere auch für den Fall, daß sich die Beziehung zum Ehemann negativ entwickeln sollte. Obwohl meist keine Verträge zur Gütertrennung in der Ehe existieren[46], verlassen sich die Frauen nicht auf ihre Vermögensrechte nach einer Trennung.

„Ich denke, ich werde sparen für die Reise nach Thailand, damit ich eigenes Geld habe. Oder ich werde sparen, falls etwas mit meinem Mann passiert. Ich weiß nicht,

46 Nur eine Frau, die nicht erwerbstätig ist, hat einen Ehevertrag unterschrieben.

wie die Zukunft aussieht. Wenn ich ihn nicht mehr habe, dann kann ich mir selbst mit diesem Geld helfen."

Auch der am zweithäufigsten genannte Grund läßt sich in den Bereich der eigenen Zukunftssicherung und Altersversorgung einordnen: Diese Frauen möchten ein eigenes Haus in Thailand bauen, um dort im Alter - in der Regel explizit mit ihren Männern - wohnen zu können.

Viele Frauen denken also daran, im Alter für sich selbst zu sorgen. Dies dürfte der Lebensabschnitt sein, in dem sie ihre eigenen materiellen Interessen stärker in den Vordergrund schieben können, weil sie ihre Rolle als 'Versorgerin' dann abgeschlossen haben. Möglicherweise wagen sie aber auch nicht zu hoffen, selbst im Alter aus Dankbarkeit von ihren Kindern versorgt zu werden. Sie erkennen die Veränderungen, die der westliche Sozialisationsprozeß in ihren Kindern bewirkt und sind eher auf unverbindliche Beziehungen eingestellt. Eine Frau, die ihre drei Kinder aus Thailand nachkommen ließ, drückt ihre Gefühle aus.

„Ich lebe nur von einem Tag auf den anderen, ich habe keine großen Hoffnungen mehr. Ich erhoffe mir nichts von meinen Kindern."

Eigenes Geld ist den Frauen wichtig. Von den 17 Befragten, die mit ihren Partnern zusammenleben, sind fünf Frauen erwerbstätig in ungelernter oder angelernter Tätigkeit, z.T. in einer Nebenbeschäftigung[47]. Weitere fünf Frauen waren erwerbstätig gewesen, haben jedoch ihre Tätigkeit wegen zu starker Arbeitsbelastung, aus Altersgründen oder wegen Schwangerschaft aufgeben müssen. Fast alle nichterwerbstätigen Befragten würden gerne einer einkommenschaffenden Tätigkeit nachgehen. Die Frauen fühlen sich jedoch in erster Linie aus sprachlichen und ausbildungstechnischen Gründen unqualifiziert. Vereinzelt stoßen sie auch auf den Widerstand ihrer Männer, die Kontroll- und Machtverlust befürchten. Und die Frauen tragen die Konsequenzen einer schlechten gesellschaftlichen Infrastruktur, die Mütter an einer geregelten Erwerbsarbeit hindert, weil die Versorgung ihrer Kinder nicht gewährleistet ist.

Einigen Frauen wird gerade dieser Konflikt, wie er in den Industrieländern verschärft existiert, deutlich bewußt. Sie sind andere soziale Strukturen in Thailand gewöhnt, die ihnen als Mutter mehr Bewegungsfreiheit ließen.

„In Thailand können wir (die Kinder, d.A.) so einfach lassen. Wenn niemand auf das Kind aufpaßt, passen die Großeltern auf das Kind auf. Wir können dann arbeiten, hier müssen wir selbst aufpassen. Wenn sie krank sind, müssen wir uns darum kümmern. ... Ja, ich möchte einen Beruf haben und eigenes Geld verdienen."

Die schwierigen Bedingungen der Kindererziehung und die übermäßigen Pflichten, denen erwerbstätige Mütter ausgesetzt sind, führen bei einzelnen

47 Eine Frau arbeitet als Babysitter, in der Fabrikarbeit ist eine Frau tätig, eine in der Gärtnerei und jeweils eine als Reinigungsfrau und als Bäuerin.

Migrantinnen, ähnlich wie bei deutschen Frauen, zum zeitweiligen Verzicht auf Kinder.

> Frage: „Sie wollen doch Kinder haben?" Antwort: „Jetzt denke ich noch nicht daran, obwohl ich schon alt bin. Einerseits will ich Kinder haben, andererseits denke ich, es wird schwer. Außerdem kann ich dann nicht mehr arbeiten gehen, ich will nicht abhängig sein. Ich will nicht jemanden um Geld bitten müssen. Wenn wir arbeiten gehen und selbst Geld verdienen und das ausgeben, dann fühlen wir uns gut."

Haben die Frauen jedoch ein eigenes Einkommen, das oft im Bereich eines Nebenerwerbes liegt, so sichern sie sich ihr selbst erwirtschaftetes Geld. Sie steuern selten mit ihrem eigenen Erwerb zu den Lebenshaltungskosten der Familie in der Bundesrepublik und auch der Familie in der Heimat bei[48]. Meist werden beide Finanzbudgets über das Einkommen des Ehemannes, das als Familieneinnahme betrachtet wird, abgedeckt.

> „Manchmal hat mein Mann gesagt, daß das Geld nicht ausreicht und ich soll ihm helfen. Ich meine, wenn es wirklich nicht ausreicht, helfe ich ihm. Aber wenn es nicht nötig ist, helfe ich ihm nicht und spare."

Das Geld der Befragten soll von anderen auch für Gemeinschaftszwecke nicht angetastet werden können, sondern nur ihrer eigenen Verfügung unterliegen. Damit wurden den ursprünglichen Motiven zur Ausreise, die auf materielle Unterstützung von Familienangehörigen abzielten, persönliche Interessen an Absicherung und Wohlstand hinzugefügt.

> „ ... aber zur Zeit spare ich auch und lege das Geld auf die Bank. Am Anfang war er dagegen und fragte, warum ich mein Geld zur Bank bringen müßte. Ich bin auch berechtigt, von seinem Konto Geld abzuheben. Es gibt auf dem Konto Geld genug. Es ist richtig, daß mein Name auf seinem Konto ist, aber das ist nicht meins. Ich will deshalb selbst sparen, extra für mich. Ich gehe arbeiten, alles spare ich, ich gebe nichts aus."

In Bezug auf die Finanzen sind also klare Regelungen eingeführt und deutliche Grenzen gezogen. Zum einen behalten die Männer einen Anteil ihres Lohnes und händigen den Frauen nur begrenzte Beträge für die Aufrechterhaltung des Haushaltes und ein persönliches Taschengeld aus. Als materieller Gegenwert für die häusliche Arbeit wird der Unterhalt der Frau und deren Kinder sichergestellt. Die Ehefrau behält andererseits ihr selbst verdientes Geld, das sie parallel zur Haus- und Familienarbeit erwirtschaftet.

Alle Klientinnen des FIZ stehen unter großem Erfolgsdruck gegenüber ihren Herkunftsfamilien. Die Erfahrungen zeigen, daß Forderungen an asiatische Frauen in der Regel höher sind als an lateinamerikanische Migrantinnen, bzw. sich die Frauen aus Thailand und den Philippinen stärker verpflichtet fühlen. Während die Frauen aus Lateinamerika häufig alleine für das Auskommen ihrer Kinder, die in der Heimat zurückblieben, zustän-

48 Jeweils nur eine der fünf erwerbstätigen Frauen, die mit einem Partner zusammenleben, unterstützt mit eigenem Einkommen die Familie in der Bundesrepublik bzw. in der Heimat.

dig sind, zeigen sich beispielsweise die Frauen aus Thailand oft für gesamte Familienverbände verantwortlich.

Manche Frauen sehen sich Ansprüchen gegenüber, monatlich einen recht hohen Betrag an Familienangehörige zahlen zu müssen. Werden diese Leistungen nicht mehr 'freiwillig' erbracht, so können auch deutliche Forderungen gestellt und moralische Druckmittel benutzt werden. Der Bruder oder die Schwester sollen unterstützt werden, damit ihnen die Ausreise nach Japan möglich wird oder ein Studium für sie realisiert werden kann. Häuser müssen gebaut oder eingerichtet werden, hohe Summen werden dringend benötigt.

In einem extremen Einzelfall des FIZ machte der Vater der Migrantin sogar mit indirekten Drohungen auf seine finanziellen Forderungen aufmerksam. Die Tochter der Frau lebte bei ihm in Thailand. Er berichtete in einem Brief an die Migrantin von dem Besuch eines Chinesen im Dorf, der nach jungen Mädchen Ausschau gehalten habe. Auch an dem Kind der Migrantin bekundete der chinesische Besucher Interesse. Der Großvater wehrte das Anliegen mit dem Argument ab, daß es nicht sein eigenes Kind, sondern das seiner Tochter sei, und er deshalb über das Mädchen nicht verfügen könne. Im folgenden Satz weist er in dem Schreiben nochmals auf die Dringlichkeit einer großzügigen materiellen Unterstützung hin. Die Klientin des FIZ begriff das Schreiben als eine Drohung. Sie befürchtete, daß der Tochter etwas zustoßen können, wenn sie nicht großzügig zahle. Dieser Interpretation folgte die Frau auch deshalb, weil sie selbst als Kind von ihren Eltern an einen Mädchenhändler weitergegeben wurde. Die Klientin holte ihre Tochter mit Unterstützung der Beratungsstelle in die Bundesrepublik.

Die Solidarzahlungen an Familienangehörige in der Heimat können zu großen Konflikten in der Ehegemeinschaft in der Bundesrepublik führen. Bei einem großen Anteil der Frauen erlauben das Familieneinkommen oder der Widerstand des Ehemannes keine oder nur ungenügende Zahlungen[49].

Nach den Befragungen erfüllen nur die Hälfte der Männer die finanziellen Erwartungen, die von den Herkunftsfamilien der Frauen gestellt wer-

49 Insgesamt konfrontierten mehr als die Hälfte der Frauen die Beratungsstelle mit finanziellen Problemen. Wobei die Geldschwierigkeiten der Frauen meist mit finanziellen Verpflichtungen an Familienangehörige im Heimatland verknüpft sind. In Verbindung damit und einer organisierten Einreise durch eine Schlepperorganisation sind die Frauen oft verschuldet. Addieren wir die Schulden der (Ehe-)Männer und die mit ihnen gemeinsam eingegangenen Kredite hinzu, dann ergibt sich, daß ein Viertel der Klientinnen des FIZ oder ihre Männer verschuldet sind und Schwierigkeiten mit dem Finanzbudget haben. In 11,4 % sind die Frauen verschuldet, in 9 % die Männer und in 6,6 % beide.

den[50]. Unabhängig von der Einkommenshöhe, die einzelne materielle Forderungen unrealistisch macht, schätzen diese Männer auch die Notwendigkeit von Unterstützung und die Legitimität von Zielgruppen anders als ihre Frauen ein. Unterschiedliche Konzepte familialer Einkommensverteilung bzw. familialer Solidarität führen zu Konflikten.

In der Regel akzeptieren die Männer Zahlungen an die Kinder ihrer Frauen und an deren Eltern, die die Kinder versorgen, während die Versorgung von weiteren Familienangehörigen, wie den Geschwistern, nicht darunter fällt[51].

> Frage: „Versteht er die Verantwortung der thailändischen Familie, daß die älteren Geschwister für die jüngeren Geschwister sorgen sollen?“ Antwort: „Nein, er ist ein Deutscher. Er denkt, es ist wie in Deutschland. Er hat kein Geld für andere Leute.“ Frage: „Aber Sie haben doch gesagt, er hat monatlich Geld geschickt?“ Antwort: „Nur für mein Kind.“

Oder:

> Frage: „Und was sagt er? Ist er bereit zu helfen?“ Antwort: „Mir ja, aber von meinen Geschwistern will er nichts wissen. Das ist für ihn eine andere Familie.“

Andere Männer sehen manchmal den Grund der Zahlung nicht ganz ein. Offensichtlich werden nicht immer die wirklichen Ursachen für den Finanzbedarf angegeben, so daß der Spender herbe Enttäuschungen erleben kann.

> „Am Anfang hat er alles akzeptiert, aber meine Schwester ist nicht gut, und mein jüngerer Bruder hat sein Wort nicht gehalten. Mein Mann mag es nicht, wenn jemand sein Wort nicht hält. Er hat alles dann losgelassen. Heute, wenn mein Bruder schreibt, sagt er, mein Bruder bittet doch nur um Geld. Ich schicke ihm aber heimlich welches“ .

Möglicherweise haben einzelne Ehemänner auch Angst davor, von ihrer Frau und deren Familie finanziell ausgenutzt zu werden. Sie versuchen, ihre Frau zur wahrheitsgemäßen Nennung von Gründen zu verpflichten.

> „... Er hat gesagt, wenn ich die Wahrheit sage, hilft er mir. Aber, wenn ich lüge, hilft er mir nicht. Wenn ich etwas habe, soll ich es ihm sagen, er wird mir helfen.“

Die Frauen befinden sich in einer schwierigen Situation, wenn sie zwischen den Legitimitätsansprüchen ihres Mannes und den nur ihnen verständlichen Bedürfnissen ihrer Herkunftsfamilie entscheiden müssen. Haben sie den Wunsch, sich von engen heimatlichen Familienbanden zu lösen, so kann der Ehemann mit seiner strikten Grenzziehung sogar schützend wirken. Der Erfolgsstatus als Auslandsmigrantin wird viele Frauen jedoch eher dazu

---

50 Die lateinamerikanischen Befragten konzentrieren sich im Gegensatz zu den thailändischen Befragten weniger stark auf die finanzielle Unterstützung und Großzügigkeit ihrer Ehemänner. Sie setzen eher alles daran, Arbeit zu finden, um aus eigener Kraft die Situation ihrer Familie und die eigene zu verbessern.

51 Dies betrifft vier der sieben Fälle, in denen die Frauen unzufrieden sind.

bewegen, eine Strategie zu entwickeln, mit der sie weitgehend den Erwartungen der Familie in der Heimat nachkommen können.

1.4.6 Motive zur Eifersucht

Eifersucht kann definiert werden als ein leidenschaftliches Streben nach Alleinbesitz der emotionalen Zuwendung einer Bezugsperson, verbunden mit der Angst vor jedem möglichen Konkurrenten. In der Partnerschaft hängt Eifersucht damit von den konkreten affektiven Ansprüchen und dem Grad des gegenseitigen Vertrauens ab.

Eifersucht ist in den bi-kulturellen Beziehungen vorhanden, scheint aber keine existentiellen Konflikte zu provozieren, oder sich in ernstzunehmende Verlustangst zu verwandeln. Von den zwanzig befragten Frauen beschrieben sechs ihre Männer und genauso viele sich selbst als eifersüchtig. Während die partnerschaftsmotivierten Frauen, die die meisten Emotionen investiert haben dürften, am stärksten zur Eifersucht neigen, zeichnen sich zwischen den Eifersuchtshandlungen der Männer und der Handlungsmotivation ihrer Frauen keine bestimmten Beziehungen ab[52]. Eifersucht ist bei unseren Paaren außerdem nicht an einen besonders großen Altersunterschied geknüpft[53].

Die Bereitschaft zur Eifersucht beim Mann scheint vielmehr mit der Bewegungs- und Entscheidungsfreiheit seiner Frau zu tun zu haben, die sie innerhalb der Beziehung für sich erreichen konnte. Diese Männer haben Angst, verlassen zu werden, weil ihre Frauen sowohl die individuelle Stärke als auch die Finanzkraft besitzen, um eine Trennung aus eigener Kraft durchführen zu können. Mit der Auflösung einer einseitigen Abhängigkeit durch die Frau verliert der Mann an Sicherheit über seinen scheinbaren alleinigen Besitz.

> „Wenn mein Mann eifersüchtig ist, erkläre ich ihm, daß er nicht so denken soll. Ich bin schon erwachsen und habe (schon) Kinder. Ich habe nur versucht, daß wir uns in der Familie gut verstehen können. Alles andere interessiert mich nicht. Er braucht nicht eifersüchtig zu sein und soll mich ein bißchen ausgehen lassen. Aber er hat zu viele Probleme gesehen. Manchmal denkt er, daß ich auch so werden könnte. ... Ich habe mit ihm gesprochen. Mit seinem Geld bezahlt er, und mein Geld spare ich. Mein Mann hat gedacht und hat Angst, daß ich Geld spare, und daß ich ihn verlasse, wenn ich Geld habe.“

---

52 Eifersüchtig sind drei partnerschaftlich orientierte Frauen, darunter die Frau, die wir den 'freiheitsliebenden Partnerschaftstyp' genannt haben. Außerdem eine individualistisch orientierte Frau und zwei Frauen aus der Gruppe der 'Versorgerinnen'. Demgegenüber leben vier als eifersüchtig beschriebene Männer mit versorgungsorientierten Frauen, und nur jeweils einer mit einer Frau des Handlungstyps der Partnerschafts- bzw. der Individualisierungsmotivation.

53 Bei sieben Paaren beträgt der Altersunterschied mehr als 20 Jahre, und nur in einem Fall kommt es zu Eifersuchtshandlungen des Ehemannes.

Bei den Frauen handelt es sich zum Teil um 'ungezielte' Eifersuchtshandlungen, so daß kein spezifischer Anlaß erkennbar war. Einzelne Befragte sind jedoch besonders auf deutsche Frauen, bzw. auch auf frühere Ehefrauen ihrer Männer eifersüchtig. Gerade die Frauen, die eine individualistisch geprägte Handlungsmotivation haben, zeigen dieses deutliche Konkurrenzverhalten. Finden sich in dieser Kategorie doch Frauen, die weibliche Selbständigkeit und Eigenständigkeit befürworten und deswegen ihren eigenen oft niedrigen schulischen und beruflichen Bildungsstand im Vergleich zu manchen deutschen Frauen als Defizit erfahren. Manchmal verhalten sich die betreffenden Männer ihren Frauen gegenüber auch abwertend, so daß ihre Tendenz, sich minder zu bewerten, noch verstärkt wird.

> „... Ich habe nur Angst, daß er denkt, diese Frau ist besser als meine Frau. Manchmal fühle ich mich gekränkt. Ich habe keine hohe Ausbildung. Meine Idee ist vielleicht, die Leute, die eine höhere Ausbildung haben, haben unterschiedliche Denkweisen. Wenn es Probleme gibt, besonders mit den Deutschen. Ich denke dann, sie sind deutsche Frauen und haben eine bessere Ausbildung, sie haben bessere Ideen. ... Ich bin sowieso keine Deutsche. Wenn er Probleme hat, will er mich auch fragen, aber er kann nicht, weil er denkt, daß ich nichts weiß. Er fragt mich deshalb nicht, sondern die anderen, besonders seine Ex-Frau. Manchmal bin ich auch eifersüchtig."

1.4.7 Sexualität ohne Lust

Sexualität ist bei den Paaren ein problematisches Feld. Große Differenzen liegen in der Einstellung, wie aktiv Sexualität gelebt werden soll und was ein lustvolles Sexualleben ist. So lebt die Hälfte der Befragten entweder in unfreiwilliger sexueller Abstinenz oder führt kein zufriedenstellendes Sexualleben[54]. Dieses Ergebnis ist angesichts der Klischees überraschend, in denen die Frau zum attraktiven Sexualobjekt und der Mann zum Experten der Sinneslust gemacht wird.

Am häufigsten spricht die Gruppe der 'Versorgerinnen' von sexuellen Problemen. Um sich materiell abzusichern, ließen sich die Mehrheit dieser Frauen auf sexuelle Abstinenz bzw. auf ein unausgeglichenes Sexualleben in der Ehe ein. Das am häufigsten auftretende Problem scheint dabei die geringe Fähigkeit zu sexuellem Lustverhalten der Männer zu sein, wie Frauen aus dritter Hand oder auch aus eigener Erfahrung wissen:

> „Ich sage, wir sind wie Freunde. Er ist sowohl mein Freund als auch mein Mann. Heute lebe ich mit ihm nicht wegen Sexualität. Mein Mann hat keine Ahnung von Sex. ... Ich habe zu meinem Mann auch gesagt, wenn du eine deutsche Frau hättest, sie könnte mit dir doch nicht leben. Er hat gesagt, das will er auch nicht haben. Er

---

54 In fünf Fällen, weil der Ehemann impotent ist, in drei Fällen, weil die Frau keine Lust (mehr) verspürt und in je einem Fall, weil sich das Verhältnis zu einem asexuellen Vater-Tochter-Bezug entwickelte und weil beide Ehepartner bereits zu alt seien (sie: 63 Jahre, er: 86 Jahre). Drei Frauen machten keine Angaben und sieben Frauen bezeichneten ihr Sexualleben als normal.

weiß schon Bescheid. Sex will er nicht so viel haben. Wenn jemand ihn versteht, ist es gut. Ich kann ihn verstehen, wir können deshalb zusammenleben. ... Manchmal habe ich (ein Problem, d.A.) aber manchmal macht es mir nicht so viel aus. Ich bin schon dran gewöhnt. Wenn er ruhig bleibt, bleibe ich auch ruhig. Am Anfang war ich auch ziemlich voll auf, hatte große Bedürfnisse nach Sex, aber jetzt nicht mehr. Es geht so weiter. Ich denke, ich bin schon alt. Ich denke mehr an meine Kinder und an meine Familie auf dem Dorf. Diese Sache wird deshalb vergessen." (Die Frau ist 39 Jahre alt).

Eine andere Frau, die selten Geschlechtsverkehr in der Ehe hat, berichtet:

„Bei mir ist es nichts besonderes. Bevor wir schlafen gehen, gibt er mir einen Kuß. Das ist alles und jeder schläft. ... Ich selbst habe noch Lust. Ich bin noch nicht so alt. Manchmal fühle ich mich auch einsam. ... Ich habe nicht versucht, dieses Problem zu lösen. Ich mache etwas, oder ich gehe weg. Manchmal gehe ich zu meiner Freundin." .

Andererseits gibt es wohl bei einzelnen Paaren auch unterschiedliche Vorstellungen vom Sexualleben, die dann zum Rückzug der Frauen aus der gemeinsamen Sexualität führen. Eine Befragte erläutert ihren Vorwurf des Egoismus an die deutschen Männer, den auch andere Frauen teilen.

„(Ja, bei mir auch.) Ich habe auch dieses Problem in der sexuellen Beziehung. Einfach gesagt, ich habe kein großes Bedürfnis mehr und will es nicht oft. Nicht, daß ich nichts geben möchte. Ich will nur nicht, daß es oft ist. Manchmal bin ich müde, oder dies und jenes. ... Ich habe ihm gesagt, ich habe kein Gefühl. Manchmal bittet er darum und ich sage, ich habe kein Gefühl. Wenn ich darüber nachdenke, dann gebe ich auch zu, daß es (Beischlaf, d.A.) schon lange her ist. Aber manchmal bleibt er stur, wir haben dann Streit und sind böse miteinander. ... Ich muß ehrlich sagen, daß die deutschen Männer egoistisch sind. Sie sind nicht wie die Thailänder, nur wenn sie glücklich sind, ist es für sie o.k. Sie denken nicht an andere. Ich habe es ihm erklärt und gesagt, daß er es so und so machen soll. ... . Er hat sich bemüht, hat es aber nicht geschafft. Die Leute hier können zum Beispiel nur ... . Es gibt Probleme bei der sexuellen Beziehung, so ähnlich ist es auch bei meinen Freundinnen."

In diesem Fall gelang es der Frau nicht, ihre sexuellen Bedürfnisse in die Beziehung einzubringen. Eine zweite Frau spricht von mangelnder Rücksichtnahme des Mannes auf ihre sexuellen Bedürfnisse. Auch hier wird ein egoistisches Verhalten kritisiert.

„Mein Mann bekommt ganz schnell seinen Orgasmus, aber ich bin noch nicht fertig mit meinem. Heute sind meine Bedürfnisse schon irgendwie eingeschlafen, abgestorben. Ich spüre nicht mehr viel, aber jetzt bin ich schon daran gewöhnt. Es ist schon normal. Bei meiner Arbeit damals als Prostituierte konnte ich das auch feststellen, meine Kolleginnen auch. Die Europäer machen ganz schnell fertig, es dauert nicht lang."

Tendenziell gegensätzliche Erfahrungen im Sexualbereich machten die Frauen, die eine Liebesheirat eingingen. Drei der vier Frauen lebten zum Zeitpunkt der Befragung noch mit ihrem Partner zusammen. Sie führen ein für die Frauen 'normales' Sexualleben. Bei der Frau, die getrennt lebt, entwickelte sich die Beziehung - mit einem Altersunterschied von 25 Jahren - zu einem eher asexuellen Vater-Tochter-Verhältnis. Diese Situation in Verbindung mit enormen Eifersuchtsreaktionen von Seiten des Mannes führten dann zur Trennung.

Die meisten Frauen, die in sexueller Abstinenz leben, nehmen ihre Situation ohne Perspektive auf Veränderung hin. In der Regel wird das eingeschränkte oder gar nicht existierende Sexualleben auch nicht zu einem wichtigen Problem in der Ehe gemacht. Die Frauen konzentrieren sich vielmehr auf das Wohlergehen ihrer Familie und sind zufrieden, wenn die Versorgung in ihrem Sinne funktioniert. Die eheliche Allianz steht auf dem Fundament eines funktionalen Tauschgeschäftes und hinterläßt emotionale sowie sexuelle Lücken. Nur vereinzelt nehmen Frauen diese Situation nicht hin, sie suchen nach sexuellen und emotionalen Alternativen und führen parallel zur Ehe eine Liebesbeziehung.

1.5. Verwandschaftliche und freundschaftliche Beziehungen

> Mein Gefühl am Anfang war anders. Am Anfang habe ich nicht an die Einsamkeit gedacht, aber nachdem ich gekommen bin, war ich einsam. Ich fühlte mich einsam und verlassen. Es ist hier sehr kalt, das kann ich nicht so gut ertragen. Das Wetter hier ist kalt und trocken, dann wurde ich krank und ich werde immer älter. Es ist anders, als ich es gedacht hatte. Ich habe nicht an Krankheit oder an das Wetter gedacht. Nachdem ich gekommen bin, war alles anders. (Migrantin aus Thailand)

Die Einbindung in ein vertrauensvolles, solides und emotional ansprechendes soziales Umfeld ist für die Integrität und Stabilität eines jeden Individuums von großer Bedeutung. Viele Migrantinnen haben jedoch Schwierigkeiten in ihrem sozialen Kontext. So hat fast ein Viertel der Klientinnen des FIZ (24,7 %) Probleme mit Bekannten, Freunden und Verwandten. Die Frauen sind teilweise sozial isoliert. Kontakte zur Außenwelt existieren nicht oder sind maximal auf zwei bis drei Personen - meist Landsfrauen - beschränkt. Wir gehen der Frage nach, wie sich die sozialen Beziehungen der Frauen gestalten und welche Hintergründe und Ursachen diesem Phänomen der 'sozialen Unzufriedenheit' zugrundeliegen.

1.5.1 Distanz zu deutschen Verwandten

Die Beziehung zur deutschen Familie des Ehemannes ist oft belastet. In 16 Fällen des FIZ fühlten sich die Frauen von deutschen Familienangehörigen nicht akzeptiert, und in 22 Fällen versuchten die Verwandten direkten Einfluß auf die eheliche Beziehung zum Nachteil der Migrantin zu nehmen[55]. Die Verwandten vertreten meist die Position des Mannes und bauen damit für die 'Fremde' zusätzliche kulturelle Barrieren auf.

55 Dies konnte direkt über die Frau selbst, oder indirekt über die Kinder erfolgen.

Die Probleme, die Klientinnen des FIZ mit deutschen Verwandten haben, bestätigen sich in den Interviews. Knapp die Hälfte der Befragten schätzten oder schätzen ihren Bezug zu den deutschen Verwandten als schwierig ein[56]. Bei wiederum der Hälfte dieser Frauen konnte sich der Konflikt mit der Zeit entschärfen, während bei den anderen Frauen dauerhafte spannungsgeladene Beziehungen weiterbestehen.

Zum Teil verbirgt sich hinter den Schwierigkeiten ein Konkurrenzkampf zwischen der Schwiegermutter und der Ehefrau, die sich aus Eifersucht gegenseitig bekämpfen.

> „Sie (Meine Schwiegermutter, d.A.) hat schon so oft gefragt, wieviel mir mein Mann im Monat gibt, oder wieviel wir für das Essen ausgeben und so weiter. Wenn mein Mann sagt, er gibt mir DM 600,00, sagt sie dann, früher hat mir dein Schwiegervater nur DM 400,00 im Monat gegeben. Ich weiß, daß sie mich nicht mag, daß sie nicht einverstanden ist, daß ihr Sohn für mein Kind sorgt. Sie mag mich nicht, ich will sie deshalb nicht sehen. Wir leben allein. Ich schmeichel nicht gern. Wenn sie mich nicht mag, will ich auch nichts mit ihr zu tun haben. ... Nein, wenn wir uns sehen (ich und meine Schwiegermutter, d.A.) lächeln wir so. Wir beide tragen eine Maske. Ich weiß, daß sie mich nicht mag, aber wir haben keinen Streit miteinander gehabt. Wir kommunizieren über eine dritte Person, über meinen Mann. Wir schlagen uns immer gegenseitig - hin und her - mit Worten."

Häufig wird, wie auch in diesem Beispiel angeführt, die Verteilung und die Verfügung über Geld zum Thema der Auseinandersetzung. Die Ablehnung durch Familienangehörige des deutschen Mannes macht sich an der Umverteilungen von dessen finanziellen Mitteln fest. So berichtet eine Frau von großen Schwierigkeiten mit ihren Stiefkindern, die nicht damit einverstanden sind, daß sie ihren wesentlich älteren Ehemann einmal beerben wird.

Andere deutsche Familien fürchten die materielle Unterstützung, die an Verwandte der Frau geht. Sie projizieren, daß ihr Sohn oder ihr Bruder von der Migrantin und deren Familienkreis ausgenutzt wird. Scheinbar nehmen deutsche Verwandte damit die spezifische arbeits- und rollenteilige Eheallianz - Existenzsicherung und Versorgung für häusliche Reproduktionsarbeit - nicht ganz wahr. Damit verletzen sie die finanzielle Autonomie der Kleinfamilie und mischen sich in deren interne Strukturen der Geldverteilung ein.

> „Als mein Vater starb, dachten sie, ihr Bruder müßte wieder tief in die Tasche greifen. Ich mußte alleine zurückfliegen und Geld von ihrem Bruder mitnehmen. Sie hatten Mitleid mit dem Bruder und meinten, daß ihr Bruder alleine drei Leute ernähren müßte. Sie hatten kein Mitleid mit mir, daß mein Vater starb. Sie haben zu

56 Von den zwanzig interviewten thailändischen Frauen kann eine nichts über deutsche Verwandte sagen, weil ihr Mann (der bereits älter war) keine Angehörigen mehr hatte. Die anderen 19 Frauen haben oder hatten Kontakt zu den Verwandten des deutschen Ehemannes. Eine Frau wohnt mit den Schwiegereltern zusammen, andere treffen sich wöchentlich, jeden Monat oder zu festlichen Gelegenheiten, je nachdem, wie gut der Kontakt ist und wie weit die Wohnsitze voneinander entfernt sind. Acht Frauen schätzen den Kontakt als schwierig ein, bzw. hatten früher ein schwieriges Verhältnis, das sich jedoch mit der Zeit besserte.

meinem Mann gesagt, wie ist es, wenn deine Frau nicht da ist. Ist es besser, wenn du kein thailändisches Essen essen mußt?"

Andere Angehörige der deutschen Familie des Mannes konnten anfängliche Vorurteile gegenüber der ausländischen Schwägerin oder Schwiegertochter abbauen. In einem Fall verbesserte sich der Familienbezug durch das selbst erwirtschaftete Einkommen der Frau. Sie konnte beweisen, daß sie den Bruder nicht nur 'finanziell ausnutzen' will, sondern auch einen eigenen Beitrag zur Existenz leistet.

„Sie haben meinem Mann vorgeworfen, daß er eine Thailänderin geheiratet hat und sogar so eine junge, die nicht sprechen konnte und nicht wußte, wie man irgendwohin geht. Sie denken, die meisten Asiaten hätten keine Ausbildung und keinen Beruf. Danach habe ich meine Kinder hierher geholt. Sie haben sich nicht soviel dafür interessiert. Sie dachten, ich drehte nur Däumchen zu Hause und ließe ihren Bruder alleine arbeiten. Danach haben sie gehört, daß ich arbeiten gehe und Nähunterricht habe. Manchmal helfe ich meiner Freundin etwas zu verkaufen und bekomme dafür Geld. Sie sind netter zu mir geworden."

Probleme mit der deutschen Verwandtschaft können jedoch auch auf Negativbilder der Migrantin zurückgehen, die von sich aus eine Distanz zur deutschen Familie aufbaut. In einem Fall war sich eine thailändische Frau sicher, daß ihre Schwiegereltern ausländerfeindlich eingestellt sind. Sie hatte diese Information, die sich in der Praxis nie bestätigte, von einer Schwägerin - auch eine Migrantin - erhalten, die ihren eigenen konfliktreichen persönlichen Bezug zu den Schwiegereltern verallgemeinerte.

„Früher haben sie uns scharf kritisiert, weil sie Ausländer nicht mögen; die Schwägerin hat erzählt, daß die Schwiegereltern schlimm sind. Ich hatte deshalb Angst. Aber in Wirklichkeit ist das Gegenteil der Fall. Sie sind gut. Sie fragen mich, wie es mir geht. Sie haben mich noch nie verletzt mit Worten, ... Ich habe ihnen selbst noch nie was weggenommen, nie um etwas gebeten und nie zuerst angerufen, weil ich wußte, sie mögen keine Ausländer. Ich habe mich immer von ihnen anrufen lassen. ... Sie haben uns eine Wohnung gekauft auf meinen und seinen Namen für unsere Kinder."

Vielen Frauen fehlen verbindlichere verwandtschaftliche Beziehungen, die auch im engen Zusammenhang zum Lebensalltag stehen[57]. Sie kritisieren - wie schon an den Vorstellungen zur Kindererziehung ablesbar war - den zwischenmenschlichen Bereich und den sozialen Umgang miteinander, der ihnen zu locker und zu individualisiert scheint. Die Frauen beschreiben ihre Gefühle mit Aussagen wie:

„Die Leute hier haben ein schwarzes Herz, man lebt (hier) nur für sich, die Leute nehmen (hier) keine Rücksicht, und man hat hier keinen Spaß."

Auffallend ist, daß sich alle Frauen mit Individualisierungstendenzen in dieser Gruppe der Kritikerinnen von Sozialstrukturen befinden. Möglicher-

57 Probleme mit dem Kleinfamiliensystem und mit Individualisierungstendenzen hat die Hälfte der Befragten.

weise sind das die Frauen, die am ehesten Selbstbewußtsein zeigen und Umstände, die ihnen nicht gefallen, offen benennen.

Manche Frauen fühlen sich unverstanden und allein; das Alleinsein ruft Einsamkeit hervor. Eine Migrantin, die seit fünf Jahren in der Bundesrepublik lebt, berichtet:

> „Ich fühle mich so einsam. Aber, wenn man eine Familie hätte und wenn man sich gut verstehen würde, dann wäre es anders. Zum Beispiel, wenn seine Eltern gut zu mir wären. Aber, da sie uns nicht verstehen, werde ich sagen, ich möchte lieber in meiner großen Familie leben. ...“

Ziehen wir die vielen konfliktreichen verwandtschaftlichen Beziehungen, die von Mißtrauen, Konkurrenz und Argwohn geprägt sind, in Betracht, dann überrascht nicht, daß viele Frauen - trotz Langeweile, Alleinsein und Einsamkeit - zu deutschen Verwandten Distanz halten wollen. Die meisten Frauen möchten mit ihnen nicht zusammenwohnen, obwohl ihnen die 'Wärme' der Großfamilie und die gemeinsame Bewältigung des Alltages fehlt. Bei ihnen siegt ein Realismus und drängt ihre eigentlichen Wünsche zurück. Die Frauen befürworten aus dieser spezifischen Situation heraus sogar die Kleinfamilie[58].

> „Ich meine, die deutsche Familie ist auch gut. Es ist aber anders. Wenn wir nur mit unserer Familie wohnen und nicht zusammen zum Beispiel mit Vater oder Mutter, ist es auch gut. Es gibt andere gute Seiten, wenn wir denken, daß wir in der deutschen Familie z.B. mit seinen Eltern wohnen müßten, dann wäre es auch für uns schwierig. Aber bei uns in Thailand haben wir mehr Wärmegefühl, weil wir engere Beziehungen miteinander haben. ..... Einfach gesagt, ich bin seelisch krank, also ich habe Heimweh“.

Andere Frauen gewöhnen sich an die neuen sozialen Umgangsformen und stellen ihr eigenes Leben in der Kleinfamilie um. Sie sehen in dem leicht überschaubaren engen Familienkreis und dem distanzierteren Kontakt mit weitläufigen Verwandten - Verwandtschaft des zweiten und dritten Grades - geringeres Konfliktpotential und weniger Komplikationen. Sie heben positive Auswirkungen hervor.

> „Wenn es in einer Familie nicht viele Personen gibt, dann gibt es auch keine Schwierigkeiten.“

Vereinzelt fühlen sich Frauen von der eher individualisierten Lebensform, die mehr Eigenverantwortung und Selbständigkeit verlangt, sogar herausgefordert.

> „Wenn die Leute hier erwachsen sind, leben sie nur für sich selbst. Bei uns, obwohl wir schon erwachsen sind, helfen wir uns immer noch gegenseitig. .... Ich meine, hier muß man sich selbst helfen. Die Wirkung ist, daß man an Selbstvertrauen gewinnt.“

---

58 Eine Anzahl von acht Frauen spricht sich für die Kleinfamilie aus.

In einem Fall wurde der Vorzug der gewonnenen Bewegungsfreiheit durch das Kleinfamiliensystem sogar explizit betont. Die soziale Kontrolle durch den Großfamilienverband fällt weg.

> „Ich habe (in Thailand, d.A.) mit meinem Schwiegervater und meiner Schwiegermutter gelebt. Ich hatte keine Freiheit. .... Hier ist es bequemer, man braucht nicht so schwer zu arbeiten .... ich mag lieber die kleine Familie wie hier, als die Großfamilie .... es gibt weniger Schwierigkeiten.“ [59]

1.5.2 Vorsicht gegenüber Landsfrauen

Der soziale Umgang mit Landsleuten, insbesondere Landsfrauen, zeigt bei den Migrantinnen viel Ambivalenz. Einerseits ist der Kontakt sehr wichtig und bekommt große persönliche Bedeutung, gerade wenn die emotionale Distanz zu deutschen Verwandten und das oft mangelhafte Verständigungsvermögen in deutscher Sprache in Betracht gezogen werden. So verbringt die Hälfte der Befragten einen großen Teil ihrer Freizeit mit thailändischen Freundinnen[60]. Andererseits führt der enorme finanzielle Erfolgsdruck, dem die Migrantinnen per se durch die Migration ausgesetzt sind, zu einem materiellen Wettbewerb im Landsfrauennetz, der emotional vertrauensvolle Verbindungen stört.

Teilweise beeinflussen zudem Männer die freundschaftlichen Beziehungen ihrer Frauen. Massive Einschränkung von sozialen Kontakten bis zur sozialen Isolation konnten fünf Männer bei ihren Ehefrauen, die Klientinnen im FIZ waren, durchsetzen. Gleichzeitig gelang es 24 Männern trotz deutlicher Versuche nicht, ihre Frauen von freundschaftlichen Beziehungen abzuhalten.

Die Interviews verweisen noch stärker auf die Einflußnahme der Männer. Fast die Hälfte versucht ihre Frauen zu beeinflussen oder sie deutlich in ihrer Handlungsfreiheit einzuschränken[61]. Die anderen lassen die Kontakte ihrer Frauen zu Landsfrauen zu oder fördern sie. Vereinzelt haben diese Männer dann selbst sogar mehr thailändische als deutsche Bekanntschaften.

Insbesondere die Männer, deren Frauen sich partnerschaftlich und individualistisch orientieren, setzen deutliche Grenzen im sozialen Umgang mit Landsleuten. Möglicherweise führt die emotionale Nähe in den Liebesbeziehungen leicht zu 'Besitzansprüchen', denen die Einschränkung von

---

59 Diese Frau ist dennoch in ihrer Handlungsstrategie eher der Versorgungsmotivation zugeordnet.

60 Zehn Frauen geben dies an. Andere lesen Bücher, bzw. schauen sie an, wenn sie nicht lesen können - acht Nennungen - oder beschäftigen sich mit Handarbeit - acht Nennungen. Obwohl fast alle Frauen angaben, zu geringe Deutschkenntnisse zu haben, ist nur eine Frau damit beschäftigt, sich in ihrer Freizeit in deutscher Sprache fortzubilden.

61 11 Männer akzeptieren thailändische Freunde, und neun Männer versuchen die Kontakte - zum Teil bezogen auf einzelne Personen - einzuschränken.

eigenständigen sozialen Kontakten der Frauen folgt. Bei den Frauen, die sich individualistisch orientieren, könnte die Reaktion der Männer ein Hinweis darauf sein, daß Handlungsfreiheit der Frauen leicht zu sozialen Spannungen in den Beziehungen führt. Ähnlich wie bei den Eifersuchtsmotiven, müßte damit jedoch auch ein Kontrollinteresse des Ehemannes einhergehen, dessen Beziehungsvorstellungen vom Anspruch einer männlichen Dominanz geprägt sind.

Zwei der Befragten haben sogar gegen massiven Widerstand ihrer Ehemänner zu kämpfen. Im ersten Fall dürfen oder können nur mit Auflagen von zeitlicher und zahlenmäßiger Begrenzung freundschaftliche Kontakte zu thailändischen Frauen gepflegt werden. Damit wird die Eigenständigkeit der Frau eingeschränkt und geleugnet. Im zweiten Fall bestehen grundsätzliche Vorbehalte gegen thailändische Landsleute.

Einzelne Frauen nennen konkret die Vorbehalte ihrer Männer. An erster Stelle steht dabei die Befürchtung, daß zu viel über 'Privates' geredet, zu viel 'getratscht' und 'geklatscht' wird. Die Männer möchten eigenständige soziale Bezüge ihrer Frauen verhindern, innerhalb derer sie das Privatleben öffentlich machen könnten. Andere fürchten die 'Gefahren der Nacht'. Sie schränken die Kontakte ihrer Frauen gegen Abend ein und bestehen darauf, daß sie zuhause übernachten. Die Ehefrauen werden dabei eher wie pubertierende Mädchen behandelt anstatt wie verantwortungsbewußte Erwachsene.

> „Ja, er will, daß ich mit ihnen befreundet bin. Wenn meine Freunde, egal wieviele, bei mir übernachten wollen, ist er einverstanden. Aber nur eins, ich darf nicht, woanders übernachten."

Nicht jede Einschränkung von Freundschaften und sozialen Kontakten findet gegen den Willen der Frau statt, denn zum Teil ziehen sich die Frauen von selbst zurück. So hält fast die Hälfte der Befragten in den Beziehungen eine gewisse innere Distanz[62]. Die Gründe der Frauen sind nicht weit von den Befürchtungen mancher Männer entfernt. Die Hauptkritik liegt darin, daß in dem Kreis der Landsfrauen zu viel weitererzählt wird, ohne die Grenzen von Intimität zu wahren.

> „Meine vertrauten Freunde, deutsche und thailändische, ich glaube, ich habe keine. Die Thailänder bleiben die Thailänder, sie sagen zu viel."

Viele thailändische Migrantinnen kommunizieren uneingeschränkt und freimütig über die Lebensbedingungen anderer. Dahinter scheinen jedoch nicht nur Neugierde und ein Unterhaltungsinteresse zu stehen, denn gerade auch moralische Bewertungen und Beurteilungen sind gefragt. Damit wird

62 Elf der Frauen haben enge freundschaftliche Verbindungen mit thailändischen Frauen, denen sie alles erzählen. Jedoch pflegen acht Frauen keine vertrauten freundschaftlichen Verbindungen mit Thailänderinnen, und eine Frau - sie hat vertrauliche Freundschaften mit Thailänderinnen - mahnt zur Vorsicht.

eine scharfe Konkurrenz unter den Frauen eröffnet[63]. Maßstab dieser Bewertungen ist zum einen eine moralisch-ethische Ebene, die die 'guten' von den 'schlechten' Frauen unterscheiden soll. Prostituierte werden von Nicht-Prostituierten getrennt.

> „Ja, sie erzählen immer alles weiter. Es störte sie, wie ich mich anziehe. Sie sagen, meine Figur wäre die einer Prostituierten. Ich war deshalb böse. Ich befreunde mich nicht mehr mit ihnen."

Das Hauptkriterium für die eher positive oder negative Einstufung von Landsfrauen liegt jedoch auf der materiellen Ebene - in dem finanziellen Erfolg oder auch Mißerfolg - begründet. Dieser Bewertungsansatz liegt parallel zur Situation in den Herkunftsregionen und -familien. Trotz Migration keinen Wohlstand erreicht zu haben, kommt einer Schande gleich.

> „Sie prahlte immer mit ihrem Reichtum. Ich bin arm. Mein Mann arbeitet für nicht so viel Geld im Monat. Ich habe alles von mir erzählt, aber ihre Sache hat sie nicht erzählt und ich denke, ich lebe lieber so. ... Ja, ich fühle mich nicht gut. Ich denke dann, ich bin arm."

Konsequenterweise geht es darum, seinen eigenen Erfolg zu demonstrieren und sich möglicherweise sogar eitel von den anderen abzuheben.

> „Aber, sie müssen verstehen, einige Leute, selbst Thailänderinnen und nicht Philippininnen, sie verstehen sich nicht. Sie denken, sie sind groß wie eine Giraffe (also hochnäsig, d.A.). Ich habe sie gegrüßt: Guten Tag, sind sie Thailänderin? und sie hat gesagt: Nein. Ich habe viel erlebt, jetzt will ich niemanden mehr begrüßen."

Diese Gruppendynamik im sozialen Netz der thailändischen Landsfrauen führt in der Folge dazu, daß Frauen ihre Probleme für sich behalten, weil sie kein Vertrauen haben und einen freizügigen Umgang mit ihren persönlichen Berichten fürchten. Damit wird die soziale Isolation der Frauen noch größer, die sich weder deutschen Verwandten, noch Landsfrauen wirklich anvertrauen können.

> „Sie (eine Thailänderin, d.A.) hat doch kein Mitgefühl mit mir. Die Leute hier haben kein Mitgefühl. Sie können nur neidisch sein. Wenn ich ihr etwas Schlechtes erzähle, hat sie ja doch kein Mitgefühl mit mir. Meine persönliche Sache bleibt meine persönliche Sache. Ich wage es einfach nicht. Die Leute hier (die Thailänderinnen, die hier leben, d.A.) sind verschieden, sie sind neidisch und sprechen über die anderen. Meinen Sie das nicht auch?"

1.5.3 Keine deutschen Freundinnen

Während der Kontakt zu Landsfrauen, trotz der verschiedenen Probleme und Vorbehalte, in großem Umfang existiert und gepflegt wird, spielt der soziale Umgang mit deutschen Frauen eine nur sehr untergeordnete Rolle. Nur in Einzelfällen existieren freundschaftliche Beziehungen, und in den

---

63 Auch in der Beratungsarbeit wurde dieses Problem in 14 Fällen behandelt.

meisten Fällen sind die Bezüge auf oberflächliche 'Begrüßungsverhältnisse' reduziert.

> „Ich kenne zwei oder drei Familien. Mein Kind freundet sich mit ihren Kindern an. Wenn wir uns treffen bei einem Fest und so, dann begrüßen wir uns.“

Und:

> „Vertraute deutsche Freunde habe ich keine. Man kennt sich und sagt nur Grüß Gott.“

Mit deutschen Frauen befreundet sind nur vier der 20 Befragten, wobei eine Frau mehr deutsche als thailändische Freundinnen hat. Die Ehemänner der Migrantinnen stellen den wichtigsten Zugang zur kulturübergreifenden Kontaktaufnahme, während erst an zweiter Stelle der Aufbau von Freundschaften durch Beziehungen über Bildungs- und Spieleinrichtungen für Kinder steht[64].

Der geringe Kontakt mit deutschen Frauen ist zum einen sicherlich eine Konsequenz von sprachlichen Verständigungsproblemen. Andererseits ist die scharfe Trennung zwischen eingewanderten Einwohnern und im Aufnahmeland aufgewachsenen Einwohnern nicht neu und zeigt Parallelen zur ersten Generation von Arbeitsmigranten, die sich mit der Idee des vorübergehenden Auslandsaufenthaltes von ihrem deutsch geprägten sozialen Umfeld abzuschotten suchten.

Jedoch drücken sich im Fehlen von kulturübergreifenden Kontakten auch Vorbehalte, Abwertungen und Ausgrenzung von deutschen Bevölkerungsgruppen gegenüber ausländischen Einwohnerinnen aus. Diesem Spannungsverhältnis zwischen Abwehr und Nähe, Diskriminierung, Reaktionen, Stigmatisierung, Rassismus usw. gehen wir in dem Kapitel V. „Diskriminierung und ihre Bewältigung“ nach.

1.6. Soziale Konflikte ohne Lösungen

Die sozialen Beziehungen der Frauen tragen große Konfliktpotentiale in sich: 1. An die Frauen werden als Migrantinnen hohe kulturelle Anpassungsleistungen von dem Ehemann sowie von seiner Familie gestellt. 2. In der Regel leben die Frauen in einem sozial wenig stabilen Kontext, der Kompensations- sowie Auffangfunktionen hätte übernehmen können. Die Beziehungen zu Landsfrauen sind tendenziell ambivalent, die Verhältnisse zu deutschen Verwandten und Bekannten eher distanziert. 3. Diesem sozialen Dauerstreß ausgesetzt, entwickeln viele Frauen psycho-sozial bedingte Krankheiten; in den Paarbeziehungen sind Trennungswünsche sowie Gewalterfahrungen keine Seltenheit.

---

64 Vier Frauen lernten ihre Freundinnen über ihre Ehemänner kennen, während zwei Frauen über Kindergarten und Schule freundschaftliche Kontakte zu deutschen Frauen aufbauen konnten.

In der Beratungsstelle steht für viele Frauen die Klärung ihrer Beziehungsprobleme im Vordergrund: Knapp 80 % der Frauen, die in einer Partnerschaft leben, haben Probleme mit ihren (Ehe-)Männern vorgebracht[65]: Neben den am häufigsten auftretenden Problemen in finanziellen Angelegenheiten, spielen Familienmitglieder des Mannes oder auch Freunde in der Auseinandersetzung in der Ehe eine wichtige Rolle.

Problemfelder in der Ehe in %
(MFN)

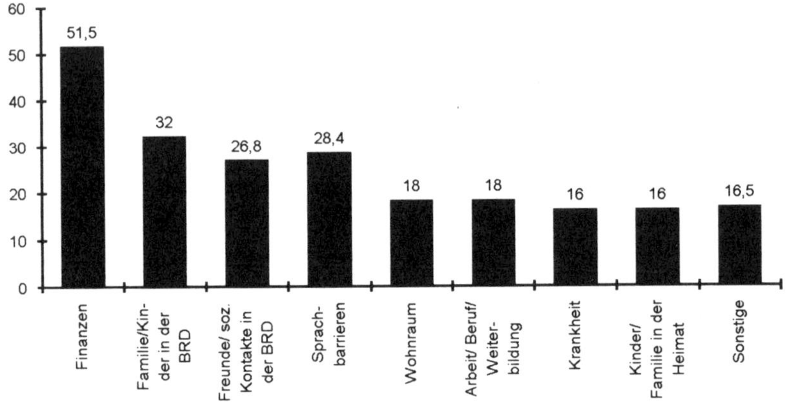

n = 194

Der Prozeß der kulturellen Integration, der einen langen Zeitraum in Anspruch nimmt und möglicherweise nie abgeschlossen wird, stellt sehr große Anforderungen an die Migrantinnen. Häufig werden sie von den Männern dabei überfordert. Diese erwarten in kürzester Zeit größte Anpassungsleistungen und sind unfähig, die Anstrengungen ihrer Frauen zu würdigen. Im Alltag machen sich die Probleme beispielsweise am Spracherwerb fest. Verständigungsprobleme kommen hinzu, die sich aus dem fremdsprachlichen Kontext entwickeln und Austausch sowie Klärungen verhindern oder erschweren. Oft stuft auch die Familie des Mannes die Leistungen der Frau als zu gering ein.

Die Frauen, die 'nicht schnell genug funktionieren' und deren kulturelle Identität von deutschen Familienangehörigen ignoriert wird, fühlen sich gekränkt und beleidigt. Viele Frauen sind national orientiert: Mit der Be-

65 194 entspricht einem Prozentsatz von 78,9 % der 246 Frauen, die einen Lebenspartner haben und Beratung im FIZ suchen. Die nun folgende Ausarbeitung von Konfliktstrukturen in den Familien geht auf Beratungserfahrungen des FIZ zurück.

leidigung ihrer Person fühlen sie ihr ganzes Land diskriminiert und mit der Kritik an ihrem Land verlieren sie persönlich an Selbstwert (vgl. Kap. IV.1.2). Gleichzeitig führen die Männer persönliche Enttäuschungen in der Beziehung gerne auf kulturelle Zusammenhänge zurück. Anstatt Beziehungsprobleme anzugehen, wird beispielsweise eine angebliche Rückständigkeit des Herkunftslandes der Frau behauptet, dessen Einwohner noch „im Busch mit Trommeln musizieren". Viele Beziehungen scheitern an dieser kulturbezogenen Abwertung der Frau. Die Migrantinnen ziehen sich von der Mehrheitsgesellschaft zurück und spalten sich Schritt für Schritt von dieser ab.

Die Migrantinnen beschreiben sehr anschaulich, welche Ängste sich in Anbetracht einer notwendig gewordenen Trennung entwickeln können[66]. In dem Ausländerinnenstatus wird das Hauptproblem gesehen, das einer Trennung entgegensteht. Er stürzt die Frauen in Unsicherheiten und erschwert den Aufbau einen neuen Lebens. Dabei ist der Zugang zu ihren Kindern, der möglicherweise gefährdet ist, zentral.

> „Manchmal habe ich keine Angst, weil ich denke, die Scheidung ist eine ganz normale Sache. Wenn man sich nicht versteht, warum soll man weiter zusammenleben? Man kann sich scheiden lassen. Ich habe nur Angst, daß ich meine Kinder nicht mehr sehen kann, weil ich eine Ausländerin bin. Wenn ich mich scheiden lasse, muß ich zurückgehen. Ich habe deshalb Angst. Aber wenn ich mich scheiden lasse und noch eine Chance habe, mit meinen Kindern hierzubleiben, dann ist es in Ordnung. Oder wenn ich keine Kinder habe, oder wenn ich keine Liebe habe, werde ich nach Thailand zurückgehen."

Die These des Machtgewinns deutscher Männer durch das Ausländerrecht bestätigt sich immer wieder. Insbesondere die Verbindung zu den Kindern, die im Gegensatz zu den Frauen Deutsche sind und das Recht haben, in der Bundesrepublik zu bleiben, bewirkt enormen Druck. Der am häufigsten genannte Grund, der bei den Frauen gegen Scheidung spricht, sind demnach die erschwerten Folgen für die Kinder, deren Lebensbedingungen sich völlig verändern würden. Auch die Frauen, die sich in Extremsituationen für Scheidung aussprechen würden, verweisen nachdrücklich auf dieses Problem.

Neben der Verunsicherung durch das Ausländerrecht sind soziale Faktoren von Bedeutung. Oft sind keine oder nur einzelne verbindliche Kontakte zu deutschen Einwohnern vorhanden. Der Trennung vom Ehemann steht eine fremdenfeindliche Umgebung und soziale Benachteiligung entgegen. Die Frauen befürchten wesentlich größere Schwierigkeiten beim Aufbau einer eigenen Existenz, als sie eine deutsche Frau hätte. Der soziale und materielle Abstieg verhindert die Trennung.

---

66 Daß diese Ängste nicht der Realität entbehren, wurde in Kap. IV. 1.3.2 dargestellt.

„Ich glaube, sie (die bi-kulturellen Paare, d.A.) leben weiter zusammen. Einfach gesagt, sie können die Probleme nicht lösen, egal ob sie zusammenleben oder nicht. Sie leben weiter zusammen, weil sie schon geheiratet haben. Oder, wenn sie an Scheidung denken, haben sie Angst, daß noch andere Schwierigkeiten dazu kommen." Frage: „Meinen Sie, die Frauen haben Angst, daß sie nicht mehr hier bleiben können?" Antwort: „Ja. Und noch eine Sache wegen der Mietwohnungen. Es kann vielleicht Schwierigkeiten danach geben, und auch wegen Lebenshaltung und Arbeit. Die Ausländer können nicht einfach eine Wohnung bekommen. Niemand wird eine Wohnung an Ausländer vermieten, das ist das große Problem. Oder, wenn es eine Wohnung gibt, ist die Miete vielleicht teuer. Man hat dann vielleicht nicht genug Geld und hat deshalb keine Wohnung. ... Falls sie nach Thailand zurückkehren, schämen sie sich doch vor anderen Leuten in Thailand. Weil sie einen Ausländer geheiratet haben. Warum kommen sie jetzt so plötzlich nach Hause und was können sie noch dort machen, Arbeit suchen?"

Als Ausdruck von massiven Spannungen in konfliktreichen Beziehungen leiden viele Frauen unter psycho-sozialen Problemen. Eine Anzahl von 34 Klientinnen des FIZ zeigte beispielsweise infolge eines Partnerschaftskonfliktes Verzweiflung, Depression und Resignation. Häufig damit verknüpft ist die Sehnsucht nach dem Zuhause und der Wunsch dorthin zurückzukehren. Eine Reaktion, die darauf verweist, daß sich nach wie vor die engsten emotionalen sowie verläßlichsten Beziehungen im Herkunftsland befinden.

Im ernsten Konfliktfall bleibt den Frauen nur wenig Handlungsspielraum. Im Gegensatz zu ihrem deutschen Mann können sie sich nicht mit existenzbedrohenden Maßnahmen wehren, denn sein rechtlicher Vorteil als Deutscher bleibt unangreifbar. Die Mehrzahl der Frauen resigniert dennoch nicht, sondern wählt eher subtile Strategien in der Auseinandersetzung. Einzelne Frauen reagieren mit Rufschädigung und versuchen, Außenstehende gegen ihn zu beeinflussen. Sie informieren Nachbarn, Arbeitskollegen und Freunde über die 'schlechten' Verhaltensweisen ihrer Männer und bewirken manchmal durch den sozialen Druck eine Verhaltensänderung.

Im akuten Beziehungsstreit suchen die Frauen in erster Linie nach Möglichkeiten, sich selbst abzusichern und umzuorientieren. Deshalb gehören Spracherwerb, Arbeitsplatzsuche und Aufenthaltsverfestigung zu den ersten strategischen Schritten, während Maßnahmen, die gegen die Männer selbst gerichtet sind, eine eher untergeordnete Rolle spielen.

Vereinzelt stellen sich die Frauen jedoch auch selbst als aggressiv dar. Drei Befragte sprechen von gewalttätigen Handlungen in Konfliktsituationen im Alltag, mit denen sie sich jeweils selbst durchzusetzen suchen[67]. Dies ereignet sich möglicherweise dann, wenn sich die Betreffenden in die Enge getrieben fühlen und aus einer affektiven Reaktion heraus gewalttätig handeln. Gemeinsam haben diese Frauen, die auch aggressiv handeln, einen gefestigten Aufenthaltsstatus und Kinder mit dem Ehemann[68], so daß sie

67 Eine Frau gab an, selbst gewalttätig zu sein, während der Mann nur reagiere, und zwei Frauen gaben an, daß man sich manchmal gegenseitig schlage.

68 Jedoch lassen sich die Frauen keinem bestimmten Motivationstyp zuordnen.

sich eine kompromißlose Auseinandersetzung 'leisten' können. Ihre Lebenssituationen sind jedoch völlig unterschiedlich. Zwei der drei Frauen leben in sexuell unzufriedenstellenden Beziehungen, wobei eine der Frauen, die auch mit dem Verantwortungsverhalten des Mannes unzufrieden ist, an Scheidung denkt[69].

Die Erfahrungen des FIZ verweisen andererseits auf einen wesentlich höheren Anteil an gewalttätigen Handlungen bei den Männern als bei den Frauen. 86 Männer und 33 Frauen waren im Untersuchungszeitraum gewalttätig. Zum Teil sind diese Auseinandersetzungen für die Frauen derart bedrohlich, daß sie die Polizei rufen, um ihre Position zu stärken oder sich zu schützen (28 Fälle). Möglicherweise weist der große Anteil gewalttätiger Handlungen darauf hin, daß mit einer bestimmten Schärfe der Auseinandersetzung - die letztendlich zu Trennungsüberlegungen und zur Beratungsstelle führt - körperliche Gewalt häufiger auftritt.

Nach Erkenntnissen der Beratungsstelle spielt sexualisierte Gewalt innerhalb der Ehen keine übergeordnete Rolle[70]. Allerdings fühlen sich einige Klientinnen aufgrund ihrer ehemaligen Tätigkeit in der Prostitution diskriminiert, oder als Frau nicht ernst genommen[71]. Diese Männer beschimpfen ihre Frauen als Prostituierte und verhalten sich ihnen gegenüber respektlos. Andere fallen auf das Klischee der 'exotischen Hure' herein und verdächtigen ihre Frau, eine Prostituierte gewesen zu sein.

Aufgrund der sozialen, rechtlichen sowie ökonomischen Benachteiligung der Migrantinnen überrascht nicht, daß sich die Mehrheit im Beziehungsstreit kompromißbereit verhält und die Zuspitzung von Problemen zu verhindern sucht. Viele Frauen sind grundsätzlich gegen Scheidung eingestellt und gewillt, den gemeinsamen Lebensweg mit dem Ehemann trotz großer Probleme zu gehen. So konnte sich nur gut die Hälfte der Befragten, die von Beziehungsproblemen sprachen, bei Verschlechterung der Partnerschaft überhaupt eine Trennung vorstellen[72]. Dabei zogen zwei der Befragten bereits einen Schlußstrich unter die Beziehung, sie leben in Trennung, bzw. sind bereits geschieden. In einem Fall war es zu Gewalttätigkeiten des Ehemannes gekommen. In dem zweiten Fall hatte sich - wie bereits erwähnt - aus der Liebesbeziehung ein asexuelles Vater-Tochter Verhältnis entwikkelt, das die Frau nicht weiter aufrechterhalten wollte.

69 Eine Frau ging eine Liebesheirat ein, die zweite wurde über eine Heiratsagentur vermittelt und die dritte lernte ihren Ehemann durch Freunde kennen.

70 Das kann jedoch auch daran liegen, daß Sexualität nur selten Thema in Beratungsgesprächen ist.

71 15 Frauen nennen diesen Punkt. Da Frauen über diese Form der Erwerbstätigkeit in der Heimat und über die Auswirkungen in der Beziehung nur zögerlich reden, können wir davon ausgehen, daß die realen Zahlen weit höher liegen.

72 Sieben von zwölf Frauen.

Nur eine der 20 thailändischen Befragten bezeichnet sich selbst als glücklich in ihrer Ehe. Sie orientiert sich an partnerschaftlichen Handlungsmotivationen und beschreibt ein recht problemloses und verständnisvolles Leben im Familien- und Freundeskreis. Die beiden anderen Frauen, die dieser Motivationsorientierung angehören und mit ihrem Mann zusammenleben, sind sich ihrer Probleme in der Beziehung deutlich bewußt und streben deren Überwindung an. Viele Frauen haben sich jedoch ein harmonisierendes Erklärungsmuster für den Umgang mit Problemen und das weitere Zusammenleben mit dem (Ehe-)Mann zurechtgelegt. Meist orientieren sie sich an der Versorgungsmotivation, wobei die finanzielle Sicherheit große Probleme zu kompensieren scheint (vgl. Kap. IV.1.1). Eine Frau hebt besonders positiv hervor, daß sie es nicht nötig hat, erwerbstätig zu sein.

> „... Zum Beispiel bei dem jetzigen Mann fehlt etwas (er ist impotent, d.A.). Wir müssen dann denken, er ist doch sehr nett zu uns. Was ich haben will, kauft er mir. Er ist gut zu meinen Kindern, er sorgt für sie. Er sorgt für alles, für das Studium usw. Ich halte es deshalb aus und bleibe bei ihm. Er ist gut zu mir. Er hat mir noch nie weh getan, außer dem, was ich erzählt habe[73]. Es gibt nicht mehr als das. Ich kann schon sagen, daß er besser als die anderen ist. Ist das nicht wahr, manche Frauen hier müssen arbeiten und für sich sorgen, so etwas gibt es doch, oder? Ich glaube, nachdem ich andere Leute gesehen habe, ich habe es besser als die anderen. Besser als viele Familien. Es muß ja sehr schlimm sein, damit die Scheidung so kommen kann.“

Die Frauen vermeiden Reibungspunkte in den Ehen und nehmen gleichzeitig viele Probleme hin. Ihre resignativen Beziehungsstrategien unter den Stichpunkten 'Ignoranz und Durchhalten' räumen den Männern einen großen Handlungsfreiraum ein. Diese müssen die Konsequenzen einer Trennung, auch bei gravierenden Problemen, nicht unbedingt fürchten[74]. Die Frauen verfahren zweckrational und setzen ihre eigene Priorität:

> „Es ist besser, wenn man zusammenlebt und dann ein bißchen nachgibt. Man soll halt nicht immer gleich wütend werden. Ich glaube, man kann so also glücklicher werden. Ich glaube, ich lebe hier für Geld. Ob ich Geld verdiene, oder Freunde habe, ich muß Rücksicht auf ihn (meinen Mann, d.A.) nehmen. Es ist hier seine Heimat.“

In einem Fall führt die Frau nach eigenen Angaben die Beziehung aus Mitleid weiter. In ihrer Ehe war Liebe noch nie ein Motiv. Ihr Aufenthalt ist gefestigt, und sie geht einer eigenständigen Erwerbsarbeit nach.

> „Ich meine, wenn wir keine Probleme haben und uns gut verstehen, will ich mich nicht scheiden lassen, obwohl wir uns früher nicht geliebt haben. Aber als ich seine Probleme sah, habe ich Mitleid mit ihm bekommen.“

---

73 Damit meint sie die sexuelle Abstinenz und daß sie oft alleine ist.

74 Möglicherweise ist die Scheidungsbereitschaft bei ausländischen Frauen, die mit deutschen Männern verheiratet sind, generell niedrig. Darauf verweisen die Statistiken, die die Scheidungsrate bei den Ehen zwischen deutschen Männern und ausländischen Frauen im Jahr 1991 mit 2,4 % angeben und im Jahr 1992 mit 2,5 %. In den gleichen Zeiträumen liegt die Scheidungsquote bei den Ehen zwischen ausländischen Männern und deutschen Frauen jeweils bei 5,7 % (vgl. IAF-Informationen 2/94).

Eine andere Frau sieht keine Alternative zu ihrer jetzigen Beziehung. Sie würde sich im Falle der Trennung auch nicht mehr auf eine neue Ehe einlassen wollen. Das Vertrauen auf einen besseren Ehemann ist ihr abhanden gekommen.

> „Nachdem sie (meine Freundinnen, d.A.) sich haben scheiden lassen, haben sie neue Männer, die nicht ihre Männer sind. Sie sind noch schlimmer. ... Ich habe diesen Mann geheiratet wegen Geld und weil er mir versprochen hat, daß er für meine Familie sorgen wird. ... Wenn ich mich von meinem Mann trenne, werde ich nicht nach Hause gehen, sondern hier arbeiten. Aber ich würde nicht noch einmal heiraten, sondern nur einen Partner haben."

Die Heiratsmigrantinnen handeln pragmatisch; wunsch- und auch projektionsbezogenes Verhalten ist in ihrem Leben zurückgedrängt. Sie arrangieren sich primär mit Bedingungen und Grenzen, die sie berücksichtigen müssen und binden diese bewußt in ihr Leben ein. Ihre Lebensstrategie - die Migration und Ehe - mag ein kompromissbereites Verhalten geradezu erzwingen. Weil keine Träume und Wünsche mehr zugelassen werden, engen die Frauen aber gleichzeitig ein Potential an persönlichen Entwicklungen ein, die ihrer individuellen Biographie möglicherweise doch noch offengestanden hätten.

2. Erwerbsarbeit

Der Ideologie der 'Hausfrau aus der Dritten Welt' - der Frau, die noch ihrer naturgegebenen Vorsehung nachkommt - tritt eine hohe Erwerbstätigenquote bei den Migrantinnen entgegen. Ein großer Anteil der Migrantinnen, ob verheiratet oder nicht, ist in der Bundesrepublik erwerbstätig. Bei der Beratungsstelle sind es weit mehr als die Hälfte der Klientinnen, nämlich 60,1%. Jedoch arbeiten die meisten Frauen in Arbeitsbereichen, die schlecht und unterbezahlt sind[75] und denen kein großer gesellschaftlicher Wert, im Sinne einer qualifizierten Berufsarbeit, beigemessen wird. Knapp zwei Drittel arbeiten als Dienstbotinnen in Haus und Familie, als Putzfrauen und Küchenhilfen oder am Fließband in der Industrie.

75 Frauen mit finanziellen Problemen führen diese in 13,2 % der Fälle auf die besonders schlechte Bezahlung ihrer Erwerbstätigkeit zurück. Diese subjektive Erkenntnis drückt in der Tat die Erwerbs- und Einkommensverhältnisse vieler Migrantinnen aus, deren Verdienst nicht hinreicht.

Erwerbsarbeit in der BRD in %
(MFN)

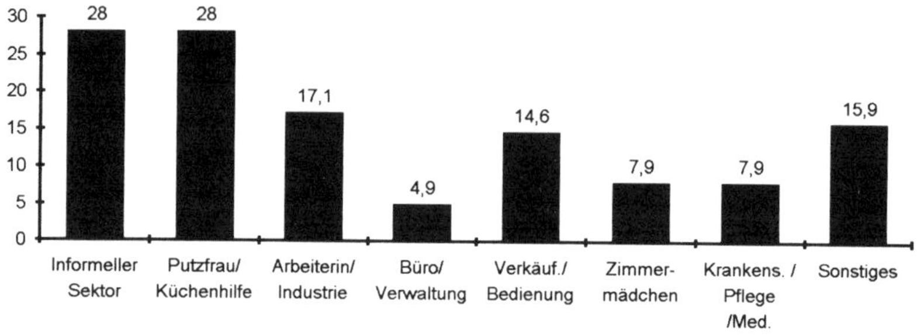

n = 164

Die Arbeitsverhältnisse der Frauen sind zudem weitgehend ungeschützt: 22,0 % der Frauen stehen in einem Aushilfsbeschäftigungsverhältnis, das keinerlei sozialversicherungsrechtliche Absicherung bietet. Jede vierte Frau arbeitet bezahlt in ungeschützten Arbeitsverhältnissen im informellen Sektor des 'Reproduktionsbereiches'. Darunter haben wir die Erwerbsarbeit in der Prostitution, aber auch im privaten Haushalt, mit oder ohne Aufenthaltserlaubnis, zusammengefaßt. Filipinas sind besonders häufig als Dienstbotinnen im privaten Haushalt tätig.

Informelle Erwerbstätigkeit in der BRD in %
(MFN)

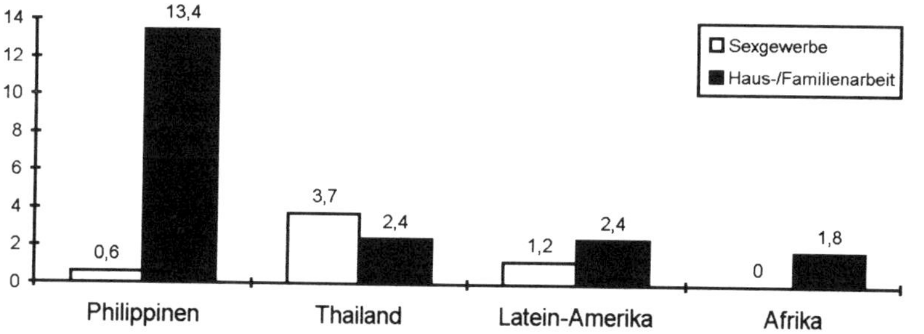

n = 46

Migration wertet berufliche Qualifikation ab, wenn Zertifikate und Abschlüsse in dem Aufnahmeland nicht anerkannt werden. Migrantinnen, die eine Berufsausbildung im Herkunftsland absolviert haben, können diese meist nicht für ihre Erwerbsarbeit in der Bundesrepublik nutzen. Bei einigen Frauen zeichnet sich auch deshalb ein Abstieg in ihrer Berufslaufbahn ab[76].

Bei den philippinischen Frauen, die im Vergleich die beste Schul- und Berufsbildung nachweisen können, wird der berufliche Abstieg besonders deutlich. Frauen mit einer Ausbildung als Krankenschwester haben noch die größten Chancen, auch in der Bundesrepublik einer Arbeit - zumindest im Umfeld ihres Berufs - nachgehen zu können. Frauen mit Büro- und Verwaltungsberufen haben bereits wesentlich geringere Möglichkeiten, einen ähnlichen Arbeitsplatz in der Bundesrepublik zu finden; sie teilen sich zusammen mit Frauen aus anderen Berufsfeldern die eher minder qualifizierten und schlecht bezahlten Tätigkeiten in der Industrie, in der Gastronomie und in den Privathaushalten[77]. Die folgende Tabelle erläutert diesen Zusammenhang beispielhaft mit dem beruflichen Werdegang von 34 philippinischen Frauen, die eine Berufsausbildung im Heimatland absolviert hatten.

Berufsausbildung philippinischer Frauen

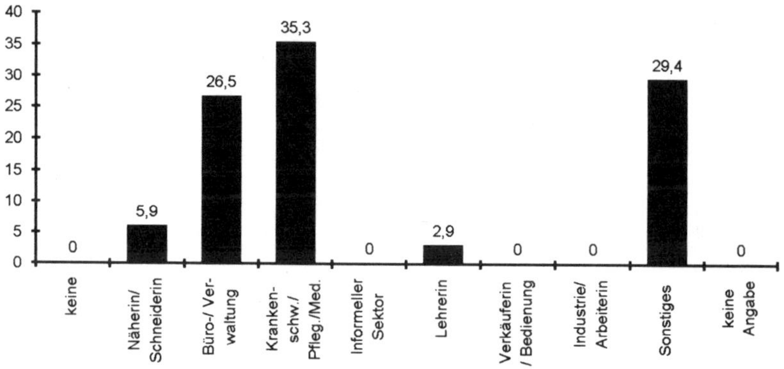

n = 34

76 Auch im Weltbevölkerungsbericht von 1993 wird festgestellt, daß die Arbeit für Migrantinnen durch niedrigste Löhne, schlechteste Absicherung und geringstes soziales Ansehen gekennzeichnet ist, wobei sich die gut qualifizierten Migrantinnen auf ähnlich schlechten Arbeitsplätzen wie ungelernte Migrantinnen wiederfinden. (Deutsche Gesellschaft für die Vereinten Nationen e.V. (DGVN) 1993: 26).

77 Kategorien unter 'Sonstiges' in den drei folgenden Tabellen:
   a) Berufsausbildung philippinischer Frauen: Fremdsprachenkorrespondentin, Informatikerin, Diätassistentin, Sozialarbeiterin, Sekretärin, Musikerin, Agraringenieurin, Chemieingenieurin, Tierärztin;
   b) Erwerbstätigkeit in der Heimat: Sozialarbeiterin, Musikerin, Ingenieurin, Chemieingenieurin.

Erwerbstätigkeit in der Heimat
- philippinische Frauen -
(MFN)

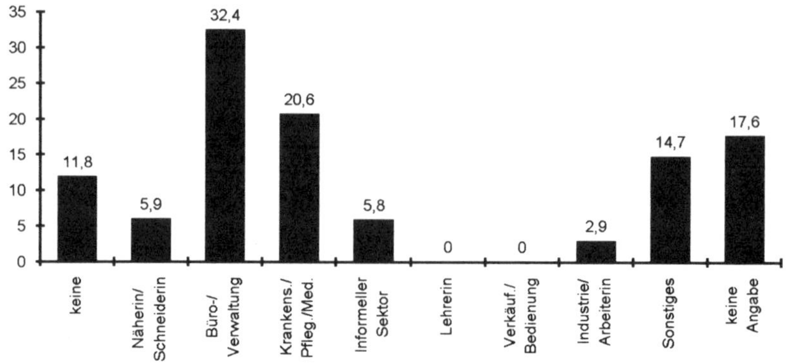

n = 34

Erwerbstätigkeit in der BRD
- philippinische Frauen -
(MFN)

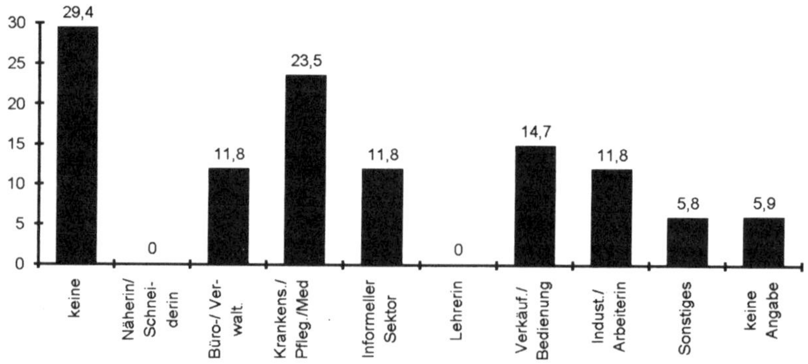

n = 34

Halten wir die schlechten Arbeitsmarktbedingungen für Migrantinnen im Blick, dann kann die große Anzahl der Frauen, die auf Hilfe in Ausbildungs-, Berufs- und Erwerbsfragen zurückgreift, nicht überraschen. So wollten 41,2 % der Klientinnen des FIZ in diesem Zusammenhang professionelle Unterstützung erhalten. In erster Linie suchen die Frauen Arbeitsplätze[78], oder wollen die Arbeitsstelle wechseln. Da mit einer guten Ausbildung nicht gleich die Chance auf einen guten Arbeitsplatz gegeben ist, bringen nur wenige Frauen den Wunsch nach einer beruflichen Weiter- und Fortbildung vor[79].

Es existieren kaum wissenschaftliche Erhebungen zu den Arbeitsbedingungen der Migrantinnen, unserer Zielgruppe in der Bundesrepublik. Die wenigen Materialien zum Thema Frauenerwerbsarbeit berichten über die Situation von Migrantinnen aus den früheren Anwerberländern. Erste Erkenntnisse zur legalen Erwerbsarbeit zeigen Probleme am Arbeitsplatz, die den Schwierigkeiten von Arbeitsmigrantinnen aus den ehemaligen Anwerberstaaten ähnlich sind[80]. Selten befassen sich auch wissenschaftliche Arbeiten auf empirischer Basis mit den Arbeits- und Lebensbedingungen von Migrantinnen in der Prostitution[81]. Wird die Situation dieser Frauen thematisiert, so meist aus strafrechtlicher oder auch ausländerrechtlicher Perspektive. Meist erhielten die Verfasser über Dritte - durch Beraterinnen oder die Polizei - Einblick.

Wir wollen mit Hilfe unserer Befragung die konkreten Arbeitsbedingungen, in denen sich die Frauen befinden, genauer beleuchten und veranschaulichen. Dabei werden ihre Tätigkeiten drei Kategorien zugeordnet. Zum einen wird unterschieden zwischen a) legalen und b) illegalen Arbeitsverhältnissen, da in der Regel nicht-legale Arbeitsverhältnisse - auch bei gleicher Tätigkeit - stärker an den Interessen der 'Arbeitgeber' ausgerichtet, also ausbeuterischer gestaltet sind. Als weiteren Befragungsmodus im Arbeitsbereich wurde c) die Kategorie der Sexarbeiterinnen eingeführt. Sie können sich legal oder illegal in der Bundesrepublik aufhalten. Ihre Arbeitssituation ist dennoch immer eine außergewöhnliche.

Zugunsten der Dokumentation und Analyse von illegaler Erwerbsarbeit und von Erwerbsarbeit im Sexgewerbe wurde die Darstellung von legalen Arbeitsbedingungen in Dienstleistung und Produktion in diesem Bericht ausgespart. Wir konzentrieren uns damit auf Arbeitsverhältnisse, die strukturell bedingt besonders von Ausbeutung und Gewalt geprägt sind.

---

78 Häufig ist dazu der Erwerb der Arbeitserlaubnis der erste notwendige Schritt, den die Beratungsstelle einleitet.

79 Außerdem ist das Interesse der Frauen an beruflichen Qualifizierungsmaßnahmen durch die hohen Anforderungen an deutschen Sprachkenntnisse gedämpft.

80 In der Regel handelt es sich um niedrig entlohnte Erwerbsarbeit mit geringen beruflichen Qualifikationsmerkmalen ohne Aufstiegschancen. Die Frauen klagen über Monotonie, Vereinsamung, Unsicherheiten, weil sie die deutsche Sprache nicht verstehen und vieles mehr. Vgl. zur Belastung in der Erwerbsarbeit von ausländischen Frauen aus den ehemaligen Anwerberstaaten: Ministerium für Arbeit, Gesundheit und Soziales des Landes Nordrhein-Westfalen 1992: 54ff.

81 Ausnahmen stellen die Studien von Skrobanek 1983, Sereewat 1983 und Henning 21.11.1995, dar.

Wir konnten einen genauen Einblick in die Lebens- und Arbeitsbedingungen philippinischer Frauen gewinnen, die sich ohne Aufenthalts- und Arbeitsrechte in der Bundesrepublik aufhalten. Diese schilderten eindrucksvoll, wie sie ihr Leben organisieren, welche Probleme sie haben und welche Ziele sie längerfristig verfolgen. Im Sexgewerbe konnten als Gesprächspartnerinnen relativ 'frei' arbeitende Prostituierte aus Lateinamerika und der Karibik interviewt werden. Die Auswahl dieser Gruppen für die Analyse wurde nach den Zugangsbedingungen und damit nach dem Aussagewert der Interviews getroffen. Es werden keine Aussagen über die Präsenz der jeweiligen Gruppe in den einzelnen Arbeitsfeldern gemacht. Die Darstellung von Zwangsprostitution geht vornehmlich auf eine exemplarische Einzelfallauswertung - Menschenhandel, der zur Strafverfolgung und zur Bestrafung führte - zurück.

2.1 Dienstbotinnen ohne Aufenthaltsrecht

Die Anzahl der Migrantinnen, die ohne Aufenthalts- und Arbeitsrechte in der Bundesrepublik leben und arbeiten, ist unbekannt. Eine Schätzung von 1988 sprach von 12.000 philippinischen Frauen (agisra 1990: 153), aktuellere Hinweise zur Dunkelziffer sind nicht bekannt.

Die Frauen, die sich ohne legale Aufenthalts- und Arbeitserlaubnis in der Bundesrepublik aufhalten, sind mit einer spezifischen Ausbeutungssituationen konfrontiert. Ihr Status leitet sich im wesentlichen von ihrer völligen 'Rechtlosigkeit' ab. Wegen ihres illegalen Aufenthaltsstatus stehen den Frauen keine Rechtsmittel zur Verfügung, um sich gegen ausbeuterische Arbeitsverhältnisse zu wehren.

Frauen ohne Aufenthaltserlaubnis leben in permanenter Angst davor, aufgegriffen und abgeschoben zu werden. Auch für die Forschungssituation war es deshalb schwer, überhaupt einen Zugang oder gar vertrauensvolle Kontakte herzustellen. Interviews kamen nur über die Vermittlung von Kontaktpersonen zustande, die einerseits gut mit den Interviewten bekannt sein mußten und die andererseits das Forschungsprojekt mit seiner Aufgabenstellung unterstützten[82]. Um möglichst vielfältige Kenntnisse über die Lebens- und Arbeitsbedingungen der Frauen zu erhalten, nahmen wir zu-

82 Viele Stuttgarter Frauen verweigerten dennoch aus Angst ein Interview, so daß auf Bonn - wo gute Kontakte hergestellt werden konnten - ausgewichen werden mußte. Aus dem Sample der 20 interviewten Filipinas hielten sich fünf Frauen ohne Aufenthaltsgenehmigung in der Bundesrepublik auf. Von diesen fünf Frauen waren wiederum drei aus Stuttgart, während zwei in Bonn lebten und arbeiteten. Zwei kamen über illegale Schlepperorganisationen und drei wurden von ihren Familienangehörigen in die Bundesrepublik geholt.

dem alle Chancen wahr, uns in informellen Treffen mit Frauen ohne legalen Aufenthalt auszutauschen[83].

Auch die Beratungsstelle FIZ wird vereinzelt von Frauen aufgesucht, die keinen legalen Aufenthaltsstatus haben. Für sie gibt es keine, nicht einmal eine kurzfristige Legalisierungsmöglichkeit. Ihre Anzahl liegt bei Beratungsabschluß kaum niedriger (bei 6,8 %) als bei Beginn (bei 7,6 %). Zudem ist die beratende Unterstützung von Migrantinnen ohne Aufenthaltsrecht für Beratungsstellen aus strafrechtlicher Sicht ein ungelöstes Problem. Die sozialen Einrichtungen bewegen sich an der Grenze der Strafbarkeit, denn nach §92, Abs.2, Nr. 2 AuslG droht eine Freiheitsstrafe bis zu drei Jahren oder eine Geldstrafe demjenigen, der einen 'Ausländer' zur unerlaubten Einreise oder des unerlaubten Aufenthaltes anstiftet oder ihm dabei Beihilfe leistet und dabei wiederholt oder zu Gunsten von mehr als fünf 'Ausländern' handelt.

Frauen ohne Bleiberecht kann auch kaum soziale und rechtliche Unterstützung geboten werden. Bei Frauen, die wegen aufenthaltsrechtlicher Vergehen zur Ausreise gezwungen sind, kann die Beratungsstelle nur versuchen, den vorgezeichneten Weg sozial verträglicher zu gestalten, beispielsweise Kontakte zu sozialen Organisationen in den Herkunftsländern herzustellen, vorübergehend eine finanzielle Unterstützung durch das Sozialamt zu erwirken oder eine Grenzübertrittsbescheinigung zu erreichen[84].

2.1.1 Viel Arbeit für wenig Anerkennung

Die Frauen sind in den Arbeitsbereichen tätig, die die geringste gesellschaftliche Anerkennung erfahren und häufig schlecht oder gar nicht bezahlt werden. In der Regel arbeiten sie als Haushaltshilfen und Putzfrauen, sie sind sowohl Kindermädchen als auch Köchin der Familie. Die Frauen, die für amerikanische Militärangehörige tätig waren, wohnten meist bei ihrem 'Arbeitgeber'. Mit dem Abzug der amerikanischen Truppen dürfte dies heute ein weniger verbreitetes System sein. Deutsche 'Arbeitgeber' bevorzugen Haushaltshilfen, die sich nach getaner Arbeit wieder entfernen, so daß die Frauen hier eigene Unterkünfte haben.

Zum Teil haben die Frauen mehrere Jobs parallel, sie reinigen Privathäuser, Kliniken, Büros und Gaststätten. Dann sind sie bis zu 17 Stunden am Tag unterwegs. Darin sind Anfahrten zum Arbeitsplatz, Arbeitszeiten und Pausen am Arbeitsplatz eingerechnet. Auch das Wochenende bleibt in der Regel von der Erwerbsarbeit nicht ausgespart.

---

83 Insgesamt wurden noch mit weiteren 20 Frauen in Bonn, Stuttgart und Frankfurt intensive Gespräche geführt. Die Erkenntnisse aus diesen Diskussionen und informellen Treffen wurden in die Analyse dieses Berichtes eingearbeitet.

84 Durch eine Grenzübertrittsbescheinigung kann eine Person, die sich unrechtmäßig, also illegal, in der Bundesrepublik aufhielt, das Land ohne entsprechenden Vermerk im Reisepaß verlassen.

„Wenn ich im Lokal arbeite, stehe ich um halb sieben auf. An einem Tag habe ich drei Putzstellen, für die ich auch Hausschlüssel habe. Aber das ist ermüdend, denn man fährt von einem Haus ins andere. Ab neun Uhr fange ich an. Bei den Häusern, von denen ich die Schlüssel habe, kann ich mir die Zeit frei einteilen. Bei den Häusern, von denen ich die Schlüssel nicht habe, muß ich zu einem vereinbarten Zeitpunkt da sein, da die Hausbesitzer auf mich warten. ... Was mich eigentlich so müde macht, ist das lange Fahren und Laufen. Ich muß viel zu Fuß gehen. Meine Füße sind sehr müde. Und kürzlich die Bügelarbeit. Besonders im Winter ist es für mich hart, weil ich der Kälte ausgesetzt bin. Drei Stunden lang bügele ich. Bei den anderen Häusern gibt es auch bestimmt Bügelarbeit. Und dann wechselt man in das andere Haus, um wieder zu putzen. Daher schmerzt mein Körper und ich spüre jetzt meine Venen. ... Ich putze dreizehn Häuser in der Woche."

Die meisten Frauen sehen in ihrer Erwerbsarbeit in der Bundesrepublik einen vorübergehenden Job. Aufgrund ihrer ausländerrechtlichen Situation müssen sie jederzeit mit einer Ausweisung rechnen. Dennoch sind viele über Jahre hinweg illegal in dieser unqualifizierten Arbeit tätig.

Die Mehrheit der interviewten Frauen sowie auch viele der Gesprächspartnerinnen hatten im Heimatland eine gute Berufsausbildung absolviert[85]. Heute sind sie beruflich völlig unterfordert. Einige Frauen haben das Gefühl zu 'verdummen'; je länger sie Häuser, Toiletten und Bäder saubermachen, desto mehr verschlechtern sich ihre wirklichen beruflichen Fähigkeiten[86].

Der geringe geistige Anspruch der Arbeit und der niedrige gesellschaftliche Status, den die Arbeit der Frauen einnimmt, führt teilweise zum Verlust von Selbstachtung. Dies ist besonders dann der Fall, wenn die Frauen in ihrem Heimatland gut ausgebildet wurden, möglicherweise auch noch relativ qualifizierte Positionen innehatten, während sie jetzt als Putzfrau oder Babysitter tätig sind. Die Fähigkeit zu eigenverantwortlichem Arbeiten wird bei ihnen unterdrückt. Kreativität und Eigeninitiative sind in ihrem jetzigen Job nicht mehr gefragt.

Illegale Dienstbotinnen, die bei der Familie wohnen, verlassen die Wohnung selten alleine. Dies gilt vor allem für verschuldete Frauen, die noch ihrem 'Arbeitgeber' oder ihrer Schlepperorganisation Geld schulden. Diese Frauen sind noch abhängiger. Sie besitzen häufig keinerlei Bargeld, können weder öffentliche Verkehrsmittel bezahlen noch sich eine Zeitung kaufen. Eine Frau beschreibt ihren langen Arbeitstag, der aufzeigt, daß sie in ihrer Funktion als Arbeiterin in Haus und Familie kein privates Leben mehr hat und immer zur Verfügung steht.

„Ich stehe um 5.30 Uhr auf, denn mein Chef muß zur Arbeit. Erst putze und räume ich auf, dann wecke ich die Kinder und mache ihnen Frühstück. Dann werden sie gebadet und mittags muß ich wieder Essen kochen. Nachmittags gehen sie schlafen. Wenn sie wieder auf sind, spielen sie oft draußen im Garten. Um 16 Uhr koche ich wieder für das Abendessen, denn mein Chef kommt bald wieder nach Hause.

85 In vier von den fünf Interviews hatten die Frauen entweder eine Berufsschule oder eine Universität besucht. Bei den Frauen, die sich an das FIZ wandten und sich illegal aufhielten, blieb oft der berufliche Hintergrund unbekannt.

86 Einzelne Frauen klagen darüber, daß sie bestimmte Wörter nicht mehr buchstabieren können, die ihnen eigentlich geläufig sind.

Abends gehen die zwei (der Chef mit seiner Frau, d.A.) aus, und ich bleibe mit den Kindern daheim. Sie sind ungefähr um 23 Uhr wieder zu Hause. Erst um 24 Uhr, wenn die Kinder eingeschlafen sind, kann ich mich ausruhen."

Die Frauen mit mehreren Arbeitsstellen haben meist eine größere Bewegungsfreiheit, wenn sie nicht in einem der von ihnen gereinigten Haushalte leben. Auch verdienen sie in der Regel mehr Geld. Jedoch sind auch ihre 'Arbeitgeber' an Dienstleistungen interessiert, die sich automatisch und ausschließlich nur nach ihren Bedürfnissen richten. Sozial verträgliche Arbeitsbedingungen, wie sie gesetzlich geschützte Arbeitsverhältnisse regeln, sind für diese Frauen eine fremde Terminologie. Einzelne 'Arbeitgeber' können es beispielsweise nicht akzeptieren, wenn ihre Bedienstete krank ist und der geregelte Tagesablauf gestört wird.

„Ich habe Streit mit meinem Arbeitgeber gehabt. Ich war krank und war nicht zur Arbeit gegangen, und dann hat er mich erniedrigt. Mit erhobener Stimme hat er gesagt: 'Hier in Deutschland, wenn du sagst, daß du kommst, dann mußt du kommen', aber dann habe ich auch gesagt: 'Ich war krank...'. Ich weiß, daß er arbeitet. Ich mußte auch seine Wohnung putzen, weil ich weiß, er hat keine Zeit dazu. Und jetzt kümmert er sich nicht um mich, und das stört ihn überhaupt nicht. Und dann sagte er noch, daß es nicht sein Problem ist, wie ich kommen kann, wenn ich krank bin."

Ein anderes Problem ist die sexuelle Belästigung der Frauen durch 'Arbeitgeber'. Wie die informellen Gespräche mit vielen illegal hier lebenden und arbeitenden philippinischen Frauen ergaben, gehören für manche 'Arbeitgeber' sexuelle Aktivitäten zu dem Dienstleistungsverhältnis dazu, ähnlich der Dienstmädchensituation in den Städten zur Jahrhundertwende (vgl. Schulte 1984). Dabei nimmt der illegale Status der Frauen wiederum eine bedeutende Rolle ein, insofern er als Druckmittel eingesetzt wird. Die Frauen berichten, daß der 'Arbeitgeber' in der Regel mit der Polizei droht, wenn sie seiner Frau oder anderen dritten Personen von den Vorfällen berichten[87].

2.1.2 Materielle Unsicherheiten und soziale Willkür

Da keine vertraglichen Regelungen existieren, sind die Frauen vielen Unsicherheiten ausgesetzt. Oft fangen die Schwierigkeiten schon mit der Vermittlung an, die nicht funktioniert. Manche 'Arbeitgeber' verschwinden einfach. Die Frauen müssen sich dann sehr schnell und unvorbereitet auf neue 'Arbeitgeber' und Arbeitsbedingungen einstellen. Flexibel müssen sie sich an jede überraschende Veränderung anpassen können und reagieren, feste Lebensplanungen sind nur sehr eingeschränkt möglich. So berichtet eine Filipina, die durch ein Vermittlernetz eingereist war, von ihren Erfahrungen.

„Niemand kam, um mich am Flughafen abzuholen. Eine Filipina sah mich weinen. Ich erzählte ihr meine Geschichte. Sie war mit einem amerikanischen Militärange-

87 Es war kaum möglich detailliertere Informationen zu erhalten, da es die Frauen vorziehen, solche Ereignisse - soweit möglich - zu verdrängen. Sexuelle Fremdbestimmung von Dienstbotinnen im privaten Haushalt ist mittlerweile ein allgemein bekanntes Phänomen. So auch benannt in dem Weltbevölkerungsbericht (Deutsche Gesellschaft für die Vereinten Nationen e.V. (DGVN) 1993: 27).

hörigen in Mannheim verheiratet. So wurde ich nach Mannheim gebracht. Die Filipina suchte nach einem Babysitterjob für mich. Eine Woche später fand sie jemanden in den xy Kasernen. Dort blieb ich nur einen Monat. Meine Arbeitgeberin wurde aus der Armee rausgeworfen. ... Für diesen ersten Monat bekam ich überhaupt kein Geld. ... Als meine alte Arbeitgeberin ihr Auto an einen Militärangehörigen verkaufte, der mit einer Filipina verheiratet war, kam ich an meinen neuen Arbeitsplatz. Dort blieb ich ein Jahr. Nebenbei putzte ich die Wohnungen in der Nachbarschaft. Ich wohnte bei der Filipina und mußte dafür nichts bezahlen. ... Dann traf ich meinen neuen Arbeitgeber, einen amerikanischen Militärangehörigen aus Ludwigsburg, der auch mit einer Filipina verheiratet war. Dort arbeitete ich sieben Monate und bekam US-$ 250 pro Monat. Als die Familie in die Vereinigten Staaten zurückging, ging ich zu der Filipina in den xy Kaserne zurück... Dann traf ich meinen heutigen Arbeitgeber, einen amerikanischen Militärangehörigen, für den ich jetzt seit elf Monaten arbeite. Ich passe auf die Kinder auf und kümmere mich um den Haushalt. Ich bekomme US-$ 200 pro Monat."

In den Berichten der Frauen finden sich immer wieder Erzählungen über Demütigungen.

„Die Frau (also die Arbeitgeberin, d.A.) war so genau, daß selbst, wenn ich oben war (im Haus, d.A.), dann mußte ich runterkommen, um etwas sauberzumachen, was ich gerade saubergemacht hatte, wenn es für ihren Standard nicht sauber genug war. Die meiste Zeit habe ich geweint."

Illegal Beschäftigte werden häufig auch auf einer zwischenmenschlichen Ebene schlecht behandelt und erfahren keinerlei Respekt. Es fehlt ein Arbeitskontrakt, der in gewisser Weise eine gleichberechtigte Geschäftsebene herstellt - beide Beteiligte haben bestimmten Verpflichtungen, Geld gegen Arbeit, nachzukommen - und damit auch soziale Umgangsformen reguliert. Mit dieser rechtlosen Position werden die Frauen sozial untergeordnet, sie werden als Personen mißachtet, sie fühlen sich persönlich degradiert. So gibt es Beispiele, die belegen, daß Frauen manchmal hungern müssen.

„Manchmal geben sie mir überhaupt kein Essen und besonders wenn ich lange arbeite, dann gehen sie weg, und ich habe nichts zu essen."

Auch Frauen, die Kinder hüten, haben Probleme. Zum einen finden sie sich nicht leicht mit dem eher liberalen Erziehungsstil, der von ihnen gefordert wird, zurecht. Sie sind mit anderen Erziehungsvorstellungen aufgewachsen (vgl. Kap. IV.1.4.4). Zum anderen haben manche Kinder einfach keinen Respekt vor ihrer Aufsichtsperson, der 'Ausländerin', so daß sich die Mißachtung der 'Arbeitgeber' gegenüber den Frauen auf die Kinder zu übertragen scheint. In der Rolle der Minderbewerteten haben manche Frauen Angst vor den Müttern, deren Reaktionen für sie unberechenbar sind.

„Manchmal habe ich Probleme mit den Kindern, auf die ich aufpasse, weil wir ihre unterschiedlichen Charaktere nicht kennen. Zweitens wissen wir nicht, was die Mütter wollen... Deshalb ist es manchmal keine leichte Sache, auf Kinder aufzupassen. Du kannst mit den Kindern nichts machen, weil du Angst vor den Müttern hast. Dann werden z.B. die Mütter auf dich sauer, oder es gibt Verstimmungen. ... Es ist schwierig, die Kinder zu disziplinieren, besonders, wenn die Eltern davon eine andere Vorstellung haben als du. Zum Beispiel ihnen einen Klaps auf den Po zu geben. Die Kinder haben keinen Respekt vor älteren Leuten. Es gibt ein paar Kinder, die mir sagen, ich sei verrückt, wenn ich sie von etwas zurückhalten will. Babysitten ist in Deutschland schwer."

Allerdings verhindern fehlende rechtliche Grundlagen nicht einen freiwillig respektvollen Arbeitskontakt. So wurden vereinzelt Fälle bekannt, in denen die 'Arbeitgeber' ein eher freundschaftliches Verhältnis zu den Frauen aufbauten. In positiven Einzelfällen wurde auch eine fürsorgliche Haltung gegenüber Migrantinnen demonstriert.

> „Fast alle Arbeitgeber kümmern sich um mich. ... Er sorgt sich um mich und meine Familie. Er fragt immer nach mir und meiner Familie, und wenn er nach meiner Familie fragt, bin ich froh.“

Die Einnahmen der Frauen sind unsicher und schwankend. Manchmal werden sie auch nicht bezahlt und müssen mit völlig unberechenbaren Einkommensausfällen zurechtkommen. Generell erhalten die Frauen, die in dem Arbeitergeber-Haushalt wohnen, weniger Geld als die Frauen, die eine eigene Unterkunft beziehen. Der Verdienst der Frauen, die in den Haushalten wohnen, liegt bei ca. DM 320,-- bis DM 400,-- monatlich. Meist sind es die Frauen, die in den amerikanischen Stützpunkten leben und arbeiten. In deutschen Haushalten, in denen die Frauen in der Regel nicht wohnen, verdienen sie zwischen DM 600,-- und DM 1.500,-- im Monat[88].

Wohnen die Frauen nicht bei ihrem 'Arbeitgeber', so haben sie auch hohe Kosten zu tragen: Obwohl sie kleine Wohnflächen bewohnen[89], sind die Miethöhen enorm; da sie manchmal keine Kochmöglichkeit haben, müssen sie außerhalb zubereitetes Essen besorgen. Haben sie verschiedene Arbeitsstellen, dann fallen hohe Fahrtkosten an[90].

Häufig wechseln die Arbeitsplätze der Frauen, die immer darauf bedacht sind, bessere Stellen zu finden[91]. Die Frauen versuchen, das Verhältnis zwischen Arbeitseinsatz und Entgelt zu ihren Gunsten zu verändern, aber auch angenehme Arbeitsverhältnisse zu bekommen. Eine Frau, die eine Aufwärtsmobilität für sich erreichen konnte, berichtet:

> „Ich arbeitete als Haushaltshilfe in Frankfurt bei einem israelischen Paar. Aber es war sehr anstrengend. Ich arbeitete von morgens um 6 Uhr bis abends um 18 Uhr. Dafür bekam ich DM 800,-- im Monat. Ich blieb nur 2 Wochen, da ich die langen Arbeitsstunden und die Art, wie sie mich behandelten, nicht mehr ertragen konnte. Ich habe die meiste Zeit nur geweint. Danach arbeitete ich für eine philippinische Frau, die einen Deutschen geheiratet hatte. Er arbeitete in einem Altenheim. Ich war als Haushaltshilfe angestellt und kümmerte mich um die drei Kinder. Ich bekam DM 800,-- pro Monat.“

---

88 Diese Zahlen beziehen sich auf den Erhebungszeitraum, der in den Jahren 1991 und 1992 lag.

89 Beispielsweise konnte die Wissenschaftlerin Kontakt zu einer Gruppe Filipinas aufnehmen, die in einer 50 m^2 großen Wohnung mit vier bis acht Personen wohnten.

90 Geht es einer Frau schlecht, so ruft sie auch manchmal schnell Familienangehörige in der Heimat an. Telefongebühren stellen bei vielen philippinischen Frauen eine hohe Ausgabe im Finanzetat dar, manchmal sind zusätzliche monatliche Kosten von DM 400,-- und DM 600,-- zu tragen.

91 Neue 'Arbeitgeber' werden von den Frauen in der Regel nicht selbst ausgesucht. Die Frauen werden vermittelt über andere befreundete Filipinas, oder der eigene 'Arbeitgeber' empfiehlt sie weiter.

2.1.3 Schlechte gesundheitliche Verfassung

Die Frauen leisten oft harte körperliche Arbeit, und sie leben unter einem enormen psychischen Druck. Die kontinuierlichen körperlichen Anstrengungen verursachen verschiedene Beschwerden. So klagen die Befragten über geschwollene Hand- und Fußgelenke, taube Körperteile und Rückenschmerzen. Die permanente Angst vor Entdeckung, hohe Anforderungen am Arbeitsplatz, auch die Einsamkeit und das Wetter lassen die Frauen depressiv werden.

Das Krankheitsrisiko liegt damit ziemlich hoch, gleichzeitig ist es eine der größten Sorgen der Frauen, zu erkranken. Sie können sich Krankheit nicht leisten. Da sie keine Aufenthaltserlaubnis besitzen, haben sie auch keine Krankenversicherung und müssen alle ärztlichen Kosten selbst tragen. Außerdem verlieren sie ihr Einkommen, wenn sie wegen Krankheit arbeitsunfähig sind. Um Geld zu sparen, versorgen sie sich, wenn möglich, bei Krankheit selbst. Häufig nehmen sie Medikamente nach eigener Wahl, ohne von einem Arzt untersucht worden zu sein.

> „Ich nehme einfach Medizin ein. Ich bin auch nicht ganz krank, so daß ich einen Arzt bräuchte. Mit der Hilfe von Medizin geht es."

Da ärztliche Behandlungen und Medikamente sehr teuer sind, ignorieren die Frauen oft so lange eine Krankheit, bis die Symptome für sie nicht mehr zu ertragen sind. Wenn sie unbedingt ärztliche Hilfe benötigen, versuchen sie über andere freundschaftliche Kontakte eine günstigere oder gar kostenlose Behandlung zu erhalten. Aber nur wenige Frauen besitzen dieses Privileg, auf solche Beziehungen zurückgreifen zu können. Die meisten Filipinas bezahlen für ihre Verhältnisse ein kleines Vermögen, wenn sie einen Arzt konsultieren. Manchmal müssen sie ihr ganzes erspartes Geld dafür ausgeben. Soweit möglich, werden Kompromisse auf Kosten der Gesundheit gemacht.

> „Ich gebe DM 200,-- pro Behandlung aus. (Ich bezahle, d.A.) DM 10,-- bis DM 80,-- für Medikamente. Wenn ich ein Rezept bekomme, dann kaufe ich nicht alles, nur ein wenig davon, und dann will ich erstmal ausprobieren. Ich kaufe nicht die ganzen Medikamente. Sie sind teuer ..."

2.1.4 Für die Gesellschaft unsichtbar

Die Überlebensstrategie der Frauen erfordert ein möglichst 'unauffälliges' Verhalten, damit werden sie für die Gesellschaft, in der sie leben, unsichtbar. Schon von den Verwandten, Freunden und Schleppern werden sie darauf aufmerksam gemacht, daß sie sich aus Sicherheitsgründen möglichst unauffällig verhalten sollen. Bei den Frauen, die in den Familien ihrer Arbeitgeber leben, bedeutet dies beispielsweise, möglichst wenig Kontakt nach 'außen' aufzunehmen. Haben sie jedoch eine eigene Unterkunft, so sollen sie sich in der Wohnung 'ruhig' verhalten. Es werden Tips gegeben, keinen

Besuch zu empfangen, keinen Lärm zu machen, wenig elektrisches Licht und möglichst selten die Toilettenspülung zu benutzen[92].

Ein verstärktes Vorgehen der Polizei in der Bundesrepublik gegen Personen ohne Aufenthalts- und Arbeitserlaubnis verstärkt die Anspannung im Alltag der Frauen. Angst ist für sie zu einem Dauerzustand geworden. Um nicht aufzufallen, versuchen sie, sich selbst peinlich genau zu kontrollieren, wenn sie sich in der Öffentlichkeit aufhalten. Alle Gesetze und Regeln werden befolgt. Zum Beispiel werden öffentliche Verkehrsmittel nie ohne Tikket benutzt, und die Frauen wagen es nicht, die Straße bei einer roten Ampel zu überqueren. Nachts gehen sie nicht aus und sie benutzen nur Arbeitswege, die ihnen sicher scheinen.

Das Netz der informellen Kontakte zwischen den Frauen ist dicht. Die meisten Gesprächspartnerinnen kennen Filipinas, die abgeschoben wurden. Sie wissen, welche 'Strapazen' diese Frauen durchgemacht haben und stellen sich selbst innerlich darauf ein, jederzeit in eine ähnliche Situation geraten zu können. Manche Frauen sind für eine eventuelle Verhaftung ausgerüstet. Da sie nicht ins Gefängnis kommen möchten, haben sie immer ein Rückflugticket dabei.

> „Ich habe ein Open-Ticket (ein Rückflugticket auf die Philippinen ohne festen Flugtermin, d.A.), damit ich nicht ins Gefängnis muß. Man sagt, wenn man ein Open-Ticket hat, gehst du schnell nach Hause. Aber wenn du kein Open-Ticket hast, gehst du erstmal ins Gefängnis."

Die Gesellschaft registriert diese Frauen nur latent, solange sie funktionieren und nicht öffentlich auffallen, denn sie leisten kostengünstige Arbeit und tragen damit zum Wohlstand in der Bundesrepublik bei. Erst wenn die Frauen zum Kostenfaktor werden oder öffentlich auffallen, werden staatliche Maßnahmen ergriffen. Diese greifen dann aber auch gleich sanktionierend in das Leben der Migrantinnen ein[93].

2.1.5 Soziale Bedürfnisse aufschieben

Die Befragten waren kaum bereit, über ihr privates Leben, ihre Gefühle und ihre psycho-soziale Situation zu reden, sie reagierten meist ablehnend auf solche Fragen. Deutlich benannten sie demgegenüber den Sinn ihres Aufenthaltes, auf den sich ihr gesamtes Leben konzentriert. Eine Standardantwort, die die Dominanz von Vernunftsgründen präzisiert, lautete:

> „Ich bin hier, um Geld zu verdienen und nicht, um mich zu amüsieren."

---

92 Die beiden letzten Punkte sind für die Migrantinnen von Bedeutung, die mit vielen gemeinsam kleine Unterkünfte belegen. Die Nachbarn sollen wegen der großen Anzahl der Bewohnerinnen keinen Verdacht schöpfen.

93 Auf internationaler Ebene gibt es lange schon Diskussionen und Empfehlungen, die auf die Entwicklung von 'Internationalen Arbeitsstandards', gerade auch zum Schutz von illegalen ArbeitsmigrantInnen, abzielen (vgl. hierzu auch International Labour Office Februar 1996).

Die Frauen bewerten ihr Handeln auch nicht als kriminell, denn sie gehen eine klassische Geschäftsbeziehung ein. In ihren Augen werden sie von den 'Arbeitgebern' gebraucht, und sie arbeiten hart für das erwirtschaftete Geld.

> „Ich denke, wenn sie mich erwischen, zufällig erwischen, werde ich mich nicht schämen, weil ich nichts Schlimmes tue. Ich arbeite hart für das Geld. Mein Kapital ist mein Körper, mein Leben, und daher werde ich mich nicht dafür schämen. Ich werde erklären, daß, wenn ich hier Hilfe kriege (d.h. Geld bekomme, d.A.) ist es nur deshalb, weil ich den Leuten hier auch helfe. Das ist auch kein Witz. Man kommt hierher und verläßt seine Familie... „.

Während der gemeinsamen Gespräche war an vielen Randbemerkungen erkennbar, daß die 'zweckrationale Haltung' - *Ich bin nur hier um Geld zu verdienen* - als eigene Überlebensstrategie eingesetzt wird. Viele Frauen leiden unter ihrer Lebenssituation, wollen es aber vor sich selbst und vor anderen nicht eingestehen. Die Wünsche nach Dingen und Beziehungen, die ihnen fehlen, werden verdrängt. Die Realisierung eigener sozialer und emotionaler Bedürfnisse wird auf einen späteren Zeitpunkt verschoben.

Solange sich die Frauen ohne Aufenthaltserlaubnis und mit dem Zwang des Geldverdienens in der Bundesrepublik aufhalten, läßt sich ihre objektive Situation, die soziale Beziehungen und Freizeitarrangements reglementiert, nicht verändern. Das persönliche Engagement der Frauen bezieht sich fast vollständig auf ihre Erwerbsarbeit, jegliches soziale Leben und das Auftreten in der Öffentlichkeit erhöht die Gefahr, entdeckt zu werden.

Gleichwohl werden Beziehungen zu Landsfrauen, die in einer ähnlichen aufenthaltsrechtlichen Situation sind, gepflegt. Diese informellen Netze sind von großer Bedeutung, sie geben soziale Sicherheit. Gewissermaßen werden darin auch Leistungen kompensiert, die ihnen die Gesellschaft versagt. Die Frauen fühlen sich in den Migrantinnennetzwerken nicht als 'Illegale' degradiert. Sie werden für ihre kleinen wirtschaftlichen Erfolge sogar anerkannt, während ihnen keine gesellschaftliche Anerkennung für ihre Leistungen zukommt. Und noch wichtiger: Sie bekommen in den Landsfrauennetzen die moralische und manchmal auch eine materielle Unterstützung. Sie können sich Geld leihen, wenn sie finanzielle Probleme haben. Manche Frauen stellen Essen und Unterkunft zur Verfügung, wenn eine Frau für kurze Zeit keine Arbeit hat. Auch kümmern sie sich um Frauen, die erkrankt sind. Schließlich können diese informellen Netzen auch als Arbeitsvermittlung funktionieren, wenn darüber Kontakte zu neuen oder auch besseren 'Arbeitgebern' hergestellt werden.

Zwischen den Gruppen mit und ohne Aufenthaltsrecht gibt es auch soziale Kontakte. Frauen, die sich legal in der Bundesrepublik aufhalten, kümmern sich darum, wenn Frauen verhaftet werden. Die philippinischen Frauen können sich meist auf ihre Verwandten und Freunde verlassen, wenn sie abgeschoben werden. Diese solidarischen, freundschaftlichen und verwandtschaftlichen Kontakte lassen sich jedoch nicht auf eine solidarische

Grundhaltung unter allen Landsfrauen erweitern. Kontakte zu Landsfrauen können auch gefährlich sein. Frauen verraten gelegentlich andere, die sich illegal in der Bundesrepublik aufhalten, und bewirken damit deren Festnahme und Ausweisung.

Diesem Phänomen und seinen Hintergründen konnte in dieser Untersuchung nicht nachgegangen werden. Eigene Beobachtungen und vereinzelte Informationen weisen jedoch auf Motive hin, die auf Enttäuschung und Wut infolge von persönlichen Konflikten zurückzuführen sind. Dies würde bedeuten, daß ungelöste persönliche Kontroversen nicht in direkter Diskussion ausgetragen und gelöst werden. Der emotionale Stau führte dann zu einer affektiven und aggressiven Handlung gegenüber der betreffenden Person, die auf eine staatliche Autorität übertragen wird (vgl. Marcelino 1990: 37).

Mit Gewißheit führt diese Situation jedoch zu einem sehr vorsichtigen Umgang mit Landsfrauen, gleich ob sie sich legal oder illegal aufhalten. Die Migrantinnen ohne Aufenthaltsrecht müssen sich aus existenziellen Gründen ihrer Kontakte sicher sein. Eine Interviewte erläutert ihre Strategie.

> „...man mischt sich nicht mit jedem Filipino. Man geht einfach nicht mit jedem Kindermädchen, ... , nur die Landsleute, die Filipinas, werden dich in Gefahr bringen. ... Es reicht mir, wenn ich sie anlache und dann eine kurze Geschichte erzähle, und dann gehe ich weg. Aber zu einer Feier, nein ich gehe nie zu einer Feier."

Die Kontakte der Frauen zu deutschen Einwohnern sind minimal, in der Regel beschränken sie sich auf die 'Arbeitgeber'. Obwohl viele Frauen bereits mehrere Jahre in der Bundesrepublik leben, sprechen und verstehen sie die deutsche Sprache nicht. Sie sehen nicht die Notwendigkeit, die Sprache zu lernen und Kontakte zur deutschen Bevölkerung aufzunehmen, weil sie immer von einem vorübergehenden Aufenthalt ausgehen, der jederzeit beendet werden kann. Sie haben keine oder kaum eine Vorstellung davon, wie deutsche Männer und Frauen leben. Migrantinnen ohne Aufenthaltsrecht führen ein tragisches Leben, wenn sie für Jahre oder auch Jahrzehnte in einem fremden Land arbeiten und wohnen, ohne ihr soziales Umfeld jemals kennengelernt zu haben. Sie nehmen nur einen begrenzten Ausschnitt ihres Lebensraumes wahr, sozio-kulturelle Verhältnisse und infrastrukturelle Möglichkeiten bleiben ihnen genauso fremd, wie sie es zu Beginn ihres Aufenthaltes waren.

2.2 Erwerbsarbeit in der Prostitution

Verschiedene gesellschaftliche Gruppierungen in der Bundesrepublik beurteilen Prostitution völlig unterschiedlich. Für die einen ist Prostitution immer mit Zwang verknüpft, sie stellt die größte 'Geißel' der Menschheit dar. Diese Gruppe, die verstärkt in kirchlichen Kreisen verankert ist, beurteilt Prostitution aus einer moralischen Perspektive. Sie kann eine Trennung von

Liebe und Sexualität nicht hinnehmen und will Prostitution abschaffen[94]. Für die anderen ist Prostitution eine Erwerbsarbeit wie jede andere, für die sich Frauen - und auch Männer - entscheiden können sollten. Diese Gruppe sieht in der Prostitutionsarbeit eine Dienstleistung, für die es eine enorme Nachfrage gibt. Sie verurteilt die gesellschaftliche Doppelmoral, die sich in der Akzeptanz des Freierdaseins sowie der Diskriminierung von Prostituierten äußert. Diese Gruppe will Prostitution als Beruf anerkannt wissen[95]. Zwischen diesen beiden Polen befinden sich noch viele verschiedene Standpunkte.

Es sollen an dieser Stelle nicht die zugrundeliegenden differenten ethischen Wertvorstellungen, die Weiblichkeitsbilder, Ausgrenzungsprozesse und vieles mehr diskutiert werden. Vielmehr geht es uns darum, die verschiedenen Erscheinungsformen von Prostitution darzustellen, um dann anhand dieser Übersicht erkennen zu können, welche Momente zur Zwangsprostitution führen können und welche Arbeitsbedingungen 'freie' Prostituierte haben. Dabei gilt die einfache Diskussion: Frauen arbeiten frei in der Prostitution, solange sie sich selbst für oder gegen die Sexarbeit entscheiden können.

Es ist schwer, vertrauensvolle Kontakte zu ausländischen Prostituierten herzustellen. Nur mit großem Engagement, viel Feinfühligkeit und viel Ausdauer gelang es uns, Gespräche mit den Frauen zu führen. Dabei zeigten sich zwei Phänomene: Zum einen konnten zu Prostituierten aus lateinamerikanischen und karibischen Ländern leichter Kontakte hergestellt werden als zu Prostituierten aus Thailand und den Philippinen[96]. Zum anderen stellte sich heraus, daß die Frauen, die interviewt werden konnten, relativ frei im Sexgewerbe arbeiten.

Mit Frauen, die zur Prostitution gezwungen wurden[97], konnten im Rahmen der Interviews, die auf der Basis des Schneeballsystems funktionierten, keine Kontakte hergestellt werden. Auch das Modellprojekt bot keinen spezifischen Zugang zur Prostitutionsszene. Prostituierte kamen eher selten in die Beratung und nur vereinzelt wurden Zwangsprostituierte unterstützt. Exemplarisch wurde in einem solchen Kontext ein Frauenhandelsstrafverfahren wissenschaftlich dokumentiert und analysiert. Insgesamt ist deshalb jedoch in unserer empirischen Auswertung zur Situation ausländischer Prostituierter der Gewaltaspekt eher unterrepräsentiert.

---

94 Beispielsweise die Internationale Abolitionistische Föderation, die ihren 29. Internationalen Kongreß in Stuttgart-Fellbach unter dem Leitsatz „Prostitution: Ein weltweites Problem - eine Bedrohung der Menschlichkeit“ abhielt.

95 Beispielsweise die Prostituierten-Selbstorganisationen (u.a. Hydra 1988).

96 Unsere Auswertung konzentriert sich deshalb auf die Gespräche mit lateinamerikanischen Frauen.

97 Sexarbeiterinnen, die Opfer strafbarer Handlungen, nach dem Strafgesetzbuch §§ 180b und 181, sind.

Über einen Zeitraum von vier bis fünf Monaten hielt sich die Interviewerin in unregelmäßigen Abständen im Stuttgarter, zum Teil auch im Frankfurter Rotlichtviertel auf[98]. Zu Beginn wurden die Etablissements mit einer männlichen Kontaktperson, die als Insider zu bezeichnen ist, besucht. Später, nachdem erste Kontakte zu ausländischen Prostituierten existierten, konnte sich die Interviewerin alleine im Milieu bewegen. Es wurden drei Interviews in Stuttgart geführt, jeweils mit einer Frau aus der Dominikanischen Republik, aus Jamaika und aus Brasilien. Zusätzlich fanden Gespräche über die Arbeitsbedingungen mit vier Frauen aus Kolumbien, mit zwei Frauen aus Brasilien und einer Frau aus der Dominikanischen Republik statt[99].

Zunächst behandeln wir die verschiedenen Arbeitsbedingungen in der Prostitution. Das Augenmerk wird auf mögliche Abhängigkeiten und Druckmittel gerichtet, die eine Grundlage für Ausbeutung sein können[100]. Dann werden die Bedingungen und Voraussetzungen der Situation von Zwangsprostituierten dokumentiert[101]. Die Lebens- und Arbeitsbedingungen von relativ frei arbeitenden Prostituierten werden im letzten Abschnitt aufgezeigt, eine Auswertung, die auf Gespräche mit insgesamt zehn lateinamerikanischen und karibischen Prostituierten zurückgeht[102].

2.2.1 Arbeitsbedingungen im Sexgewerbe

Betrachten wir Arbeitsplätze, Einkommensverhältnisse, Sicherheitsbedingungen und den Grad von Abhängigkeit und Fremdbestimmung der Frauen in der Prostitution, dann sind große Unterschiede zu verzeichnen. Das Verhältnis der Frauen zu Zuhältern sowie zu 'Migrationshelfern' ist zwar oft, jedoch nicht zwangsläufig von Ausbeutung geprägt und von Gewalt besetzt.

Prostitution ist in der Bundesrepublik nicht verboten. Jedoch haben Länder und Kommunen durch das Einführungsgesetz zum Strafgesetzbuch, (EGStGB) Art. 297. die Möglichkeit, Sperrgebiete einzurichten, in denen Prostitution nicht erlaubt ist. Die Anwendung dieser Sperrgebietsverordnung, die mit dem Schutz von Jugendlichen und der Wahrung des öffentlichen Anstandes begründet wird, führt dazu, die Prostitution und die Frauen,

---

98 Es wurden in Stuttgart 15 Gewerbebetriebe, d.h. Animierlokale, Erotikshows und Stripteaselokale besucht. In Frankfurt wurden zwei Eroscenter aufgesucht, in denen ausländische Prostituierte, überwiegend Lateinamerikanerinnen, tätig waren.

99 Im Zentrum steht das Material aus den halbstandardisierten qualitativen Befragungen, dessen Inhalte durch die offenen Gespräche mit verschiedenen Prostituierten ergänzt werden.

100 In den folgenden Ausführungen beziehen wir uns im wesentlichen auf die Arbeit von Loogen, Schlattmann 1993.

101 Vgl. hierzu auch agisra 1990: 101ff; Lenz, Ramil-Weiss, Thiemann 1993: 16ff. Außerdem auch Bundesministerium für Frauen und Jugend 1992: 162ff.

102 Außerdem fließen Überlegungen ein, die die Interviewerin in der Arbeitsgruppe 'Ausländische - Deutsche Prostituierte' auf dem 15. Nationalen Hurenkongreß vom 29. - 31.10.1993 in Frankfurt gewinnen konnte.

die sie ausüben, unsichtbar zu machen. Gleichzeitig sind sie damit stärker den materiellen Interessen von Zuhältern ausgeliefert.

Die Rechtslage für ausländische Prostituierte aus Nicht-EU-Ländern ist restriktiv: Frauen, die aus einem Nicht-EU-Land zum Zwecke der Prostitution in die Bundesrepublik einreisen, haben keine Möglichkeit, mit diesem Aufenthaltsgrund eine Aufenthaltsgenehmigung zu erreichen. Als Prostituierte erhalten sie keine Arbeitserlaubnis. Der Touristenstatus geht mit dem Tag der Arbeitsaufnahme verloren. Die Frauen sind illegal tätig, wenn sie nicht mit einem Deutschen oder einem Aufenthaltsberechtigten verheiratet sind.

Nicht immer arbeiten Prostituierte mit Zuhältern zusammen. Besteht eine Beziehung zu einem Zuhälter, so ist darin oft das Privatleben mit dem Geschäftsinteresse verknüpft. Die Beziehung kann auf Ausbeutung basieren, so daß die Frau unterdrückt und zur Arbeit gezwungen wird. Die Frau kann den Zuhälter jedoch auch zu ihrem eigenen Schutz gesucht haben, dann soll er ihr ermöglichen, anschaffen zu gehen. Oder sie will ihn als 'Prestigeobjekt' haben und durch seine Aufmachung zeigen, daß sie für die Verhältnisse im Milieu gut verdient. Zum anderen kann die Beziehung zwischen Zuhälter und Prostituierter eine wie zwischen Eheleuten sein; die Beziehung ist dann von einem engen partnerschaftlichen Privatleben geprägt[103].

Straßenprostituierte sind durch die Sperrgebietsverordnungen stark betroffen, da die Toleranzzonen, also die Gebiete, in denen Prostitution erlaubt ist, in der Regel sehr abgelegen sind. Diese Frauen, die leicht in die Arbeit einsteigen können, weil sie kein Zimmer benötigen, sind der Willkür der Freier stärker ausgeliefert. Sie müssen Schutz organisieren, sich mit Kolleginnen oder mit einem Zuhälter zusammentun. Die Kontakte zu den Freiern sind in der Regel auf schnelle sexuelle Triebbefriedigung reduziert. Diese Prostitutionsform birgt eine hohe Krankheitsgefahr, da die hygienischen Verhältnisse schlecht sind und die Frauen bei jedem Wetter im Freien arbeiten.

Die Bordellprostitution findet demgegenüber relativ geschützt in den Räumlichkeiten der Bordelle statt, die außerhalb der Sperrgebiete liegen. Die Frauen mieten ihre Zimmer meist ausschließlich zur Arbeit. Zum einen sind die Gebiete, in denen Bordelle existieren, häufig von der Polizei kontrolliert. Zum anderen existieren Absicherungen innerhalb der Bordelle, und die Prostituierten können bei Problemen auf die Unterstützung von Kolleginnen und von Bordellvorstehern bauen. Die Prostituierten bestimmen selbst ihre Freier und entscheiden auch über die sexuellen Dienstleistungen, die sie anbieten. In der Regel geht es auch hier um schnelle sexuelle Trieb-

---

103 Loogen, Schlattmann 1993: 77f. Die verschiedensten Beziehungsformen zwischen Zuhälter und Prostituierte schildert außerdem Girtler 1987: 69ff.

befriedigung. Die Frauen in Bordellen haben jedoch hohe feste Kosten zu tragen. Oft häufen sich 'Blockschulden' an: Es laufen Miet- und Verzehrschulden auf, die von schlechten Verdienstmöglichkeiten oder Ausfallzeiten herrühren. Die hygienischen Verhältnisse sind für die Frauen besser.

Infolge von Sperrgebietsverordnungen sind Großbordelle - die Eroscenter - entstanden.

> „Sie bieten durch ihren Aufbau, der vergleichbar mit Fabriken und Akkordarbeit ist, die Möglichkeit, auf dem begrenzten Raum, auf dem Prostitution legalisiert oder geduldet stattfinden kann, das Geschäft mit der Prostitution zu optimieren." (Loogen, Schlattmann 1993: 87).

Die hier tätigen Frauen werden finanziell besonders stark ausgebeutet: Sie müssen ein 'Kopfgeld'[104] bezahlen, und sie arbeiten im Schichtdienst, so daß die Betreiber doppelt kassieren. Die Bedingungen sind ansonsten ähnlich wie in den Bordellen. Die ausländischen Frauen haben im Vergleich zu den deutschen Kolleginnen die schlechteren Arbeitsbedingungen, sind beispielsweise in den oberen schlechteren Etagen untergebracht[105]. Wegen der großen Anzahl an Freiern wurde diese Form von den Interviewten als die anstrengendste beschrieben, andererseits können sie hier am schnellsten zu Geld kommen.

Zu den bordellähnlichen Einrichtungen lassen sich Clubs, Saunen, Massagesalons, Bars mit Separées und Hinterzimmer, in denen der Prostitution nachgegangen wird, zählen. Die Einrichtungen liegen meist, aber nicht immer, außerhalb der Sperrgebiete. Prostituierte haben hier so etwas wie ein festes Arbeitsverhältnis mit geregelten Arbeitszeiten und festen Tagessätzen. Für die Frauen besteht Kommunikationszwang. Sie müssen die Kunden nicht nur sexuell bedienen, sondern auch freundlich und nett zu ihnen sein, sie unterhalten. Meist arbeiten die Frauen auf der Basis einer Beteiligung am Getränkeumsatz. Ihr Einsatz - Ort und Zeit - wird oft willkürlich von den Chefs bestimmt. Die Arbeitgeber üben auf sie psychischen und auch physischen Druck aus. Es gibt eine große Konkurrenz zwischen den Frauen, also wenig kollegiale Solidarität. Sie haben hohe Ausgaben für Kleidung und Kosmetika aufzubringen. Ihr Verdienst ist vergleichsweise niedrig. An diesen Arbeitsplätzen sind häufig ausländische Frauen anzutreffen.

Callgirls arbeiten selbständig in einer Wohnung, sie organisieren alles selbst - Kontakte zu den Kunden herstellen, Wohnung mieten, einrichten und vieles mehr. Das ist mit hohen Kosten verbunden. Die Einnahmen der

---

104 Dies beinhaltet die Tagesmiete, Schutz durch den Wirtschafter, Kosten für Kondome, Wäsche und Verpflegung. Bei den befragten Frauen in Frankfurt handelte es sich zum Erhebungszeitraum - August '92 bis Mai '93 um feste Kosten von DM 220,-- pro Tag, in Stuttgart um DM 190,--. Die Frauen verlangen pro Freier für den normalen Service - d.h. 10 bis 15 Minuten mit Kondom - zwischen DM 30,-- und DM 50,--. Mit durchschnittlichen Einnahmen von DM 40,-- pro Kunde bräuchten die Frauen in Frankfurt nach eigenen Angaben sechs Kunden pro Tag, um alleine ihre festen Kosten decken zu können.

105 Vgl. hierzu auch Kreuzer 1989: 289.

Frauen sind oft sehr hoch, da sie einen festen Kundenstamm und hohe Preise haben. Meist liegt ihr Arbeitsbereich im Sperrbezirk. Sie erbringen nicht nur sexuelle Leistungen, sondern bieten auch soziale Kontakte, zeigen sich manchmal auch mit Freiern in der Öffentlichkeit.

2.2.2 Migrantinnen in der Zwangsprostitution

Ausländische Frauen in der Prostitution finden sich oft in einer Zwangssituation zwischen den Zuhälter- und Schlepperinteressen einerseits und den Strafverfolgungsbehörden andererseits. Ihre Arbeit liegt in einem Dunkelfeld zwischen Legalität und Illegalität. Wenn sie ein Aufenthaltsrecht besitzen, ist ihnen der Erwerb in der Prostitution erlaubt. Sie können dennoch ausgewiesen werden, wenn sie gegen Bedingungen verstoßen, die Prostitution öffentlich regeln[106]. Ausländische Touristinnen, die der Prostitution nachgehen, machen sich gemäß § 92 AuslG strafbar und können wegen des Verstoßes gem. § 46 Nr. 2 AuslG ausgewiesen werden[107].

Meist reisen die Frauen über Menschenhandels- und Vermittlernetze in die Bundesrepublik ein. In der Regel liegt darin die einzige Chance für sie, überhaupt einreisen zu können. Dabei verschulden sie sich hoch - Beträge zwischen DM 10.000,-- und DM 20.000,-- sind die Regel - und werden von Händler- und Zuhälternetzen finanziell abhängig. Dazu aus dem Prozeßprotokoll des Frauenhandelverfahrens in Stuttgart:

> „Zeugin: „Ja, sie hatte Angst vor der Chefin."
> Vorsitzender: „In welcher Form, daß sie konkrete Ängste hätte?"
> Zeugin: „Es ist schwer um Geld gegangen."
> Vorsitzender: „Welches Geld?"
> Zeugin: „Sie mußte das Geld abarbeiten, was die Chefin für sie oder ihre Eltern bezahlt hat." (26.04.1990: 4)" (Niesner, Anonuevo, Songsiengchai-Fenzl 1991: 37).

Die internationalen kriminellen Organisationen, die Vernetzungen zwischen der ländlichen Herkunftsregion von Frauen und dem Großstadtbordell in der Bundesrepublik herstellen können, besitzen die Kontrolle über den Aufenthalt der Frauen. Sie sind der deutschen Sprache nicht mächtig und kennen sich in der Bundesrepublik nicht aus. Zu welchen praktischen Problemen diese Situation führen kann, verdeutlicht die Prozessbeobachtung.

> „Verteidigung: „Hatten Sie keine Bedenken jemanden zu heiraten, den Sie vorher nicht kennen?"
> Zeugin: „Ich wußte es nicht. Ich hatte kein Geld, keine Sprache und es war mir

---

106 Seit Inkrafttreten des neuen Ausländergesetzes zum Januar 1991 ist Prostitution nicht mehr grundsätzlich ein Ausweisungsgrund. Heute kann nur noch ausgewiesen werden, wer „gegen eine für die Ausübung der Gewerbsunzucht geltende Rechtsvorschrift oder behördliche Verfügung verstößt" oder „durch sein Verhalten die öffentliche Gesundheit gefährdet" (§ 46 AuslG Nr. 3 und Nr. 5).

107 Offensichtlich werden diese Vorschriften regional unterschiedlich gehandhabt. Nach Angaben des Ermittlungsdienstes in Stuttgart soll die Polizei beispielsweise eher „milde" mit den Frauen verfahren. Denn die Prostituierten sollen in erster Linie ermutigt werden, Straftaten gegen sich selbst anzuzeigen. Sie sollen als Zeuginnen gewonnen werden (Bundesministerium für Frauen und Jugend 1994: 175).

unangenehm.
Verteidigung: „Sie hatten Ihr Rückflugticket und hätten zurückfliegen können."
Zeugin: „Das wußte ich nicht und wie und welchen Bus ich nehmen sollte (Die Verteidigung lachte bei dem Wort Bus, d.A.)." (14.12.1989: 6)" (Niesner, Anonuevo, Songsiengchai-Fenzl 1991: 18).

Die Frauen können dem Zuhälter-Händler-Netz keine eigene soziale Infrastruktur entgegensetzen. Oft befinden sich ihre Arbeitsplätze in Wohnungen, Clubs und Bars innerhalb der Sperrgebiete. Sie müssen oft in denselben Räumen leben, in denen sie auch arbeiten. Selten haben sie geregelte Arbeitszeiten, sondern werden gezwungen immer zur Verfügung zu stehen, wenn es das Geschäft verlangt. Dazu ein Beispiel aus der Prozessbeobachtung:

„Vorsitzender: „Aus welchem Grund sind Sie von dieser Bar weggelaufen?"
Zeugin: „1. Sie hat mich unter Druck gesetzt.
2. Ich hatte keine Freiheit.
3. Sie hat mich ausgebeutet."
Vorsitzender: „Können Sie noch mehr erklären?"
Zeugin: „1. Über die Arbeit in der Bar. Ich habe gesagt, daß ich krank bin, sie interessierte sich nicht dafür. 2. Wenn ich meine Tage bekam, hat sie gesagt, ich soll die Watte benutzen um zuzumachen. 3. Ich wurde täglich beschimpft." (23.11.1989, Teil 2:3)" (Niesner, Anonuevo, Songsiengchai-Fenzl 1991: 37).

Häufig arbeiten die Menschenhändlernetze auch mit falschen Versprechungen. Manche Frauen wußten nicht, daß sie als Prostituierte arbeiten sollen, sondern waren auf einen Job als Folkloretänzerin oder Bedienung vorbereitet. Andere wußten zwar, daß sie im Sexgewerbe tätig werden würden, jedoch waren ihnen die konkreten Arbeitsbedingungen - beispielsweise die hohe Anzahl der Freier, die langen Arbeitszeiten, die illegalen Arbeitsbedingungen und vieles mehr - nicht bekannt. Manche Frauen wären gar nicht erst eingereist, hätten sie über die wirklichen Arbeitsbedingungen Bescheid gewußt. Aus dem Prozessprotokoll:

„Zeugin: „Ich habe gefragt, das ist doch nicht die Arbeit, die ich machen wollte und sollte. Ich sollte doch A-Go-Go-tanzen. Da sagte die Besitzerin, daß wir das mit dem Tanzen jetzt noch nicht machen können." (23.11.1989: 4)" (Niesner, Anonuevo, Songsiengchai-Fenzl 1991: 43).

Die Migrantinnen halten sich illegal in der Bundesrepublik auf, bzw. die Zuhälter 'organisieren' ein Aufenthaltsrecht[108]. In beiden Fällen sind die Frauen erpreßbar. Gezielt werden Druckmittel gegen sie eingesetzt, die sich aus ihrer Recht- und Kenntnislosigkeit in der 'Fremde' für potentielle Ausbeuter leicht entwickeln lassen. Es werden Pässe entwendet, mit der Polizei und Ausländerbehörde gedroht, Gelder nicht zugestanden, die Unkenntnis der Sprache zum Nachteil der Frau genutzt und vieles mehr. Den Frauen bleiben kaum Möglichkeiten sich zu wehren, ohne ihre eigene materielle Situation noch extrem zu verschlechtern[109]. Auch Opfer von Menschenhan-

108 In der Regel wird ein Aufenthaltsrecht über eine Eheschließung erwirkt.
109 Besonders prekär ist die materielle Situation der Frauen. Sie haben keine Erwerbsalternative, sind gleichzeitig hoch verschuldet und auf ein regelmäßiges Einkommen für ihre Familie angewiesen.

del und Zeuginnen eines Strafverfahrens müssen die Bundesrepublik verlassen, sie bekommen ebenfalls keine Chance, Schulden abzuarbeiten bzw. sich eine realistische Erwerbsalternative im Heimatland aufzubauen (vgl. Kap. VI.2.1.4).

Neben diesen Zwangsmaßnahmen, die sich aus strukturellen Abhängigkeiten - ausländerrechtliche Situation, die Einreise- und Vermittlungsbedingungen sowie die 'Fremdheit' im Milieu - leicht aufbauen lassen, wird zudem auch körperliche Gewalt angewandt, bzw. mit körperlichen Angriffen auf Familienangehörige gedroht. Da sich die ausländischen Frauen jedoch von vornherein in einer strukturell geschaffenen Benachteiligung befinden, schüchtern bereits Drohungen nachhaltig ein.

> „Ein Fall aus der Beratung: Eine thailändische Klientin hat ihren deutschen Ehemann über den Heiratshandel kennengelernt. Er drohte ihr mit der Ausweisung, wenn sie sich nicht für ihn prostituieren würde. Seitdem hat sie zwar eine eigene Wohnung, muß sich aber regelmäßig bei ihm melden und Geld abgeben. Wegen seiner schweren Mißhandlungen hat sie panische Angst vor ihm; dies und ihre ausländerrechtlich ungesicherte Lage bewirken, daß sie nichts gegen ihn unternehmen will." (Lenz, Ramil-Weiss, Thiemann 1993: 31).

Ausländische Frauen sind nicht immer auf Zuhälter- und Menschenhändlerringe zur Einreise angewiesen, nicht immer fehlen ihnen Aufenthaltsrechte, und nicht immer ist ihnen die Struktur und Organisation des Milieus fremd. Je eigenständiger die Frauen ihr Leben bestimmen können, um so geringer ist die Wahrscheinlichkeit ihrer Ausbeutung und ihrer Zwangsprostitution[110].

2.2.3 Freiwillig im Sexgewerbe

Im Gegensatz zu den Arbeits- und Lebensbedingungen der Migrantinnen in der Zwangsprostitution, stellt sich die Situation der befragten lateinamerikanischen Frauen eher unabhängig dar. Keine der Frauen war über professionell tätige Frauenhandelsnetzwerke eingereist oder hatte einen Zuhälter. Die Migrantinnen wurden von Freundinnen oder Verwandten angeworben, die bereits im Gewerbe tätig sind und die Frauen ohne Profitinteresse unterstützten. Anscheinend erhalten sie auch weiteren Rat und Hilfe, zumindest zu Arbeitsbeginn. Andere Frauen kamen auf Einladung von deutschen Sextouristen oder waren durch Heiratsagenturen in die Ehe vermittelt worden. Vier der zehn Gesprächspartnerinnen waren ohne Aufenthalts- und Arbeitsrecht. Den Frauen war das Ausweisungsrisiko bereits bei ihrer Einreise bekannt.

Die Frauen aus Lateinamerika und der Karibik arbeiteten in verschiedenen Formen des Sexgewerbes. Bis auf eine Frau arbeiteten alle zehn Befrag-

---

110 Die neue Migrantinnengruppe aus Osteuropa verfügt noch nicht über informelle Netzwerke und Informationsketten, die ihnen ein Leben - auch in der Illegalität - zumindest erleichtern könnten. Sie sind noch stärker von kriminellen Organisationen, die sie vermitteln, abhängig. Damit erklären sich zum Teil auch die besonders brutalen Frauenhandelspraktiken mit den Frauen aus der neuen Herkunftsregion. Zuhälter und Händler kämpfen um die 'Marktanteile'.

ten in geschlossenen und kontrollierten Räumlichkeiten[111]. Sie waren in Animierlokalen, in Stripteaseshows, in Eroscentern und über Inserate tätig. Manchmal arbeiten sie als Gelegenheitsprostituierte und in Etablissements, wie Tanzlokalen, die nicht dem Sexgewerbe zuzuordnen sind.

2.2.3.1 Finanziell erfolgreich

'Geld' ist der Schlüsselbegriff, das entscheidende Motiv der Frauen, im Prostitutionsbereich tätig zu sein. Sie hoffen darauf, „schnell Geld machen zu können" und haben sich individuell entschieden, im Sexgewerbe zu arbeiten. Die Höhe der benötigten Summe ist manchmal nur im Sexgewerbe zu erwirtschaften. In der Regel planen die Frauen, so lange in der Prostitution tätig zu sein, bis sich ihre finanzielle Situation entspannt oder bedeutend verbessert hat. Ihr allergrößter Traum ist es, irgendwann einmal aus allen finanziellen Verpflichtungen herauszukommen und damit aus dem Gewerbe aussteigen zu können. Sie gehen der Prostitution mit dem langfristigen Ziel des Ausstiegs nach. Zur Arbeit im Sexgewerbe haben sie sich freiwillig entschieden; sie fühlen sich nicht dazu gezwungen.

> „Diese Arbeit zu verrichten, ist meine eigene Entscheidung. Mein Mann hat am Anfang protestiert, aber mittlerweile unterstützt er mich. Er paßt auf das Kind auf."

Dennoch läßt sich zum Teil erkennen, daß eine Fassade der 'Vernunftentscheidung' aufgebaut wird, um innere Nöte und Zwänge zu überdecken. So führte bei einer Befragten der Druck des Ehemannes, immer mehr Geld verdienen zu müssen, zur Arbeit in der Prostitution. Diese Frau würde seit langem gerne aufhören. Anscheinend kann sie von ihrem Ehemann immer wieder dazu bewegt werden, weiterzumachen.

> „Die Arbeit gefällt mir überhaupt nicht mehr, sieh' mal, ich bin kaputt und müde. Ich hoffe, daß wir nächsten Monat nach Hause fahren, wir packen andauernd die Koffer, aber fünf Jahre geht das schon so."

Zudem läßt das niedrige Einstiegsalter der Frauen teilweise starke Zweifel an der Selbstbestimmung und Autonomie ihrer Entscheidung aufkommen, denn die Hälfte der Gesprächspartnerinnen begann mit deutlich unter 20 Jahren die Arbeit im Sexgeschäft[112]. Gleichzeitig ist das Spektrum der finanziellen Zwänge, denen die Frauen ausgesetzt sind, breit. Sie fliehen aus wirtschaftlichen Krisenregionen, in denen es für sie unmöglich ist, ein ausreichendes Einkommen zu erwirtschaften. Auch sind sie auf hohe Einnahmen angewiesen, wenn sie Schulden abzuzahlen haben und die finanzielle Verantwortung für ihre Kinder und Familienangehörige tragen. Die Frauen zeigen starke emotionale Betroffenheit, wenn es um die Frage nach der Zukunft ihrer Kinder geht. Keine der Frauen will, daß Mitglieder ihrer

111 Die Straßenprostituierte hatte Probleme mit Polizeirazzien. Obwohl sie ein legales Aufenthaltsrecht hat, war sie mehrmals im Gefängnis. Es wurde nicht klar, mit welchen rechtlichen Mitteln sie inhaftiert und mit welcher Begründung sie wieder freigelassen wurde.

112 Eine Frau im Alter von 14 Jahren, zwei Frauen im Alter von 16 Jahren, zwei Frauen im Alter von 17 Jahren und eine Frau im Alter von 19 Jahren.

Familie eine ähnliche Arbeit ausführen. Insbesondere ihre Kinder sollen ein besseres Leben weit weg vom Milieu haben können.

Weltweit werden riesige Rotlichtgebiete mit internationalem Ambiente geschaffen. Die Befragten kommen aus Ländern, in denen sexuelle Dienstleistungen als Touristenattraktion vermarktet werden. Alle gaben an, die Arbeitsbedingungen in der Prostitution bereits aus ihren Herkunftsländern zu kennen. Sie hatten entweder schon in ähnlichen Bereichen der Prostitution gearbeitet oder besaßen Kontakte zum Prostitutionsmilieu. In der Regel waren sie neben der Sexarbeit als Serviererin, als Friseuse, als Maniküre oder als Kosmetikerin tätig. Manche Frauen sind bereits auf die Erfahrungen fixiert, ihren Körper gewinnträchtig vermarkten zu können. In ihrer Biographie sind sie lange schon auf diese Einkommensquelle festgelegt. Sie haben kaum eine Vorstellung von anderen Verdienstmöglichkeiten und sehen auch keine ähnlich lukrative Alternative.

> „Ich wüßte nicht, was ich noch arbeiten könnte. Und wieso, hier verdiene ich genug."

Die Befragten konnten in der Bundesrepublik ihre Arbeits- und Einkommensbedingungen deutlich verbessern. Zum einen werden die Arbeitsplätze als sauberer und hygienischer beschrieben, auch sei der Verdienst höher und klarer, eben verläßlicher geregelt.

> „In Brasilien könnte ich nicht so viel verdienen wie hier. Und hier habe ich schon meine Arbeit gelernt."

Haben die Frauen viele Kunden, so können sie im Vergleich zu Frauen in anderer ungelernter Erwerbsarbeit ein relativ hohes Einkommen erreichen[113]. Jedoch haben Prostituierte in der Regel hohe Kosten zu tragen, so daß sich der Gewinn für sie stark reduzieren kann.

> „Wir müssen jeden Tag hier zahlen, auch wenn wir krank sind und nicht arbeiten können ... Wenn wir eine gute Zeit haben, müssen wir schon schauen, daß wir etwas beiseite legen für Zeiten, in denen das Geschäft nicht so gut läuft."

Die Befragten können nach eigenem Ermessen mit Kunden ausgehen, sind keinen Zuhältern verpflichtet. Demgegenüber wurden einige Frauen in den Einrichtungen im Heimatland von den Bordellbesitzern betrogen und zum Teil gezwungen, einen Zuhälter zu akzeptieren. Anders verläuft die Sexarbeit in den Touristengebieten, dort werden Kontakte tagsüber am Strand oder abends in der Bar gemacht und das Zimmer des Touristen wird gemeinsam genutzt.

Polizeikontrollen waren für die meisten Frauen auch im Heimatland ein großes finanzielles Risiko. Ist Prostitution verboten, so müssen die Frauen mit Bestechungsgeldern arbeiten. Ist Prostitution erlaubt, so müssen sie auch

---

113 Nur vereinzelt sehen die Frauen in der Bundesrepublik für sich überhaupt eine Erwerbsalternative zur Prostitution. Nur eine Frau hat einen konkreten Berufswunsch, sie möchte Übersetzerin werden.

zahlen, um ungehindert mit den Touristen arbeiten zu können. Frauen werden inhaftiert, wenn die Beträge nicht hoch genug sind. Unter Umständen verbringen sie viel Zeit in der Haft, wenn sie nicht schnell das nötige Geld auftreiben können, oder alternativ den sexuellen Forderungen der Strafverfolger nachkommen.

2.2.3.2 Machtverhältnisse im Milieu

Die Frauen zeigen ein großes Maß an Mobilität. Manche der Gesprächspartnerinnen waren bereits in anderen europäischen Ländern als Prostituierte tätig. Auf der Suche nach besseren Arbeitsbedingungen und Verdienstmöglichkeiten kamen sie von Italien, der Schweiz, den Niederlanden und von Spanien in die Bundesrepublik.

> „Ich habe angefangen mit einer Urlaubsvertretung. Eine Peruanerin wollte nach Hause reisen, und ich sollte ihr Zimmer übernehmen und natürlich auch die Mietkosten. Meine Freundin, die auch hier arbeitet, hat mir geholfen und alles gezeigt. Es war nicht einfach, aber ich habe von Anfang an sehr viele Kunden gehabt, insbesondere Ausländer."

Mobilität gehört zu den heutigen Formen der Prostitution dazu.

> „Eine typische Erscheinung im Zusammenhang mit diesen Etablissements ist die hohe personelle Fluktuation ihrer Belegschaft, Frauen werden nicht nur zwischen den einzelnen Häusern „verschoben" - oftmals freiwillig -, sondern auch zwischen Frankfurt und anderen Städten ." (Falk 1985: 18).

Hintergrund ist zum einen, daß die Besitzer der Etablissements ihren Kunden immer wieder neue Frauen bieten wollen. Zum anderen ist die große Mobilität auch durch saisonale Schwankungen verursacht. Massenveranstaltungen in bestimmten Regionen, Messen und Touristensaisons liefern zeitlich begrenzt eine erhöhte Nachfrage nach sexuellen Dienstleistungen. Die Bar- und Bordellbesitzer pflegen überregionale und auch internationale Geschäftsbeziehungen. Über diese 'Arbeitgebernetze' können die Frauen leicht neue Arbeitsplätze finden, jedoch nur solange sie im Interesse der Besitzer der Etablissements handeln. Diese können mit Hilfe ihrer Geschäftsbeziehungen weitgehende Kontrolle und auch Sanktionen ausüben.

Strenge Kontrolle durch den 'Chef' gehört zum Alltag. Bei den Befragten ist das Verhältnis zu ihm teilweise durch Akzeptanz, teilweise durch Ablehnung geprägt, manchmal handelt es sich um eine ambivalente Mischung. Manche Chefs versuchen ihre Interessen auch mit körperlicher Gewalt durchzusetzen. Eine Frau berichtet beispielsweise von einer Auseinandersetzung, während der sie an den Haaren gezogen und auf den Boden geschleudert wurde.

Häufig wird jedoch subtile Gewalt, eher auf psychischer Ebene, ausgeübt. Beispielsweise müssen Frauen arbeiten, auch wenn sie ihre Menstruation haben, sie müssen tanzen, auch wenn nur ein Kunde anwesend ist. Manche Frauen berichten von permanenter willkürlicher Kritik an ihrem Aussehen. Die Frauen fühlen sich im zwischenmenschlichen Umgang schlecht behandelt und erniedrigt.

> „Die behandeln uns nicht wie Menschen, sondern wie Tiere. Wenn wir unsere Menstruation haben, lachen sie uns aus und machen schlechte Witze. Manchmal geben sie uns einen groben Stoß, wenn wir in die Show zum Tanzen gehen. Wenn wir Getränke bestellen, schmeißen sie uns die Getränke hin. Sie behandeln uns nicht wie Menschen, wie Frauen, die eben hier arbeiten müssen, um eine Familie zu ernähren."

2.2.3.3 Angst um die Gesundheit

Die Frauen stehen in keinem vertraglich geregelten und damit sozial abgesicherten Arbeitsverhältnis. Sind sie krank, dann haben sie keine Einnahmen mehr und enorme Kosten zu tragen. Die Frauen haben deshalb große Angst davor, 'richtig krank zu werden' und die Krankheit nicht 'bewältigen' zu können.

> „Wenn ich krank werde, egal welche Krankheit, kann ich trotzdem nicht zu Hause bleiben. Ich habe drei Kinder und bin die einzige, die Geld verdient. Es geht nicht. Ich werde nicht krank."

Obwohl der Gesundheitszustand deshalb gerade besondere Aufmerksamkeit erfordert, werden konkrete Fragen zu potentiellen Krankheiten und zur Krankheitsprävention gerne verdrängt. Beispielsweise war mit Ausnahme einer Frau keine der Gesprächspartnerinnen zum Thema Aids aufgeklärt. Dieses Ergebnis verweist darauf, daß die Informationen der Gesundheitsbehörden über Gesundheitsrisiken und Vorsorge unzureichend sind, bzw. die Gruppe der ausländischen Prostituierten dazu nur peripheren Zugang hat. In Frankfurt werden an Migrantinnen zwar Aufklärungsbroschüren in allen Sprachen verteilt[114], diese werden jedoch nur von einem kleinen Teil der Prostituierten gelesen. In Stuttgart gab es während des Erhebungszeitraums keine Informationsarbeit zu Aids für ausländische Prostituierte. Die einzige Broschüre vom Gesundheitsamt, die über Geschlechtskrankheiten aufklärt, eignet sich nicht für Frauen mit geringer Schulbildung.[115]

Die befragten Frauen, die völlig ungenügend über Geschlechtskrankheiten und Aids aufgeklärt sind, haben ihre eigene Auffassung gebildet von Krankheiten und von Männern, die krank sind. Gegen 'krank aussehende' Kunden werden Vorsichtsmaßnahmen ergriffen.

> „Ich merke sofort, ob ein Mann krank ist oder nicht. Ich sehe das an seinem Aussehen. Wenn er sehr ungepflegt kommt, dann wird es nicht 'ohne' gemacht."

---

114 Diese Broschüren wurden vom Gesundheitsamt erstellt.

115 Genau diesen Informationsmangel bei Prostituierten in der Migration will Tampep entgegenwirken (Transnational AIDS/STD Prevention among Migrant Prostitutes in Europe/Project), ein Projekt der Mr. A. de Graaf Stichting (Niederlande), des Comitato per i Diritti Civili delle Prostitute (Italy), von Amnesty for Women (Germany) und LEFÖ-Lateinamerikanische Exilierte Frauen in Österreich.

Auf der Basis von Nicht-Wissen kanalisiert sich der Umgang mit Aids in eine Über- oder auch Unterbewertung der Probleme. Einerseits wird Aids tabuisiert, denn keine der Frauen kümmerte sich gezielt um eine sachgerechte Aufklärung. Andererseits wird die Gefahr einer Ansteckung pauschal, mit viel angstbesetzter Spekulation, gefürchtet. Die Frauen glauben, daß bereits eine Ansteckungsgefahr durch Küssen und aus demselben Glas trinken besteht. Voller Angst rollen sie immer wieder Einzelschicksale auf. Wenn Frauen plötzlich verschwinden, werden sofort schwere Krankheiten und Todesfälle vermutet.

In Stuttgart besteht eine Untersuchungspflicht für Prostituierte; sie sollen sich 14tägig medizinisch kontrollieren lassen. Das Gesundheitsamt muß Prostituierte zur polizeilichen Vorführung melden, sobald sich die betreffende Person über drei Wochen nicht ärztlich untersuchen ließ (vgl. Bundesministerium für Frauen und Jugend 1994: 179f.). Dennoch lassen sich einige der Befragten gar nicht oder nur unregelmäßig ärztlich kontrollieren. Dabei handelt es sich um zwei gefährdete Gruppen: Zum einen um die Frauen, die nebenbei anschaffen gehen, sich also nicht als professionelle Sexarbeiterinnen verstehen. Zum anderen aber wiederum um Frauen ohne Aufenthaltsrecht, die den Kontakt mit offiziellen deutschen Institutionen aus existenziellen Gründen fürchten.

Den meisten Befragten war die Beratungsstelle für Geschlechtskrankheiten zudem unbekannt. Andere Frauen, die die Anlaufstelle kannten, hatten Angst, sich dort als Prostituierte preiszugeben. Hier wäre es dringend nötig, die Frauen über die Funktion von Beratungsstellen aufzuklären, die mit ihren kostenlosen Leistungen für die Bevölkerung allgemein zugänglich sind[116].

Dieses Problem hat die Beratungsstelle für Geschlechtskrankheiten in Stuttgart erkannt. Mit einem veränderten Konzept wurde anonyme und freie Beratung eingeführt. Damit und auch mit verstärkter 'Streetwork' soll die Einrichtung für Sexarbeiterinnen und -arbeiter leichter zugänglich gemacht werden. Insbesondere ist dabei an Beschaffungsprostituierte, an Stricher und an Gelegenheitsprostituierte, jedoch auch an ausländische Frauen im Sexgewerbe gedacht.[117]

Bei allen Prostituierten war die Krankenversicherung ein Problem, die bislang die Berufsgruppen der Sexarbeiterinnen nicht aufnehmen wollte[118]. Sechs der befragten Frauen war folglich nur durch ihre Ehe mit einem deutschen Mann versichert, die anderen, unverheirateten Frauen, müssen das Risiko ihrer medizinischen Versorgung selbst tragen.

---

116 Manche Frauen haben auch Angst vor behördlichen Sanktionen bei ansteckenden Krankheiten.

117 Telefonische Anfrage bei der Beratungsstelle für Geschlechtskrankheiten, August 1994.

118 Diese Situation ändert sich: Im Frühjahr 1996 haben sich erstmals drei private Krankenkassen dazu bereit erklärt, zukünftig auch Prostituierte zu versichern.

„Ich habe keine Versicherung, nichts. Vielleicht kann ich mir was ausleihen. Ich war schon zu Hause nierenkrank. Es wäre schlimm."

2.2.3.4 Soziale Isolation und eigene Netzwerke

Migrantinnen in der Prostitution sind doppelten gesellschaftlichen Ausgrenzungsmechanismen ausgesetzt. Als Ausländerinnen werden sie marginalisiert, und mit ihrer Arbeit in der Prostitution, die nach wie vor nicht als Erwerbsarbeit anerkannt ist, werden sie in eine Grauzone abgedrängt. Obwohl viele Frauen bereits Jahre in der Bundesrepublik leben und arbeiten, bewegen sie sich in einer Subkultur der ausländischen Sexarbeiterinnen, ohne in die Aufnahmegesellschaft integriert zu sein.

Die sozialen Kontakte der Frauen sind von ihrem Doppelleben als Sexarbeiterinnen geprägt. Sie stehen zu ihrer Arbeit, mit der sie ihre Existenz erwirtschaften. So gaben die meisten Frauen mit einer großen Selbstverständlichkeit an, daß ihre Familien, ihre Freunde, Bekannten oder Verwandte über ihre Arbeit Bescheid wüßten[119]. Diese Haltung repräsentiert eine Frau besonders stark.

„Ich weiß nicht, warum ich es verheimlichen sollte. Ich leiste Dienste, es ist eine Dienstleistung. Wenn es keine Leute gäbe, die diese Dienstleistungen wünschten, dann gäbe es keine von uns hier. Überall kriegt man hier Dienstleistungen angeboten: 'Bringen Sie uns Ihre schmutzige Wäsche, wir werden sie waschen und bügeln', das ist eine Reinigung. Dieser Tage habe ich mir ein kleines Schild übersetzen lassen. Darauf stand: `Ich suche jemanden, der meinen Hund ausführt'. Es gibt auch Leute, die alles vorbereiten und alles bringen, wenn man ein Fest feiert. Und das sind alles Arten von Dienstleistungen. Einige waschen die Wäsche und bügeln Hemden, andere führen Hunde aus, und wir machen eben diese Art von Dienstleistungen. Wir unterhalten die Männer, weil die deutschen Frauen das eben nicht können. Das ist der Dienst, den wir leisten."

Andererseits müssen sich die Frauen nach außen davon distanzieren, um Diskriminierungen zu entgehen. Diese Haltung ist stark verinnerlicht. So konnten nicht einmal auf dem Hurenkongreß die lateinamerikanischen und karibischen Migrantinnen zu ihrer Arbeit als Prostituierte stehen. Sie gaben sich entweder als ehemalige Prostituierte zu erkennen oder als Frauen, die durch persönliche Freundschaft von den Problemen wissen.

„Ich habe bis vor kurzem in dem Milieu gearbeitet. Heute arbeite ich nicht mehr als 'Solche'."

„Vor zwei Jahren war ich in dem ... Center, deshalb kenne ich xy. Und weil sie es wollte, bin ich gekommen, aber ich arbeite gerade nicht."

„Manchmal besuche ich meine Freundin G. in Holland, deshalb weiß ich über die Probleme Bescheid."

In vielen Interviewbeispielen wird die eigentliche Tätigkeit neutral umschrieben. Die Frauen benutzen für die Bezeichnung ihrer Arbeit Synonyme

---

119 Hier zeichnet sich ein Unterschied zum Verhalten von vielen philippinischen und thailändischen Prostituierten ab, die tendenziell stärker darauf bedacht sind, ihre Erwerbsarbeit im Familienkreis zu verschleiern.

wie *„diese Arbeit"*, *„dieses Haus"* oder *„diese Arbeit möchte ich nur eine kurze Zeit machen"*. Sie verdeutlichen, daß sie sich in ihrer Tätigkeit nicht mit der Prostitution, die eine Form gesellschaftlich diskriminierter Arbeit ist, identifizieren.

Obwohl sich die Frauen größtenteils nicht als Prostituierte sehen, zeigen sie durchaus ein professionelles Bewußtsein.

> „Die Neuen, die kommen, die sollen mir nichts erzählen. Ich denke, ich bin eine von den wenigen, die weiß, wo es langgeht."

oder

> „Wenn du eine kennst, die Geld braucht, schicke sie hierher, ich kann alles, und ich kann es ihr erzählen."

Das Selbstbewußtsein der Frauen beruht in erster Linie darauf, sich von Männern begehrt zu fühlen. Für alle Befragten aus den Ländern Lateinamerikas und der Karibik war die Attraktivität, die sie als Frau auf Männer ausstrahlen können, sehr wichtig. Die Frauen wollen nicht 'entsexualisiert' werden, ob sie in der Prostitution arbeiten, als Heiratsmigrantin einreisen, oder einer legalen Erwerbsarbeit in der Industrie nachgehen. Auf Männer zu wirken, bestätigt sie in ihrer Vorstellung von Weiblichkeit. Die Frauen spalten den geschäftlichen Anteil von der Beziehung ab, der das Verhältnis zwischen Prostituierte und Freier bestimmt.

In diesem Klima - der gesellschaftlichen Doppelmoral sowie des Verdrängens der eigentlichen Tätigkeit und deren gesellschaftlicher Bewertung - sind freundschaftliche Kontakte zu Landsfrauen im Milieu wichtig. Trotz weitreichender sozialer Vernetzungen zeichnen sich jedoch auch hier deutliche Grenzen ab. Zum Teil geben soziale Kontakte den Frauen ein Gefühl des 'Aufeinanderaufpassens', informelle Netze bieten Sicherheit. Daß es sich dabei manchmal primär um ein Gefühl und nicht um wirkliche Unterstützungschancen handelt, zeigt das folgende Beispiel einer Frau, die ohne Aufenthaltserlaubnis in der Bundesrepublik tätig ist.

> „Falls ich festgenommen werde, bin ich sicher, daß die anderen Frauen es ganz schnell erfahren und mir helfen werden."

Andererseits sind die Verbindungen zu anderen Prostituierten milieubedingt vorübergehend, die Kontakte fluktuieren. Von Solidarität und Vertrauen kann dann oft nicht mehr die Rede sein. Beziehungen entstehen zufällig und zerfallen auch wieder.

> „Ich bin jetzt befreundet mit diesen beiden Frauen aus Ghana, aber es kann gut sein, daß ich sie morgen nicht mehr zur Freundin habe, daß sie mir ins Gesicht spucken oder so."

Mehrfach berichten Frauen darüber, daß sie von niemandem Unterstützung erhalten. Sie arbeiten für sich alleine. Im Gegenteil, das Klima unter den Landsfrauen sei eher von Konkurrenz als von Solidarität gekennzeichnet.

„Da ich eine der hübschesten bin und der lustigsten, versuche ich meistens zwei oder drei Kunden gleichzeitig zu bedienen. ... Sie (die anderen Prostituierten, d.A.) sind eben nicht charmant und nicht so nett und attraktiv wie ich, und viele Männer kommen meinetwegen hierher.“

Während die Beziehungen zu Landsfrauen ambivalent sind und zu Frauen anderer Nationalität selten existieren[120], sind die Kontakte zu deutschen Frauen von besonders großer Distanz gekennzeichnet. Das Verhältnis ist besonders konkurrent, da deutsche Prostituierte tendenziell die besseren Arbeits- und Lebensbedingungen haben. Die Migrantinnen sind auf die relativ geregelten und geschützten Arbeitsbedingungen vieler deutscher Frauen eifersüchtig.

„Viele (deutsche Prostituierte, d.A.) sind verheiratet und haben Kinder. Sie gehen dann am Morgen, wenn sie mit der Arbeit fertig sind, zu sich nach Hause. Sie haben einen Ehemann und der beschützt sie.“

Dahinter steht der eigene Wunsch nach einer Familie, die Sicherheit und Kontinuität bietet. Den Befragten wäre dabei wichtig, daß der Ehemann seriös ist, keine Gewalt anwendet und bei Bedarf finanzielle Unterstützung leistet. Durch eine Ehe mit einem deutschen Mann sehen die Frauen einige Probleme für sich gelöst: Sie erreichen die Legalität - insofern sie ohne Aufenthaltsrecht waren - und verlieren damit Unsicherheiten bei der Arbeit. Bessere Eingliederungschancen in die deutsche Gesellschaft eröffnen sich. Manchmal liegt darin die einzige Chance auf eine eigene Wohnung.

Einzelne Interviewte werten ihre deutsche Konkurrenz massiv ab.

„Die Leute scheuen sich vor so einer (deutschen Prostituierten, d.A.). Ich finde es unmöglich, wie sie sich benehmen. Die deutschen Frauen haben kein Benehmen, außerdem kann auch die Polizei kommen.“

Diese Einstellung kann zur direkten Aggression führen. In dem folgenden Beispiel wird zugleich deutlich, daß eine Frau ihre deutschen Kolleginnen als Prostituierte mißachtet, während sie ihre Arbeit im Sexgewerbe nicht als Prostitution definiert. Die Bezeichnung Hure drückt eine klare Abwertung aus.

„Die deutschen Frauen sind richtige Huren. Sie helfen uns überhaupt nicht, im Gegenteil, sie versuchen, uns Steine in den Weg zu legen, uns die Kunden wegzunehmen, uns zu boykottieren.“

Unbestritten ist die strukturelle Benachteiligung der ausländischen Frauen gegenüber den deutschen Frauen in der Prostitution. Die Interviews verweisen jedoch darauf, daß die Migrantinnen die Lebens- und Arbeitsbedingungen von deutschen Kolleginnen grundsätzlich als die besseren einstufen und damit deren gesellschaftliche Diskriminierung als Prostituierte sowie deren mögliche individuelle Zwangssituation verkennen. Aus der Konkurrenzsituation auf dem Markt der sexuellen Dienstleistungen entwickeln sich kli-

120 Die Befragten wissen oft über andere Migrantinnen in der Prostitution, beispielsweise aus Thailand und den Philippinen, nichts zu berichten, weil sie nicht miteinander kommunizieren können.

scheehafte Feindbilder unter den Frauen. Gleichzeitig besteht von Seiten der deutschen Prostituierten der Vorwurf an die ausländischen Frauen, mit ihrem Verhalten die Arbeitsbedingungen im Milieu für alle zu verschlechtern. Auf dem Hurenkongreß in Frankfurt gab es beispielsweise in der Arbeitsgruppe ausländische und inländische Prostituierte immer wieder den Vorwurf seitens der deutschen Frauen zu hören, daß die Ausländerinnen

> „sich zu billig verkaufen[121], alles mit sich machen lassen, keine Grenzen in der Arbeit setzen, die Preise kaputtmachen, kein Interesse an einer organisierten, geschützten Arbeit hätten, es wahllos mit jedem treiben, es 'ohne' machen wegen der Kohle, eine Gefährdung im Milieu sind, nicht lernwillig sind, und daß oft der Versuch gestartet wurde, mit ihnen zu kooperieren, sie sich aber beharrlich weigerten". (Hurenkongreß Frankfurt November 1993).

Sicherlich stehen die Teilnehmerinnen des Hurenkongresses nicht stellvertretend für die Prostituierten in der Bundesrepublik. Dennoch zeigen sich hier deutlich die Ansätze eines Konfliktes, der auf den unterschiedlichen Ausgangsbedingungen von inländischen und ausländischen Frauen beruht. Die ausländischen Prostituierten kämpfen stärker mit praktischen Problemen wie Aufenthaltserlaubnis und Kommunikation, sie müssen versuchen, so schnell wie möglich so viel Geld wie möglich zu verdienen. Ob realistisch oder unrealistisch, für ihre Zukunft wünschen sie sich eine baldige, materiell erfolgreiche Rückkehr in die Heimat.

> „Ich nehme alles, was kommt. Was soll ich da groß fragen? Erstens kann ich das nicht, an manchen Tagen bin ich froh, wenn jemand zu mir kommt, und das Zimmer muß bezahlt werden."

Während viele Migrantinnen diese 'vorübergehende' Arbeit damit eher aus einer Kurzzeitperspektive betrachten, sind deutsche Frauen, die sich als professionelle Huren begreifen, darauf bedacht, langfristig ein gutes Leistungs-Einnahmeverhältnis zu erzielen. Aus einer Langzeitperspektive versuchen sie ihre zukünftigen Arbeitsbedingungen zu verbessern.

3. Zusammenfassung

Wie ein roter Faden ziehen sich drei wichtige Aspekte durch die verschiedenen Lebensbereiche der Migrantinnen. 1) Da die meisten Frauen einen ungesicherten Aufenthaltsstatus, viele auch gar kein legales Aufenthaltsrecht haben, ist ihr Leben stark vom Rechtsstatus und seinen potentiellen Auswirkungen beeinflußt. 2) 'Geld' ist das vorherrschende, handlungsleitende Mo-

---

121 Bestätigend hier die Preisliste aus der Studie des Bundesministeriums für Frauen und Jugend (1994: 169): Danach soll in Stuttgart keine Leistung unter DM 100,00 angeboten werden und Geschlechtsverkehr soll mindestens DM 150,00 kosten. Unsere Befragten liegen im Vergleich weit hinter diesen Vorgaben, sie berechnen für einen Kunden zwischen DM 40,00 und DM 70,00.

tiv. Im materiellen Aufstieg liegen die Gründe für wichtige Entscheidungen, und an der Existenz und Verteilung von Geld machen sich Konflikte fest. 3) Viele Vernunftentscheidungen und -handlungen, die sich am materiellen Zugewinn orientieren, wirken sich gegen das eigene psycho-soziale Wohlbefinden aus. Aus zweckrationalen Überlegungen heraus wird das persönliche Glück in die ferne Zukunft gedrängt.

Trotz ähnlicher struktureller Nachteile befinden sich die Frauen in völlig unterschiedlichen individuellen Lebensverhältnissen. Migrantinnen werden nicht immer über direkte Abhängigkeits- und Ausbeutungsverhältnisse in die Prostitution gezwungen, sondern arbeiten auch als freie, von Zuhälter- und Händlerinteressen unabhängige Prostituierte. Dienstbotinnen ohne Aufenthaltsrecht werden meist ausgebeutet, treffen jedoch manchmal auch auf solidarische Landsfrauennetze und auf zuverlässige und verständige 'Arbeitgeber'. Heiratsmigrantinnen führen auch zufriedenstellende Ehen, das Handlungsmotiv für die Eheschließung liegt nicht ausschließlich im Wunsch nach Versorgung, sondern kann auch emotional partnerschaftlich orientiert sein sowie auf individuell geprägte Lebensvorstellungen abzielen.

Die Allianz der Ehe, die viele Migrantinnen zur Erreichung eines legalen Aufenthaltsstatus und zur materiellen Absicherung eingehen, ist dennoch oft problembeladen. Da die Frauen auch finanzielle Ambitionen haben, ist nicht überraschend, daß die Kontrolle und die Entscheidung über die Verwendung von Geld in den Beziehungen den größten potentiellen Konfliktpunkt darstellt. Probleme entstehen vor allem dann, wenn das Paar unterschiedliche Vorstellungen von der Legitimität der Zahlungen an Familienangehörige in der Heimat der Frau hat. Diskrepanzen zeigen sich nicht nur in der Höhe der Zahlungen, sondern auch in der Akzeptanz von Empfängern. Während wohl die Mehrheit der Männer Zahlungen an Kinder und Eltern der Frauen akzeptiert, werden Zahlungen an ihre Geschwister nur schwer verstanden und hingenommen. Mit dieser Enttäuschung platzt dann auch das Lob für den 'deutschen Mann': Wurde ihm zuvor im Vergleich zu dem thailändischen Mann noch ein besonders verantwortliches und fürsorgliches Verhalten bestätigt, so wird er jetzt als Egoist tituliert, der aus einer Gesellschaft kommt, in der jeder nur an sich denkt.

Alle Frauen versuchen, eigenes Geld zu haben, das von keinem angetastet werden kann. Mit diesem Wunsch nach einer eigenen materiellen Absicherung, unabhängig von der Situation in der Ehe, drängen sich drei Interpretationsmöglichkeiten auf: Es handelt sich a) um eine Gegenwehr zu strukturell vorgegebenen Abhängigkeiten. Die Frauen wollen - wenn teilweise auch nur symbolisch - eine gewisse persönliche Unabhängigkeit wahren. Die Frauen sind b) innerlich jederzeit auf einen völligen Umbruch in ihrem Leben eingestellt. Es handelt sich um eine individuelle Absicherung, da einer gemeinsamen Zukunft aus Prinzip kein großes Vertrauen geschenkt wird. Möglicherweise drückt sich c) in dem Verhalten der Frauen auch eine Umorientierung von tradierten Werten aus. Die Frauen sichern sich für ihr Alter selbst ab, da auf die Versorgungsleistung eigener Kinder im Sinne von Dankbarkeitsbezeugungen kein Verlaß mehr ist.

Dabei spielen die Kinder für die Frauen selbst eine wichtige sinngebende Rolle, sie legen ihre eigene Zukunft in sie hinein. In der Hoffnung auf bessere Erwerbschancen, holen die Frauen ihre Kinder aus der Heimat nach, um ihnen die Teilnahme am westlichen Schul- und Bildungssystem zu ermöglichen. In der Kindererziehung liegt dann auch gleich ein Konfliktfeld in der Ehe, das sich an kulturell unterschiedlichen Sozialisationsvorstellungen festmacht: Tendenziell bevorzugen die Männer eine eher liberalere Erziehung, währende ihre thailändischen Ehefrauen besonderen Wert auf Formen der Höflichkeit und auf Respekt- sowie Dankbarkeitsbezeugungen legen.

Es gibt weitere Problembereiche, denen die Frauen jedoch weniger Bedeutung beimessen. Die Frauen mit Versorgungsmotivation zahlen am häufigsten für ihre materielle Absicherung mit sexueller Abstinenz; die meisten Frauen stellen ihre Beziehung deshalb aber nicht infrage. Demgegenüber ist Sexualität bei den Frauen mit Partnerschaftsmotivation ein wichtiger und gelebter Beziehungsaspekt. Darin zeigt sich, daß die emotionale Nähe zum Mann schon bei der Entscheidung für die Ehe eine bedeutende Rolle einnahm.

Etwas unverständlich bleibt die Haltung vieler Frauen, die kulturellen und sprachlichen Differenzen kaum eine problemverursachende und damit ernstzunehmende Dimension zugestehen will. Eine sprachlich bedingte Kommunikationshürde wird nicht als Hindernis für Verständigung erkannt. Dies läßt auf eine eher resignative Einstellung zur Ehe schließen, so daß sich die Frauen nicht wirklich auf ihren Partner einlassen wollen. Andererseits könnte sich in dem Aufrechterhalten von Kommunikationsbarrieren der Versuch verbergen, interkulturelle Beziehungskomplexität und damit das Risiko einer Überforderung auszuschalten. Diese Frauen würden dann nach einer einfachen, unspektakulären, eben 'normalen' Ehe streben und ihre doch sehr vielschichtigen Lebens- und Beziehungszusammenhänge auszublenden suchen.

Grundsätzlich zeigen die Interviewten einen relativ pragmatischen Umgang mit Problemen in der Ehe und nehmen Schwierigkeiten hin, solange ein gewisser Grundkonsens vorhanden ist. Diese Strategie kann nicht überraschen, schränken doch die asymmetrischen Ausgangsbedingungen in den Beziehungen den Verhaltensspielraum der Migrantinnen enorm ein. Insbesondere die ausländerrechtliche Situation, aber auch soziale Ausgrenzung, finanzielle Benachteiligung und gesellschaftliche Diskriminierung räumt dem deutschen Ehemann Macht über sie ein.

Eine Ungleichheit drückt sich bei den Paaren auch in zwei markanten sozio-strukturellen Merkmalen aus: 1) Der Altersunterschied liegt bei neun Jahren und ist damit dreimal höher als der Bundesdurchschnitt. 2) Mehr als ein Drittel der Ehemänner war vor der Eheschließung geschieden, während sich im Bundesdurchschnitt dieser Anteil bei einem Fünftel hält. Sowohl bei den Frauen, als auch bei den Männern kommen die Partnerschaften besonders häufig auf dem Hintergrund von 'schlechter Beziehungserfahrung' zustande. Beide Gruppen möchten mit der Ehe rudimentäre Bedürfnisse befriedigen, die bei den Männern eher in einer Altersangst und bei den Frauen eher in einer Zukunftssicherung liegen.

Die Integration in deutsche Verwandtschaftsbande fällt den Frauen schwer, auch weil sie häufig Ablehnung durch deutsche Familienangehörige erfahren. Offensichtlich birgt jedoch die Zeit eine Chance der Veränderung in sich. So bauen sich viele Kontakte dann doch noch auf, wenn deutlich wird, daß die bi-kulturelle Ehe hält. Interessanterweise wird zum Teil von deutschen Verwandten, die weiter Vorbehalte pflegen, die enge rechtliche Verknüpfung und damit auch die finanzielle Eigenständigkeit und Unabhängigkeit des Ehepaares ignoriert. Es wird befürchtet, daß der Sohn und Bruder von der Migrantin und ihrem Großfamilienverband im Herkunftsland finanziell ausgenutzt wird. Die deutsche Verwandtschaft will mit der fremden Frau 'ihr' Hab und Gut nicht teilen.

Für viele Frauen lassen sich verwandtschaftliche Berührungsängste mit freundschaftlichen Beziehungen zu Landsfrauen ausgleichen. Das Landsfrauennetz hat eine wichtige stabilisierende Funktion. Gleichzeitig sind jedoch die vielfältigen Kontakte oft nicht so vertrauensvoll, als daß wirkliche Probleme angesprochen werden könnten. Denn die Solidarität unter den Landsfrauen ist im Klima des materiellen Erfolgsdruckes gestört. Materieller Aufstieg bewirkt Anerkennung und Akzeptanz, wohingegen finanzieller Mißerfolg für die Betroffenen einer persönlichen Abwertung gleichkommt. Zudem stehen die Frauen unter dem Druck, ein moralisch einwandfreies Leben führen zu müssen, das den sozialen Normen bürgerlicher Doppelmoral gerecht wird. Manche Frauen versuchen in diesem Zusammenhang andere als Prostituierte zu stigmatisieren und werten sie damit im Kreise der Landsfrauen persönlich ab. Es kommt ganz darauf an, die 'erfolgreiche und moralisch einwandfreie' Migrantin zu sein. Damit lernen die Frauen aber auch, ihre Probleme, Ängste und Befürchtungen für sich zu behalten.

Die Erwerbsarbeit der Frauen läßt sich in drei große Kategorien einordnen: Die legale Erwerbsarbeit, die illegale Erwerbsarbeit und die Prostitution teils mit legalem Aufenthaltsrecht, teils ohne Aufenthaltserlaubnis. Verheiratete Frauen können legal einer Erwerbsarbeit nachgehen und sind damit auf den ersten Blick die Privilegiertesten der drei Gruppen. Wie die Beratungsstatistik zeigt, sind sie jedoch meist in schlecht bezahlten und schlecht qualifizierten Beschäftigungsverhältnissen tätig. Eine große Anzahl steht in keinem festen Arbeitsverhältnis, sondern arbeitet auf Stundenlohnbasis oder als Aushilfe in ungeschützten Arbeitsverhältnissen. Viele Frauen haben eine gute Berufsausbildung absolviert. Auffällig ist der Abstieg in ihrer Berufsbiographie, so daß sie trotzdem nicht über eine Erwerbsarbeit mit niedrigstem Qualifizierungsniveau hinauskommen.

Die Situation der illegal erwerbstätigen Frauen wird bestimmt von Arbeitsverhältnissen, die auf der Grundlage von Ausbeutung funktionieren. Die Frauen verdienen besonders wenig, werden manchmal entwürdigend behandelt und sind sexuellen Übergriffen ausgesetzt. Neben diesen spezifischen illegalen Arbeitsbedingungen - die sich aufgrund fehlender rechtlicher Regelungen und Rechtsansprüchen der Frauen sehr willkürlich entwickeln können - ist die Situation der Frauen durch ihre gesellschaftliche Unsichtbarkeit gekennzeichnet, denn mit der Ausweisungsgefahr werden die Frauen aus dem öffentlichen Leben gedrängt.

Eine Charakteristik von illegaler Erwerbsarbeit dürfte zudem die enge Verflechtung zwischen Erwerbsarbeit und Privatleben sein, denn bei vielen Interviewten läßt sich die Arbeit kaum mehr vom Privatleben trennen, sie stehen immer zur Verfügung. Außerdem müssen die Frauen besonders flexibel sein. Sie müssen jederzeit mit Unregelmäßigkeiten auf dem Arbeitsplatz und bei der Bezahlung rechnen. Das größte Risiko ist eine Krankheit, da sie die hohen Arztkosten wegen fehlender Krankenversicherung selbst aufbringen müssen.

Für die philippinischen Frauen ohne Aufenthalts- und Arbeitsrecht kann der Kontakt zu Landsfrauen gefährlich sein. Häufig sind sie diejenigen, die aus Wut und Verletzung andere Frauen bei den Behörden melden und damit deren Aufenthalt in Gefahr bringen. Andererseits sind vertrauensvolle Landsfrauennetze wichtig, wenn eine Frau soziale oder auch materielle Unterstützung benötigt. Häufig werden über das Landsfrauennetz Arbeitsplätze vermittelt. Für die Frauen sind es die einzigen 'Anlaufstellen', an die sie sich mit ihren Problemen wenden können, denn den Beratungsstellen sind weitgehend die Hände gebunden, wenn sich Klientinnen ohne Aufenthaltserlaubnis an sie wenden.

Die Rechtssituation der Frauen, die ihnen aufgrund fehlender Aufenthaltsrechte die Aufnahme einer gesetzlich geregelten Arbeit verwehrt, ist grundlegender Bestandteil ihrer Ausbeutung. Würde der Aufenthaltsstatus der Frauen legalisiert, so wären sie überhaupt erst in die Lage versetzt, für ihre Interessen mit rechtsstaatlichen Mitteln einzutreten und öffentlich gegen direkte (oder indirekte) physische und psychische Ausbeutung und Gewalt anzugehen. Zumindest aber sollten auf staatlicher Ebene Überlegungen stattfinden, wie und ob der informelle Arbeitsmarkt mit minimalen Arbeitsstandards versehen und abgesichert werden kann[122].

Migrantinnen in der Prostitution können legal und illegal tätig sein. Auch hier entscheidet die Existenz einer Ehe über den Aufenthalt, auch hier sind die Frauen ohne Aufenthaltsrechte leichter ausbeutbar. Der Alltag von Prostituierten zeigt sich sehr unterschiedlich und variiert zwischen freier, also selbstbestimmter Arbeit im Sexgewerbe, und Zwangsprostitution. Dazwischen liegen viele Mischformen, die mehr oder weniger von Aspekten des Zwangs und Aspekten des selbstbestimmten Handelns durchwoben sind.

Die Situation der ausländischen Frauen, die zur Prostitution gezwungen werden, läßt sich an einigen markanten Punkten festmachen. Oft sind sie über internationale kriminelle Organisationen eingereist, die versuchen, die Kontrolle über sie im Aufnahmeland zu behalten. Die Frauen sind oft hoch verschuldet und werden finanziell ausgebeutet. Der illegale Aufenthalt macht sie erpreßbar. Sie können der Zuhälterstruktur kein eigenes soziales Netzwerk entgegensetzen und sind ohne ausreichende Kenntnis der deutschen Sprache von diesen abhängig. Die Frauen waren oft vor Einreise über die Arbeitsbedingungen in der Bundesrepublik getäuscht; hier sehen sie dann meist keine Chance, aus ihrer Situation herauszukommen, insbesondere aber auch deshalb, weil ihnen eine wirkliche Einkommensalternative fehlt.

Auch in den Arbeitsbedingungen der relativ frei tätigen Prostituierten lassen sich die Voraussetzungen für Zwang und Ausbeutung, sowie Ansätze von Unterdrückung erkennen. Denn auch diese Frauen haben zum Teil große finanzielle Verpflichtungen zu tragen und stehen unter ausländerrechtlichen Zwängen. Die Profiteure der Sexgeschäfte kontrollieren auch sie. Im Verlauf ihrer Tätigkeit im Milieu haben sie jedoch gelernt, sich selbst zu orientieren und eigenständig zu handeln. Die Frauen waren von vornherein über die Modalitäten der Arbeit informiert und wußten sich selbst innerhalb des Milieus zu organisieren. Selten sind sie ganz auf sich alleine gestellt. Es gibt Freunde oder Freundinnen, Verwandte und Ehemänner im Hintergrund, zu denen verläßliche soziale Bindungen bestehen.

Der Verdienst der freiwillig in der Prostitution tätigen Frauen ist im Vergleich zum Einkommen anderer Migrantinnen - in legaler oder illegaler Beschäftigung - hoch. In der Regel können sie mit keiner anderen Erwerbsarbeit, die ihnen angeboten wird, dieses Einkommen erreichen. Prosti-

122 Diskussionen über den informellen Arbeitssektor sowie die Notwendigkeit und die Chancen einer Regulierung auf einem Minimalstandard finden lange schon in internationalen Organisationen - wie der International Labour Organisation (ILO) und der International Organisation for Migration (IOM) - statt.

tution wird deshalb von den befragten lateinamerikanischen und karibischen Frauen als einzige sichere Einnahmequelle betrachtet, über die finanzielle Unabhängigkeit erreicht und materielle Probleme gelöst werden können.

Die Haltung der Frauen gegenüber ihrer Arbeit im Sexgewerbe ist jedoch ambivalent. Da sie als Frau anziehend wirken, sehen sie ihre weibliche Identität gestärkt. In diesem Sinne haben sie ein Selbstverständnis, professionell ihre Geschäfte abzuwickeln. Gleichzeitig tragen sie von sich nicht das Berufsbild einer Prostituierten, sondern das Negativbild der Gesellschaft über diese Tätigkeit mit. In vielen Zusammenhängen wird deshalb eine Rechtfertigung für die Arbeit gegeben und objektiv schlechte Bedingungen werden zur Legitimation genutzt.

Eine Folge des fehlenden professionellen Berufsbildes ist offensichtlich die mangelnde Kenntnis über Gesundheitsgefahren und ansteckende Krankheiten. Manche Frauen glauben, kranke Freier erkennen und selektieren zu können und schützen sich daher sehr unprofessionell. Ärztliche Kontrollen finden bei den Frauen unregelmäßig, manchmal auch gar nicht statt. Überhaupt werden negative Seiten der Tätigkeit verschleiert, subtiler Zwang und psychischer Druck verdrängt.

Die Kontakte der Frauen zu anderen Prostituierten sind aufgrund der großen Fluktuation im Milieu oft nur vorübergehender Art. Zu Landsfrauen besteht ein ambivalentes Verhältnis, das einerseits von Solidarität, andererseits von Konkurrenz geprägt ist. Beziehungen zu Prostituierten anderer Nationalitäten bestehen kaum. Das Verhältnis zu deutschen Prostituierten ist von abwertender Distanz geprägt. Darin spiegeln sich Spannungen, die von der strukturellen Benachteiligung ausländischer Frauen in der Prostitution ausgelöst sind. Andererseits zeigen sich bei den beiden Gruppen tendenziell zwei unterschiedliche Herangehensweisen: Während deutsche Prostituierte auf der Grundlage eines professionellen Ansatzes ein eher solides Preis-Leistungsverhältnis im Gewerbe erzielen wollen, sehen die Migrantinnen für sich oft einen schnellen Erwerb, der leicht beendet werden kann. Sie wollen in kurzer Zeit so viel Geld wie möglich verdienen.

So überrascht nicht, daß alle Frauen von dem Ausstieg aus der Prostitution träumen. Nicht nur, weil dies die Altersgrenze unumgänglich macht, sondern insbesondere auch, um endlich einmal bürgerlich leben zu können und gesellschaftliche Akzeptanz zu erfahren, ohne sich verstellen zu müssen. Viele Frauen hegen auch den Wunsch nach einer Rückkehr in ihr Heimatland, wo sie hoffen, ohne finanzielle Probleme leben zu können. Dabei haben sie aus einer romantisierenden Haltung heraus oft nicht bemerkt, daß sie selbst und ihre Umwelt sich verändert haben, und das 'Zuhause' heute ein anderes wäre.

V. Diskriminierung und ihre Bewältigung

„In seinem Kopf hat er, daß ... alle Frauen Prostituierte sind. Alle Frauen sind Nutten für ihn, niemand arbeitet gern. Das erzählt er hier in Deutschland den anderen, wenn er im Gasthof ist. Das ist alles, was er sagt ... und ich stehe neben ihm und sage 'Gustav, paß auf. Sag das doch nicht über die Brasilianerinnen. Du sprichst nur von einem Teil, nur dort wo Du gewesen bist. Sprich nicht so, sprich doch gut über Brasilien, denn wir haben viele gute Sachen in unserem Land." (Migrantin aus Brasilien)

Offener Rassismus, auch in physisch gewalttätiger Form, gehört nicht selten zum Tagesgeschehen in der Bundesrepublik. Nicht-deutsche Einwohnerinnen und Einwohner werden auch zunehmend in wenig spektakulärer Form zur Zielscheibe von alltäglicher ausländerfeindlicher Diskriminierung. Gegen die Migrantinnen unserer Gruppe richtet sich zudem eine spezielle Form der Abwertung, die sich aus der zunehmenden Anzahl der 'Fälle' von Frauenhandel, und damit ihren Bekanntheitsgrad als soziales Phänomen speist. Aus Geschäftsinteresse haben Reiseveranstalter und Heiratsvermittler das Bild der 'unterwürfigen Asiatin' aufgegriffen. Spektakuläre Medienberichterstattung hat das Klischee mitkonstruiert, das Grundlage für Diskriminierung und Stigmatisierung ist. Das Heft 'Asiatinnen' will philippinische Heiratskandidatinnen auf seinen 'heißen Seiten mit exotischen Supergirls' bieten[1].

„Diese Filipina geht noch auf die Oberschule. Sie ist 18 Jahre alt, 1,60 m groß, schlank, ein Traummädchen, das noch nie seine Insel verlassen hat. Sie wünscht sich einen treuen deutschen Ehemann, der eine Familie mit ihr aufbauen möchte."

Die Degradierung zum Sexualobjekt und die Abwertung als Ausländerin wirken bei unserer Gruppe zusammen. Die Vorstellung, daß jemand gekauft sei, spricht der betroffenen Person Eigenständigkeit und Handlungsfähigkeit ab und macht sie damit zur Projektionsfläche für die vielfältigsten Phantasien. Das Klischee beeinträchtigt die psycho-sozialen Lebensbedingungen der Frauen. Eine thailändische Journalistin berichtet von einer eher 'harmlosen' Erfahrung, die jedoch die Projektionen vieler Männer wiedergibt, eben daß 'Asiatinnen' leicht zu haben seien.

„Eines Samstagnachmittags gingen wir in eine Kneipe, wo Männer zum Bier trinken und Fußball gucken versammelt waren. Kaum saßen wir am Tisch, wurden unsere deutschen Freundinnen schon von einem kleineren Mann, Ende fünfzig, angesprochen. Er erzählte, daß er einen kleinen Laden besitzt und nun von seiner Frau geschieden ist. Seit einiger Zeit suche er nun eine Frau, die ihm auch im Laden helfen könnte. Er zeigt ausdrückliches Interesse an uns asiatischen Frauen, 'Nette Mädchen, wirklich nett ...', und bot uns an, falls wir Interesse hätten, ihn doch unter der angegebenen Adresse aufzusuchen. Verärgert verließen wir die Kneipe. Dies war also die Realität, auf die wir uns einzustellen hatten. (Limpisawas 1990: 19).

1 „Asiatinnen" 1/91. In dieser Zeitschrift sind Pornos mit philippinischen Frauen: „Warum Philippininnen so sexy sind" genauso zu finden, wie Fotos von „Philippininnen zum Heiraten".

Zugleich erfahren die Frauen Ablehnung, weil ihr Verhalten, sich aus materiellen Gründen einen deutschen Ehemann zu suchen, moralisch verurteilt wird. Vergessen wird an dieser Stelle, daß Heiratsmigration, verbunden mit materiellem Aufstiegsinteresse, kein neues und auch kein asienspezifisches Phänomen ist, sondern daß in der Vergangenheit Frauen aus den unterschiedlichsten Ländern diesen Weg nutzten. So ergriffen auch deutsche Frauen Ende des 19. Jahrhunderts diese Lebensstrategie[2].

Bislang existiert keine fundierte Analyse zur Konstruktion des Stereotyps der 'Asiatin'. Es läßt sich daher nicht genau sagen, wie das Stereotyp, das auch ein Produkt männlicher Phantasie darstellt, auf dem Hintergrund der Vermarktung von Geschäftsinteressen und mit der Beteiligung von unkritischer Medienberichterstattung sowie der Öffentlichkeitsarbeit von engagierten Expertinnen und Experten entstand. Auch wissen wir nicht, ob und wie sich der Protest von Migrantinnengruppen und Beratungsstellen selbst auf die Verbreitung des Stereotyps und seine Anwendung genau auswirken. Da aktive Gruppen heute jedoch schneller gegen offensive Formen der sexuellen und rassistischen Diskriminierung protestieren und immer wieder vor unbeabsichtigter Diskriminierung warnen, dürfte das Klischee jetzt seltener, bzw. weniger offensiv in der Öffentlichkeit benutzt werden.

Wir wollten klären, in welchem Maße die Frauen mit den Klischees direkt oder auch indirekt konfrontiert sind, wie diese Erfahrungen aufgenommen werden und welche Reaktionen damit bei ihnen hervorgerufen werden. Zentrale Frage war, ob die Reaktionen resignativer oder offensiver Art sind und inwieweit Integrationsprozesse davon beeinflußt sind. Dabei gingen wir davon aus, daß sich Stigmatisierung und Diskriminierung in der Aufnahmegesellschaft auf die Haltung der Migrantinnen zu eben dieser Gesellschaft auswirken, daß ihre Einstellung zur Alltagskultur mit solchen Erfahrungen korrespondiert.

Es sollte abgeklärt werden, wie die Frauen die soziokulturellen wie auch die rechtsstaatlichen Rahmenbedingungen für sich im Aufnahmeland interpretieren. Dies fand anhand von verschiedenen Themensträngen statt: Wir konzentrierten uns auf Konstruktionen von Weiblichkeit, das Stereotyp der deutschen Frau wurde dem der Migrantin gegenübergestellt. Des weiteren wird anhand von Sozialisationswünschen an die eigenen Kinder auf die Bewertung von Alltagskultur geschlossen, und es wurde die Haltung der Frauen zum rechtsstaatlichen System in der Bundesrepublik erfaßt. Da

---

2 Die Ausstellung „Abenteuer Ehe - Heiratsmigrantinnen gestern und heute" dokumentiert u.a. das Leben von 'Fotobräuten', die Ende des 19. Jhds. aus Europa nach Kanada, Amerika, Australien, Neuseeland und Afrika auswanderten. Zudem wird das Leben von 'Kriegsbräuten' des Ersten und Zweiten Weltkriegs nachgezeichnet; sie gingen u.a. nach Kanada und Amerika. Außerdem werden in der Ausstellung die Hintergründe der heutigen Heiratsmigrantinnen aus Osteuropa, Asien, Afrika und Lateinamerika, die in der Bundesrepublik leben, dokumentiert (Franger, Pablo 2/93).

thailändische Frauen aufgrund ihrer Herkunft aus einem international bekannten Sextourismusland besonders stark mit Klischees konfrontiert sein dürften, stehen ihre Informationen im Zentrum der Auswertung[3].

1. Diskriminierungserfahrungen - „ich bin fremd und käuflich"

Die Mehrheit der Frauen fühlt sich von den Klischees diskriminiert und in der Lebensqualität eingeschränkt. In unserem Sample der 20 befragten thailändischen Frauen waren dies 15, während nur fünf Frauen keine negativen Auswirkungen für sich erkennen konnten.

1.1 Direkt konfrontiert mit „Käuflichkeit"

Nicht alle Frauen, die ihre Lebensqualität minimiert sehen, waren direkt mit den Klischees konfrontiert. Insgesamt hatten sieben der 20 Befragten eigene abwertende Erfahrungen mit der 'Käuflichkeit' gemacht. Die Frauen stießen auf diskriminierende Äußerungen innerhalb ihrer täglichen sozialen Kontakte, die von Familienangehörigen und Nachbarn bis zu Arbeitskollegen reichen. Am direktesten dürfte Diskriminierung in Einrichtungen des Sexgewerbes stattfinden, in denen Freier auf ausländische Prostituierte treffen. Eine Frau, die zeitweise Dienstleistungen - nicht-sexueller Art - in einer Animierbar erbrachte, berichtet.

> „Viele Farangs sagen oft Patpong[4]. Wenn ich das Wort nur höre, muß ich mich woanders hindrehen, weil ich diese Geschichte nicht noch weiter spinnen (also nicht mehr darüber nachdenken, d.A.) möchte."

Diese Frau möchte solche Erfahrungen verdrängen. Die spontanen Reaktionen der meisten Befragten auf abwertende Erfahrungen sind jedoch tendenziell offensiv. Die Frauen wehren sich verbal und argumentieren inhaltlich.

Eine andere Befragte wurde von dem Sohn ihres Mannes der Prostitution in Thailand verdächtigt, was erhebliches Mißtrauen in der zwischenmenschlichen Beziehung verursachte. Diese Haltung, die nach Ansicht der Befragten aus Neid und Eifersucht entstand, konnte erst nach einer offensiven Reaktion der Frau und wachsendem Vertrauen überwunden werden. An

---

3 Die thailändischen Heiratsmigrantinnen wurden von der Interviewerin auf das Klischee der 'thailändischen Prostituierten' und 'gekauften Frau' angesprochen. Einzelnen war die Problematik nur teilweise, einer Frau war sie völlig unbekannt. Ob Verdrängungsmechanismen dabei eine Rolle spielen, muß offen bleiben. Diese Frauen wurden von der Interviewerin auf die Klischees und ihre groben Inhalte hingewiesen. Alle Frauen wurden zu eigenen Erfahrungen, Einstellungen und Reaktionen befragt.

4 Die Patpong ist die bekannteste Sextouristen-Straße in Bangkok.

diesem Beispiel läßt sich auch ablesen, daß das aktive Handeln der Frau auf positive Resonanz stößt.

> „Es war der Sohn meines Mannes, also früher. Aber jetzt nicht mehr, er ist auch gut, er hat es nur aus Neid gemacht, aber er hat es innerlich nicht so gemeint. Wir haben früher darüber gesprochen: 'Denkst Du, daß ich Prostituierte war? Frag mal deinen Vater, ob ich Prostituierte war. Und dein Vater soll nach meinen persönlichen Daten forschen, also in Thailand, wessen Kind ich bin, wo ich gelebt oder gearbeitet habe. Weil ich es nicht so gemacht habe, wenn man sagt: Prostituierte. Die gibt es aber überall, in allen Ländern, in deinem Land gibt es die auch. Gibt es keine Prostituierte in deinem Land? Es gibt hier sogar mehr als in Thailand.' Ich habe es zu ihm so gesagt."

Andere Frauen reagieren auf sexistisch-rassistische Diskriminierung, indem sie sich als überlegen darstellen. Sie entwickeln gegenüber deutschen Frauen Mechanismen der Abwertung. In affektiven Aussagen werden pauschal die thailändischen Frauen den deutschen Frauen gegenüber lobend hervorgehoben. Eine Frau schildert in diesem Kontext ihre eigene Reaktion auf eine diskriminierende Erfahrung, die sie derart traf, daß sie sich mit abwertenden Äußerungen gegenüber deutschen Frauen schützte.

> „Mein Nachbar hat mich gefragt, wann ich Urlaub mache und warum ich keinen Urlaub in Italien mache. Ich habe dann gesagt, ich will nicht dorthin fahren und an meine Heimat denken. In Thailand gibt es noch viele Plätze, wo ich Urlaub machen und hinreisen muß. Sie haben dann gesagt, Italien ist sehr schön und sauber, Thailand ist so schmutzig. Alle sind schmutzig, sogar die Thailänderinnen. Warum heiraten sie so viele deutsche Männer? Wenn die Männer hinfliegen und Frauen mitnehmen, dann sind dies meist Prostituierte und bringen die Aidskrankheit mit. Ich war sehr böse und giftete zurück. Ich habe gesagt, nicht nur die Thailänderinnen, die deutschen Frauen auch. Sie arbeiten auch so (als Prostituierte, d.A.). Warum denken sie nicht daran? Aber wenn die deutschen Frauen gut sind, warum gehen die deutschen Männer dann die Thailänderinnen heiraten, obwohl sie sich nur ein paar Tage kennen? Ich habe gegen sie gesprochen. Ich war gekränkt. Obwohl es in Thailand viele Urlaubsplätze gibt, sagte sie, alle wären schmutzig und sie wollten nicht hingehen, z.B. an den Strand. Ich habe dann gesagt, es gibt auch viele saubere Plätze."

Viele dieser diskriminierenden Äußerungen dürften nicht direkt an die Frauen adressiert sein, wahrscheinlich erfahren sie oft über dritte Personen davon. Zum Beispiel wird dem Ehemann die aktive Handlung des 'Kaufens' unterstellt: die Frau sei als passives 'Sexualobjekt' im Reisegepäck mitgebracht worden. Zwei Frauen berichteten, daß ihre Männer von Arbeitskollegen direkt nach ihrem Kaufpreis gefragt worden sind[5].

> „Ja, ich habe gehört, sie haben gesagt, alle Thailänderinnen sind Prostituierte. Am Arbeitsplatz von meinem Mann. Jemand hat meinen Mann gefragt, wo hast du deine Frau gekauft. Er hat dann gesagt, er hat nicht gekauft, seine Frau ist keine Prostituierte."

Diskriminierung mit 'Käuflichkeit' läuft andererseits auch unterschwellig ab und kann über Ersatzthemen - versteckt über andere, stellvertretende Inhalte - vermittelt werden.

---

5 Da zu vermuten ist, daß Männer ihren Frauen oft nicht von derartigen Anfragen berichten, können wir davon ausgehen, daß der Anteil größer ist.

1.2 Diskriminierung über 'Ersatzthemen'

Neben direkten und eindeutigen verbalen Angriffen sind die Frauen auch subtileren Formen der Abwertung ausgesetzt, die zwar potentiell andere neutrale Interpretationsmöglichkeiten offenlassen, jedoch in dem Klima von Vorurteilen diskriminierend wirken. Die Frauen sind sehr sensibel für verdeckte Diskriminierungen. Sie sind feinfühlig für Anspielungen, die in versteckter Form abzuwerten suchen. Zwei Frauen berichten von solchen Erfahrungen. Sie haben beide in Thailand in der Prostitution gearbeitet und sind der Auffassung, daß ihre Landsfrauen das schlechte Image und die Beleidigungen verdient hätten. Als Thailänderin schämen sie sich. Eine dieser Frauen versucht deshalb sogar ihre wirkliche Herkunft zu verstecken. Bei Nachfrage gibt sie an, aus Indien zu stammen. Sie berichtet von einer Fernsehsendung, der sie selbstkritisch gegenübersteht.

> „Damals arbeitete ich im Hotel, man konnte nichts sehen - alles war bedeckt. Wir sprachen höflich. Aber jetzt kann man alles im Fernsehen sehen. Manchmal denke ich, es ist doch richtig, daß die Europäer uns beleidigen."

Für die Frauen, die versteckte Diskriminierung empfinden, können bereits Begriffe wie 'Asien' oder 'Thailand' einen negativen Symbolcharakter haben. Dahinter vermuten sie die gesamten Vorwürfe, die sie teilweise selbst inhaltlich mittragen.

> Frage: „ ... Also in Deutschland, hat jemand Sie schon mal gefragt (ob sie Prostituierte waren, oder Ihr Mann Sie gekauft hat, d.A.)?" Antwort: Niemand. Oder falls jemand mich angesprochen hat, hat es mich doch nicht interessiert. Z.B. am Bahnhof, manchmal haben sie mich ausgelacht. Manchmal bin ich auf der Straße gegangen, und eine alte Frau hat gesagt: 'Asien'. Ich habe sie dann gefragt: 'Du Asien?'. Sie ist dann ruhig gewesen. Manchmal denken die Leute, daß wir nicht sprechen können. ... In der Nähe von mir gibt es auch eine alte Frau, sie wohnt da oben. Sie ist verrückt, sie hat gesagt: 'Thailand'. ...."

Auch über die Kinder werden den Frauen zweideutige Ereignisse zugetragen:

> „Ich glaube, sie denken, daß wir Prostituierte sind. ... In der Schule von meinem jüngsten Sohn, er hat mir erzählt: Mutter, meine Freunde in der Schule haben gesagt, du bist hierhergekommen und hast einen Mann gesucht zum Heiraten. Mein Sohn hat das selbst erzählt. Aber mein Sohn nimmt es nicht ernst, egal wer was sagt. Ich habe meinem Sohn dann gesagt, sag ihnen, daß ich nicht alleine gekommen bin, sondern dein Vater hat mich hierher geholt."

Diskussionen über Armut im Heimatland können als abwertend empfunden werden. Weil Armut eine gesellschaftliche Ursache für Prostitution und Migration darstellt, wird mit ihrer Benennung bereits eine subtile Abwertung vermutet.

> Frage: „Können Sie sich noch an eine Situation erinnern, in der Sie jemand beleidigt hat .... ? „ Antwort: „ ... Es war neulich. Er hat erzählt, er war in Thailand. In Thailand sind die Leute arm und haben nichts zu essen. Ich habe gesagt, das stimmt nicht, in Thailand gibt es alles. Er hat gesagt, er war in Thailand und hat es mit seinen eigenen Augen gesehen. ... Sie haben nur arme Leute gesehen, aber keine reichen Leute. In Deutschland ist das auch genauso. Manche sitzen auf der Straße, es

ist ja gleich. Warum müssen sie das meinem Land vorwerfen? Mein Land ist nicht arm."

Die Migrantinnen leben mit der Last eines Stereotyps, das sie in eine kontinuierliche Anspannung versetzt. Damit steht ihnen die Vielfalt an Interpretationsmöglichkeiten von uneindeutigen Erfahrungen nicht mehr offen. Den Frauen fehlt möglicherweise die innere Distanz, um einzelne Gegebenheiten in ihrer Vielfalt einordnen und potentielle Fehlinterpretationen korrigieren zu können[6]. Aus einer persönlichen Betroffenheit heraus werden Erlebnisse schnell unkritisch als diskriminierend eingestuft.

Demgegenüber haben sich wiederum andere Frauen immunisiert, nehmen 'Anspielungen' nicht als Diskriminierung wahr. Zum Teil reagieren sie so souverän und kontern so schlagfertig, daß das Gegenüber zum Schweigen gebracht wird.

> Frage: „Hat jemand Sie schon mal ganz direkt gefragt?" Antwort: „Nein. Vielleicht denken die Leute, ich sei nur ein Kind, also nicht verdächtig." .... Frage: „Und die deutschen Männer? Wie reagieren die deutschen Männer auf Sie?" Antwort: „Es geht eigentlich. Wenn es mal was gibt, dann ist das von einer Minderheit. Ein- oder zweimal, aber ich mache mir da keine großen Gedanken. Meistens sind es ältere Leute. Sie fragten, wo ich herkomme. Ich sage 'Aus Thailand'. Was ich hier mache. Ich sagte 'Ich lerne'. Da sagten sie, daß es hier kaum noch Brot gäbe zum Essen. Ich sagte dann 'Ich esse kein Brot, ich esse Reis'. Da sagten sie nichts mehr weiter."

1.3 Abwertende Atmosphäre im Alltag

Diskriminierung läßt sich nicht ausschließlich an Begriffen und Handlungen festmachen, sondern kommt häufig in Form von Blicken, Haltungen und Umgangsformen zum Ausdruck. Subtile Abwertung wirkt besonders in einem rassistisch-sexistisch geprägten Klima. Vier Frauen sind für solche Situationen besonders feinfühlig. Sie fühlen sich bereits durch die Existenz des Klischees diskriminiert und beleidigt. Diese Frauen leiden unter dem, was ihrer Einschätzung zufolge über sie gedacht wird. Sie glauben in geringschätzigen 'Blicken' Vorurteile erkennen zu können.

Die Handlungsorientierung dieser Frauen läßt sich keinen besonderen Kategorien zuordnen[7]. Es fällt jedoch auf, daß sie alle stark an einem selbständigen, emanzipierten und gleichberechtigten Leben mit oder auch ohne

---

6 Ein Beispiel für eine undifferenzierte Sichtweise gibt Cornelia Mansfeld. In ihrem Vortrag zu Rassismus berichtet sie von der Reaktion einer ghanaischen Freundin auf die zunehmende Ausländerfeindlichkeit in der Bundesrepublik. „Meine Freundin sagt mir: 'Nachdem die Deutschen sich entschieden haben, mich umzubringen, muß ich mir überlegen, wo ich mich in Sicherheit bringen kann.' ... Eine differenzierte Sicht von Deutschen ist ihr kaum noch möglich. Sie ist besonders aufmerksam in Situationen, die ihr Bild von den dümmlich-unsensiblen bis brutalen Deutschen bestätigen und ihre Auswanderungsidee fördern." (Mansfeld 1993: 53).

7 Eine Frau orientiert sich an Individualisierungsmotiven, eine an Partnerschaftsmotiven, und zwei Frauen sind hauptsächlich durch ihre Versorgungsinteressen motiviert.

Partner interessiert sind[8]. Gerade dieser Gleichberechtigungswunsch, die Idee der egalitären Partnerschaft, steht aber im Widerspruch zu den öffentlichen Standards von Ungleichheit in der Ehe zwischen deutschen Männern und asiatischen Frauen, in denen die Frau 'gekauft' sei. Deshalb ist es möglich, daß die Existenz des Negativbildes gerade die Frauen beeinträchtigt, die in ihrem eigenen Emanzipationsvorhaben besonderen Wert auf die Wahrnehmung ihrer Person und ihrer Persönlichkeit - im Gegensatz zu gesellschaftlichen Rollenzuschreibungen - legen müssen.
Den Frauen, die sich alleine in Kenntnis eines Stigmas öffentlich diskriminiert fühlen, fehlt die Ebene einer persönlichen Auseinandersetzung. Sie werden nicht direkt konfrontiert und können sich deshalb auch nicht direkt zur Wehr setzen. Ihnen bliebe nur die Chance, das Problem als Politikum in der Öffentlichkeit zu benennen.

> Frage: „Die Informationen, daß die Frauen entweder per Katalog gekauft wurden oder Prostituierte sind. Haben Sie schon mal davon gehört, oder haben Sie es schon mal erlebt, daß jemand Sie deshalb beleidigt hat?“ Antwort: „Von den Deutschen meinen Sie?“ ... „Ja“. Antwort: „Die meisten reden ja so. Die meisten meinen es ja so.“ ... Frage: „Haben Sie gar nichts dagegen gemacht?“ Antwort: „Was kann ich denn dagegen tun? Ich kenne ihre Gedanken nicht. Das ist ja ihre Meinung. Sie haben ja nicht gesagt, daß du so und so bist. Aber wenn sie zu mir etwas gesagt hätten, hätte ich etwas dagegen unternommen. Aber das sind nur ihre Gedanken, deshalb weiß ich nicht, was ich dagegen tun kann.“ Frage: „Hat jemand zu Ihnen so etwas mal gesagt?“ Antwort: „Nein.“

1.4 Keine Angriffsfläche für Stigmatisierung bieten

Ein kraß entgegengesetztes Reaktionsmuster läßt sich bei fünf Befragten konstatieren, die weder Diskriminierung noch die Existenz von Negativbildern in der öffentlichen Meinung bewußt wahrnehmen. Zwei dieser Frauen orientieren sich an den Partnerschaftsmotiven, wobei eine auch freiheitsliebende Aspekte integriert. Ihnen bieten sowohl die Beziehung zum Partner als auch die zwischenmenschlichen Kontakte einen Schutzraum. Sie sprechen von einer glücklichen Liebesbeziehung zu ihren Ehemännern und bewerten ihre sozialen Kontakte in der Bundesrepublik äußerst positiv. Die anderen drei Frauen orientieren sich an Versorgungsmotiven. Obwohl sie in Thailand in der Prostitution gearbeitet haben - und damit ihre Biographie bestimmte faktische Überschneidungen mit dem Klischee aufzeigt -, empfinden sie keine Abwertung.

Dieses Ergebnis verdeutlicht, daß individuelle Reaktionen auf kollektive Negativbilder nicht von einer Übereinstimmung zwischen dem Klischee und den spezifischen Lebensverläufen abhängt. Vielmehr ist hier die subjektive Verarbeitung der Klischees an die eigene Einstellung zur Prostitution sowie

8 Zwei Frauen würden bei einem Neuanfang überhaupt nicht mehr heiraten, sie wollen sich nicht mehr bevormunden lassen. Zwei Frauen möchten in der Familie und mit Ehemann mehr Gleichberechtigung erreichen sowie selbständiger leben.

an das Selbstbewußtsein der Betroffenen gekoppelt. Die engsten sozialen Bezugspersonen und deren Umgang mit den öffentlichen Zuschreibungen sind zudem von entscheidender Bedeutung.

So schaffen es auch die drei Frauen, die in Thailand im Sextourismusgewerbe tätig waren, sich von abwertenden Bildern innerlich zu distanzieren. Dabei konzentrieren sie sich ganz auf die aktuellen Fakten, nämlich daß sie nicht mehr als Prostituierte tätig sind und niemand ihre Vergangenheit kennt. Weitere Überlegungen und Gedanken zur eigenen Situation im stigmatisierenden sozialen Umfeld werden abgeblockt. Die Tätigkeit der Prostitution und die damit verbundene moralische Abwertung, scheint für diese Frauen abgeschlossen zu sein. Entscheidend ist vielmehr die aktuelle Lebenssituation, die mit der Rolle als Mutter, Hausfrau und Ehefrau den Erfolg in der persönlichen Biographie markiert.

> Frage: „...Es wird gesagt, daß viele Thailänderinnen Prostituierte seien, oder auch Filipinas. Was meinen Sie, hat das eine Wirkung auf Ihre Ehe? Wenn Sie mit ihrem Mann irgendwo hingehen, wie sehen die Leute Sie an?“ Antwort: „Es macht mir nichts aus, weil ich nicht mehr so wie früher lebe. Wenn ich wieder wie früher lebte, könnten die Leute mich ja beschimpfen.“ Frage: Haben Sie die Erfahrung gemacht, daß jemand Sie hier beleidigt hat?“ Antwort: „Die Deutschen wissen nicht, woher ich komme, oder wie ich gearbeitet habe. Sie können mich deshalb nicht beleidigen.“

Für einzelne Frauen hat sich die Situation in der Bundesrepublik hinsichtlich der Diskriminierung durch Klischees auch verbessert. Sie vergleichen ihr heutiges, eher anonymes Leben mit dem stigmatisierenden und diskriminierenden Umfeld in thailändischen Sextourismusgebieten. Eine Frau, die in einem Sextourismusgebiet über einen größeren Zeitraum mit ihrem Ehemann zusammenlebte, berichtet von ihrer Erleichterung, als sie die Region verließ.

> „Ich denke, hier habe ich Freiheit, und ich bin wie ein Mensch in dieser Gesellschaft. Es ist eine Veränderung. Aber wenn ich in Thailand bin und einen Ausländer heirate, werde ich mehr beleidigt als wenn ich hier lebe. Wenn ich hier lebe, denken manche Leute auch so, aber manche Leute nicht. Aber die meisten Thailänder denken immer so, und ich fühle mich nicht wohl. Es ist eine Veränderung. Ich lebe lieber hier, weil ich einen ausländischen Mann habe. Ich denke so.“

1.5 Reaktionen auf Diskriminierungserfahrungen

Die Frauen sind bereit, sich zu verteidigen und für ihre Auffassung zu kämpfen. Diskriminierende Erfahrungen führen bei ihnen in der Regel nicht direkt zur Resignation und zum Wunsch der Rückkehr ins Herkunftsland. Zudem scheinen sich die meisten Ehemänner der Frauen von dem Stereotyp nicht irritieren zu lassen. Nur bei einer Minderheit von drei Frauen war das Eheleben gestört[9].

Die meisten Frauen verarbeiten Diskriminierung, indem sie sich abgrenzen und sich selbst aufwerten. Am häufigsten stellen sie sich selbst als gute Frau gegenüber der schlechten thailändischen Prostituierten dar. Die Frauen tragen damit selbst die Doppelmoral mit, die sich hier in Form eines Negativbildes gegen thailändische Frauen richtet[10].

> „Nein, sie (die Stigmatisierungen asiatischer Frauen, d.A..) stören nicht, weil ich keine Prostituierte war, und ich war keine schlechte Frau. Ich glaube nur fest daran, daß ich unschuldig bin, sie stören deshalb nicht. Aber, falls ich eine schlechte Vergangenheit hätte, würden sie mich stören. Aber ich bin unschuldig."

Ein Drittel der Frauen, denen das Vorurteil zu schaffen macht, beklagt den undifferenzierten Umgang mit dem Phänomen. Diese Frauen machen deutlich, daß es auch in der Bundesrepublik Prostituierte gibt oder eben nicht alle Thailänderinnen der Prostitution nachgehen oder nachgegangen seien.

> „Es gibt oft Nachrichten, daß die Thailänderinnen so und so sind. Sie beleidigen die Thailänderinnen auch häufig und sie denken, alle Asiatinnen sind käuflich. Sie denken nicht daran, daß es das hier auch gibt, Frauen, die als Prostituierte arbeiten, gibt es nicht nur in Thailand, hier kann man sie auch kaufen."

Die verursachende Rolle von deutschen Männern wird von den Frauen allgemein verkannt. Nur drei der Frauen sprechen überhaupt von deutschen Sextouristen, die das Bild der 'Käuflichkeit' wesentlich mitkonstruieren und -verbreiten.

> „Es gibt doch auch höfliche Männer hier. Aber die Männer, die das (Patpong, d.A.) hier sagen, müssen sich ganz schön herumgetrieben haben."

Erklärungs- und Legitimierungsversuche zur Arbeit in der Sexindustrie gibt es selten. Nur eine Frau versucht die Zwangssituation zu erläutern, in der sich viele der thailändischen Prostituierten befinden. Sie betont, daß viele Frauen keine Alternative zur Arbeit im Sexgewerbe haben, worin sie den Zwang zu dieser Arbeit begründet sieht.

> „Ich werde ihnen sagen, es stimmt, daß so viele (als Prostituierte, d.A.) gearbeitet haben. Aber alle wurden dazu gezwungen, und jetzt arbeiten sie nicht mehr so. Jetzt sind es gute Menschen, warum müssen sie etwas dagegen haben, ..."

Diskriminierung führt nicht immer zur sachlichen Reaktion, sondern kann auch leicht, abhängig von der Härte des Angriffs und dem Grad der Verletzung, zur affektiven verallgemeinernden Gegenreaktion führen, die eine andere Gruppe ausgrenzt und diskriminiert. Damit soll die eigene Gruppe aufgewertet werden. Zwei Frauen werten pauschal die deutschen Frauen ab.

---

9 Deshalb liegt die Vermutung nahe, daß das Stigma von den Männern möglicherweise nicht als Abwertung betrachtet wird, sondern aus deren Perspektive, in Anbetracht der Objektzuschreibungen an Frauen, eher attraktiv wirkt.

10 Sechs der 15 Frauen, die sich beleidigt fühlen oder diskriminiert worden sind, gehen so vor. Nur eine Befragte verurteilt explizit die Doppelmoral.

Eine der Befragten berichtet, daß ihr durch zugefügte Beleidigungen der Gedanke an die Rückkehr in die Heimat gekommen sei. Diese Frau, die über Verwandte an ihren Ehemann vermittelt wurde, sagt von sich, daß sie in der Bundesrepublik seelisch krank geworden sei. Ihr Beispiel macht deutlich, wie leicht die Verletzungen der persönlichen Integrität Vorurteile und Abwertungen gegen andere erzeugen kann. In Reaktion auf abwertende Bemerkungen durch die Nachbarn, die Thailand und die thailändischen Frauen schmutzig finden, argumentierte sie:

„Ich habe dann gesagt, und warum können deutsche Frauen deutsche Männer nicht mehr befriedigen, so daß sie Ausländerinnen heiraten müssen? Sie sprechen ja dieselbe Sprache. Wir sind aber von unterschiedlichen Nationen, wir haben unterschiedliche Sprachen, es ist schwer, sich verständlich zu machen. Warum lieben die deutschen Männer uns, die deutschen Frauen haben keine Fähigkeiten, die Männer zu befriedigen."

Die zweite Befragte berichtet von diskriminierenden Äußerungen, die sie derart verletzten, daß sie mit pauschalen Abwertungen von deutschen Frauen konterte. In ihrem Gedankengebäude kommt die Aufwertung der 'Ausländerin', die damit zum Ausdruck gebracht werden soll, noch deutlicher zum Vorschein. Für sie sind thailändische Frauen mehr wert, eben gerade, weil der Kontakt und das Zusammenleben mit ihnen einen großen finanziellen und organisatorischen Einsatz des Mannes notwendig macht. Gerade mit den hohen Summen demonstrierten die Männer den großen Wert, den die Frauen für sie darstellen. Die Frau berichtet von ihrer Reaktion auf eine Konfrontation mit den Themen 'Thailand' und 'Prostitution':

„... wenn die Frauen hier gut sind, warum nehmen die Männer keine Prostituierten hier, es gibt auch gute Frauen. Die Männer müssen Thailänderinnen heiraten, oder sie müssen sogar Geld bezahlen. Es gibt Prostituierte in Thailand, die besser sind als die guten Frauen hier. Weil die Männer bezahlen müssen für ihr Flugticket und so weiter, und sie holen sie hierher, also müssen sie einen Wert für die Männer haben. Warum nehmen die Männer keine Frauen auf der Straße (hier, d.A.), die wegen einer Zigarette oder einer Tasse Kaffee mit Männern schlafen, wenn die Frauen hier einen Wert haben. Ich habe ihm so geantwortet. Ich kann dir einfach sagen, die Prostituierten in Thailand haben mehr Wert als die guten Frauen hier. Du kannst mir auch böse sein" .

In ihrer Argumentation liegt wiederum deutlich die Gleichung, daß Geld ein Merkmal für persönlichen Erfolg darstellt. Konsequenterweise verbindet sie mit dem Bild der 'gekauften Frau' keine Abwertung. Im Gegenteil, sie sieht darin eine Aufwertung der Frau, deren persönliche Bedeutung mit der Höhe ihres Kaufpreises steigt.

2. Einstellungen zum Leben in der Bundesrepublik

Die Frauen bewegen sich zwischen den extremen Rollenzuschreibungen der 'attraktiven Exotin' einerseits und der 'käuflichen Nutte' andererseits. In Anbetracht dieser starken klischeehaften Zuordnungstendenzen, mit denen die Frauen konfrontiert sind, wollen wir nun ihre subjektiven Einstellungen zu eben genau dieser Gesellschaft studieren. Auf der Suche nach ihrer eigenen Verortung in der Bundesrepublik, wurden sie zu ihrer Haltung zur Frauenrolle, zur rechtsstaatlichen Struktur sowie zu sozio-kulturellen Lebensbedingungen befragt.

2.1 Auf Kosten von deutschen Frauen

Das Geschlechtsrollenverhalten deutscher Frauen wird besonders kritisch bewertet und in einem polaren Konstrukt als negatives Gegenüber zum aufgewerteten Selbst gesetzt[11]. Die Bewertung der deutschen Frauenrolle liegt konträr zum weiblichen Leitbild der Migrantinnen und zeigt damit einen Versuch, den eigenen Aufenthalt als Frau eines deutschen Mannes zu legitimieren.

Obwohl explizit zu positiven Eigenschaften deutscher Frauen befragt, nennen viele Migrantinnen Nachteiliges. Vier Interviewte können das Verhalten deutscher Frauen sogar nur negativ mit: „Nichts gefällt mir" oder „Ich mag sie nicht besonders" bewerten. Sieben Frauen leiten entweder ihr Statement mit negativen Beschreibungen deutscher Frauen ein und nennen nur auf Drängen der Interviewerin positive Merkmale, bzw. versuchen die Balance zu halten, da es gute und schlechte Frauen wie überall gäbe. Dabei läßt sich die Kritik auf zwei Hauptpunkte zuspitzen: An dem scheinbar zu 'männlichen' Benehmen und an einer scheinbar unzulässigen Selbständigkeit wird Anstoß genommen[12].

Acht Frauen nennen Vorzüge deutscher Frauen, ohne diese zu relativieren. Insgesamt können von den 20 Befragten 15 Frauen positive Aspekte angeben[13]. Am stärksten hervorgehoben wird dabei eine große Fähigkeit in der Haushaltsführung und die damit verbundene Ordnung und Sauberkeit[14]. Einige Frauen erwähnen, daß diese Fähigkeiten vorzugsweise bei alten Frauen zu finden seien, während junge Frauen oft einen nachlässigeren Umgang zeigten. Vier Frauen betonen ein attraktives Aussehen deutscher

11 Wir können davon ausgehen, daß viele dieser Vorstellungen über deutsche Frauen nicht auf eigenen Erfahrungen beruhen, weil nur wenige Migrantinnen einen persönlichen Kontakt mit deutschen Frauen haben. Außerdem nennen viele der Befragten auch ihren Ehemann als Träger und Quelle ihrer Einstellung.

12 Drei Befragte begründen so explizit ihre Kritik.

13 Im folgenden handelt es sich um Mehrfachnennungen.

14 Dieser Punkt wird von acht Frauen genannt.

Frauen - Größe und Kleidung -, während drei Frauen wiederum Eigenständigkeit, Freiheitsliebe und Selbständigkeit als Vorzug bewerten.

Interessanterweise spielt der 'Hausfrauenaspekt' auch eine wichtige Rolle für die Migrantinnen, wenn sie sich die Zunahme der Eheschließungen zwischen deutschen Männern und Frauen aus Asien erklären. Für zehn der Befragten steht fest, daß die deutschen Frauen entweder die schlechteren Hausfrauen, bzw. die thailändischen Frauen die fleißigeren sind oder in Verlängerung dessen, daß die thailändischen Frauen besser wissen, wie sie ihre Männer verwöhnen können. Da die Haushaltsführung im Kontext von Heiratsmigration - im Gegensatz zur allgemeinen Bewertung - als Nachteil von deutschen Frauen verbucht wird, kann auf eine legitimierende Argumentation für die eigene Lebensstrategie geschlossen werden.

Den bedeutendsten Zusammenhang für die Zunahme der Eheverbindungen zwischen deutschen Männern und asiatischen Frauen sehen die Befragten jedoch in der Gleichberechtigungsforderung der deutschen Frauen, bzw. auch in deren 'Überemanzipation' begründet. Sieben Migrantinnen sind der Meinung, daß das Problem in der Emanzipation der deutschen Frauen läge; sie würden sich nicht unterwerfen und unterdrücken lassen, machten im Gegensatz zu den thailändischen Frauen, was sie wollten. Zwei Frauen gaben sogar an, daß deutsche Frauen ihre Männer unterdrückten und befehligten[15]. Außerdem lassen sich zu dieser Kategorie der übermäßigen Eigenständigkeit und Durchsetzungsfähigkeit der deutschen Frauen noch weitere drei Aussagen addieren. Diese beinhalten, die deutschen Frauen seien zu freiheitsliebend und gingen aus, wann sie wollten. Insgesamt vermuten somit elf der 20 Befragten die Gründe für die Zunahme deutsch-asiatischer Ehen im Machtgewinn deutscher Frauen im Geschlechterverhältnis. Vier Frauen nennen in dem Zusammenhang zugleich praxisnah die finanzielle Unabhängigkeit deutscher Frauen als Ursache und Problem[16].

> „Manchmal machen die deutschen Frauen, was sie wollen. Die Frauen, die ich bis jetzt kennengelernt habe, machen nur, was sie wollen. Sie sind nicht nachgiebig gegenüber ihren Männern. Aber die meisten Thailänderinnen sind nachgiebig. Sie denken, daß ihre Männer größer sind."

Nach Ansicht der meisten Befragten werden also thailändische Frauen deshalb geheiratet, weil sie nachgiebig sind und ihre Ehemänner Macht über sie ausüben können. Dies ist insofern eine realistische Einschätzung, als die strukturellen Bedingungen eine ungleiche Beziehungskonstellation zum Nachteil der Migrantinnen vorgeben, zumindest jedoch begünstigen. Die Interviewten selbst zeigen jedoch kontroverse Einstellungen in der persönli-

---

15 Eine Frau ist beiden Kategorien zugeordnet.

16 Andere vier Frauen erwähnen zudem, daß die deutschen Frauen mehr murren und einen Dickkopf hätten, während die Asiatinnen zärtlicher und sanfter seien (Anzahl 2). Vier der Interviewten beantworten die Frage nach dem Vorzug der asiatischen Frauen nicht. Sie haben sich darüber keine Gedanken gemacht oder wissen nichts dazu zu sagen.

chen Beurteilung dieser Situation. Ein Teil der Frauen hätte selbst gerne mehr Eigenständigkeit und Freiheit und beurteilt die eigene Lage als eine Zwangssituation. Hierbei wird wiederum Geld als entscheidender Zusammenhang angeführt: Das Fehlen von Geld führt - neben dem Fehlen von Alltagswissen - zur Unterdrückung.

> „Sie (die deutschen Frauen, d.A.) unterwerfen sich nicht, sie wissen soviel wie die deutschen Männer, weil sie dieselbe Sprache haben und in derselben Gesellschaft leben. Aber wenn die Männer Ausländerinnen heiraten, z.B. Thailänderinnen oder Filipinas, so wissen die meist überhaupt nichts und lassen ihre Männer alles machen. So ähnlich ist es. Sie unterdrücken uns. Sie denken, wir kommen hierher zu ihnen, um sie hier zu heiraten. Wir haben nur einen Koffer, wir haben überhaupt nichts mitgebracht. Sie können uns unterdrücken, oder vielleicht ist es auch nicht wie unterdrücken. Aber wir denken, wir haben überhaupt nichts mitgebracht, wir müssen deshalb gehorchen. Und sie wollen, daß wir ihnen gehorchen, sie wollen, daß wir ihnen für immer gehorchen. Aber die deutschen Frauen meinen, ich verdiene Geld und arbeite auch genauso, du mußt mir bei der Hausarbeit helfen. Sie gehorchen nicht, also sie lassen sich nicht unterdrücken."

Ein anderer Teil der Befragten stimmt eher der vom Ehemann abhängigen und durch ihn bestimmten Frauenrolle zu. Auch wenn sie seine Kontrolle nicht unbedingt bejahen, so scheint die Beziehungsform ihrem weiblichen Wirklichkeitsschema zu entsprechen. Sie akzeptieren eine Hierarchie im Verhältnis zwischen Mann und Frau und nehmen es hin, daß sie sich unterzuordnen haben.

> „Ich meine, wenn wir das Problem lösen, indem wir weggehen oder uns schlecht verhalten, hat das keinen Zweck. ... Die Frauen hier, wenn ihr Mann arbeiten geht und wenn er ihr nicht gefällt, oder ihr etwas im Bett nicht gefällt, raucht sie oder geht Kaffee trinken. Sie geht aus, oder sie schläft mit einem anderen Mann. Die Männer hier meinen dann, daß sie nichts mehr wert ist, deshalb lassen sie sich scheiden. Deshalb kaufen sie Frauen vom Katalog. Sie wollen meist ihre Frauen als Hausfrauen haben. ... Wenn ich nicht zu Hause bin oder Verspätung habe, muß ich sofort anrufen und mich entschuldigen, daß ich nicht rechtzeitig kommen kann."

2.2 Materielle Sicherheit, aber ...

Einer frauenspezifischen Abwertung stehen verbesserte ökonomische Bedingungen in der Migration gegenüber. Die meisten Frauen waren im Herkunftsland sowohl ökonomisch als auch sozial marginalisiert. Ihre Migration kann als Flucht gedeutet werden, mit der sie den Benachteiligungen und Ausgrenzungen zu entgehen suchen. Sie wollen durch ihre Migration einen wirtschaftlichen und auch sozialen Erfolg erreichen. In dem Rechts- und Sozialgefüge in der Bundesrepublik, das in gewisser Weise jedem Einwohner und jeder Einwohnerin mit rechtsgültigem Aufenthalt einen gleichberechtigten Zugang zu gesellschaftlichen Ressourcen und zu Rechtsansprüchen verschafft, sehen sie diese Chance gegeben.

Fast alle Frauen bezeichnen das Rechtssystem und die Sozialstruktur in der Bundesrepublik als sehr gut: Stichworte wie Ordnung, gesetzliche Regelungen, Sauberkeit, Behördensystem, Pünktlichkeit und Sozialversicherungen und -absicherung werden von ihnen positiv bewertet. Soziale Absicherung, Gleichheit und Gerechtigkeit vor dem Gesetz, also die Sicherheit, die der Sozialstaat auch für finanziell Schwache bietet, betonen sie ganz besonders. Mit der Fokussierung auf den Staat geraten ihnen überraschenderweise Benachteiligungen aus dem Blick, die ihnen gerade als 'Ausländerin' entstehen. Möglicherweise tragen die Frauen ein idealisiertes Bild des deutschen Staates mit sich, ein Bild, das sie gerade auch zur Migration ermutigte. Erst an anderer Stelle, im konkreten Kontext, erlischt die Dominanz dieser Idealisierung. Wenn die Frauen ihre eingeschränkte Teilhabe über restriktive Rechte und Regulierungen sowie über soziale Ausgrenzung direkt zu spüren bekommen, zeigt sich ihr kritischer Blick.

Mit der Hervorhebung des deutschen Staats- und Rechtssystems üben die befragten thailändischen Frauen auch implizit eine Kritik an ihrem Herkunftsland aus. In ihren Augen räumt beispielsweise das thailändische Rechtssystem den reichen Einwohnern mehr Chancen ein, Gerechtigkeit zu erhalten.

> „Das Gesetz hier ist sehr gut. Oder Politik hier ist besser als bei uns. Arme oder reiche Leute haben dasselbe Recht. „

Korruption wird kritisiert.

> „In Thailand muß man Geld haben, damit kann man alles bekommen. Aber hier kann man das Geld nicht benutzen, z.B. bei der Polizei ist das Gesetz das Gesetz. Es ist immer so. Hier kann man andere nicht unterdrücken, weil man mehr Geld hat, so wie in Thailand. Hier geht das nicht.“ .

Zudem spricht keine der Frauen in diesem Kontext von Diskriminierung durch deutsche Behörden mit dem Hintergrund von Ausländerfeindlichkeit. Allerdings muß berücksichtigt werden, daß die Interviewten selbst kaum auf eigene Erfahrungen mit Behörden in der Bundesrepublik zurückgreifen können. Meist liegt es in der Aufgabe der Ehemänner, die Formalitäten zu regeln. Wenden sich die Frauen, die in Beziehungskrisen leben, an die Beratungsstelle, so kann diese im Vorfeld einer Ungleichbehandlung entgegentreten.

> „... wer zuerst kommt, steht vorne, wer aber später kommt, steht dann hinten, alle müssen in der Reihe stehen, also es muß in Ordnung sein. Die Behörden sagen auch nicht: der ist Ausländer usw. Es gibt sowas nicht, sie haben nichts gegen uns, sie empfangen uns gut.“ .

Vereinzelt wünschen sich die Frauen ganz explizit eine Veränderung der institutionellen Struktur Thailands, die der Ordnung und Regelung des deutschen Systems nahekommen soll.

> „Das Amtssystem ist gut und streng. Die Regierung ist gut, ich möchte, daß es sich in Thailand wie in Deutschland entwickelt ... man sollte das Gesetz in Thailand verbessern. Nicht nur auf dem Papier, sondern man müßte es auch praktizieren. Das sollte eigentlich das Beste sein für Thailand. Thailänder würden dann auch Ordnung kennenlernen.“

Das Bedürfnis nach Ordnung, Sicherheit und klarer Regelung drückt sich auch in der positiven Bewertung einer zielstrebigen und leistungsorientierten Arbeitsethik aus[17]. Die Frauen konkretisieren dies in der Arbeitsleistung ihrer Ehemänner, die die finanzielle Absicherung der Familie garantiert.

Außerdem sind drei Frauen sehr generalisierend der Meinung, daß das Leben in der Bundesrepublik einfach besser sei als in Thailand. Zwei dieser Frauen leben glücklich und zufrieden, die dritte Frau ist jedoch überraschenderweise weder materiell erfolgreich noch emotional zufrieden. Ihren emotionalen Zustand beschreibt sie wie folgt:

> „... Einfach gesagt, ich bin seelisch krank, also ich habe Heimweh und ich denke an Thailand. Obwohl ich viele Bilder habe, denke ich immer noch an zu Hause und an Thailand."

Diese Frau ist vollzeitberufstätig. Bei ihr scheinen die Vorteile rechtsstaatlicher Konditionen - in ihrem Fall die legal geregelten Arbeitsbedingungen - die psycho-sozialen Nachteile des Aufenthaltes aufzuwiegen. Möglicherweise steht sie, stellvertretend für viele andere, für eine Kritik an dem großen informellen Erwerbszweig in Thailand, der durch niedriges Einkommen, große Erwerbsunsicherheit, fehlende Altersabsicherung und Willkür durch den Arbeitgeber bestimmt ist, und in dem in der Mehrheit Frauen ihr Einkommen verdienen.

> „... Obwohl ich in Thailand geboren bin und in Deutschland wohne, vergesse ich nie meine Heimat. Aber das Leben in Deutschland ist besser. ... es ist schwer wegen der Sprache, aber wenn wir die Sprache können, haben wir auch Rechte wie die Deutschen. Wenn wir einen Deutschen heiraten, haben wir Rechte wie die Deutschen. Zum Beispiel, wenn wir arbeiten, haben wir auch Rechte. Ganz egal welche Arbeit, ob Spülen oder sonst was. Über uns wird nicht bestimmt wie in Thailand."[18]

Trotz der Vorteile im Ausland betrachten die meisten Frauen ihre eigene Migration sehr selbstkritisch und würden bei einem möglichen Neubeginn mehrheitlich nicht wieder den gleichen Weg wählen. Sie würden versuchen, in Thailand zu bleiben, in der Regel jedoch nur dann, wenn sie die materiellen Gründe für ihre Migration dort beseitigen könnten[19].

Nur sechs der 20 Befragten würden in jedem Fall wieder ins Ausland gehen. Hierbei handelt es sich überraschenderweise jedoch nicht um diejeni-

---

17 Die Hälfte der Frauen bewertet die zielstrebige Arbeitsmoral in der Bundesrepublik als ausgesprochen positiv.

18 Genannt wurde außerdem jeweils von zwei Frauen das gut ausgebaute Sozialsystem, die Bequemlichkeiten des Lebens und das gute Leben allgemein. Eine Frau vertritt die Meinung, daß die deutsche Kultur gegenüber der thailändischen besser sei.

19 Setzen wir die große Bedeutung von materiellen Ressourcen in Bezug zur Migrationsmotivation, so zeigt sich ein anderes Bild: Von den 19 Frauen, die sich zwischen Thailand und dem Ausland entscheiden würden, wählen bei einem Neuanfang sieben Frauen Thailand, drei Frauen die Bundesrepublik und neun Frauen würden sich nach wie vor dahin bewegen, wo sie die besseren materiellen Lebensbedingungen vorfinden. D.h. daß sich ein Drittel der Migrantinnen bei einem Neuanfang für Thailand entscheiden und die existentiellen Gründe ihrer Migration ausblenden würde.

gen, die mit ihrem materiellen und sozialen Leben in Übersee am zufriedensten sind[20]. Vielmehr dominiert bei diesen Frauen ein auf die materielle Existenz bezogener realistischer Umgang, so daß ihnen die Entscheidung zur Migration bei unveränderten objektiven Bedingungen nach wie vor als die richtige erscheint. Sie sehen bei gleichen Voraussetzungen in Thailand und ähnlichen Problemen in Übersee für sich keine wirkliche Alternative, emotionale Momente treten in den Hintergrund[21].

Die meisten Befragten zeigen allerdings ein ambivalentes Verhältnis zur eigenen Migration. Bei ihnen zeichnet sich eine Spannung zwischen materiellem Erfolg und psycho-sozialer Unzufriedenheit ab. Wenn die Migrantinnen ihren Familienangehörigen in Thailand über ihr Leben in der Bundesrepublik berichten, überwiegen die materiellen Vorzüge gegenüber der emotionalen und seelischen Isolation[22]. Auf das eigene Wohlbefinden angesprochen, würden dann jedoch wiederum zwei Drittel bei einem Neuanfang versuchen, die Ausreise aus seelischen und emotionalen Gründen zu vermeiden.

Die zwei wichtigsten Kritikpunkte am Leben in der Bundesrepublik betreffen den harten und anstrengenden (Arbeits-)Alltag und das wenig zufriedenstellende soziale Leben, das enorme seelische Belastungen verursacht. Während die Frauen einerseits aus Sicherheitsgründen eine leistungsorientierte Arbeitsethik befürworten, sehen sie andererseits den Alltag zu stark auf Arbeitszusammenhänge konzentriert, weshalb soziale und freundschaftliche Kontakte in Tiefe und Anzahl zu kurz kommen. Sie wollen die Kausalitäten nicht hinnehmen, die zwischen einer Leistungsorientierung und dem erreichten Wohlstand in einer Gesellschaft bestehen und zwangsläufig ökonomisch uninteressante Kontakte zurückdrängen. Viele Frauen sind mit ihren sozialen Beziehungen unzufrieden. Sie fühlen sich emotional isoliert und haben Heimweh.

> „Ja, ich war immer alleine zu Hause und einsam. Ich hatte keine Freunde, ich hatte kein thailändisches Essen. Also am Anfang, ich hatte keine Fischsoße, ich hatte überhaupt nichts“

Den Frauen fehlt Geselligkeit, sie müssen auf sinnliche Bedürfnisse wie Essen, Sprache und klimatische Wärme verzichten. Eine andere Frau drückt

---

20 In Bezug auf die Typen der Handlungsmotivation zeigt sich hier keine besondere Orientierung.

21 Möglicherweise handelt es sich um Frauen, die eine gewisse materielle Eigenständigkeit erreichen konnten, denn mit Ausnahme von einer Frau sind die Befragten dieser Gruppe erwerbstätig bzw. erwerbstätig gewesen.

22 Die Interviewten wurden nach den Informationen befragt, die sie im Urlaub den Familienangehörigen über ihr Leben im Ausland weitergeben oder weitergeben würden. Nur 18 der 20 Befragten gaben zu diesem Fragekomplex Urlaub eine Antwort. Jeweils 13 der 18 Frauen nennen sowohl Vor- wie auch Nachteile des Lebens in der Bundesrepublik, jedoch überwiegen die Nennungen des Positiven.

das Dilemma, sich einerseits in der Bundesrepublik materiell versorgt zu haben und sich andererseits unwohl zu fühlen, folgendermaßen aus:

> „Sie haben mich gefragt, wie Deutschland ist. Ich habe gesagt, nein, nicht gut. Das Essen ist auch nicht gut. Das Leben ist ja gut und bequem, aber man hat nicht viele Freunde. Man hat keine Gelegenheit, thailändisch zu sprechen, und manche Deutsche beleidigen den Mitmenschen. Ich weiß es nicht, was ich sagen soll. Es ist so, wie wenn man seelisch hungern müßte. Es ist nicht so wie in der eigenen Heimat. In Deutschland ist das Wetter sehr kalt. Meine Geschwister haben nur gelacht. Sie haben gesagt, du hast den falschen Mann."

Ein Kritikpunkt - von fünf Frauen genannt - scheint die Reflexion auf eigene überzogene Erwartungen an das günstige Verhältnis zwischen Arbeitsleistung und Einkommenshöhe in der Bundesrepublik zu sein[23]. Eine Frau, die sich selbst mit viel Anstrengung an ihren langen und schweren Arbeitsalltag gewöhnte, berichtet von den Informationen, die sie ihren Familienangehörigen gibt:

> „... Sie sollen nicht denken, daß man bequem lebt, wenn man in Deutschland oder im Ausland lebt. Es stimmt nicht, überall ist es gleich, also man muß auch arbeiten. Nicht, daß man nur Zuhause bleibt und schon bekommt man zu Essen. ..., ich lebe hier auch nicht bequem, weil ich jeden Tag arbeite."

2.3 Die 'Wir-Gruppe'

In Anbetracht der starken Kritik am sozialen Leben sowie der fehlenden oder nur partiell verwirklichten Integration in die Aufnahmegesellschaft, ist die Ablehnung von Eigenschaften, die als typisch deutsch deklariert sind, nicht überraschend. Viele Frauen zeigen eine starke Identifikation mit dem, was sie selbst als thailändische Eigenschaften benennen und lehnen das 'Deutsche' ab. Die Frauen konstruieren damit eine 'Wir-Gruppe', der sie sich zugehörig fühlen und mit der sie sich von anderen, die sie dieser Ethnie nicht zurechnen, abgrenzen[24].

Dies wurde deutlich bei den Antworten auf die Frage, welche deutschen und welche thailändischen Eigenschaften die Frauen ihren Kindern in der Bundesrepublik, mit denen sie zusammenleben, oder die sie noch planen,

---

23 Da es sich um (potentielle) Informationen an Familienangehörige handelt, wird möglicherweise gleichzeitig versucht, das Klischee des 'reichen Auslandes' in der Heimat abzumildern und den Familienangehörigen ein realistisches Bild von den Arbeitsbedingungen in Übersee näherzubringen.

24 Der Begriff „Wir-Gruppe", wie von Elwert geprägt, definiert die Gemeinschaftsbildung aufgrund unterschiedlichster sozialer Prozesse „... wie etwa Reaktionen auf zunehmende soziale und ökonomische Unsicherheit, Verlust individueller Identität, Wettbewerb um neue Revenuen." (Elwert 1989: 38). Elwert bezeichnet die Ethnie - wie auch die Klassenbegriffe - zumindest in der Bewegungsphase - als Konstruktionen, die von dem Einzelnen das Verhalten fordern, das der Ethnie oder auch Klasse entspricht und die Zugehörigkeit demonstriert (vgl. Elwert 1989: 35).

beibringen möchten[25]. Mit dieser Frage sollten thailändische oder deutsche Werte ermittelt werden, mit denen sich die Frauen identifizieren. Es wurde ausschließlich nach positiven Aspekten gefragt.

Allen Frauen fielen viele positive Merkmale der thailändischen Alltagskultur ein, während zunächst nur gut die Hälfte der Frauen positive Aussagen über deutsche Eigenschaften herausgreifen konnte. Diese werden dann noch von zwei Drittel dieser Frauen mit negativen Bewertungen ergänzt, so daß sich ihre Aussagen wiederum relativieren.

Diese Ergebnisse verweisen auf eine eindimensionale Identifikation mit Thailand. Die Idealisierung der eigenen Herkunft zeigt sich außerdem deutlich daran, daß nur eine der Befragten am thailändischen Lebensstil und an kulturell geprägten Umgangsformen Kritik übt.

> Frage: „Und deutsche Eigenschaften?" Antwort: „Sie sollen ein Herz haben, sie sollen sorgfältig sein und klug. Sie sollen wissen, was ihr Recht ist und sie sollen wissen, wie sie ihr Recht einfordern. Die meisten Thailänderinnen wagen es nicht. Sie fordern nicht so viel wie die Leute hier. ... ."

Die meisten Frauen beginnen ihre Antworten sehr zuversichtlich, überzeugend und enthusiastisch, was die Vermittlung von thailändischen kulturellen Werten an ihre Kinder betrifft.

> Frage: „Welche thailändischen Eigenschaften möchten Sie, daß Ihre Kinder haben sollen?" Antwort: „Thailändische Eigenschaften, ich möchte ihnen sagen, daß thailändische Eigenschaften gut sind. Z.B. möchte ich, daß sie (meine Kinder, d.A.) thailändisch sprechen und daß sie wissen, daß es gut ist. Und daß sie die thailändische Kultur und Traditionen behalten und so sind wie Thailänder."

Verallgemeinernd und verabsolutierend werden Heimatkultur und thailändische Sozialisationskriterien als die besseren hervorgehoben.

> „ ... Ganz egal was, ich möchte lieber, daß meine Kinder die Dinge von Thailand übernehmen, als die von Deutschland."

Eine Frau, die nichts Positives an der deutschen Alltagskultur finden kann, aber demnächst in der Bundesrepublik einen deutschen Mann heiraten wird, erläutert ihren Standpunkt:

> „Thailändisch sprechen, sanft sein wie die Thailänder und Thailänderinnen, nicht wie die Leute hier (sollen meine Kinder werden, d.A.)." Frage: „Welche deutschen Eigenschaften wollen Sie, die Ihre Kinder haben sollen?" Antwort: „Ich denke, wenn sie hier leben, werden sie wie die Leute hier sein, die Mentalität oder die Sprache. Ich möchte, daß sie thailändisch sprechen können." Frage: „Welche Eigenschaften der Deutschen gefallen ihnen?" Antwort: „Ich kann keine nennen."

Die meisten Frauen, die positive deutsche Eigenschaften nennen, machen Einschränkungen, indem sie negative Eigenschaften aufzählen, bzw. im

25 Dabei sind nur 17 Frauen in die Auswertung einbezogen, denn drei Frauen, die Kinder in Thailand, jedoch nicht in der Bundesrepublik haben und auch keinen Familiennachwuchs planen, machten keine Angaben.

Gegensatz dazu die thailändische Kultur als die bessere hervorheben. Das große 'Aber' der Frauen sieht dann so aus:

> Frage: „Welche deutschen Eigenschaften sollen Ihre Kinder haben?" Antwort: „Verantwortungsvoll sein, es gibt nicht viel, was ich will, daß sie es haben sollen. Daß sie eine Ausbildung wie die Deutschen haben, daß sie wie die Deutschen lernen und in der Zukunft, daß sie nicht nur egoistisch an sich denken, egal was mit den anderen passiert. Manchmal ist mein Mann auch so, ich muß ihn immer daran erinnern, daß man zuerst geben sollte, bevor man etwas nimmt."

Obwohl die Motive der Migration auf der einen Seite mit dem verantwortungsvollen Verhalten deutscher Männer und dem Gegenbild - dem verantwortungslosen Verhalten thailändischer Männer - begründet wird (Vgl. Kap. II.3), wird auf der anderen Seite gerade an dieser Stelle Kritik geübt. Sobald sich die Befragten von ihrem persönlichen Leben weg auf den gesamtgesellschaftlichen Kontext beziehen, bewerten sie das Verhalten vieler Deutscher als egoistisch und wenig sozial. Sie wollen ausdrücklich, daß sich ihre Kinder anders entwickeln, sich mehr um soziale Beziehungen bemühen.

> Antwort: „Ich habe ihnen gesagt, sie sollen mehr Thai-Leute kennenlernen. Es ist besser, denn die meisten Deutschen helfen den anderen nicht. Sie machen alles nur für sich selbst. Ich habe meinen Kindern gesagt, daß wir zumindest Nachbarn haben müssen. Sie sollen nichts Schlechtes machen. Wenn wir etwas Schlechtes machen, helfen uns die Leute hier nicht. Ich habe das meinen Kindern so gesagt."

Aufgrund der starken Identifikation mit Thailand und thailändischen Werten überrascht nicht, daß die meisten Befragten die Bundesrepublik als Durchgangsstation für sich betrachten. Aus dieser Lebensplanung, die eine materiell erfolgreiche Rückkehr zum Ziel hat, werden wesentliche Handlungsmotive bei den Frauen verstärkt, die auf eine Verbesserung ihres Einkommens abzielen. Ungefähr ein Drittel der Frauen bewertet die Rückkehr sogar als Erfolg, dem der Mißerfolg eines dauerhaften Aufenthaltes in der Bundesrepublik entgegensteht. Die meisten Frauen möchten spätestens mit der Pensionierung ihres Ehemannes mit ihm gemeinsam nach Thailand zurückkehren[26]. Die Ehemänner sind in der Regel mit der Idee, im Alter nach Thailand zurückzukehren, einverstanden.

> „Ich werde Geld verdienen und dann ein Grundstück kaufen. Zumindest ein Grundstück. Also, wenn mein Mann Rentner ist, gehen wir dann zurück und bauen ein Haus und wohnen da. Einfach gesagt, wir sind Buddhisten und können da zum Tempel gehen. ..."

Der Lebensalltag für den deutschen Rentner in Thailand ist in der Praxis jedoch ungewohnt und manchmal beschwerlich. Die gemeinsame Rückkehr bleibt so manchmal ein Traum, der sich doch nicht verwirklichen läßt.

> „Ich denke jeden Tag daran, nach Thailand zurückzugehen. Ich möchte auch in Thailand leben. Wir haben eigentlich schon ein Haus dort gekauft. Mein Mann

---

26 Während zwei Frauen die Beantwortung dieser Frage offen ließen, planen nur drei Frauen ihre weitere Zukunft in der Bundesrepublik. 15 der 20 befragten thailändischen Frauen wollen zumindest ihren Lebensabend in Thailand verbringen.

> kann dort nicht leben. Er ist schon alt, und er ist hier geboren, und Thailand ist so heiß, und Fernsehen und Zeitung gibt es dort auch nicht so wie hier."

Die Rückkehr ist in den Vorstellungen der Frauen unbedingt an ein gewisses Maß an finanziellem Wohlstand gebunden, der ein unbeschwertes Leben in Thailand ermöglichen muß. So ist die große Mehrheit der Frauen, die zurückkehren wollen, stark an dem Ziel eines materiellen Aufstiegs orientiert[27]. Da Rückkehr ohne Geld Mißerfolg bedeutet, sind die Migrantinnen einem enormen Erfolgsdruck ausgesetzt.

Die Zukunftsplanung in Thailand wird ohne die Berücksichtigung des Wohnsitzes der eigenen Kinder vorgenommen, obgleich die meisten Frauen eigene Kinder in der Bundesrepublik bekommen oder aus Thailand nachgeholt haben. Diese Kinder, die in der Bundesrepublik aufwachsen, werden sich vermutlich eher deutsch als thailändisch fühlen und ihre Zukunft in der Bundesrepublik planen. Spätere Konflikte sind damit vorprogrammiert, wenn die Frauen ihre Rückkehr zu realisieren suchen und erkennen, daß sie sich von ihren Kindern trennen müssen. Die Umsetzung einer erfolgreichen Lebensplanung im Alter wäre dann wiederum mit einer starken Einschränkung von engen familiären Bindungen verknüpft. Wiederholen würde sich eine emotionale Belastung, wie sie ähnlich bei der Ausreise aus der Heimat zu tragen war. Eine ältere Frau, deren vier Kinder in der Bundesrepublik verheiratet sind, steht bereits in diesem Konflikt.

> „... Wenn ich nach Thailand gehe, dann mache ich mir auch Sorgen um die Kinder hier. Ich habe hier so viele Kinder. Aber um die Leute (die Familienangehörigen, d.A.) in Thailand mache ich mir keine Sorgen mehr. Ich habe ein Haus für sie gebaut. Ich dachte nur, ich möchte auch einmal in diesem Haus leben, das ich gebaut habe."

Insgesamt stehen drei Frauen der Rückkehr distanziert gegenüber. Diese Lebensplanung muß bei einer Frau, die eher versorgungsorientiert handelt, mit deren außerordentlichem persönlichen Erfolg mit der Ausreise in Verbindung gebracht werden. Sie ging in Thailand der Prostitution nach und konnte durch diese Heirat und die Ausreise mit 36 Jahren aus dem Sexgewerbe aussteigen. Sie ist nicht berufstätig und kann ihren Alltag frei gestalten. Ihr Mann ist dazu bereit, ihr alle Wünsche zu erfüllen und unterstützt großzügig ihre vier Kinder in Thailand. Für sie besteht keine Notwendigkeit einer Rückkehr, denn sie konnte mit der Ausreise, - fast wie in einem Traum - alle ihre Wünsche für sich und für ihre Kinder realisieren.

Die beiden anderen Frauen haben keine Kinder. Ihre Motive liegen in einer Abgrenzung von der thailändischen Sozialstruktur und sind vom dor-

---

27 15 Frauen wollen zurückkehren und 12 Frauen sprechen von finanzieller Besserstellung, die sich in erster Linie durch materiellen Wohlstand, den Besitz eines Hauses, eines Autos und vieles mehr, ausdrücken soll. Zwei Frauen sprechen in diesem Zusammenhang die Finanzierung von guten Ausbildungen für ihre Kinder an.

tigen System des Respekts und der Dankbarkeit verborgen[28]. Dem Wunsch nach einer Rückkehr stehen damit weniger die materiellen Werte als vielmehr eine soziale Lebensqualität - wie die Freiheit zu individualisiertem Verhalten - entgegen.

3. Zusammenfassung

Das Klischee der 'Käuflichkeit' stellt keineswegs ein soziales Randphänomen dar, sondern betrifft die Zielgruppe mehrheitlich. Drei Viertel der thailändischen Befragten werden von dem Stereotyp mehr oder weniger stark beeinträchtigt, während sich nur ein Viertel der Frauen davon distanzieren und emotional abgrenzen kann. Die Formen, mit denen die Frauen dem Vorwurf der 'Käuflichkeit' begegnen, sind vielfältig und reichen vom direkten verbalen Angriff bis zur Abwertung, die über dritte Personen vermittelt herangetragen wird.

Neben den offensiv verbalen Konfrontationen, mit denen ein Drittel der Frauen Erfahrungen machte, werden auch subtile Formen und Ersatzthemen benutzt. Jedoch fühlen sich viele Frauen bereits von dem öffentlichen Klima der Standardzuschreibung diskriminiert, ohne selbst direkten oder indirekten abwertenden Erfahrungen ausgesetzt gewesen zu sein. Hierbei entsteht offensichtlich der Mechanismus, daß Erfahrungen zu schnell und zu pauschal in das Interpretationsschema der Diskriminierungsintention eingefügt werden. Die Frauen tragen damit wesentlich zur Aufrechterhaltung des Klischees gegen sich selbst bei.

In unterschiedlicher Art und Weise wird auf das Negativbild reagiert. Tendenziell werten die Migrantinnen jedoch in einer Abwehrreaktion sowohl deutsche als auch thailändische Frauen ab. Während ein großer Teil der Frauen die Stigmatisierung mitträgt und sich selbst als Nichtprostituierte davon ausnimmt, weisen andere Frauen auf die Ungleichbehandlung mit deutschen Frauen hin, die ja, trotz florierender Sexgeschäfte im Bundesgebiet, auch nicht rundum als Prostituierte stigmatisiert seien. Nur wenige Frauen erkennen die Verantwortung deutscher Männer für das abwertende Bild, ohne deren Freierrolle im Sextourismusgeschäft das Stereotyp seiner inhaltlichen Begründung entbehre. Dieses Ergebnis verdeutlicht, daß das Problem mehrheitlich im Kreis von Frauen 'verarbeitet' wird, während Männer nicht eingebunden sind und weitgehend von Kritik verschont bleiben. Das Klischee übernimmt damit zwei sich bedingende Funktionen: Vor

28 Eine dieser Befragten ist individualistisch orientiert, und die zweite hatten wir den 'freiheitsliebenden Partnerschaftstyp' genannt.

allem wirkt es entsolidarisierend zwischen Frauen, wobei Landsfrauen und deutsche Frauen betroffen sind. Damit verknüpft sich gleich wiederum, daß Männer ihre Machtposition halten und stärken können.

Gleichzeitig setzen diese Ausgangsbedingungen gewissermaßen den Rahmen zu einem Leben in der Migrantinnensubkultur ohne 'Außenkontakte'. So lehnen viele der Befragten bewußt deutsche Lebensverhältnisse und kulturelle Verhaltensweisen ab, obwohl sie selbst in ihrem Familienleben direkt und ganz privat mit deutschen Personen und deutschem Alltag konfrontiert sind. Die Frauen zeigen eine starke Wir-Gruppen-Identifikation mit migrierten Landsfrauen, die sich alleine an der gemeinsamen Heimat Thailand orientiert und über Klassen- und Bildungsunterschiede hinwegsieht. Thailändische Sitten und Werte werden von den Migrantinnen idealisiert. Dieser Idealisierung steht wiederum in der Realität eine Ausgrenzung von Landsfrauen gegenüber, die materiellen Mißerfolg hatten oder denen eine 'schlechte Moral' nachgesagt werden kann.

Viele Frauen schreiben den deutschen Frauen negative Merkmale zu, um der eigenen Abwertung etwas entgegenzusetzen. Genannt wird neben der Unfähigkeit im Haushalt vor allem aber eine scheinbar ungerechtfertigte Eigenständigkeit und Selbständigkeit deutscher Frauen. Diese würde zur Abkehr der deutschen Männer führen, die sich deshalb asiatischen Ehefrauen zuwenden. Allerdings verhalten sich die thailändischen Befragten in der Bewertung dieser Aussage unterschiedlich: Manche Frauen wollen selbst die bessere Haus- und Ehefrau sein und werten sich mit dieser Meinung auf. Andere wären gerne selbst eigenständiger. Diesen Frauen ist ihre strukturell bedingte Abhängigkeit bewußt, die sie gerne beenden würden und nur aus einer Zwangssituation heraus hinzunehmen bereit sind.

Aus diesen Ambivalenzen, Abhängigkeiten und Kritiken heraus ist die kritische Beurteilung der eigenen Migrationsbiographie konsequent. Für die meisten Frauen war die Migration ein mühsamer Weg, den sie kein zweites mal gehen möchten. Meist wird die wirtschaftliche Besserstellung auf Kosten der psychosozialen Zufriedenheit erreicht. Dennoch überwiegen für die Mehrheit im Ausland die Vorteile gegenüber den Nachteilen. Auch wenn viele Frauen die zwischenmenschlichen sozialen Beziehungen im Aufnahmeland kritisieren, so bewerten sie andererseits die staatliche Infrastruktur, die auch den finanziell Minderbemittelten ein gewisses Maß an Unterstützung zuspricht, äußerst positiv. Darin verdeutlicht sich möglicherweise ein Widerstand der Frauen gegen soziale Ungerechtigkeit. Die meisten Migrantinnen fühlten sich im Herkunftsland selbst sozial ungerecht behandelt - beispielsweise weil der Vater der Kinder verschwand und keine finanzielle Unterstützung gewährleistet war. Andererseits blenden die Frauen gerade an dieser Stelle ihre ausländerrechtliche Benachteiligung und Ungleichbehandlung in der Bundesrepublik aus. Diese wird ihnen dann erst wieder in anderen Zusammenhängen, im konkreten Konflikt mit dem Ehemann deutlich bewußt.

VI. Regierungsmaßnahmen in Herkunfts- und Aufnahmeländern

„Natürlich kannte ich nur das große Deutschland, das mächtige Deutschland. Als ich hierher kam, war ich sehr überrascht, Dinge hier vorzufinden, die es auch bei mir, in meiner Heimat gibt. Selbstverständlich gibt es auch Sachen wie die menschliche Erniedrigung. Man muß nur durch den Hauptbahnhof gehen, dann kann man gleich diese Problematik erkennen." (Migrantin aus Peru)

Diskutieren wir Maßnahmen und Strategien gegen Frauenhandel, Heiratshandel und Sextourismus, so ist das politische Handeln der betroffenen Herkunfts- und Aufnahmeländer von großer Bedeutung. Die strukturellen Ursachen der Probleme liegen u.a. in den internationalen Beziehungen; konkrete wirtschaftliche, politische und rechtliche Zusammenhänge beeinflussen das Geschehen. Hinsichtlich der Ursachen hängt beispielsweise die Öffnung eines Landes für internationalen Massentourismus eng mit der Entstehung von Sextourismuszentren zusammen. Speziell die Länder des Sextourismus sind in den internationalen Frauenhandel involviert. In Bezug auf die Sanktionen ist beispielsweise die Strafverfolgung von Menschenhandel von einer internationalen Kooperation der Strafverfolgungsbehörden abhängig.

In diesem Kapitel wird ein kurzer Überblick über die Hauptstrategien einzelner ausgewählter Regierungen in den Herkunftsländern der Frauen sowie in der Bundesrepublik - als Beispiel eines Aufnahmelandes - zur Bekämpfung von Frauenhandel, Heiratshandel und Prostitutionstourismus gegeben und deren Auswirkungen analysiert. Es handelt sich um drei unterschiedlich gestaltete Länderstudien, die sich auf die jeweils in der Öffentlichkeit bekannt gewordenen staatlichen Maßnahmen beziehen. Die Situation zur Strafverfolgung von Menschenhandel in der Bundesrepublik konnte detailliert ausgearbeitet werden. Staatliche Maßnahmen in den Herkunftsländern werden nur in Grundzügen dokumentiert.

1. Maßnahmen in den Herkunftsländern

Auf der Suche nach staatlichen Handlungsansätzen und Reaktionen auf die Probleme wurden während drei Forschungsaufenthalten im asiatischen und karibischen Ausland staatliche und regierungsnahe Behörden aufgesucht, deren Zuständigkeiten in den Bereichen 'Frauen', 'Tourismus' und 'Migration' liegen. Teilweise bestand nur eine geringe oder gar keine Bereitschaft Auskunft zu geben. Einzelnen Behördenvertretern und -vertreterinnen waren die Gespräche eher unangenehm.

Unsere Fragen zielten auf das Problembewußtsein und auf Strategien, die von staatlicher Seite erwogen, bzw. eingesetzt werden. Es zeigten sich Unterschiede zwischen den Ländern, die lange schon mit der Problematik konfrontiert sind - wie Thailand und die Philippinen - und dem jüngeren Sextourismusland Dominikanische Republik. Dort wollten die Behörden noch keine nachteiligen Konsequenzen für das Land durch die Tourismuspolitik sehen. Während die Probleme von Frauenhandel und Sextourismus in den Medien in Thailand und auf den Philippinen deutlich und zunehmend aufgegriffen werden, findet eine solche öffentliche Diskussion in der Dominikanischen Republik bisher nicht statt[1]. Deshalb konzentrieren wir uns in der folgenden Analyse auf die Situation in Thailand und auf den Philippinen[2].

1.1 Thailand

Thailand ist gegenwärtig sicherlich das Land, das am stärksten mit negativen Auswirkungen von Prostitutionstourismus und Frauenhandel konfrontiert ist[3]. Im Zentrum dieser Probleme stehen Aids und Kinderprostitution, die einen erschreckenden Umfang angenommen haben. Nach offiziellen polizeilichen Angaben sollen in Thailand 200.000 Kinder als Prostituierte arbeiten (The Nation 17.04.1993). Während die Anzahl der Aidsinfizierten im Jahr 1993 auf zwischen 150.000 und 300.000 geschätzt wird[4], deuten andere Zahlen aus nördlichen Regionen Thailands darauf hin, daß 10 % der

---

1 Zum Zeitpunkt des Studienaufenthaltes 1993 ließ sich kein Problembewußtsein auf Regierungsseite für die Folgen des Massentourismus und des Sextourismus erkennen. Das Land war vielmehr nach wie vor dabei, seine Tore für Touristenströme unkritisch zu öffnen. Während des Forschungsaufenthaltes kamen Gesprächstermine mit kompetenten und zuständigen Personen und Entscheidungsträgern gar nicht erst zustande, einzelne BehördenvertreterInnen zeigten sogar Unverständnis hinsichtlich der Fragestellung. Maurer lobt in ihrem Bericht die schnelle staatliche Reaktion der Dominikanischen Republik auf Aidsfälle, die bereits 1987 zu Präventionsmaßnahmen führte und besonders Prostituierte aufklären wollte (Maurer 1991: 43ff.). Davon war im Sextourismusgebiet im Norden des Landes bei Sosua jedoch nichts zu erkennen. Ganz im Gegenteil, sowohl die NROs wie auch die Prostituierten selbst, sprachen davon, keinerlei Information, Unterstützung oder ärztlicher Kontrolle zur Aids-Prävention zu erhalten. Auch in einer Studie von 1992 aus der Dominikanischen Republik wird das Dilemma angesprochen, daß Aids-Prävention praktisch nicht existiert und nur auf ein kleines Projekt in Santo Domingo (Centro de Orientaciòn e Investigaciòn Integral - COIN) reduziert ist (Pareja 1992: 188ff).

2 Diese Auslandsrecherchen wurden bereits 1990 bzw. 1991 durchgeführt. Obgleich die Behördengespräche und ExpertInneninterviews teilweise mit neuerem Sekundärmaterial ergänzt werden konnte, sind einzelne Daten nicht mehr ganz aktuell. Die Bedeutung unserer Analyse liegt primär darin, Haupttendenzen und Entwicklungen von staatlichen Maßnahmen nachzuzeichnen, wodurch sich zentrale Handlungsansätze offenbaren.

3 In Thailand konnte mit Vertretern und Vertreterinnen der „Foreign Affairs News Division", der „Tourism Authority Thailand", dem „Department for Social Welfare", und der „Oversea Employment Contract Approval Section" gesprochen werden.

4 Zu dieser Schätzung kommt die Population and Community Development Association (PDA), während offizielle Berichte von 25.000 Infizierten sprechen (The Nation 02.02.1991).

schwangeren Frauen bereits Trägerinnen des HIV-Virus sind (Bangkok Post 05.07.1993). Diese schwierige gesundheitspolitische Situation wird von der thailändischen Sozialforscherin und Frauenrechtlerin Hantrakul mit der Frage der nationalen Sicherheit in Verbindung gebracht:

> „In Thailand entwickelt sich Prostitution mit den Problemen in Bezug auf Aids zunehmend zu einem Faktor der nationalen Sicherheit sowie der internationalen Beziehungen." (The Nation 18.08.1993).

Liegen die Zahlen zu Aids wirklich so hoch, wie von den Kritikern befürchtet, dann würde Thailand in der Tat auf besonders große Probleme zusteuern.

1.1.1 Politik gegen Aids

Angesichts dieser Lage war die thailändische Regierung gezwungen, mit erster Priorität politische Maßnahmen einzuleiten, die der Prävention und der Kontrolle von Aids dienen[5]. Für dieses Programm wurden im Jahr 1991 US-$ 28 Mio und im Jahr 1992 US-$ 45 Mio bereitgestellt. Sogar die World Health Organisation (WHO) und auch die Weltbank lobten Thailands Bemühungen (Bangkok Post 08.07.1993).

Aids ist in Thailand zu einem wichtigen Thema geworden, das jedoch von den Behörden nur ungern mit der großen Tourismusindustrie in Verbindung gebracht wird. So behauptete eine Vertreterin der Tourism Authority Thailand (TAT):

> „So etwas wie Sextourismus existiert nicht, aber es gibt Geschäfte mit Sex ... Ich war auf der Patpong; es ist ein schöner Platz, um alleine spazieren zu gehen, weil die Sexgeschäfte versteckt ablaufen.".[6]

Die offiziellen Zahlen über den Umfang von Prostitution werden von der Regierung sehr niedrig gehalten und müssen als unrealistisch eingestuft werden: In einem Interview gab ein Vertreter des Public Welfare Department (PWD) die Zahlen mit 10.000 Prostituierten in Bangkok und mit 80.000 Prostituierten landesweit an (Bangkok Post 11.07.1993). Demgegenüber liegen die Schätzungen der verschiedenen Nicht-Regierungs-Organisationen (NROs), die sich intensiv mit den Problemen beschäftigen, bei mindestens 200.000 und maximal zwei Millionen Prostituierten[7].

Thailand ist nach wie vor in erster Linie um sein internationales Ansehen besorgt und versucht stetig, die Verbindung zwischen Aids, Prostitution und Tourismus zu negieren. Durch die Veröffentlichung der Probleme thai-

---

5 Am 03.06.1993 nahm die Thailändische Regierung einen nationalen Plan zur Bekämpfung von Aids an. Verantwortlich für die Durchführung der nationalen Politik ist die National Economic and Social Development Board (NESDB) (Bangkok Post 04.06.1993).

6 Gespräch vom 23.11.1990. Vgl. hierzu auch Maurer, die anschaulich die Probleme der thailändischen Regierung und der Tourismusindustrie darstellt, die Aidsproblematik wahrzunehmen (1991: 50ff.).

7 Die erste Zahl kommt von „Friends of Women" in Bangkok und die zweite vom „Center of Child Rights of the Foundation for Children" in: Maurer 1991: 21.

ländischer Frauen sehen auch die Gesprächspartner der Foreign Affairs News Division das ganze Land diskreditiert (Gespräch am 21.11.1990). Zeitungsberichte demonstrieren diese gleichbleibende Haltung der thailändischen Regierung:

> „In einer öffentlichen Rede auf einem Auswertungsseminar kritisierte der Premierminister die Medien und die NROs deshalb, weil sie die Ernsthaftigkeit der Problematik übertreiben und die Anzahl der Prostituierten verzerren, was den ausländischen Medien dazu dient, die thailändische Regierung anzugreifen." (Bangkok Post 29.09.1993)[8].

Jedoch sind sich nicht alle Regierungsbehörden hinsichtlich der Außendarstellung Thailands einig, und die Behörde, die mit den sozialen und Gesundheitsproblemen direkt konfrontiert ist, zeigt eine offenere Haltung. So waren die Gesprächspartner und Gesprächspartnerinnen des Department of Social Welfare durchaus der Meinung, daß Tourismus die Probleme der Prostitution verstärkt habe, ja daß das Sexgewerbe ein Teil der Touristenattraktion sei. Außerdem sei es nach ihrer Meinung notwendig, internationalen Druck auf Thailand auszuüben, damit sich Thailand genötigt fühle, durchgreifende Maßnahmen zu veranlassen (Gespräch vom 22.11.1990).

Eine öffentliche Diskussion um eine Aids-Kontrolle bei ausländischen Touristen, wie sie 1987 nach Bekanntwerden erster Aidsfälle geführt wurde, findet nicht mehr statt. Einerseits wäre eine solche Maßnahme im Massentourismus kaum realisierbar gewesen und hätte zugleich Touristenzahlen reduziert[9]. Andererseits wäre damit implizit die Gruppe der Ausländer als Aids-Überträger festgeschrieben worden, womit die Bedeutung des promiskuitiven Sexualverhaltens thailändischer Männer völlig in den Hintergrund gerückt worden wäre.

Von politischen Entscheidungsträgern erwogen wird die Legalisierung und Registrierung von Prostituierten, die dann nur noch mit einem Gesundheitsausweis im Sexgewerbe tätig sein dürfen (vgl. Bangkok Post 16.01.1993). Nach einem Zeitungsbericht vom Juni 1993 ließ die Regierung jedoch die geplanten Gesundheitsnachweise bei Prostituierten wegen des massiven Protestes von Frauengruppen fallen[10]. Einen Monat später berichtet die Presse dann von einer neuen Strategie des Public Health Ministry: Hatte sich die Behörde zuvor auf eine Anti-Aids-Kampagne zur 100%igen Kondombenutzung konzentriert, wollte sie jetzt die Aufmerksamkeit auf das Sexualverhalten thailändischer Männer richten und wie darauf eingewirkt werden könne. In dem gleichen Aufsatz wird von finanziell kaum zu bewäl-

---

8 Vgl. Bangkok Post 31.12.1992.

9 Damals vom Public Health Committee vorgeschlagen und vom House Culture and Tourism Committee abgelehnt wegen zu erwartendem Schaden in der Tourismusbranche (vgl. Bangkok Post 08.08.1987; The Nation 13.09.1987; The Nation 30.11.1987).

10 Frauengruppen protestierten dagegen, weil sie für registrierte Frauen Probleme beim Ausstieg aus der Prostitution befürchteten (vgl. Bangkok Post 16.06.1993).

tigenden Krankheitszahlen - im Jahr 1997 bis 1998 möglicherweise um die vier Millionen Aids-Patienten - berichtet und von der abschreckenden Wirkung, die diese Situation auf Touristen hat (vgl. Bangkok Post 10.07.1993).

Nach wie vor wird von offizieller Seite kein ursächlicher Zusammenhang zwischen dem Ausmaß von AIDS und dem Sexualverhalten von Touristen gesehen. Sextourismus als leitendes Motiv für Touristen in Thailand wird von behördlicher Seite als Randphänomen betrachtet. Jedoch wird die abschreckende Wirkung von AIDS auf die gesamte Tourismusbranche bedacht, und es werden Handlungsstrategien gegen die Verbreitung der Immunschwächekrankheit entwickelt.

1.1.2 Sexistische Werbung mit Frauen unterbinden

Die thailändische Regierung hat heute die klare Haltung, nicht mit Prostituierten für Tourismus zu werben (The Nation 20.03.1993 und 22.03.1993). Jedoch besteht in dieser Hinsicht kaum eine Kontrolle über die Aktivitäten der Reiseveranstalter[11]. Auch begünstigen teils lokale und zentralstaatliche Behörden den Sextourismus. Für öffentliches Aufsehen sorgte folgender Vorfall: Die Provinzregierung eines südlichen Distrikts Thailands (Hat Yai) plante die offizielle Teilnahme thailändischer Prostituierter an den Songkranfeierlichkeiten[12] am 13. April 1993. Mit dieser Touristenattraktion, die als Reiz thailändische Frauen zum Mittelpunkt hat, sollten vor allem ausländische Touristen angezogen werden[13].

Ebenfalls sorgte ein Unterausschuß des „House Committee on Tourism", der sich aus Vertretern der Polizei, der TAT und der Investoren der Tourismusindustrie zusammensetzt, für Aufsehen, weil sich die Gruppe in erster Linie bestrebt sah, Sextourismusgebiete für die Touristen attraktiv zu gestalten und zu erhalten. Die Arbeitsgruppe beschäftigte sich damit, wie der Ruf der Patpong zu verbessern sei, wie beispielsweise Diebstähle und zu hohe

---

11 Die befragte Vertreterin des TAT berichtete von fehlenden rechtlichen Grundlagen zur Kontrolle und Überwachung der Werbung von Reiseveranstaltern, während in der eigenen Werbung keine 'exotischen Schönheiten' mehr verwendet werden. „Die TAT verwendet keine Mädchen mehr in ihrer Werbung. Vor 10 Jahren waren wir für dieses Problem noch nicht sensibilisiert, wir zeigten die Gastfreundschaft der Mädchen. Jetzt ist es aber anders. Wir konzentrieren uns mehr auf kulturelle und natürliche Schönheiten in unserem Land. Wir streben Qualitätstourismus an." (Gespräch vom 23.11.1990). Auf die negativen sozialen und ökologischen Folgen des Massentourismus hinweisend wird auch in der Bangkok Post von der Machtlosigkeit der TAT berichtet (Bangkok Post 31.12.1992).

12 Dabei handelt es sich um das thailändische Neujahresfest.

13 „'Ihre Teilnahme würde den feierlichen Umzug farbenprächtiger machen, insbesondere, wenn sie in 'hawaianischer Kleidung auftreten oder knapp gekleidet sind', sagte der Gouverneur. 'Ich glaube, das wird ausländische Touristen anziehen'." (The Nation 18.03.1993). Vgl. auch The Nation 19.03.1993.

Preise in dieser Region verhindert werden könnten. Enge Kooperationen mit einschlägigen Geschäftsbetreibern scheinen keine Probleme zu bereiten[14].

1.1.3 Gesetzgeberische Maßnahmen zu Prostitution

In den letzten Jahren wird in Thailand verstärkt die Gesetzgebung zur Prostitution diskutiert. Stichpunktartig wollen wir hier einige uns wichtig erscheinende Punkte anführen, die zur Veränderung anstehen[15].

Ausgangspunkt ist, daß Prostitution in Thailand seit 1960 verboten ist. Der „Anti-Prostitution Act B.E. 2503" kriminalisiert Prostituierte sowie Zuhälter, Aufseher von Prostituierten und Besitzer von Sexetablissements (Bangkok Post 06.02.1992). Dennoch läuft in Thailand das Sexgeschäft, Prostituierte müssen in der Regel an die regionale Polizei zahlen, um ihrem Gewerbe nachgehen zu können. Unzählige Einrichtungen bieten sexuelle Dienste an.

> „Bei einer wissenschaftlichen Untersuchung wurden beispielsweise in Bangkok folgende Einrichtungen des Sexgewerbes gezählt: '(...) 119 'Massage'-Salons, 119 Schönheits- und Teehäuser, 97 Nachtclubs, 248 verkappte Bordelle und 394 einschlägige Deco-Restaurants'; ..."[16]

Auch sexueller Mißbrauch von Kindern ist verboten. Im Criminal Code 277 wird bestraft, wer mit einem minderjährigen Mädchen unter 15 Jahren Geschlechtsverkehr hat (Bangkok Post 06.02.1992). Dennoch bedienen auch elfjährige Mädchen in Thailand 30 und mehr Freier am Tag.[17]

In dem Gesetzesvorschlag zur Prostitution soll diese nicht mehr strafbar sein. Jedoch wird bestraft, wenn sich jemand ohne die Inanspruchnahme von ärztlichen Kontrolluntersuchungen prostituiert und wer für Prostitution wirbt. Zuhälterei bleibt nach wie vor verboten, wobei Minderjährige unter 18 Jahren nochmals besonders geschützt werden sollen. Einen großen Raum in dem Gesetzesvorschlag nimmt der Schutz und die Kontrolle von übertragbaren Krankheiten ein.

> „Artikel 5 - Prostitution ist verboten für die Personen, die nicht den Gesundheitskontrollen, durchgeführt von autorisierten Ärzten innerhalb der vom Generaldirektor festgesetzten Zeiträumen, nachkommen." (Bangkok Post 06.02.1992).

---

14 Chantawipa Apisuk, die Leiterin von Empower in Bangkok weist auf die deutlichen Bestrebungen der Regierung hin, Sextourismusgebiete zu erhalten: „'Ich wundere mich, warum sie sich so ernsthaft auf die Probleme der Kunden oder Touristen in dem Sextourismusgebiet konzentrieren. Die gesellschaftlichen Machthaber versuchen sowieso immer eher etwas zu tun, um die Tourismusindustrie zu schützen, anstatt die Aufmerksamkeit auf die Frauen zu richten und wie sie in dem Geschäft behandelt werden', hob sie hervor." (The Sunday Post 04.07.1993).

15 Dabei wird kein Anspruch auf Vollständigkeit erhoben.

16 Lipka 1985: 72. Diese Zählung liegt schon über zehn Jahre zurück, so daß die Anzahl der spezifischen Einrichtungen heute um ein vielfaches größer sein dürfte, entsprechend der Zunahme von Prostitution.

17 So Sanphasit Koompraphant, Mitarbeiter im „Zentrum für den Schutz der Kinderrechte" in Bangkok. (Treffinger 1993: 11).

Kritiker und Kritikerinnen der Gesetzesvorlage zur Prostitution sehen als einzigen Vorzug eine Entkriminalisierung von Prostituierten (vgl. Bangkok Post 16.01.1993). Gleichzeitig wird auf die Gefahr der Stigmatisierung von Prostituierten über die Vorschriften zur Gesundheitskontrolle verwiesen.

In der Öffentlichkeit ist die Notwendigkeit eines solchen Gesetzes umstritten, da bereits weitreichende strafgesetzliche Möglichkeiten vorhanden sind, die allerdings kaum Anwendung finden. Noch Ende 1992 schreibt 'The Nation':

> „Beispielsweise, wurde in keinem einzigen Fall, der mit Kinderprostitution zu tun hat, Klage gegen die Täter bezugnehmend auf den Artikel 277 des Strafgesetzes erstattet. Darin wird jeder, der Sexualkontakt mit einem 15jährigen oder jüngeren Mädchen hat, wegen Unzucht mit Minderjährigen bestraft. Wenn Mädchen unter 13 Jahren betroffen sind, sieht der Gesetzgeber eine bis zu lebenslänglich Bestrafung vor. ... Deshalb, was wir benötigen, um effektiv gegen Kinderprostitution vorzugehen, ist sicherlich nicht eine neue Gesetzgebung ... Mehr als jemals zuvor muß die Regierung deutlich machen, welche Gesetze und Regelungen durchgesetzt werden müssen. „ (The Nation 09.11.1992).

Möglicherweise gibt es Anzeichen einer Veränderung. So verweist beispielsweise eine Kurznachricht in der FAZ auf 160 Festnahmen von Ausländern in Thailand wegen Kinderprostitution. Darunter sollen sich 82 Europäer befinden, die meisten aus der Bundesrepublik, Großbritannien und Frankreich (vgl. FAZ 27.04.1995). Inwieweit Verurteilungen folgten, wurde nicht bekannt.

Es wird vermutet, daß die Bestrebungen der Regierung nach einem neuen Gesetz zur Prostitution und der Abschaffung ihres Verbots weniger die Verbesserung der sozial schwierigen Situation der Prostituierten zum Ziel hat, sondern vielmehr dem Wunsch entspringt, ein reibungsloses Funktionieren der Tourismusbranche zu erreichen. Außerdem sollen die markantesten Menschenrechtsverletzungen eliminiert werden, um das internationale Image Thailands zu verbessern. Offensichtlich signalisieren ausländische Regierungen den Wunsch, die gravierendsten Probleme zu beheben. Zeitungsberichte verweisen auf ausländischen Druck:

> „Er (Premierminister Chuan, d.A.) sagte, die Regierung hat eine Politik zur Lösung des Problems Prostitution verfolgt, hat jedoch gleichzeitig realisiert, daß das Problem nicht vollständig zu eliminieren ist. 'Kinderprostitution ist ein Kernpunkt, der uns in unseren Fähigkeiten herausfordert', sagte er. 'Es ist ein Problem, das internationale Handelsbeschränkungen zur Folge hat. Es wurde benutzt als eine Bedingung, um Druck auf unsere Handelsbeziehungen zu machen'."(Bangkok Post 09.03.1993)[18].

Verschiedene und mannigfaltige Hinweise auf Korruption heben Kritikerinnen und Kritiker des neuen Gesetzestextes hervor. Sie weisen auf Verknüpfungen zwischen Frauenhandel, der Beteiligung von hohen Regierungsbeamten und der Polizei hin; Verflechtungen, die auch durch neue Gesetze zur Prostitution nicht verhindert werden können. Es wird die Frage nach der

18 Vgl. The Nation 08.01.1993.

Effektivität von neuen Gesetzen gestellt, die dann möglicherweise ebenfalls nicht angewendet werden (Bangkok Post 09.03.1993).

Ein spektakuläres Ereignis Ende 1992 demonstriert beispielhaft die Angst thailändischer Prostituierter vor der Polizei. Eine Frau, die aus einem Bordell entkommen konnte, versteckte sich in der Provinzhalle, einem öffentlichen Gebäude. Sie wollte sich aus Angst vor der Polizei von dieser nicht schützen lassen und wurde an ihrem Fluchtort von ihren Zuhältern brutal ermordet (The Nation 06.11.1992).

So melden die Zeitungen sechs Monate, nachdem der Premierminister im November 1992 den Krieg gegen die Kinderprostitution ausgerufen hat, keinen Erfolg. Und sogar der Regierungssprecher räumt ein, daß manche Regierungsbeamte, die für die Einhaltung der Gesetze zuständig seien, selbst in die Sexgeschäfte verwickelt sind (vgl. Bangkok Post 02.04.1993).

Auch vor Gericht sehen Opfer von Frauenhandel und Zwangsprostitution kaum Chancen der Gerechtigkeit. Die Frauenorganisation „friends of women", die Betroffene unterstützt, konnte von drei Frauen berichten, die die Organisation selbst betreute.

> „Die meisten Frauen wollen ihren Fall nicht fortsetzen. Sie sagen, sie vergeuden ihre Zeit. ... Sie fühlen sich zu hilflos, um Strafanzeige zu erstatten oder gegen Händler auszusagen." (Gespräch vom 17.11.1990).

Hinzu kommt, daß Frauen und Mädchen, die aus den Gewaltverhältnissen in der Prostitution gerettet wurden, in der Regel keine alternative Erwerbschance sehen und wieder ins Sexgewerbe zurückkehren[19].

Andererseits gibt es von staatlicher Seite Bemühungen, die Probleme Sextourismus und Frauenhandel in Kooperation mit NROs anzugehen. In dem von der thailändischen Regierung eingerichteten „National Committee for the Elimination of Involuntary Prostitution", ein Arbeitsausschuß der „National Commission on Women's Affairs" sind sowohl NROs als auch staatliche Institutionen wie Police Department und Public Welfare beteiligt. Die Gruppe erarbeitete einen Aktionsplan, für den auch die thailändische Regierung Gelder zur Verfügung stellt (Heggenberger 1991: 59). Inhaltlich geht es vor allem auch um Präventionsarbeit, also um Aufklärung und Ausbildung in den Hauptherkunftsregionen der Frauen.

---

19 Vgl. The Nation 17.04.1993. Die Vertreterin einer Projektgruppe (task force) auf einem Seminar zur Regierungspolitik zur Beendigung von Kinderprostitution sagt hierzu: „Viele zentral geplante Berufsbildungszentren ziehen die Personen nicht an, die der Prostitution ihren Rücken gekehrt haben. Manche Mädchen wurden aus den Bordellen befreit und in ihre Dörfer zurückgeschickt, ohne eine Arbeit, die ihnen ihr Leben hätte sichern können. Möglicherweise kehrten viele von ihnen wieder in die Bordelle zurück, entweder in Bangkok oder in ihren Dörfern, ... „ (Bangkok Post 02.04.1993).

1.2 Die Philippinen

Anders als in Thailand wurde von den philippinischen Gesprächspartnern - einschließlich dem Department of Tourism - die Existenz von Sextourismus nicht bestritten. Wie eine Vertreterin des Department of Tourism erklärte, würde Sextourismus allerdings bekämpft. In diesem Zusammenhang sei die touristische Vermarktung von Pagsanjan, ein bekanntes Sextourismusgebiet für Männer mit pädophilen Bedürfnissen, gestoppt worden. Die philippinische Regierung sei systematisch gegen Sextourismus vorgegangen, so daß es nur noch ein Randphänomen sei.

Außerdem berichtet die Gesprächspartnerin von einem 'zweiten großen Schlag' der philippinischen Regierung gegen organisierten Sextourismus. So seien die meisten Sextouristen mit organisierten Reisegruppen aus Japan gekommen. Diesen Gruppenreisen hätten philippinische Behörden einen Riegel vorgeschoben, so daß die japanischen Sextouristen heute in andere Länder reisen würden. (Gespräch vom 24.01.1991).

Beide Vorgehen, so wichtig sie auch sind, haben jedoch hinsichtlich der Gesamtproblematik auf den Philippinen wenig verändert. Bei der Maßnahme gegen Kinderprostitution handelt es sich um eine Unterbindung von Sextourismus in einer Region. Kinderprostitution floriert dennoch weiter. So wurde in einem Bericht des „Auslandsjournal" vom 15.08.1994 von 80.000 Kindern berichtet, die alleine auf den Straßen von Manila leben und von denen eine Vielzahl anschaffen geht. Ebenso wie in Thailand ist auch auf den Philippinen die sexuelle Gewalt gegen Kinder unter Strafe gestellt. Kinderprostitution ist verboten, das Strafgesetz - Republic Act. 7610 - soll Kinder vor Mißbrauch, Ausbeutung und Diskriminierung schützen[20]. Jedoch wird das Strafgesetz in der Praxis kaum angewandt und die philippinische Polizei verdient gut an den Geschäften mit den Kindern.

Japanische Sextouristen können sich möglicherweise nicht mehr in Gruppenreisen auf den Philippinen organisieren, jedoch gehen heute immer mehr philippinische Frauen nach Japan ins dortige Sexgewerbe. Die Arbeitsaufnahme im japanischen Rotlichtmilieu wird über legale Vermittlungswege realisiert. Die philippinischen Frauen reisen mit staatlicher Genehmigung als Künstlerinnen nach Japan ein und gehen dann dort der Prostitution nach[21].

20 Der Begriff 'Kinder' verweist in dem Gesetzestext auf Personen, die unter 18 Jahre alt sind, bzw. auch älter sein können, wenn sie aufgrund von physischen oder geistigen Behinderungen unfähig sind, sich selbst vor Mißbrauch zu schützen.

21 Wegen der Ausbeutungs- und Gewaltgefahr sollen mittlerweile die meisten asiatischen Länder eine zögerliche Haltung gegenüber der Arbeitsmigration von beruflich unqualifizierten Frauen einnehmen. Scheinbar gibt es in der philippinischen Regierung sogar Überlegungen, die Arbeitsmigration von Hausbotinnen und Unterhalterinnen zukünftig ganz zu stoppen (International Labour Office 1996: 17).

1.2.1 Informationsarbeit mit Arbeitsmigrantinnen

Die philippinische Regierung forciert die Auslandsarbeit ihrer Staatsangehörigen, die in zunehmendem Maße in frauentypischen Einkommensbereichen liegen[22]. Doch sind die dort tätigen Frauen besonderen Gefahren der sexuellen Gewalt ausgesetzt. Während Krankenschwestern in diesem Kontext nicht als gefährdete Gruppe betrachtet werden, ist sich die Behörde der besonders schwierigen Situation von Hausangestellten bewußt und versucht sie mit Orientierungsseminaren zu schützen:

> „Wir haben diesen Baustein institutionalisiert (das Orientierungsseminar vor der Abreise - pre-departure-orientation-seminar (PDOS) -, d.A.), und es dauert sieben Stunden lang, ... mit spezieller Betonung der Probleme von Frauen, besonders der Haushaltshelferinnen. Alle Haushaltshelferinnen, die das Land verlassen wollen, sollten diese Orientierungsseminar von der Philippine Overseas Employment Authority (POEA) besuchen ...“[23]

Da keine teilnehmende Beobachtung stattfand und die Programmpunkte im einzelnen nicht bekannt wurden, ist eine nähere Bewertung dieser Orientierungsseminare nicht möglich. Jedoch könnten sie den Frauen die Chance bieten, wichtige Informationen vor der Ausreise zu erhalten. Die Einrichtung solcher Seminare mit entsprechend kritischer Information wäre dann für andere Herkunftsländer der Frauen nachahmenswert.

Abgesehen davon, daß frauentypische Erwerbsarbeit im Reproduktionssektor häufig illegal und damit von staatlicher Seite nicht schützbar ist, sind auch die Möglichkeiten der Hilfestellung bei legalen Arbeitskontrakten gering. Die POEA, die sich um solche Problemfälle kümmert, kann den Arbeitgeber auf eine 'schwarze Liste' setzen[24] und den Arbeitsattaché der Botschaft in dem jeweiligen Land zur Unterstützung der philippinischen Frau hinzuziehen. Jedoch sind seine Möglichkeiten sehr begrenzt, insbesondere dann, wenn kein bilaterales Abkommen mit dem Gastland vorliegt.[25]

1.2.2 Verbot von internationaler Heiratsvermittlung

Nach den Angaben der Commission for Filipino Overseas (CFO) kommen ca. 80% der Ehen philippinischer Frauen mit ausländischen Männern über private Vermittlung zustande, während sich nur 5 % der Eheschließungen

22 Ca. 60 % der philippinischen Arbeitsmigranten in Überseeländern sind weiblich. (International Labour Office 1996: 2).

23 Gespräch mit Vertretern der POEA am 17.01.1991.

24 D.h. dieser Arbeitgeber wird nicht mehr von der POEA akzeptiert.

25 Bilaterale Abkommen lagen zum Zeitpunkt der Gespräche vor mit Spanien und Italien, während mit Frankreich und England darüber verhandelt wurde und man mit den Golfstaaten und verschiedenen Ländern des Mittleren Ostens gerade dabei war, solche Abkommen zu schließen. Um die philippinischen Arbeitskräfte mit Aufenthalts- und Arbeitsrecht besser zu schützen, wäre ein bilaterales Abkommen sinnvoll.

auf die Aktivitäten von organisierten Heiratshändlern zurückführen ließen und 15 % über Brieffreundschaften (Penpal) zustandekämen.[26]

Dennoch nahm die philippinische Regierung die umstrittene Rolle der internationalen Heiratsagenturen im Frauenhandelsgeschäft derart ernst, daß sie deren Aktivitäten im Juni 1990 mit dem „Republic Act 6955" kriminalisierte (Manila Times 14.06.1990). Das Gesetz, das sowohl die Werbung der internationalen Heiratsagenturen als auch die Geschäftsaktivitäten selbst verbietet, sieht Gefängnisstrafen zwischen sechs und acht Jahren bzw. Geldstrafen von 8.000 Pesos bis 20.000 Pesos vor[27]. Ausländische Täter sollen nach Strafverbüßung sofort abgeschoben werden und mit einem dauerhaften Einreiseverbot belegt werden.

Das Büro of Women Welfare, das viele Hilfeersuche von heiratsvermittelten Frauen erhalten haben soll, hat vor allem in Zusammenarbeit mit CFO und NROs durchsetzen können, daß die internationale Heiratsvermittlung verboten wurde. Das Verbot läßt die Gesprächspartnerinnen des Büro of Women Welfare jedoch nicht über zukünftige Probleme hinwegsehen. Für sie liegt das Hauptproblem darin, daß Prozesse gegen Heiratsagenturen nun zwar angestrengt werden können, sich die Zeuginnen jedoch aus Angst nicht zu einer Aussage bewegen lassen (Gespräch vom 11.12.1990).

Doch auch bei Aussagebereitschaft der betroffenen Zeuginnen ist die Durchsetzung der Gesetze in der Strafverfolgungs- und -vollzugspraxis schwer. Dies zeigt deutlich ein auf den Philippinen bekanntgewordener Fall, der mehrfach durch die Presse ging. Am 21. Mai 1993 wurde erstmals von einer Tageszeitung über eine Anzeige gegen einen deutschen Heiratsvermittler berichtet. Die philippinische Frauenorganisation 'Gabriela' und ein deutscher Einwohner auf den Philippinen hatten die Angelegenheit ins Rollen gebracht (Panay News - Bacolod 21.05.1993).

Etwa zwei Wochen später kam es dann zu einer öffentlichen Anhörung, in der mehrere Belastungszeuginnen die Aktivitäten des deutschen Vermittlers, der anwesend war, bestätigten. Laut Aussage einer Zeugin ging der Angeklagte wie folgt vor: Eine Frau wurde für die Dauer von drei Monaten an einen deutschen Mann vermittelt. Kam in dieser Zeit keine dauerhafte Verbindung zustande, sollte die Frau erneut für drei Monate an einen anderen Kandidaten vermittelt werden. Wollte die Frau auf die Philippinen zurückkehren, so mußte sie für die Kosten des Heiratsvermittlers aufkommen (vgl. The Visayan Daily Star 10.06.1993 und News 10.06.1993).

Der Vermittler gab seine Vermittlertätigkeit zu, bestritt aber die Strafbarkeit seiner Handlungen. Denn nach seiner Ansicht betreibe er keine pro-

---

26 Gespräch vom 12.12.1990. Zu den Einreisewegen philippinischer Migrantinnen vgl. auch Kapitel III.1.2.

27 Umgerechnet in US-Dollar entspricht dies im September 1993 den Summen von 267,-- und 667,--.

fessionelle Ehevermittlung, vielmehr würde er nur 'Kontakte zwischen heiratswilligen Personen' herstellen. So würde er nur deutsche Männer heiratswilligen Filipinas vorstellen, und die Paare müßten dann selbst entscheiden, ob sie heiraten wollen oder nicht. Seine Unkosten müßte er natürlich den Männern in Rechnung stellen, wobei es sich hierbei um ca. DM 17.000.- handle, wenn der Transport der Frau, die Beschaffung der notwendigen Papiere und andere Dinge berechnet würden (News 08.06.1993).

Wiederum eine Woche später wurde dann in den Zeitungen gemeldet, daß die Staatsanwaltschaft in der Angelegenheit tätig werden will, da der Verdacht auf Verletzung des 'Republic Act No 6955' bestehe (TODAY News-Views 16.06.1993). Zudem wurde beabsichtigt, den Vermittler auf die 'Schwarze Liste' zu setzen, so daß ihm die Einreise auf die Philippinen zukünftig verwehrt bleibt (The Visayan Daily Star 17.06.1993). Zu diesem Zeitpunkt hatte der Betreffende jedoch bereits das Land verlassen[28].

Das langsame Tempo der Ermittlungen der philippinischen Behörden gegen einen Vermittler, der seine Aktivitäten öffentlich zugibt, läßt ein eher geringes Engagement in diesem Bereich der Strafverfolgung vermuten[29]. Es steht zu befürchten, daß 'Republic Act No 6955' eine politische Willensbekundung ohne wesentliche praktische Konsequenz bleibt.

Ein Problem stellt hier sicherlich die unkritische Haltung der philippinischen Bevölkerung gegenüber den internationalen Heiratsvermittlern dar. Internationale Heiratsvermittlung wird von Filipinas eher unter dem Fokus der Chance zur Ausreise gesehen, denn als kriminelle Organisation. So waren auch bei der öffentlichen Anhörung zu dem oben erwähnten Fall eine große Anzahl philippinischer Familien vertreten, deren Töchter ins Ausland heiratsmigriert sind oder dies beabsichtigen. Sie protestierten gegen die Veranstaltung und versuchten teilweise, sich für den Heiratshändler öffentlich einzusetzen.[30]

So unterschiedlich die konkreten Zielrichtungen der einzelnen staatlichen Maßnahmen auf den Philippinen und in Thailand sind, so ähnlich sind sie sich in ihrem Ansatz und in ihrer praktischen Bedeutung. In beiden Ländern dominieren einerseits eher halbherzige und andererseits nur punktuell bedeutsame Regulierungs- und Kontrollversuche, während tiefergreifende wirtschaftspolitische Umstrukturierungen nicht vorgesehen sind.

---

28 Vgl. TODAY News-Views 16.06.1993; The Visayan Daily Star 17.06.1993; The Visayan Daily Star 16.06.1993.

29 Daß auch die Deutsche Botschaft, die sich in dieser Sache öffentlich zur Unterstützung bereit erklärte, nicht von den philippinischen Behörden kontaktiert wurde, dürfte die Vermutung eines in der Praxis eher geringen Strafverfolgungsinteresses bestätigen (vgl. The Visayan Daily Star 18.06.1993).

30 Vgl. The Visayan Daily Star 08.06.1993; The Visayan Daily Star 10.06.1993. Die Einstellung dürfte ähnlich der sein, wie sie bereits bei den befragten Migrantinnen dieser Untersuchung festgestellt wurde.

Während Thailand die Probleme und deren Ausmaß noch teilweise verharmlost, läßt sich allerdings auf den Philippinen ein größeres Problembewußtsein und auch mehr Bereitschaft zur Entwicklung von präventiven wie auch von sanktionierenden Maßnahmen verzeichnen.

2. Maßnahmen gegen Frauenhandel in der Bundesrepublik

Frauenhandel und Prostitutionstourismus wurden für die Bundesregierung zu einem ernstzunehmenden Phänomen[31], nachdem insbesondere Frauenorganisationen in drängender Weise auf die Problematik und auf die Notwendigkeit des Handelns hingewiesen hatten. Um das Ausmaß der Problematik, die konkrete Situation der betroffenen Frauen, die kriminellen Vernetzungen und vieles mehr einschätzen zu können, wurden verschiedene Forschungsaufträge vom Bundesfrauenministerium vergeben. Ziel der Studien war es, differenzierte Kenntnisse zusammenzutragen, die Rechtslage zu bewerten[32], einen Überblick über den Umfang der Probleme zu geben (Bundesministerium für Frauen und Jugend 1992), die konkreten Lebenssituationen betroffener Frauen zu erforschen und die Anforderungen und die Möglichkeiten zu ihrer Unterstützung aufzuzeigen[33].

Daneben wurde eine weitere Untersuchung mit finanzieller Unterstützung des Bundesministeriums für Gesundheit zu 'AIDS und (Sex-) Tourismus' vorgenommen (Bundesministerium für Gesundheit 1995). Wie der Titel dieser Studie zeigt, steht die Frage der Aids-Prävention im Vordergrund, während Hintergrundanalysen - zur psychosozialen Motivation der Freier, zu finanziellen und personellen Verflechtungen zwischen Reiseveranstalter und Rotlichtmilieu und vieles mehr - nicht berücksichtigt wurden.

So unterschiedlich die verschiedenen Forschungsaufträge in ihrer konkreten Aufgabenstellung auch waren, so weisen die Ergebnisse insgesamt doch eindeutig auf umfangreiche und komplexe Probleme hin, deren Bewältigung erheblichen Handlungsbedarf erfordert. Neben den verschiedensten Ansätzen, die im Bereich Prävention wirken sollen, werden vor allem soziale Hilfen für betroffene Frauen und die Verbesserung der Strafverfolgung gefordert.

31 Verschiedene Anfragen einzelner Bundestagsfraktionen gingen dem voraus.
32 Die Ergebnisse sind zusammengetragen in agisra 1990.
33 Diese Aufgabe war der Wissenschaftlichen Begleitung des Fraueninformationszentrums, FIZ-Stuttgart, gestellt. Die Untersuchung wurde vom Frankfurter Institut für Frauenforschung durchgeführt.

Neben diesen Forschungsvorhaben des Bundes[34], wurden einzelne praktische Maßnahmen zur Unterstützung der betroffenen Frauen ergriffen. Das Fraueninformationszentrum (FIZ) wurde als Modellprojekt für einen Zeitraum von fünf Jahren mit Bundesmitteln finanziell unterstützt[35]. Seit 1992 wird ein 'Rückkehrerinnenprogramm' durch das Bundesministerium für wirtschaftliche Zusammenarbeit gefördert, das rückkehrbereiten Frauen finanzielle und organisatorische Unterstützung geben soll[36].

Mitte 1989 wurde für einschlägige Herkunftsländer der Frauen, wie für Thailand und die Philippinen, die Visapflicht eingeführt. Diese Maßnahme, die auch die Hürde zur Einreise für unsere Zielgruppe erhöhen sollte, wurde als Chance betrachtet, präventiv zu wirken. Die Bedeutungslosigkeit dieser Maßnahme hinsichtlich der Bekämpfung von Frauenhandel konnten wir anhand von Gesprächen mit Migrantinnen und Botschaftsangehörigen klären (Vgl. Kap. III. 2.2).

Broschüren, die im Auftrag des Bundesfrauenministeriums erstellt wurden und in den Auslandsvertretungen der Bundesrepublik ausliegen, sollen die Frauen vor der Einreise über die wirklichen Aufenthalts- und Lebensbedingungen in der Bundesrepublik informieren. Sie enthalten zudem Adressen von Beratungsstellen in Deutschland. Die Wirksamkeit dieser Informationsarbeit konnte nicht eruiert werden (Vgl. Kap. III. 2.1).

In der öffentlichen Diskussion zu handlungsrelevanten Maßnahmen und Ansätzen sowie auch in den Debatten des Parlaments und in den Parteien, wurde der Strafverfolgung die größte Aufmerksamkeit geschenkt. Dies vor allem auch deshalb, weil die statistischen Daten ein erschreckendes Mißverhältnis zwischen dem Ausmaß von Frauenhandel und seiner Sanktionierung vermuten lassen: Der Quote von durchschnittlich 30 Verurteilungen im Jahr steht ein geschätzter Umfang von Tausenden von Fällen im gleichen Zeitraum gegenüber[37]. Schließlich wurde der Straftatbestand Menschenhandel mit dem 26. Strafrechtsänderungsgesetz vom Juli 1992 neu gefaßt. Die immer wieder von Beratungsstellen vorgebrachte Verbindung zur aufenthaltsrechtlichen Situation der Frauen, die deren Ausbeutbarkeit fördert und ermöglicht, fließt erst seit Ende 1993 in die öffentlichen Diskussionen von Politikerinnen und Politikern ein.

---

34 Das Ministerium für die Gleichstellung von Frau und Mann des Landes Nordrhein-Westfalen finanzierte als bisher einziges Bundesland eine eigene landesspezifische Untersuchung: Lenz, Ramil-Weiss, Thiemann 1993.

35 Verschiedene Landesregierungen und auch Kommunen unterstützen einzelne Beratungsstellen.

36 Dieses Pilotprojekt wurde bei Solwodi - Solidarity with Women in Distress -, der Beratungsstelle mit Sitz in Boppard angesiedelt.

37 Die Probleme der Strafverfolgung wurden auch in der Studie des Bundesministeriums für Frauen und Jugend aufgezeigt. In dieser Untersuchung wurden 33 Fälle zum Tatvorwurf Menschenhandel recherchiert, in nur 15 dieser Fälle kam es zur Anklage und in nur sechs Fällen wurde wegen Menschenhandel verurteilt. (1992: 181f.)

FEBRUAR

So	Mo	Di	Mi	Do	Fr	Sa	So	Mo	Di	Mi	Do	Fr	Sa	So	Mo	Di	Mi	Do	Fr	Sa
1	2	3	4	5	6	7	8	9	10	11	12	13	14	15	16	17	18	19	20	21
22	23	24	25	26	27	28														

Pieta von S. Wiesemann

Seine Gerechtigkeit gegen mich hätte ich begriffen,
seine übermäßige Liebe ist unbegreiflich.
Stefan Andres

Auch in Hinsicht auf Sextourismus mit Kindern wurde der deutsche Gesetzgeber tätig. Mit dem 27. Strafrechtsänderungsgesetz wurde Sextourismus mit Kindern unter Strafe gestellt. Ein Deutscher macht sich jetzt auch dann in der Bundesrepublik strafbar, wenn er seine Lebensgrundlage im Inland hat und im Ausland Kinder unter 14 Jahren sexuell mißbraucht. Dabei gilt das deutsche Strafrecht zu sexuellem Mißbrauch von Kindern: Freiheitsstrafe bis zu zehn Jahren, bei Vergewaltigung bis zu 15 Jahren[38].

2.1 Frauenhandel und seine strafrechtliche Verfolgung

Im folgenden wird die Strafverfolgung von Frauenhandel auf den Ebenen der rechtlichen Grundlagen und der praktischen Umsetzbarkeit diskutiert. Die Analyse soll beispielhaft Handlungsstrategien und Probleme eines Ziellandes von Frauenhandel zeigen, welches diesen zu bekämpfen sucht. Die Perspektiven bzw. die Perspektivlosigkeit der Opfer und Zeuginnen der Straftaten wurden zentral in die Auswertung einbezogen[39].

2.1.1 Die Änderung des materiellen Strafrechts

Mit dem 26. Strafrechtsänderungsgesetz wurde mit dem § 180b StGB ein neuer Grundtatbestand im Strafgesetzbuch geschaffen. Der bis dato geltende Straftatbestand § 181 StGB Menschenhandel, ein Verbrechenstatbestand, wurde zum qualifizierten Straftatbestand 'schwerer Menschenhandel' umgewandelt, während der § 180b StGB (Menschenhandel) als Vergehensstraftatbestand dem Strafgesetz neu hinzugefügt wurde. Gemäß § 180b Abs. 1 StGB wird,

> „wer auf eine andere Person eines Vermögensvorteils wegen einwirkt, um sie in Kenntnis einer Zwangslage zur Aufnahme oder Fortsetzung der Prostitution zu bestimmen, mit Freiheitsstrafe bis zu fünf Jahren oder mit Geldstrafe bestraft. Ebenso wird bestraft, wer auf eine andere Person seines Vermögensvorteils wegen einwirkt, um sie in Kenntnis der Hilflosigkeit, die mit ihrem Aufenthalt in einem fremden Land verbunden ist, zu sexuellen Handlungen zu bringen, die sie an oder vor einer dritten Person vornehmen oder von einer dritten Person an sich vornehmen lassen soll.“

Eine Qualifizierung dieses Straftatbestandes befindet sich sowohl in § 181 StGB, als auch in § 180b Abs. 2[40].

---

38 Die Strafgesetzgebung kann als ein Ergebnis der deutschen Kampagne gegen Kinderprostitution im Zusammenhang mit Sextourismus (Anfang 1991 bis Anfang 1994) betrachtet werden. Diese Kampagne war der internationalen Vernetzung ECPAT (End Child Prostitution in Asian Tourism) angeschlossen. Das Strafgesetz, seine Auswirkungen und Folgen können in dieser Studie nicht inhaltlich behandelt werden.

39 Diese Abhandlung lehnt sich stark an einen Vortrag an, der auf der Jahrestagung der Vereinigung für Rechtssoziologie am 23./24. April 1993 an der Justus-Liebig-Universität in Gießen gehalten wurde (vgl. Niesner 1994).

40 Im Hinblick auf das Alter des Opfers oder auch in Hinblick auf die Art der Zwangsmaßnahme u.a.

Der Straftatbestand 'Menschenhandel' wurde im wesentlichen in drei Punkten inhaltlich verändert, bzw. ergänzt: 1. Es handelt sich um die explizite Erweiterung des Schutzes auf ehemalige Prostituierte. 2. Auch heiratsgehandelte Frauen können jetzt Opfer von Menschenhandel sein. 3. Subtilere Druckmittel[41] können vor Gericht eine entsprechende Würdigung finden. Da uns zu Prozeßverläufen nach dem neuen Strafgesetz bislang keine dokumentierten Erkenntnisse bekannt wurden, geben wir auf der Grundlage früherer und heutiger Erfahrungen Prognosen zur Entwicklung der Rechtsprechung ab.

Da nicht allein die Einwirkung zur Aufnahme, sondern auch zur Fortführung der Prostitution unter die Strafbarkeit fällt, sind jetzt auch ehemalige Prostituierte vom Gesetz geschützt. Hierbei handelt es sich um eine wichtige Konkretisierung der Strafbarkeit, da Erfahrungen der Praxis zeigten, daß gerade auch Prostituierte aus den Sextourismusgebieten der Herkunftsländer Zielgruppen für Frauenhändlerringe sind[42].

Obwohl der Gesetzestext zu Menschenhandel nun vorgibt, daß der 'moralische' oder 'unmoralische' Hintergrund eines Opfers keine entscheidende Bedeutung mehr für die potentielle Bewertung der Straftat Menschenhandel einnehmen darf, ist zu befürchten, daß ehemalige Prostituierte seltener Gerechtigkeit vor Gericht erfahren. Leicht können sie nach wie vor durch die Maschen einer Gesellschaftsethik fallen, die ihr Sexualverhalten verurteilt und das der Freier insgeheim akzeptiert.

Oft werden moralische Vorbehalte in der Bevölkerung von Richtern reproduziert[43]. Auch die Gesetzgebung gibt deutlich eine Ungleichbehandlung von Prostituierten, im Gegensatz zu anderen Erwerbstätigen, vor. Prostitution wird von den Gerichten als eine sittenwidrige Dienstleistung eingestuft, die

> „ ... zivilrechtlich nicht wie andere Dienstleistungen abgesichert und ausländerrechtlich nicht mit einer Aufenthaltsgenehmigung legalisiert werden kann. Denkt man den fehlenden arbeitsrechtlichen Schutz und die sozialversicherungsrechtlichen Benachteiligungen hinzu, ergibt dies eine durch das Recht geradezu geschaffene Schutzlosigkeit der Frauen, die mit Prostitution ihren Lebensunterhalt verdienen.“[44]

Nach dem neuen Gesetzestext sind nun auch Frauen geschützt, die im Kontext von Heiratshandel zu sexuellen Handlungen gezwungen werden. Bisher

41 Beispielsweise Pässe entwenden, Schulden aufbürden, sozial isolieren u.a.

42 Ihnen wird eine alternative Erwerbsarbeit als Ausstiegsmöglichkeit aus dem Sexgewerbe angeboten, oder sie wissen, daß sie der Prostitution nachgehen sollen, werden aber über wesentliche Zusammenhänge - Aufenthalt, sexuelle Praktiken, Verdienst, Schulden u.a. - getäuscht.

43 Dieses Phänomen wurde in der Prozeßbeobachtung zu Frauenhandel dokumentiert (Niesner, Anonuevo, Songsiengchai 1991).

44 Frommel 1992: 68ff. Vgl. hierzu auch: Die Grünen 1991.

wurde keine Rechtsprechung bekannt, die diese Möglichkeit der Strafverfolgung zur Anwendung brachte[45].

Ferner erweitert der neue Gesetzestext die Möglichkeiten, Zwangssituationen und Druckmittel anzunehmen. Die strukturelle Benachteiligung der Frauen, die sie relativ leicht ausbeutbar macht und den Händlern viele Druckmittel in die Hand gibt, könnte heute eine entsprechende Bewertung vor Gericht finden[46].

Der Grundstraftatbestand 'Menschenhandel' wurde mit der Strafrechtsnovellierung zu einem Vergehen umgestaltet. Diese Änderung des materiellen Rechts wird sowohl von Vertretern der Strafverfolgung wie auch von Beratungsstellen kritisiert, da Nachteile für die Strafverfolgung wie auch für die Opfer und Zeuginnen befürchtet werden.

Für Vertreter von Strafverfolgungsbehörden fallen wichtige Ermittlungsmöglichkeiten weg, weil bei § 180b StGB keine Telefonüberwachung und die Verwertung solcher Erkenntnisse vor Gericht zulässig ist (§ 100a StPO). Außerdem befürchten sie, daß die Strafen für die Täter nach wie vor niedrig bleiben und Menschenhandel ein risikoloses Delikt bleiben wird[47]. Während vor der Novellierung des Straftatbestandes Menschenhandel häufig nach den Auffangtatbeständen 'Förderung der Prostitution' und 'Zuhälterei' sanktioniert wurde, wird nach der Strafrechtsänderung der Vergehenstatbestand Menschenhandel, mit ähnlich geringen Strafhöhen, zur Anwendung kommen. Ein Vertreter der Staatsanwaltschaft erläuterte auf der Anhörung zu Frauenhandel im Dezember 1993 in Bonn:

> „Ich glaube, hier wird deutlich, wie schwierig es nach dieser Gesetzesänderung sein wird, in den noch abzuwartenden Hauptverhandlungen diese Beweislage zu erfüllen. Nach meiner Einschätzung ist ein weiterhin hoher Ermittlungsaufwand zu betreiben, um die Straftatbestände der §§ 180b und 181 StGB nachzuweisen. Ob der erwartete Erfolg nach der Strafrechtsänderung eintritt, bleibt abzuwarten. Ich vermute jedoch, daß die Rückstufung, wie wir sie bisher schon seitens der §181 auf den § 180a StGB: Förderung der Prostitution - also von einem Verbrechen zu einem Vergehen - tagtäglich erlebt haben, nun vom schweren Menschenhandel auf den einfachen Menschenhandel, also auch wieder ein Vergehen, erfolgen wird. Das Ganze wird sich also nach meinen praktischen Erfahrungen als reine Rechtspflegekosmetik darstellen.“ (Deutscher Bundestag, Ausschuß für Frauen und Jugend 01.12.1993: 22f).

Zum anderen hat der Gesetzgeber für den neu geschaffenen Straftatbestand § 180b StGB keine Befugnis zum Anschluß als Nebenklägerin (395 StPO) eingeräumt. Damit ist bei Anklage nach § 180b StGB die Nebenklage ausgeschlossen. Die betroffenen Frauen können sich nicht mit anwaltlicher

---

45 Es ist jedoch zu befürchten, daß Gerichte den potentiellen Ehepartnern von 'heiratsgehandelten' Frauen ein Recht auf sexuelle Handlungen mit ihrer zukünftigen Ehefrau zubilligen werden und somit eine entsprechende Auslegung des Gesetzes nur selten erreicht werden kann.

46 Hierzu sind bislang noch keine Erfahrungswerte bekannt.

47 So auch die zentrale Information in der Pressemitteilung der SPD-Bundestagsfraktion vom 02.12.1993 zur Anhörung zum Thema „Frauenhandel“: „Frauenhandel in Deutschland ist ein Geschäft ohne Risiko“.

Hilfe aktiv am Verfahrensgeschehen beteiligen. Diese Situation hat große Kritik bei den Beratungsstellen und Beobachterinnen von Gerichtsverfahren hervorgerufen, die gerade die rechtliche Interessenvertretung der Zeuginnen vor Gericht als unabdingbare Bedingung für die Veränderung von frauen- und fremdenfeindlichen Gerichtspraktiken sehen, die häufig von Klischeebildern und Stigmatisierungen geprägt sind[48].

2.1.2 Die Verfahrenspraxis vor Gericht

Ob die Praxis der Strafverfolgung mit den Problemen von Frauenhandel umgehen kann, diese aufgreift und Gerechtigkeit übt, sollte die kontinuierlich durchgeführte Beobachtung eines Prozesses ergeben. Der Prozeß, der im wesentlichen die Einreise- und Lebensumstände thailändischer Frauen in der Bundesrepublik klären sollte, hatte eine Verhandlungsdauer von knapp zehn Monaten und fand in den Jahren 1989 und 1990, also vor der Gesetzesnovellierung statt[49]. Menschenhandel, ausbeuterische und dirigistische Zuhälterei sowie Förderung der Prostitution wurde vier thailändischen Staatsangehörigen von der Staatsanwaltschaft vorgeworfen. Das Verfahren endete mit einem Freispruch nach § 181 StGB (Menschenhandel), die Angeklagten wurden wegen Förderung der Prostitution und Zuhälterei sowie Beihilfe verurteilt.

Trotz der zwischenzeitlich durchgeführten Veränderung des materiellen Rechts zu Menschenhandel besitzen die wichtigsten Ergebnisse dieser Studie, die sich vornehmlich auf die geschlechtsspezifische Wahrnehmung und Würdigung von Beweisen, auf interkulturelle Zusammenhänge und Problemstellungen sowie auf die Auswirkungen von Stigmatisierungen beziehen, nach wie vor Gültigkeit. Die Analyse verdeutlicht die vielfältigen und komplexen Probleme, denen Gerichte in der Bundesrepublik bei Menschenhandelsverfahren ausgesetzt sind und deren Bewältigung ein besonderes Engagement der Verfahrensbeteiligten erfordert.

In dem Prozeß dominierten Juristen, die aus männlicher Perspektive Tatsachen wahrnahmen und bewerteten. In dem Verfahren wurde zugleich die ungleiche Ressourcen- und Machtverteilung zwischen den gut organisierten Tätern von lukrativen Frauenhandelsgeschäften und den vergleichsweise 'hilflosen', weil individualisierten Opfern dieser Straftat deutlich. Die einzige weibliche Verfahrensbeteiligte war die Nebenklagevertreterin, die

48 Diese Haltung wird auch in dem Positionspapier zur Novellierung des Strafgesetzes Menschenhandel § 181 und § 180 StGB vom November 1993 deutlich, das von den Beratungsstellen, die im Bundesgebiet tätig sind, formuliert wurde.

49 Der einzigartige Charakter dieser explorativen Einzelfallstudie, die Verfahrensprobleme in Menschenhandelsprozessen vor Gericht deutlich erfaßte, macht es notwendig, die wichtigsten Ergebnisse hier noch einmal kurz aufzugreifen. Die vollständige wissenschaftliche Auswertung dieser Erhebung findet sich in der Abhandlung: Niesner, Anonuevo, Songsiengchai 1991.

die Interessen ihrer Mandantin - der Hauptbelastungszeugin - zeitweise gegenüber neun Strafverteidigern zu vertreten hatte[50].

Über den Kopf der Frauen und Opfer der Straftat hinweg war ein kollegiales Verhalten zwischen Gericht und Verteidigung, erinnernd an machthabende Männerbünde, sichtbar. In Erweiterung dessen fanden sich Sextouristen, Freier, männliche Verteidiger, der Richter, die Beisitzer und Schöffen in dem geschlechtsspezifischen Gruppenhabitus des 'Wir' wieder, während die Nebenklagevertreterin ausgegrenzt war. Von manchen männlichen Verfahrensbeteiligten wurden die erwachsenen Belastungszeuginnen mit Begriffen wie 'das Mädchen' und 'es' bezeichnet. Damit wurde ein hierarchischer zwischenmenschlicher Umgang demonstriert, der die Ausblendung der Persönlichkeit der Zeuginnen beinhaltet und deren Degradierung zu Objekten zeigte.

Das Gericht folgte in dem Fall in wesentlichen Punkten dem Ansatz der Verteidigung, die den Frauen den Opferstatus absprechen wollte, indem sie angewandte Druckmittel als gängige Praktiken der Betriebsführung im Milieu deklarierte. Zudem wurden die Zeuginnen mittels Ausbreitung ihres sexuellen und moralischen Vorlebens vor Gericht bloßgestellt. Die Verhandlungsführung strafte de facto die Belastungszeuginnen und Opfer der Straftat, so daß die Betroffenen vor Gericht ein zweites Mal stigmatisiert wurden[51].

Das Gericht versuchte seine Kenntnislücken zu den kulturellen Hintergründen in Thailand mit Informationen von männlichen Zeugen zu schließen, die die Prostitutionstourismusszene besucht hatten. Die deutschen Männer präsentierten sich als Pseudosachverständige, die das Verhalten der Frauen aus dem Ausland einordnen durften. Von diesen 'Experten des Milieus' übernahm das Gericht Bewertungen, die später zu wichtigen Entscheidungsgrundlagen wurden.

Diesen 'Experten' folgend, daß alleinlebende Frauen in Thailand der Prostitutionsszene zuzuordnen seien, wurde in unserem Fall die Hauptbelastungszeugin, eine Thailänderin, der Prostitution im Herkunftsland verdächtigt[52]. Das Gericht folgte damit in seiner Meinungsbildung den klischeehaften Konstruktionen über Frauen aus der 'Dritten Welt'; das Stereo-

---

50 Daß es sich hier nicht um einen Einzelfall handelt, bestätigt auch eine der geladenen Expertinnen aus einer Beratungsstelle bei der Anhörung zu Frauenhandel: „Wenn wir die Bevölkerung dazu aufrufen, selber hinzugehen (zu Gerichtsverfahren wegen Menschenhandel, d.A.) und anzusehen, was da los ist, dann bin ich jedesmal von dieser ungeheuren Situation schockiert, daß auf der Seite der Anklage neun Leute sitzen, die sich in Gesetzeslücken und in Verzögerungstaktiken mit einem recht massiven Imponiergehabe auskennen. Und denen gegenüber sitzt ein Staatsanwalt, der vielleicht in seinem ganzen Berufsleben nur ein einziges Mal mit einem Menschenhandelsfall zu tun hatte." In: Deutscher Bundestag, Ausschuß für Frauen und Jugend 01.12.1993: 34.

51 Dieser Zusammenhang wird mit dem Begriff „blaming the victim" bezeichnet.

52 Dies war nach dem alten Straftatbestand noch entscheidungserheblich.

typ der käuflichen Asiatin machte vor dem Gerichtssaal nicht halt. Dieser scheinbare Kulturrelativismus wirkte sich auf die Belastungszeuginnen diskriminierend aus und verhinderte eine unvoreingenommene Würdigung ihrer Aussagen.

Da die Aussagen der Opfer einer Straftat für die Beweisführung wichtig sind, steht deren Glaubwürdigkeit im Zentrum des Interesses.

> „Welche Erfahrungssätze der Richter bei der Ermittlung der 'Glaubwürdigkeit' anzuwenden hat, ist gesetzlich nicht geregelt, so daß auch hier wiederum außerrechtliche Faktoren zum Tragen kommen." (Abel 1988: 31).

In dem beobachteten Verfahren bestätigte sich zum wiederholten Male, daß Prostituierten oder auch allein der Prostitution verdächtigen Personen mit Vorurteilen begegnet wird und ihre Aussagen unglaubhaft gemacht werden. Die Aussagen der Frauen verlieren schon allein deshalb an Gewicht, weil ihr Sexualleben nicht der vorgegebenen Gesellschaftsnorm entspricht. Die subjektive Bewertung des Intimlebens von Zeuginnen vermischt sich mit der Einschätzung von faktischen Zusammenhängen über den Tathergang. Prostituierte erfahren eine Ungleichbehandlung vor Gericht, womit das Risiko für die Straftäter bedeutend herabgesetzt ist[53].

Andererseits wurden die Aussagen von Belastungszeuginnen auch für unglaubhaft angesehen, weil kulturelle Unterschiede an den Stellen ignoriert wurden, an denen ihre Berücksichtigung entscheidende Bedeutung gehabt hätte. So traten Mißverständnisse auf, die der unterschiedlichen Semantik, aber auch den verschiedenen Denk- und Verhaltensweisen von Menschen aus anderen Kulturen zugeordnet hätten werden müssen[54].

Zudem war die Dolmetscherin in ihrer Doppelfunktion als Übersetzerin für die Angeklagten und für die Hauptbelastungszeuginnen überfordert. Wenig systematisch durchgeführte Kommunikations- und Übersetzungsformen führten zu Mißverständnissen und Problemen, die hätten verhindert werden können[55]. Eine eigenständige Dolmetscherin, die sich allein auf die Übertragung von Worten der Frau bzw. an sie gerichteten Worten konzentrieren kann, ist auch aus einem anderen Grund von besonderer Wichtigkeit. Die Zeugin sollte von ihr auch über den Verlauf des Verfahrens informiert

---

53 Auch auf der Anhörung zu Frauenhandel wird von Seiten der Staatsanwaltschaft das Fehlen von moralischer Neutralität im Gerichtssaal bestätigt: „Zur moralischen Neutralität - ... - müssen sie bedenken, daß wir Juristen, soweit es nicht Juristinnen sind, Männer sind, die gewisse Vorurteile trotz unserer langjährigen Berufserfahrung haben. Sie müssen bedenken, daß nicht nur Volljuristen, sondern auch Schöffen urteilen, die nun ganz andere Auffassungen haben, so daß diese moralische Neutralität gegenüber den Opfern, glaube ich, ganz selten gewahrt ist." In: Deutscher Bundestag, Ausschuß für Frauen und Jugend 01.12.1993: 24.

54 Vgl. in diesem Zusammenhang den Vortrag von Glunk (Mitarbeiterin der FIZ) anläßlich eines ExpertInnengespräches zu Menschenhandel am 20.09.1991.

55 In Stuttgart wurde das „Dolmetscher Telefon" gegründet, eine Einrichtung, die Übersetzerinnen und Übersetzer schult und eine kleine Informationsbroschüre erarbeitet hat: „Mit Dolmetschern arbeiten. Ein Leitfaden für Beratungsgespräche im medizinischen, sozialen, psychologischen und schulischen Bereich".

werden. Da empfohlen wird, daß sich die Zeuginnen, soweit möglich, als Nebenklägerinnen dem Prozeß anschließen und eine eigene Rechtsanwältin mit der Vertretung ihrer Interessen beauftragen, hat die Dolmetscherin weitere Aufgaben. Sie sollte auch die Kommunikation zwischen der Nebenklägerin und ihrer Rechtsanwältin ermöglichen, da hier alle wichtigen Verfahrensfragen und -strategien besprochen und die Nebenklägerin z.B. bei Angriffen der Verteidigung entlastet und unterstützt werden soll.

Die Belastungszeuginnen zeigten Widersprüche in ihren Aussagen, die sich auf Angst vor Abschiebung und vor Behördenkorruption - wie aus ihrer Heimat bekannt - zurückführen lassen und ihren Ursprung im fehlenden Vertrauen zum deutschen Rechtssystem haben[56]. Dies relativiert wiederum die positive Einstellung zu den deutschen Behörden, wie sie von den Interviewten vorgetragen wurden (Vgl. Kap. V.2), weist möglicherweise aber auch auf unterschiedliche Bezüge zu Ordnungsbehörden in Anlehnung an den eigenen gesicherten oder ungesicherten Aufenthaltsstatus hin. Vorbehalte der Opfer von Menschenhandel gegenüber Strafverfolgungsorganen können nur durch effiziente Schutzmaßnahmen und das Ausloten und Umsetzen von Rechten für die Frauen abgebaut werden. Eine zentrale Position nehmen hier qualifizierte Beraterinnen ein, die umfassende Informationen geben und sachgerechten Beistand leisten können[57].

Der Straftatbestand Menschenhandel stellt außerordentlich hohe Anforderungen an Strafverfolgung und Justiz. Die Gerichte sind mit international organisierten Straftaten konfrontiert. Die Opfer und häufig auch die Täter kommen aus kulturell völlig anderen Kulturkreisen. Das Verhandlungsthema kreist um intime und empfindliche Lebensbereiche von Frauen, deren sexuelle Integrität verletzt wurde.

Die Gerichte stehen in dem Konflikt, einerseits den eigenen institutionellen Zwängen - dem Zeit- und Effektivitätsdruck - nachgeben zu müssen und andererseits außerordentlichen Anforderungen eines auf verschiedenen Ebenen schwierigen Verfahrens ausgesetzt zu sein. In unserem Fall herrschte deshalb manchmal eine angespannte und aggressive Atmosphäre im Gerichtssaal. Emotionen richteten sich hauptsächlich gegen die ausländischen Belastungszeuginnen, die im übertragenen Sinne dafür verantwortlich gemacht wurden, daß sich ein einfacher, problemloser und leicht handhabbarer Verhandlungsverlauf nicht einhalten ließ.

Wie kompliziert sich die Vorgänge gestalten, und ob Strafverfolgung von Frauenhandel überhaupt realisierbar ist, kann u.a. auch von der Exi-

---

56 Auch in der Studie des Bundeskriminalamtes wird dieser Zusammenhang festgestellt (1993: 210). Zum anderen wurden auch Korruptionsaffären mit Behördenbediensteten in der Bundesrepublik im Zusammenhang mit der Strafverfolgung von Frauenhandel bekannt (vgl. Deutscher Bundestag, Ausschuß für Frauen und Jugend 01.12.1993: 33).

57 Vgl. hierzu den Vortrag von Friedmann vom 18.03-20.03.1992.

stenz bi-nationaler Rechtshilfeabkommen zwischen den Herkunfts- und den Aufnahmeländern der Frauen abhängig sein. Denn für erfolgreiche Ermittlungen ist oft eine internationale Zusammenarbeit von Strafverfolgungsbehörden von Bedeutung, so daß auf bi-nationale Rechtshilfeabkommen nicht verzichtet werden kann. Mit Thailand und den Philippinen wurden nach wie vor keine entsprechenden Vereinbarungen getroffen[58].

2.1.3 Die Deliktrelevanz bei der Ermittlung

Daß es jedoch häufig gar nicht erst zu einem Gerichtsverfahren kommt, wurde auf der öffentlichen Anhörung zu Frauenhandel im Ausschuß für Frauen und Jugend des Deutschen Bundestages im Dezember 1993 von den verschiedenen Experten und Expertinnen übereinstimmend festgestellt. Ein Vertreter der Staatsanwaltschaft räumt dazu ein:

> „Wir sind aufgrund des hohen Kriminalitätsaufkommens immer wieder gefordert, Prioritäten zu setzen. Bei der Prioritätensetzung rangieren nun mal diese Straftatbestände, über die wir uns heute vormittag unterhalten, ganz weit unten. Das muß ich ganz offen sagen, und das sollten Sie auch wissen! Da führt kein Weg daran vorbei, das ist kein Frankfurter Problem, das ist ein bundesweites Problem." (Deutscher Bundestag, Ausschuß für Frauen und Jugend 01.12.1993: 47).

Die Prioritätensetzung der Organe der Strafverfolgung, die von dem Ausmaß krimineller Aktivitäten bis zum äußersten gefordert sind, erfolgt nicht willkürlich, nicht ohne Muster. Vielmehr liegt das Hauptinteresse der Strafverfolgung in Eigentumsdelikten, während Straftaten gegen die sexuelle Selbstbestimmung eine untergeordnete Bedeutung einnehmen. Das Recht auf Besitz ist besser geschützt als das Recht auf körperliche Selbstbestimmung, so der Vertreter der Staatsanwaltschaft.

> „Es fällt mir schwer, das zu sagen, und ich finde auch dafür keine Begründung, woran es liegt. Es ist leider seit Jahren zu beobachten, daß tatsächlich für Vermögensdelikte weitaus schärfer geurteilt wird als im Hinblick auf Straftaten nicht nur gegen die sexuelle Selbstbestimmung, sondern auch gegen die körperliche Integrität. Das ist nicht eine Tendenz der heutigen Zeit, sondern es hat sich in den letzten Jahren verfestigt." (Deutscher Bundestag, Ausschuß für Frauen und Jugend 01.12.1993: 65).

In der Bundesrepublik lebt die Strafverfolgung von Menschenhandel oft von dem Engagement einzelner, die sich über die bloße Dienstvorschrift hinaus persönlich in einem Fall einsetzen und zur Unterstützung der Frauen den Kontakt zu Beratungsstellen herstellen[59]. In der Regel stellen die Strafverfolgungsbehörden die illegale Einreise in den Mittelpunkt und weisen die Betroffenen aus, ohne andere Möglichkeiten zu überprüfen und einzuleiten.

Die schnelle Abschiebung von Opfern und potentiellen Zeuginnen minimiert den Erfolg von Menschenhandelsprozessen und führt zur statistischen Fehlaussage, daß das Problem Frauenhandel nicht existiert. So er-

---

58 Telefonat mit dem Auswärtigen Amt, Bonn im August 1994.

59 Deutscher Bundestag, Ausschuß für Frauen und Jugend 01.12.1993: 52 und 54. Ähnliche Erfahrungen wurden auch in der Beratungsstelle FIZ gemacht.

scheint beispielsweise ganz Bremerhaven frei von den Problemen des Frauenhandels, weil es nie zu einer Anklage kam. Wie ein Journalistinnenteam recherchierte, wurden dort wichtige Zeuginnen abgeschoben und ihren belastenden Aussagen schon bei der Ermittlung durch die Polizei und die Staatsanwaltschaft kein Glauben geschenkt (Mayr 15.03.1994).

Auch wenn Beratungsstellen vor Ort existieren und ihre Kapazität für eine Hilfeleistung reicht, so wird ihnen oft nicht einmal die Kontaktaufnahme zu den inhaftierten Opfern der Straftat und illegal sich aufhaltenden Frauen gewährt. Dahin verweisen die Erfahrungen der Expertinnen auf der Anhörung zu Frauenhandel. Es handelt sich dabei nicht um Einzelerfahrungen. In solchen Fällen liegen die Interessen der Behörden in erster Linie in der Durchführung ausländerrechtlicher Maßnahmen, während die Strafverfolgung von Frauenhandel in den Hintergrund rückt. Eine Expertin aus einer Beratungsstelle in München stellt ihre Überlegungen zur Verbindung zwischen Abschiebung und Strafverfolgung von Menschenhandel vor.

> „Ich glaube, bei uns kommt es zum Teil überhaupt nicht zur Anklage, weil die Frauen derart schnell ausgewiesen werden, daß es nicht einmal die Möglichkeit gibt, daß sie so viel Vertrauen auch zu uns oder zu den landessprachlichen Beraterinnen fassen können, daß sie erzählen können, wie sie vermittelt worden sind und was noch dahinter steckt, daß es dazu gekommen ist. Der Druck beim Ausländeramt, das sich bei uns nur darauf festlegt, daß die Frauen illegal hier sind, ist schon sehr groß.“ (Deutscher Bundestag, Ausschuß für Frauen und Jugend 01.12.1993: 48).

Auswirkungen auf die Durchführbarkeit von Strafverfahren hat auch die richterliche Vernehmung von Zeuginnen und deren konsequente Abschiebung und Wiederladung aus dem Ausland. Die richterliche Vernehmung ist in der Regel zur Verurteilung nicht ausreichend und die Zeuginnen sind für eine Aussage zur Hauptverhandlung, die ein bis drei Jahre nach den Ermittlungen stattfindet, nicht mehr greifbar. Sie sind untergetaucht, werden bedroht, oder fürchten Sanktionen, wenn sie die Angeklagten mit ihrer Aussage belasten.

Das Abschieben von Zeuginnen ist gängige Praxis, obwohl auch den Gerichten bekannt ist, daß ihnen damit Chancen genommen sind, wichtige Beweise zu erhärten. Setzt sich die Staatsanwaltschaft eindeutig gegenüber der Ausländerbehörde für das Hierbleiben der Frauen ein, so kann eine vorübergehende Aufenthaltsregelung gefunden werden.

> „Die Frage, ob nun eine Zeugin, ein Opfer, eine Geschädigte während des Prozesses hierbleiben soll, ist einmal eine Kostenfrage und zum anderen eine Rechtsfrage. Diese Fragen werden in Absprache zwischen Ausländerbehörde, Polizei und Justiz - also Staatsanwalt und Gericht - entschieden. In der Regel wird es so sein, daß man seitens der Justiz und der Polizei glaubt, durch eine richterliche Vernehmung der Zeugin sei der Beweiswert ihrer Aussage gesichert. ... Mir sind keine Fälle bekannt, in denen es tatsächlich vorgekommen ist, daß Zeuginnen, die zunächst vernommen wurden, dann abgeschoben und wieder geladen worden sind. Diese Ladungen sind theoretisch möglich. Sie können auch durchgeführt werden. Aufgrund meiner Erfahrung - ich kann allerdings nur für Frankfurt sprechen - wird es so sein, daß die

Zeugin für uns verschwunden ist, wobei wir nur Mutmaßungen anstellen können. Aber ich glaube, daß diese realistisch sind. Das heißt, der Angeklagte sorgt über seine Mittelsleute dafür - und er hat gute Kontakte zum Ausland -, daß diese Zeugin nicht mehr auffindbar ist." (Deutscher Bundestag, Ausschuß für Frauen und Jugend 01.12.1993: 46).

Eine Expertin der Anhörung zu Frauenhandel, die verschiedene Strafprozesse zu Menschenhandel beobachtete, berichtete sehr anschaulich über die Konsequenzen, die die Abwesenheit von Belastungszeuginnen bei Gericht nach sich zieht. Hier bestätigen sich nochmal eigene Beobachtungen, daß die gängige Strategie der Verteidigung der Angeklagten darin besteht, die Gerichte mit Beweisanträgen zu überrollen, deren Verifizierung oder Falsifizierung wegen Abwesenheit der entsprechenden Zeuginnen nicht mehr möglich ist.

„Im Kölner Prozeß, in dem ich selbst Prozeßbeobachtung gemacht habe, war keine einzige Zeugin mehr da, aber sehr viele hatten vor dem Richter eine Aussage gemacht. Gegen diese richterliche Vernehmung hatten die Strafverteidiger mit 200 Beweisanträgen gedroht. Und das konnten sie, weil immer Fragen auftauchten, zu der die Frauen keine Stellung mehr nehmen konnten. Deshalb haben diese Strafverteidiger auch gesagt: Wir machen den Prozeß so unjustitiabel, indem wir so viele Beweisanträge stellen, und dann wird es auch sehr teuer, die Zeugin wieder einzufliegen. Also hat man sich auf einen Deal geeinigt. Und das ist oft der Fall! Da werden also die Täter gefragt, ob sie einverstanden sind mit dem und dem Beweis und ob sie einverstanden sind mit der oder der Strafe. Da wurde das Strafmaß ausgehandelt auf ein Jahr und zwei Monate auf Bewährung." (Deutscher Bundestag, Ausschuß für Frauen und Jugend 01.12.1993: 47).

Das Einschalten von Beratungsstellen, die Vertrauen zu den Betroffenen herstellen, sie über ihre Rechte informieren, sie psychisch und sozial stützen und die versuchen, eine neue Lebensplanung mit den Frauen zu entwickeln, wäre zentral für neue Impulse, die im Hinblick auf die Strafverfolgung dringend nötig sind. Dies bewies das Niederländische Modell „Stichting Tegen Vrouwenhandel". Hier handelt es sich um eine Beratungsstelle, die in den sechs Jahren ihres Bestehens 400 ausländische Frauen unterstützen konnte, die zur Prostitution gezwungen waren. Auf der Anhörung zu Frauenhandel wird dazu die Situation in der Bundesrepublik verglichen:

„In der Bundesrepublik demgegenüber betreuen die Beratungsstellen ab und zu mal einen 'Fall' mit Verflechtungen zu den Praktiken von Frauenhandel. Und dies auch nur dann, wenn regional gute Arbeitskontakte zu Einzelpersonen der Polizeidienststellen oder der Staatsanwaltschaften hergestellt werden konnten." (Deutscher Bundestag, Ausschuß für Frauen und Jugend 01.12.1993: 100f).

Würden Beratungsstellen von der Polizei automatisch eingeschaltet - wie das im niederländischen Modell erfolgreich praktiziert wird -, so könnte der Straflosigkeit entgegengewirkt werden. Denn die Arbeit der Beratungsstellen, die der Unterstützung und Stärkung der Betroffenen gilt, würde potentielle Zeuginnen erst in die Lage versetzen, belastende Aussagen zu machen. Dies erfordert jedoch klare Vorgaben seitens des Innenministeriums und des Polizeipräsidiums, die das Einbeziehen von Beratungsstellen regeln und nicht mehr nur dem Engagement einzelner Polizisten überlassen. Bislang hat nur das Land Nordrhein-Westfalen mit seinen Runderlassen eine solche

Entscheidung getroffen[60]. Wie die Tagung zu Menschenhandel an der Fachhochschule Frankfurt bewies, nimmt Nordrhein-Westfalen eine Vorreiterrolle in der Bekämpfung von Frauenhandel im Bundesgebiet ein[61].

Zwangsläufig müßten mit diesem Vorgehen auch wesentlich mehr finanzielle Zuwendungen an die Beratungsstellen gezahlt werden, um den Arbeitsaufwand zu bewältigen. Zum dritten müßten dann auch mehr Kräfte für die Strafverfolgung von Menschenhandel bereitgestellt werden.

Unseres Erachtens steht damit die Frage im Raum, ob die Strafverfolgung von Menschenhandel in der Bundesrepublik eine gesteigerte Bedeutung erfahren soll. Dann wären Entscheidungen zu fällen, die von der Verwaltung der Probleme und deren exemplarischer Bekämpfung zu systematischen, klaren und durchführbaren Maßnahmen gegen die Ausbeutung von Migrantinnen und deren sexuellen Mißbrauch führen.

2.1.4 Die Perspektivlosigkeit der Opfer und Zeuginnen

Menschenhandel funktioniert auf der Grundlage einer Interessenkongruenz zwischen den Opfern und den Tätern der Straftat. Die Täter beuten zwar einerseits ihre Opfer aus, andererseits ermöglichen sie ihnen jedoch auch die Einreise und den Aufenthalt in einem ökonomisch besser gestellten Land. In der Regel haben sich auch die Opfer der Straftat nach § 92 Abs. 1 Nr. 6 AuslG in Verbindung mit § 58 Abs. 1 AuslG. wegen illegaler Einreise strafbar gemacht.

Für die Strafverfolgung sind die Opfer der Straftat - die zugleich auch Straftäter wegen Umgehung ausländerrechtlicher Bestimmungen sind - von zentralem Interesse, denn die Beweisführung basiert meist auf deren belastenden Aussagen. Den Behörden der Strafverfolgung fällt es schwer, die Aussagebereitschaft dieser Frauen zu erreichen. Zum einen, weil sich diese mit den Aussagen selbst belasten könnten[62], zum anderen aber auch, weil die Frauen von den Angeklagten häufig massiv unter Druck gesetzt werden und ihnen eine Lebensperspektive ohne Abhängigkeit von Frauenhändlern und Zuhältern fehlt. Zur strafrechtlichen Sicht ein Vertreter der Staatsanwaltschaft auf der Anhörung zu Frauenhandel:

> „Ganz schlimm ist es in den Fällen, in denen Frauen selbst aufgrund ausländerrechtlicher Verstöße in Haft genommen und sich in der Situation befinden, daß sie einerseits Beschuldigte in einem Verfahren und andererseits Zeugin für das andere Verfahren sind. Hier ist es schon vorgekommen - nicht in Hessen, aber ich weiß es, in anderen Bundesländern -, daß die Beschuldigten im vermeintlichen Mitgefühl nun selbst Verteidiger gestellt haben, die dann auf die Geschädigten Einfluß ge-

---

60 Runderlasse des Innenministeriums des Landes Nordrhein-Westfalen vom 11.04.1994 und vom 10.07.1995.

61 Das ExpertInnengespräch war vom Frankfurter Institut für Frauenforschung, Beratungsstelle für Migrantinnen im Informationszentrum Dritte Welt in Herne, Solwodi - Mainz und Ökumenische Asiengruppe Frankfurt im März 1997 initiiert worden und zielte auf eine Evaluation der unterschiedlichen Strafverfolgungsmaßnahmen in verschiedenen Bundesländern ab.

62 Die Zeugin darf deshalb nach § 55 StPO ihre Aussage verweigern.

nommen haben, nach dem Motto: Es ist besser, wenn sie schweigen! - Einmal aufgrund der Situation als selbst Beschuldigte, zum anderen könnte es erhebliche Probleme geben, wie auch immer die Einschüchterungen im Hinblick auf das Verfahren verbalisiert werden, so daß die Aussagebereitschaft trotz des Engagements der Strafverfolgungsbehörden und vielleicht auch entsprechender privater Organisationen nicht immer sehr hoch einzuschätzen ist."[63]

Es ist notwendig, daß Beratungsstellen Rechtsanwältinnen für gehandelte Frauen einschalten, die kompetent sind und das Vertrauen der Beratungsstellen genießen. Diese sollten zum frühest möglichen Zeitpunkt einbezogen werden, so z.B. schon vor der richterlichen Vernehmung. Ihre Funktion der parteilichen Interessenvertretung wird die Rechtsanwältin der Frau deutlich machen und daran mitwirken, daß wahrheitsgemäße, d.h. von Ängsten und Unsicherheiten weitgehend freie Aussagen überhaupt erst entstehen können. Nur über diese Interessenvertreterin wird der Frau das Gefühl gegeben werden können, daß sie einem Verfahren nicht hilflos ausgeliefert ist, sondern darin aktiv tätig sein kann. Die wichtigste Funktion der Rechtsanwältin ist schließlich die Unterstützung in der Hauptverhandlung, die Zurückweisung von unzulässigen bzw. diskriminierenden Fragen und Beweisanträgen der Verteidigung, die Stellung eigener Beweisanträge und Fragen an Zeuginnen, Sachverständige u.a. sowie das Plädoyer, das noch einmal die Sicht des Opfers akzentuiert.

Von Frauenhandel betroffene Frauen werden spätestens nach Prozeßende, in der Regel jedoch schon vor Verfahrensbeginn, abgeschoben. Ohne Geld, mit Schulden, mit finanziellen Verpflichtungen gegenüber ihren Familienangehörigen und ohne die Möglichkeit eines sozialen und materiellen Neubeginns im Heimatland sind sie in der Regel wiederum auf illegal arbeitende Vermittler angewiesen. Die Frauen haben wenig Grund, eine Strafverfolgung zu unterstützen, weil sich die Verbrechensbekämpfung gegen Menschenhandel auch gegen sie selbst richtet. Vertreterinnen von Beratungsstellen sind der Überzeugung, daß diese Rechtlosigkeit und Benachteiligung die Bereitschaft der Betroffenen zur Aussage verhindert, so eine Expertin auf der Anhörung zu Frauenhandel:

> „Es muß alles getan werden, was den Zeuginnen hilft, ihre Aussagen machen zu können und den Kontakt stärker zu den Beratungsstellen zu suchen. Wir haben immer noch Möglichkeiten, Frauen unterzubringen, daß sie sicher sein können. Da muß aber die Ausländerbehörde mitspielen und den Frauen auch ein Ziel geben. Irgend etwas muß für sie dabei herauskommen, damit sie sich so exponieren und ihre Aussagen machen." (Deutscher Bundestag, Ausschuß für Frauen und Jugend 01.12.1993: 69).

Dabei ist es wichtig zu bedenken, daß sich die Betroffenen individuell in unterschiedlichen Situationen befinden, daß ihre Lebensentwürfe divergieren. Die Vertreterin einer Beratungsstelle betont die unterschiedlichen Aus-

---

63 Deutscher Bundestag, Ausschuß für Frauen und Jugend 01.12.1993: 54. Zur Doppelstellung der Opfer von Menschenhandel als Beschuldigte und als Opfer vgl. auch Bundesministerium für Frauen und Jugend 1992: 200f.

gangsbedingungen der Frauen, die zu verschiedenen Maßnahmen führen müßten:

> „Es ist wichtig, den Frauen verschiedene Alternativen anzubieten. Einzelnen Frauen die Möglichkeit zur Weiterbildung hier in der Bundesrepublik zu geben, ist wichtig, je nachdem, welche Voraussetzungen und Vorbedingungen sie mitbringen. Es kann aber für einzelne Frauen auch gut sein, daß sie im Herkunftsland eine Ausbildung machen, d.h., entsprechende Projekte im Herkunftsland müßten finanziell unterstützt werden. Wir hatten auch Frauen in unserer Betreuung, die durchaus zu Hause schon eine gute Ausbildung gehabt haben, aber keine Stelle gefunden haben bzw. nur Stellen, in denen sie nur sehr wenig verdienen konnten. Für solche Frauen müßte auch die Möglichkeit geschaffen werden, hier eine Zeitlang zu arbeiten, um einen entsprechenden Geldbetrag zu verdienen, damit sie sich dann zu Hause etwas aufbauen können." (Deutscher Bundestag, Ausschuß für Frauen und Jugend 01.12.1993: 41).

Die Beratungsstellen sind in diesem Punkt einig, sie sehen sogar die unterprivilegierte Situation der Betroffenen als ursächlich für die Nachfrage nach deren sexuellen Diensten.

> „Ich denke, daß sowohl die Händler, aber auch die Kunden dieser Frauen genau mit dieser Abhängigkeit und Hilflosigkeit spekulieren und daß das diesen Wert für diese Personen auch ausmacht, die die Nachfrage stellen. Aus diesem Grund wäre es sehr wichtig, gerade an den verschiedenen Punkten, an denen es Ansatzmöglichkeiten gibt, diese Frauen auf verschiedenen Ebenen zu unterstützen. Das ist die sozialpädagogische Ebene, dazu gehört die wirtschaftliche Unterstützung, die Schaffung ausländerrechtlicher Möglichkeiten." (Deutscher Bundestag, Ausschuß für Frauen und Jugend 01.12.1993: 76).

Die Sicht des Staates ist hier eine andere. Es wird eine Mißbrauchsgefahr deklariert und befürchtet, daß sich Frauen über die Vortäuschung von Menschenhandelsdelikten einen Aufenthalt erschwindeln könnten.

> „Auf der anderen Seite warne ich immer davor, daß man automatisch als Zeugin in einem Menschenhandelsverfahren ein unbeschränktes oder beschränktes Aufenthaltsrecht erlangen kann, weil ich weiß, daß im Milieu solche Gesetzesänderungen sofort entdeckt und ausgenutzt werden." (Deutscher Bundestag, Ausschuß für Frauen und Jugend 01.12.1993: 42).

Nun werden gesetzliche Regelungen immer auch mißbraucht. Auch ausländerrechtliche Gesetze, so wie sie jetzt bestehen, werden nicht immer im Sinne des Gesetzgebers angewandt[64]. Mit Sicherheit ließe sich auch bei der Einrichtung eines Aufenthaltsrechts für die Opfer von Menschenhandel kein Mißbrauch ausschließen. Jedoch sind im gegenwärtigen Diskurs im wesentlichen zwei Aspekte zu überdenken.

Zum einen wäre mit Mißbrauch im größeren Ausmaß nicht zu rechnen, da die Frauen ein individuell extrem belastendes Strafrechtsverfahren über-

---

64 Auf der Anhörung zu Frauenhandel werden von dem Vertreter der Polizei zwei im Prostitutionsmilieu gängige Formen genannt. Zum einen, indem ausländische Prostituierte zur Sicherstellung des Aufenthaltes deutsche Männer heiraten (vgl. Deutscher Bundestag, Ausschuß für Frauen und Jugend 01.12.1993: 66f.), und zum anderen, indem für die Frauen Anträge auf Aufenthaltserlaubnis gestellt werden, wodurch sich die Betroffene für die Dauer der Überprüfung des Antrages - in Frankfurt dauert das in der Regel ein halbes Jahr - legal in der Bundesrepublik aufhalten kann (vgl. ebd.: 42).

stehen müßten, das für sie selbst und auch für ihre Familien existentiell bedrohlich werden kann[65]. Zum anderen müßte auf politischer Ebene eine Grundsatzentscheidung getroffen werden. Diese sollte primär die Selbstbestimmungsrechte der Opfer von Frauenhandel sichern helfen. Vage Mißbrauchsbefürchtungen können ein Verhindern von solch bedeutenden Maßnahmen nur schwer legitimieren. Auf der Anhörung zu Frauenhandel wurde deutlich gemacht, daß es wichtig ist, Prioritäten zu setzen.

> „Es kommt immer das Problem des Mißbrauchs: Wenn man Möglichkeiten schafft, dann werden bestimmte Dinge mißbraucht. Ich möchte gar nicht sagen, daß das nie der Fall ist, aber man muß auch abwägen. Gerade wenn Frauen Opfer von Menschenhandel sind, sollte es uns wichtiger sein, den Frauen eine Unterstützung und eine Selbstbestimmungsmöglichkeit zukommen zu lassen als mit dem Hinweis einer eventuellen Mißbrauchsgefahr schon im Vorfeld abzublocken." (Deutscher Bundestag, Ausschuß für Frauen und Jugend 01.12.1993: 76).

3. Zusammenfassung

Die Länderstudien verdeutlichen exemplarisch den Grundwiderspruch, der hinter den Problemen auf internationaler Ebene steht. Während die Herkunftsländer - wie Thailand und die Philippinen - von der Migration der Frauen und dem internationalen Massentourismus profitieren, weil sie wichtige Deviseneinnahmequellen sind, fürchten die Aufnahmeländer - wie die Bundesrepublik - einen Einreisestrom, den es aus wirtschaftlichen Gründen zu unterbinden gilt. Die Maßnahmen der verschiedenen Länder zeichnen sich infolgedessen durch Halbherzigkeiten in der Bekämpfung von Frauenhandel und seinen Begleitumständen aus: Einerseits sind die Regierungen bestrebt, die schwerwiegendsten kriminellen Machenschaften zu unterbinden, andererseits herrscht jedoch eine Ignoranz gegenüber zentralen gesellschaftlichen Voraussetzungen und strukturellen Bedingungen in Herkunfts- und Aufnahmeländern, die der Ausbeutung von Frauen weiterhin den Weg bereiten.

So ist den Ansätzen der thailändischen als auch der philippinischen Behörden gemeinsam, daß sie keine strukturellen Ursachen zu bekämpfen suchen, sondern eher politische Handlungsbereitschaft signalisieren wollen. Die Regierungen greifen Einzelmaßnahmen heraus, die auf die Gesamtproblematik und ihre Ursachen keine Wirkungen zeigen. Beide Länder verändern ihre Wirtschaftsstrategie nicht, so daß Landflucht und Massenmigration in die Städte und von dort nach Übersee bestehen bleiben. Thailand orientiert sich gleichbleibend an der Politik des Massentourismus. Die Philip-

65 Frauen, die sich ein Aufenthaltsrecht 'erschleichen' wollten, würden wahrscheinlich eher zur Eheschließung greifen.

pinen halten nach wie vor an der Auslandsarbeit als zentrale Deviseneinnahmequelle fest. Der spezifischen Gefährdung von Frauen soll über Informationsseminare vor der Ausreise Rechnung getragen werden.

Die politischen Entscheidungsträger auf den Philippinen haben auf die Probleme mit neuen Gesetzen reagiert und den internationalen Heiratshandel kriminalisiert sowie ein neues Strafgesetz zum Schutz von Kindern vor sexueller Gewalt erlassen. Dennoch florieren Kinderprostitution sowie der internationale Heiratshandel. Die Polizei ist korrupt und läßt sich von den Freiern, die sich strafbar machen, bestechen. So findet dieses Gesetz, wie auch das Gesetz gegen internationale Heiratsvermittlung, kaum Anwendung: Die Frauen und potentiellen Zeuginnen haben Angst und sind selten zur Aussage bereit. Sind diese Hürden übersprungen und die Voraussetzungen zur Strafverfolgung gegeben, so scheint das Vorgehen der Behörden zu unentschlossen und zu schleppend, als daß ausländische Vermittler vor ihrer Ausreise aus dem Land aufgegriffen werden könnten.

Neben dem Erlaß dieser Strafgesetze, die für die Strafverfolgungspraxis kaum eine Bedeutung zu haben scheinen, ergriff die philippinische Regierung zwei Einzelmaßnahmen gegen spezifische Sextourismusformen, die auf den Philippinen sehr bekannt waren und für Aufsehen sorgten. Zum einen wurde die touristische Vermarktung eines bekannten Sextourismusortes für pädophile Besucher von der staatlichen Tourismusindustrie gestoppt. Zum anderen wurde den Gruppenreisen der japanischen Sextouristen ein Riegel vorgeschoben, so daß sie nicht mehr in von Reiseveranstaltern organisierten Sextouren einreisen können sollen.

Beide Maßnahmen haben jedoch für das Gesamtproblem kaum eine Bedeutung. Während sich die pädophilen Sextouristen auf andere Tourismusgebiete auf den Philippinen konzentrieren und Kinderprostitution enorme Ausmaße annimmt, gehen immer mehr philippinische Frauen nach Japan ins Sexgewerbe, so daß japanische Männer verstärkt vor Ort von philippinischen Frauen bedient werden.

Thailand hat gegenwärtig weltweit den größten und bekanntesten Prostitutionstourismusmarkt und ist stark mit der Immunschwächekrankheit Aids konfrontiert, die ein epidemisches Ausmaß anzunehmen droht. Auch der Umfang von Kinderprostitution nimmt enorme Ausmaße an. Aids und seine Gefahren dominieren das Vorgehen der thailändischen Behörden.

Tendenziell versucht die thailändische Regierung die Probleme zu verharmlosen: Die offiziellen Zahlen zur Prostitution werden unrealistisch niedrig gehalten und die Existenz von Prostitutionstourismus wird verneint. Dahinter steht das Interesse, den Massentourismus als Hauptdeviseneinnahmequelle zu erhalten und einen Rückgang von Touristenzahlen wegen der hohen Aids-Ansteckungsgefahr abzuwehren. Umfangreiche Maßnahmen zur Bekämpfung von Aids werden ergriffen, die die Probleme über Prävention, Gesundheitskontrolle und Versorgung von Aids-Kranken eindämmen sollen. Auch die beabsichtigte Novellierung der Strafgesetzgebung zur Prostitution hat als Hauptinteresse eine Gesundheitskontrolle von Prostituierten im Auge. Die im neuen Gesetzestext vorgesehene Entkriminalisierung von Prostituierten ist als Nebenprodukt einzuordnen.

Auch in der Bundesrepublik wurden bisher keine präventiven Maßnahmen ergriffen, die die Ausbeutung von ausländischen Frauen und deren sexuellen Diensten systematisch einzudämmen suchen. In unserer Analyse haben wir uns auf die Strafverfolgung von Menschenhandel konzentriert.

Der Gesetzestext zu Menschenhandel wurde in drei zentralen Aspekten geändert. 1. Wichtigster Punkt ist, daß jetzt auch Prostituierte vom Gesetz geschützt sind, wenngleich bei ihnen die Gefahr der Minderbewertung besteht, Verurteilungen möglicherweise nur zum Vergehenstatbestand Menschenhandel zustandekommen. 2. Nicht nur Frauen in der Zwangsprostitution, sondern auch Heiratsmigrantinnen will der Gesetzestext schützen. Als Hauptkriterium ist die sexuelle Fremdbestimmung festgelegt. 3. Es können auch subtile Druckmechanismen, wie sie heute oft von Menschenhändlern angewandt werden, als Zwangsausübung bewertet werden. Damit können Aspekte wie Verschuldung, Entwendung von Papieren und Bargeld, Ausnutzung der fehlenden Sprachkenntnisse und vieles mehr zur Erfüllung des Straftatbestandes beitragen.

Die Dokumentation und Auswertung der Praxis von Strafverfolgung gegen Menschenhandel in der Bundesrepublik zeichnet dennoch ein eher negatives Bild. Zwar liegen bislang keine wissenschaftlichen Analysen zur Verfahrenspraxis und Rechtsprechung nach der Gesetzesnovellierung vor. Erste Erkenntnisse lassen jedoch vermuten, daß sich vor Gericht eher wenig bewegt. Insbesondere deshalb, weil die Strategie der Verteidigung, die Zeuginnen zu stigmatisieren und unglaubwürdig zu machen, nach wie vor praktiziert wird. Damit verlieren wichtige Beweise ihre Bedeutung.

Entscheidender Nachteil für die Frauen und auch letztendlich für die erfolgreiche Durchführung des Verfahrens, ist der Ausschluß der Nebenklage, der mit der Einführung des Grundstraftatbestandes § 180b StGB einhergeht. Die Wahrnehmung der Nebenklage mit anwaltlicher Vertretung hätte die Frauen vor Diskriminierung bewahren und einen entscheidenden Beitrag zur Wahrheitsfindung leisten können.

Die Strafverfolgung von Menschenhandel erfordert den engagierten Einsatz der Behörden: Die Verfahren, wie auch schon die Ermittlungen der Strafverfolgungsbehörden zuvor, verlaufen sehr komplex und verlangen viel Feinfühligkeit und Sensibilität, die Voraussetzung für interkulturelle Kommunikation sind. Langwierige Übersetzungen werden notwendig und vielfältige Probleme und Fehlerquellen können dabei entstehen. Kulturgeprägte Denk- und Verhaltensweisen der Frauen können völlig anders sein und dem Gericht unverständlich erscheinen.

In den meisten Fällen dürfte es jedoch nach wie vor gar nicht erst zur Anklage kommen. Die Frauen werden zumeist vor Prozeßbeginn, oder gar vor den Ermittlungen zu Menschenhandel, wegen ausländerrechtlicher Vergehen ausgewiesen. Dieses Vorgehen drückt eine Überlastung der Strafverfolgungsorgane aus, die die Fälle schnell und unkompliziert 'vom Tisch haben' wollen. Menschenhandel wird damit zu einem 'Kavaliersdelikt', die Opfer der Straftat werden wie Täter behandelt. Diesen Tendenzen versuchen bislang nur einzelne Bundesländer - wie Nordrhein-Westfalen - entgegenzuwirken, indem sie die Ausweisung der betroffenen Frauen verzögern.

Es ist wichtig, diese ignorante Haltung abzubauen, soll die Praxis der Strafverfolgung von Menschenhandel verbessert werden. Eine Veränderung könnte durch die grundsätzliche Einbeziehung von Beratungsstellen bewirkt werden. Ohne daß die Beratungsstellen einen Strafverfolgungsauftrag erfüllen, könnten die Betroffenen durch ihren Beistand psycho-sozial in die Lage versetzt werden, sich zu wehren. Damit müßte jedoch auch eine Verbesserung der Infrastruktur dieser Einrichtungen einhergehen, die schon jetzt an den Grenzen ihrer Kapazitäten tätig sind. Das Zeugnisverweigerungsrecht für die Mitarbeiterinnen nimmt außerdem eine Schlüsselposition ein, sowohl für eine vertrauensvolle Beratungsarbeit wie auch für die Koordination mit der Polizei, die sich der Verschwiegenheit der Beraterin sicher sein muß.

Die zentralen und wichtigsten Forderungen gegen Frauenhandel, die Stärkung der Frauen, die Verbesserung ihrer Situation und die Schaffung einer Lebensalternative für sie, wurden bis heute nicht von politischen Entscheidungsträgern und vom Gesetzgeber aufgegriffen. Gerechtigkeit vor Gericht bedeutet in der Praxis soziale Ungerechtigkeit für die Zeuginnen und Opfer der Straftat, denn sie haben bisher von solchen Verfahren nur Nachteile zu erwarten.

VII. Chancen und Grenzen von sozialer und politischer Einflußnahme am Beispiel des Fraueninformationszentrums (FIZ)

> „Ja, es soll viele (Beratungsstellen, d.A.) geben. ... Die Frauen kennen zum Beispiel das Gesetz nicht. Sie können dann mehr über das Gesetz erfahren, was sie machen können usw. Und außerdem leben wir weit weg von der Heimat, es ist auch eine psychische Sache. ... Wenn es solche Organisationen gibt, dann können sie den Frauen psychisch und auch gesetzlich helfen." (Migrantin aus Thailand)

Die Möglichkeiten der Unterstützung von Migrantinnen sowie die Grenzen von sozialer Hilfe sollte das Fraueninformationszentrum (FIZ) in einer fünfjährigen Modellaufzeit erkunden. Das FIZ Stuttgart wurde für ein Klientel von Frauen aus Asien, Lateinamerika und Afrika eingerichtet. Insbesondere wurde dabei an die Zielgruppe der 'gehandelten' Migrantinnen gedacht, denen professionelle Information und Beratung zuteil werden sollte. Über die Einzelfallhilfe hinaus sollte die Beratungsstelle Einfluß auf Rahmenbedingungen nehmen, die die Situation der Frauen maßgeblich prägen.

Hinter diesen Zielvorgaben stehen verschiedene inhaltliche Überlegungen, die die einzelnen Arbeitsbereiche bestimmen und zu einem breiten Angebot an Beratung und Information auf unterschiedlichen Ebenen führen:

1. Zum grundlegenden Selbstverständnis der Beratungsstelle gehört es, die Umsetzung der Wünsche der Klientinnen zu unterstützen und nicht eigene Vorstellungen zum Maßstab der Beratung zu machen. Die Migrantinnen sollen ihre eigenen Lebenspläne realisieren können. Damit hat die Beratungsstelle die zentrale Aufgabe, die Frauen in Einzelfragen zu beraten, sie in ihrem Prozeß der Entscheidungsfindung zu begleiten und sie bei konkreten und akuten Schwierigkeiten praktisch zu unterstützen.

2. Die Frauen sollen in ihrem Selbstbewußtsein und in ihrem Selbstwertgefühl gestärkt werden, sie sollen an Entscheidungs- und Handlungskompetenz gewinnen. Der Beratungsprozeß zielt deshalb darauf ab, eigene Ressourcen der Klientinnen sichtbar zu machen oder auch zu entwikkeln. Mit der Anwendung des systemischen Beratungsansatzes, sowie mit der Förderung des Erwerbs von Sprachkenntnissen, will die Beratungsstelle dieser Zielsetzung nachkommen[1].

3. Solidarität zwischen den Migrantinnen sowie auch Solidarität über Kulturgrenzen hinweg, können Erkenntnisprozesse anregen und Machtverhältnisse nivellieren helfen. Als wichtigen Ansatz zur Überwindung von

1 Über den Trägerverein des FIZ, dem Verein für Internationale Jugendarbeit, werden eigene Sprachkurse initiiert.

geschlechtsspezifischer Abhängigkeit und Unterdrückung von Migrantinnen begreift das FIZ die Entwicklung von Solidarität unter den Frauen. Solidarität gibt die Chance, individuelle Schwierigkeiten in einem größeren Kontext erkennen und verändern zu können. Dieser Ansatz findet sich in der Unterstützung von Migrantinnenselbstorganisationen und in der Vernetzungsarbeit des FIZ wieder.

4. Die Arbeit des FIZ zielt auf die rechtliche und sozialpolitische Gleichstellung von deutschen und ausländischen Frauen, die in der Bundesrepublik leben, ab. Dahinter steht die Kritik an strukturell verankerter Ungleichheit, wie sie beispielsweise über ausländerrechtliche Vorgaben festgeschrieben ist. Konkret findet sich dieser Ansatz in gesellschaftskritischer Öffentlichkeits- und Lobbyarbeit. Zum anderen ist die Beratungsstelle, bzw. ihre Trägereinrichtung selbst, als arbeitgebende Institution mit dem Anspruch der Gleichstellung gefordert.

5. Als zentrale Ursachen für die benachteiligte Situation der Frauen werden das Wirtschaftsgefälle zwischen materiell armen und reichen Ländern sowie partriarchale Gesellschaftsstrukturen in den Herkunfts- sowie in den Aufnahmeländern, benannt. Aus dieser Erkenntnis resultiert eine gesellschaftskritische Öffentlichkeitsarbeit.

Das FIZ ist mit seiner inhaltlichen Ausrichtung in eine Vielfalt an Aktivitäten involviert. Sie reichen von der Einzelfallhilfe - die Krisenintervention aber auch lang anhaltende Beratung und Betreuung beinhalten kann - bis zur Gruppenarbeit mit Migrantinnen - mit Fortbildungscharakter oder dem Ziel, Austausch und Kommunikation zu fördern. Der inhaltliche Anspruch der Beratungsstelle macht darüber hinaus eine qualifizierte Öffentlichkeits- und Lobbyarbeit erforderlich. Diese findet statt anhand von Vorträgen, Artikeln und Tätigkeitsberichten sowie des Fortbildens von und Kooperierens mit staatlichen Institutionen und politischen Entscheidungsträgern.

1. Hilfe im Einzelfall

Insgesamt hat das FIZ seit seinem Bestehen Ende 1987 bis Mitte 1993 296 Frauen beraten, womit die Beratungsstelle auf einen Jahresdurchschnitt von ca. 50 neuen Klientinnen kommt, die zum Teil mehrere Jahre die Unterstützung der Beratungsstelle in Anspruch nehmen. Zum letzten Erhebungstermin, im Juni 1993, waren die Beraterinnen mit 62 laufenden 'Fällen' beschäftigt. Diese Zahlen erfassen jedoch nur Beratungen. Informelle Gespräche und Anfragen von Frauen, die sich ausschließlich bestimmte Informationen holen, dürften insgesamt noch einmal die gleiche Anzahl ausmachen.

Wie in anderen Großstädten auch, existieren im Stuttgarter Raum institutionalisierte Hilfsangebote, die in ihrem Aufgabenfeld - Paarberatung, Schuldnerberatung, Gesundheitsberatung u.a. - die Probleme der Zielgruppe streifen, in der Praxis jedoch meist nur deutsche Männer und Frauen ansprechen. Zudem sehen sich einzelne Fachberatungsstellen für die Zielgruppe der Arbeitsmigranten zuständig. Diese Einrichtungen werden mit ihrer gegenwärtigen Infrastruktur den Anforderungen der Migrantinnengruppe unserer Untersuchung nicht gerecht: Es fehlt sowohl an Kultur- und Sprachkompetenz als auch an Hintergrundwissen zu „Frauenhandel, Heiratshandel und Sextourismus", den spezifischen Migrationswegen und -formen, den Motivationsstrukturen der Frauen und den Familienzwängen, in welche die Frauen eingebunden sind.

Soweit sich die Migrantinnen in Stuttgart und Umgebung an andere soziale Einrichtungen wenden, werden sie von diesen deshalb meist direkt an das FIZ verwiesen. In Einzelfällen wird die Beratungsstelle auch über ihr Fachwissen in die Betreuung und Beratung dieser Einrichtungen inhaltlich einbezogen, oder stellt zumindest eine Dolmetscherin bereit. Auch Behörden - Polizei, Jugendamt, Sozialamt, Gesundheitsamt, Frauenbeauftragte, Schulen - greifen auf die Ressourcen der Beratungsstelle zurück. Das Einzugsgebiet des FIZ geht dabei weit über das Stadtgebiet hinaus. 41,2 % der Frauen, die die Unterstützung der Beratungsstelle in Anspruch genommen haben, wohnen außerhalb Stuttgarts[2] und 18,9 % im Einzugsgebiet der Stadt. Das heißt, weit weniger als die Hälfte der Klientinnen (39,9%) wohnt im Stadtgebiet.

70,5 % der Klientinnen des FIZ waren verheiratet, 4,7 % geschieden und 2,2 % verwitwet[3]. 83,1 % der Frauen leben in einer festen Beziehung mit einem Mann - zum Teil im Verlobtenstatus - und wiederum 84,6 % dieser Partner sind deutscher Staatsangehörigkeit. Die Mehrheit der Klientinnen des FIZ leben also in einer binationalen Partnerschaft, weshalb wir sie als 'Heiratsmigrantinnen' bezeichnen möchten[4]. Die Heiratsmigrantinnen sind in der Regel jung. Das durchschnittliche Einreisealter, das häufig dann auch das Heiratsalter ist, beträgt 27,4 Jahre. Die älteste der erfaßten Heiratsmigrantinnen war bei der Einreise 52 Jahre alt, die Jüngste 17 Jahre.[5]

Die meisten Frauen wollen in der Beratungsstelle über ihre ausländerrechtliche Situation informiert und dazu beraten werden. An zweiter Stelle

---

2 Die 41,2 % (von 296) teilen sich wie folgt auf: 26,4 % sonstige Baden-Württemberg Land, 8,1 % sonstige Städte Baden-Württemberg und 5,5 % außerhalb Baden-Württemberg und bei wenigen blieb der Wohnort unbekannt.

3 275 (Grundzahl) von 296 Frauen (92,9 %) machten Angaben zu ihrem Familienstand.

4 Auch sieben der zwölf in der BRD tätigen Prostituierten, die sich an die Beratungsstelle wandten, waren verheiratet.

5 Drei Klientinnen des FIZ waren bei der Einreise sieben, neun und 14 Jahre alt. Sie gehören bereits zur zweiten Generation der jungen Migrantinnen, die über Familiennachzug einreist.

bestehen Beratungen über familienrechtliche Angelegenheiten wie Sorgerecht und Scheidungsmodalitäten sowie über finanzielle Zusammenhänge und Abläufe wie Versicherung, Ehevertrag, Kreditvertrag u.a.

Die Frauen sind zudem an einer eigenen sozialen und materiellen Versorgung und Absicherung interessiert, so daß der Informations- und Beratungsbedarf zur institutionalisierten Sozialstruktur und zum Arbeits- und Wohnungsmarkt groß war. Auch ein Informationsinteresse bezüglich der Alltagskultur - in Bezug auf den Partner und die Kinder - schlug sich im Beratungsbedarf nieder.

Informationsinteresse der Klientinnen in %

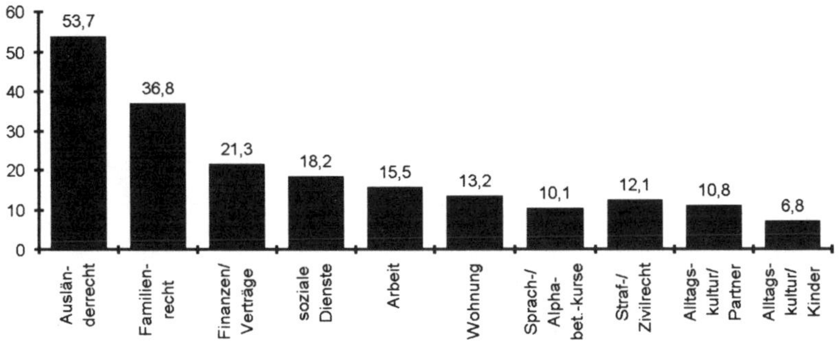

n = 296

Die Kriterien, die beim FIZ für eine erfolgreiche Arbeit stehen, reichen über die Informationsweitergabe hinaus zu einem Anspruch, der eine positive Veränderung der Lebenssituation der Migrantin verwirklicht sehen will: Bei der Mehrheit der Klientinnen wurde die Beratung abgeschlossen, wenn sie umfangreich zu ihrer eigenen Thematik und Problemstellung informiert waren und sich damit auseinandergesetzt hatten. Andere konnten zu Fachkräften, wie Ärzten und Rechtsanwälten, weitergeleitet werden. Mit dem Prozeß der Beratung konnten oft die konkreten Lebensbedingungen verbessert werden.

Häufig liegt bei Abschluß der Beratung eine Veränderung der Beziehung der Frau mit ihrem Mann bzw. ihrer Familie vor. Entweder wurden Beratungen durch die Trennung vom (Ehe-)Partner beendet, oder die alte Beziehung konnte sich stabilisieren. Eine bedeutende Rolle für den erfolgreichen Abschluß einer Beratung nimmt zudem die Entwicklung zu mehr Eigenständigkeit und Unabhängigkeit bei den Frauen ein, worunter die Stabilisierung des Aufenthalts, die Aufnahme eines Sprachkurses, das Herstellen sozialer Kontakte und die Aufnahme einer Erwerbstätigkeit gezählt sind. Der Beginn einer Ausbildung wird nur selten als Problemlösung gesehen, scheint schwer realisierbar und wird deshalb kaum anvisiert. Viele Frauen wollen und müssen sofort Geld verdienen, so daß ihnen eine Ausbildung, die in der Regel über Jahre mit finanziellen Einbußen verbunden ist, nicht offen steht. Den meisten Frauen fehlt zudem ein Schulabschluß, der sie befähigen könnte, sich beruflich weiterzubilden. Nur vereinzelt nehmen junge Frauen den langen Weg auf sich und holen einen Schulabschluß nach, um dann eine Berufsausbildung absolvieren zu können.

Der Beratungsstelle ist es nicht immer möglich, den Klientinnen in ihren Interessen zu helfen. So mußten teilweise auch Beratungen beendet werden, weil nicht mehr die Möglichkeit einer Unterstützung bestand. Meist betraf dies Frauen, deren Aufenthalt ungesichert war, oder die sich ohne Aufenthaltsrecht in der Bundesrepublik aufhielten. Bei einer größeren Anzahl Klientinnen war die Beratung mit der Ausreise, die meist unfreiwillig stattfand, beendet[6]. Auch hier waren Frauen ohne Aufenthaltsrecht beteiligt.

Gründe für Abschluß bzw. Abbruch in %
(MFN)

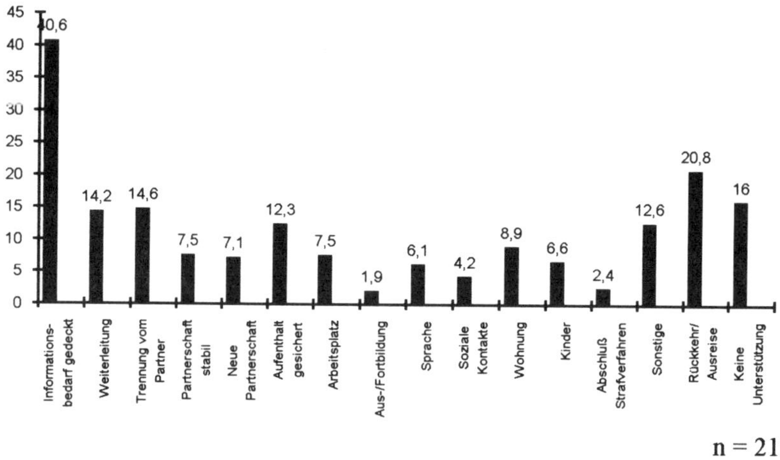

n = 212

Das Beratungskonzept des FIZ baut auf interkultureller Teamarbeit auf und bezieht sich auf einen systemischen Beratungsansatz. Neben der Einzelbera-

6 In der Tabelle „Gründe für Abschluß bzw. Abbruch" befindet sich unter 'Sonstige' auch: Finanzielle Vereinbarungen getroffen, Genesung/Kur/Therapie, Klärung mit Familie in der BRD, Unterhalt geregelt.

tung von Migrantinnen gewannen Paarberatungen im Projektverlauf zunehmend an Bedeutung. Die Betreuung von Frauen, die Opfer von Menschenhandel wurden, stellte einen kleineren Arbeitsbereich mit den größten Herausforderungen dar.

1.1 Interkulturelle Teamarbeit

Um der Komplexität der Probleme adäquat begegnen zu können, hat sich das FIZ zu einer Beratungsstelle mit interkultureller Teamarbeit entwickelt. Ziel war es:

1. Eine Beratung zu gewährleisten, die sowohl Migrations- als auch Integrationsmomente berücksichtigen kann, indem die Herkunfts- und Ziellandkultur innerhalb des Teams vertreten sind.
2. Die Chancen für eine situationsgerechte Beratung zu verbessern, indem sich das Beratungsteam gegenseitig kontrolliert und damit Übertragungen und Projektionen besser abwenden kann.

Die Entwicklungsgeschichte des FIZ in der Modellaufzeit führte zur Konstitution eines Beraterinnenteams, das mit einer inländischen Beraterin und einer ausländischen Übersetzerin besetzt war. Dabei ist die ausländische Mitarbeiterin neben ihrer Sprachqualifikation zugleich für den Einbezug von kulturspezifischen Werteorientierungen und Verhaltensmustern aus dem Herkunftsland zuständig. Die deutsche Beraterin ist in systemischer Familienberatung qualifiziert und bringt ihr kulturspezifisches Alltagswissen ein. Die Analyse der Probleme der Klientin und die konkrete Zielsetzung der Beratungsarbeit wurden in gemeinsamen Auswertungsgesprächen vorgenommen. Während in die Zuständigkeiten der deutschen Mitarbeiterin die Leitung des Beratungsgespräches und die Sozialbetreuung fielen, konzentrierte sich die ausländische Kollegin auf Übersetzungs- und Begleitungstätigkeiten.

Die Stellenaufteilung zwischen inländischen und ausländischen Mitarbeiterinnen verbarg in sich eine Hierarchie. Während die deutschen Frauen die Leitungsfunktion übernahmen und ganztagsbeschäftigt sind, waren die ausländischen Frauen als Kulturmittlerinnen zu Beginn auf Honorarbasis und später halbtags mit zuarbeitenden und helfenden Funktionen eingestellt:

1. Die Arbeitsplatzverteilung entsprach typischen Einstellungsmustern in der 'Ausländersozialarbeit', denen deshalb der Vorwurf gemacht wird, institutionalisiertem Rassismus zu folgen.
2. Auch eine auf berufliche Qualifikation begründete Arbeitshierarchie kann subtile rassistische Mechanismen reproduzieren und in den Arbeitsalltag einfließen lassen.

Die Stellenbesetzung war jedoch ein Ergebnis der Arbeitsmarktsituation; der Trägereinrichtung gelang es nicht, Migrantinnen ausfindig zu machen, die Interesse an der Beratung sowie an einer Vollzeitstelle hatten und notwendige berufliche Grundlagen besaßen. Die Beratungsstelle mußte sich nun mit dieser Personalverteilung auseinandersetzen.

Gleichzeitig waren trotz Berücksichtigung von formalen beruflichen Qualifikationen bei Personaleinstellungen beide Seiten letztendlich zu Projektbeginn nicht ausreichend qualifiziert. Die deutschen Mitarbeiterinnen konnten trotz beruflicher Qualifikation in der Sozialarbeit nicht auf die notwendige Kompetenz in Einzelberatung und Gesprächsführung zurückgreifen[7]. Das kulturelle Hintergrundwissen der ausländischen Mitarbeiterinnen war zu unspezifisch, worunter ihre Übersetzungsleistungen litten. Da die Kontinuität ihrer Mitarbeit nicht gewährleistet war, fehlten auch wesentliche fachspezifische Kenntnisse. Die inhaltliche Erarbeitung eines gemeinsamen Beratungskonzeptes durch Beraterinnen und Übersetzerinnen war nicht möglich.

Diese Lücke an Hintergrundwissen und Strukturierung von Beratungsverläufen konnte geschlossen werden, als das FIZ 1) sein Anliegen nach Festeinstellung der ausländischen Mitarbeiterinnen realisieren konnte[8]. Und 2) parallel dazu von den Beraterinnen und den Dolmetscherinnen eine Fortbildung zur interkulturellen Beratungsarbeit besucht wurde. Und die deutschen Beraterinnen sich 3) in systemischer Beratung fortbildeten.

Grundsätzlich ist eine muttersprachliche Beratung einer Beratung mit Sprachübermittler oder -übermittlerin vorzuziehen, da potentielle Kommunikationsfehler vermindert und ein direkter Kontakt zu den Beratenen ermöglicht wird. Die Mehrheit der Beratungsstellen für Migrantinnen und Migranten arbeitet mit 'muttersprachlichen ExpertInnen', für die sich jedoch bis heute, trotz dreißig Jahre 'Ausländersozialarbeit', kein einheitliches Berufsbild entwickelt hat.

> „Vieles deutet also darauf hin, daß die Schlüsselposition, die den 'muttersprachlichen Experten' in der Interaktion zwischen Institution und Klientel zufällt, keinen Niederschlag findet im sozialen Aufbau und der Statushierarchie des Berufsfeldes“ (Lutz 1991: 185).

---

7 Zwar war eine deutsche Mitarbeiterin des FIZ als Sozialarbeiterin ausgebildet. Jedoch beinhaltet auch dieser Studiengang nur ungenügend die fachliche Ausbildung in der Sozialberatung und beschränkt sich auf das Schaffen eines Überblicks von Beratungsmöglichkeiten und -methoden. Diese Lücke zwischen Sozialarbeit und Beratung, in Expertenkreisen weitgehend bekannt, versuchte ein Modellvorhaben an der Fachhochschule Frankfurt a.M. (Oktober 1989 bis Juli 1991) als berufsbegleitender Weiterbildungsstudiengang beispielhaft zu schließen. Es ging darum „... personenzentrierte Beratung mit einer methodisch und wissenschaftlich fundierten professionellen psychosozialen Arbeit zu verbinden.“ Straumann 1992: 22.

8 Zu Beginn 1990 wurde eine thailändische Halbtagskraft und zu Beginn 1991 ein philippinische Halbtagskraft im FIZ eingestellt.

Manche AutorInnen sprechen in diesem Zusammenhang auch von 'institutionalisiertem Rassismus' und schlagen vor: Es sollten „... Strukturen geschaffen werden, die die Dominanz der Deutschen zurückdrängen und Möglichkeiten eines gleichberechtigten Umgangs ohne Paternalismus und Rassismus eröffnen. Man kann damit schon anfangen, z.B. in Einrichtungen der „Ausländerarbeit", indem man EinwandererInnen gleichstellt sowohl in Bezug auf Aufgaben und Entscheidung als auch in Bezug auf Bezahlung" (Kalpaka 1990: 74).

Aufgrund dieser Diskussion um die Arbeitsplätze von Migranten und Migrantinnen in der 'Ausländersozialarbeit' sind bei den Beratungsstellen für die Zielgruppe unserer Untersuchung verschiedene Aspekte zu beachten: 1) Viele ausländische Frauen leisten in diesen Einrichtungen engagierte Arbeit, ohne die Qualifikation einer Beraterin zu haben oder eine Supervision zur Fallreflexion in Anspruch nehmen zu können. Für diese Frauen ist die Forderung nach einer bezahlten Qualifizierung ihrer Arbeit längst überfällig, eine Maßnahme, die bundesweit mit dieser Beraterinnengruppe umgesetzt werden sollte. Andererseits sollten 2) 'Landsfrauen' nicht zwangsläufig zu Beraterinnen gemacht werden, denn manche Frauen bevorzugen es auch, 'nur' als Übersetzerin zu fungieren, um die persönliche Distanz wahren und manche Anforderungen - wie den Zwang zur Solidarität als Landsfrau - zurückweisen zu können.

Das zögerliche Qualifizierungsinteresse der Verbände trifft 3) alle Mitarbeiterinnen, sowohl die ausländischen wie die deutschen. Bestehende Fortbildungen sind ungenügend und beschränken sich auf Einzelbereiche[9]. Die Erfahrungen des FIZ machen aber 4) stellvertretend für viele andere Einrichtungen deutlich, daß auch für deutsche Beraterinnen ein Qualifizierungsbedarf besteht.

Sowohl für die theoretische Reflexion als auch für die konkrete Arbeitsplanung zwischen ausländischen und inländischen Mitarbeiterinnen stellen sich verschiedene Anforderungen, aus denen sich die folgenden Überlegungen zur interkulturellen Zusammenarbeit in der 'Ausländerinnensozialarbeit' ergeben:

Beratung und Betreuung in der Muttersprache ist einer fremdsprachigen Beratung - mit Übersetzung - vorzuziehen, da direkt kommuniziert werden kann und ein unmittelbarer Kontakt entsteht. Ausländische Mitarbeiterinnen sollten deshalb insbesondere berufliche Fort- und Weiterbildungsmöglichkeiten erhalten, um eigenständig, bzw. in Teamarbeit, Frauen aus ihrem Herkunftsland fachgerecht beraten und betreuen zu können. In der Praxis werden für Ratsuchende jedoch nicht immer muttersprachliche Beraterinnen zur Verfügung stehen können, so daß immer auch interkulturelle Zusam-

9 Vgl. auch zu dieser Problematik im Bereich der „Ausländersozialarbeit" Lutz 1991: 186.

menarbeit mit Dolmetscherinnen, d.h. Kulturexpertinnen, stattfinden muß[10]. Grundsätzlich können die Rollen im Beratungsteam zwischen ausländischer und inländischer Mitarbeiterin auch anders verteilt sein. Von Bedeutung ist dabei nur eine klare Zuständigkeit bei eindeutiger Qualifikation im Beratungsgespräch, wobei natürlich die Beratungssprache beiden Beteiligten vertraut sein muß.

Bei der Beratung von Migrantinnen müssen die Beraterinnen und Beraterinnenteams aufgrund der Problemkomplexität und der Kulturspezifik ein großes Einfühlungsvermögen, eine detaillierte Fachkenntnis und ein umfassendes kulturelles Wissen haben. Als qualifizierende Merkmale für die Beratungsarbeit sollten deshalb sowohl persönliche, wie auch kulturelle und fachspezifische Kenntnisse und Fähigkeiten gelten. Die Tätigkeit der Beratung erfordert die Bereitschaft zur Auseinandersetzung mit den eigenen Erlebnissen von Fremdheit, die mit sich und mit anderen Menschen erfahren wird. Dies gilt für ausländische wie deutsche Beraterinnen, wobei letztere entweder auf Auslandserfahrungen oder auf Fremdheitserfahrungen im Alltag in der Zusammenarbeit oder dem Zusammenleben mit Menschen anderer Kulturkreise zurückgreifen können.

Die Kenntnis der Herkunftskultur der Ratsuchenden und ihrer Sprache ist zwar ein wichtiges Qualifizierungsmerkmal, reicht jedoch für die Qualifikation zur Beratung nicht aus; Fachkenntnis und Berufsausbildung sind auch hier notwendige Grundlagen. Bei mangelnder fachlicher Qualifikation ist nicht gewährleistet, daß Migrantinnen, wie deutsche Frauen in Lebenskrisen auch, die Chance einer professionellen Beratung erhalten.

1.2 Beratung und ihre vielfältigen Ansätze

Mit dem Begriff 'Beratung' kann eine Vielzahl an Interaktionsformen zwischen den 'Helfenden' und den 'Ratsuchenden' gemeint sein, die vom Informieren und Auskunft geben bis zur therapeutischen Einzelmaßnahme reichen.

> „Beratung im hier verstandenen Sinne ist eine professionelle, wissenschaftlich fundierte Hilfe, welche rat- und hilfesuchenden Einzelnen und Gruppen auf der Basis des kommunikativen Miteinanders vorbeugend, in Krisensituationen sowie in sonstigen Konfliktlagen aktuell und nachbetreuend, dient." (Brem-Gräser 1993: 15).

Beraterischen Tätigkeiten im helfenden und kooperativen Sinn liegen verschiedene Theorien zugrunde, die sich aus psychotherapeutischen, psychologischen, pädagogischen und seelsorgerischen Ansätzen ableiten lassen. Beratungsansätze zielen auf unterschiedliche Schwerpunkte, die in den Bereichen der Emotionalität, der Kognition oder auch dem Verhalten liegen

10 So hat das FIZ Frauen in zehn verschiedenen Muttersprachen beraten, insgesamt wurden in 175 von 296 Fällen (59,1 %) Übersetzerinnen eingesetzt.

und über verschiedene Impulse auf Veränderung hoffen. Die angewandten Methoden können von der Psychoanalyse über die Gestalttherapie bis zur Realitätstherapie und vieles mehr reichen (vgl. Brem-Gräser 1993: 37ff).

> „Gemeinsam ist den unterschiedlichen Beratungstheorien, daß sie die allgemeinen individuellen Bedingungen menschlicher Wahrnehmung und menschlichen Handelns erforschen, subjektive und objektive Schwierigkeiten im Erleben und Verhalten von einzelnen Gruppen beschreiben, und die Veränderungen während eines Beratungsprozesses zu erhellen suchen. Die Ergebnisse dieses Bemühens sind zahlreich, vielschichtig und widersprüchlich, weil sie eingefärbt sind von der jeweiligen theoretischen Basis der Forscher. 'Das ist wohl der wichtigste Grund dafür, daß wir bis auf den heutigen Tag keine einheitliche Beratungstheorie besitzen, und daß sich die Beratungswissenschaft in der paradoxen Situation einer Theorieinflation bei gleichzeitigem Theorie-Defizit befindet'..." (Dietrich 1993: 37).

In der Praxis orientieren sich die verschiedenen Beratungsstellen für Migrantinnen unserer Untersuchungsgruppe in ihrer Arbeit an den spezifischen erkennbaren Bedürfnissen des Klientels. Die Unterstützung liegt im weiten Feld der Sozialarbeit und reicht von der Begleitung zu Ämtern bis zur ausländerrechtlichen Information, zur Sprachkursvermittlung und zur psychologisch-emotionalen Hilfe. Konkrete methodische Ansätze zur Gesprächsführung werden in den verschiedenen Berichten über die Arbeit der Beratungsstellen fast nie genannt[11]. Daß hier Qualifizierung notwendig ist, ergibt sich aus informellen Einzelgesprächen, die mit verschiedenen Beraterinnen aus unterschiedlichen Beratungsstellen geführt worden sind. Das Schweizer Fraueninformationszentrum FIZ spricht die Probleme in einem Jahresbericht an:

> „1993 wird die definitive Ausarbeitung des Beratungskonzeptes eine der vordringlichsten Arbeiten sein. Dazu müssen wir unsere eigenen Zielsetzungen einerseits und die Bedürfnisse, die von den Frauen an uns herangetragen werden andererseits, neu überdenken und definieren. Wir brauchen Leitlinien, um professionellere Beratungsarbeit leisten zu können und damit personelle Wechsel für das FIZ in Zukunft besser zu verkraften sind."[12]

Die für die Beratung angewandte Methode muß ein Hilfsmittel sein, um die spezifische Dimension des jeweiligen Problems erfassen und bearbeiten zu können. Zum anderen müssen sich in geeigneten Beratungsansätzen die spezifischen Schwierigkeiten von Kommunikation und Beratung im interkulturellen Kontext überwinden lassen.

Beratung findet in der Regel zwischen eher Privilegierten und Unterprivilegierten, bzw. gesellschaftlich anerkannten Personenkreisen und ausgegrenzten Gruppen statt, so daß fast immer Hürden im Verstehen und Vertrauen zwischen den verschiedenen Schichten und auch Kulturen zu überwinden sind.

---

11 Vgl. Caritasverband für die Diözese Hildesheim e.V., o.D.; agisra 1993 (unveröffentlichtes Papier); FIZ - Fraueninformationszentrum Dritte Welt, Zürich o.D.; Schröder, Gschwend 1993/94: 82 und 92, Verein katholischer Mädchensozialarbeit Nürnberg e.V.: o.D.

12 FIZ - Fraueninformationszentrum Dritte Welt, Zürich o.D.: 14.

„'Die meisten Helfer entstammen der dominanten Mittelschicht und sind von deren Kultur geprägt. Sie empfinden es nicht als schwierig, mit Angehörigen der eigenen Schicht umzugehen und zusammenzuarbeiten. Sie sprechen die gleiche Sprache, sie haben die gleichen ethischen und moralischen Wertvorstellungen und hegen mehr oder weniger die gleichen Erwartungen in bezug auf das, was das Leben ihnen bringen wird. Gegenüber einem Angehörigen eines anderen soziokulturellen Milieus, der um Hilfe bittet, fühlen sie sich in ihrem Wunsch zu helfen häufig frustriert, weil sie nicht verstehen, was eigentlich von ihnen verlangt und erwartet wird ...' (Aguilera u. Messick, 71f.)“ (Brem-Gräser 1993: 31).

Grundsätzlich können westlich geprägte Beratungsschemata immer nur in modifizierter Form für Klienten und Klientinnen aus anderen Kulturkreisen zur Anwendung kommen. Portera verweist in diesem Kontext am Beispiel der klientenzentrierten Beratung nach Rogers, in dem es um Klienten aus dem Mittelmeerraum geht, auf die Anwendbarkeit und die Grenzen eines Beratungsansatzes, der aus einem westlichen Kulturverständnis heraus entwickelt wurde.

„Sicher bleibt jedoch, daß das klientenzentrierte Modell, trotz der großen Vorteile, nicht in der von ROGERS entwickelten Form übernommen werden kann, weil die - in den USA gültigen - positivistischen und individualistischen Prinzipien völlig im Gegensatz zu Lebenswelt und Lebensweise der stärker traditionsgebundenen und familienorientierten Mittelmeervölker stehen ... Daß eine modifizierte Form des klientenzentrierten Ansatzes allerdings diese Besonderheiten erfolgreich berücksichtigen kann, scheint inzwischen unbestritten ... .“ (Portera 1992: 217).

Auch die Beratungsarbeit mit der Zielgruppe unserer Untersuchung kann nur - in Anlehnung an diese Aussage - in modifizierter Form, die den kultur- und situationsspezifischen Bedingungen der Klientinnen entspricht, angewendet werden. Elementar ist dabei das Erkennen von fremden und unerwarteten Denkstrukturen und Verhaltensweisen und die Fähigkeit, sich auf jeden Einzelfall einzulassen und zu verstehen. Denn:

„Genauso wie jede Kultur nicht statisch sondern nur als dynamischer Prozeß erfaßt werden kann, sollten auch die interkulturellen Beratungsansätze als 'individuell zugeschnittene Vorgehensweisen', die sich je nach Beziehung oder Beratungssituation verändern und entwickeln können, verstanden und angewandt werden.“ (Portera 1992: 208).

1.3 Angepaßte Hilfe: Die systemische Beratung

Die Klientinnen des FIZ zeigten nicht nur Interesse an konkreter Unterstützung und Information, sondern wollten vielmehr eigene Handlungskompetenz erwerben, um in der ihnen fremden Gesellschaft eigenständiger und selbstsicherer leben zu können. Den Frauen ging es also nicht nur um akute Probleme, die es zu lösen galt, sondern auch um perspektivische Veränderungen, die über mehr Selbstbewußtsein, Entscheidungskraft und Handlungsfähigkeit realisierbar werden.

Das FIZ stellte sich der Aufgabe, ein Beratungskonzept einzuführen, das an diesen Bedürfnissen der Klientinnen orientiert ist und zugleich möglichst schnell zu konkreten Erfolgen führen kann. Damit kamen langwierige analytische und auf das Individuum konzentrierte Beratungsverläufe nicht in Betracht. Vielmehr sollte das soziale System, in dem die Frauen leben, Beachtung finden und der Ansatz handlungsorientiert und lebensnah sein sowie einen engen Bezug zur Alltagspraxis haben. In diesem Zusammenhang wurde der systemische Beratungsansatz von den Beraterinnen des FIZ eingeführt. Die Beratungsform im FIZ reicht in den psycho-sozialen, nicht aber in den therapeutischen Bereich, weshalb die Einrichtung als Lebensberatungsstelle bezeichnet werden kann.

Die systemische Theorie wurde von den verschiedensten Modellen und Theorien beeinflußt, so aus dem Bereich der Kybernetik, der allgemeinen Systemtheorie, der Informations-, Kommunikations- und Spieltheorie, und auch des radikalen Konstruktivismus (vgl. Stierlin 1989: 273ff). Isolierte Ursache-Wirkungs-Beziehungen spielen im systemischen Denken keine entscheidende Rolle, sondern es dominiert der systemische Gedanke der Ganzheit, mit seinem disziplinübergreifenden Charakter. So ist

> „Der Therapeut/Interviewer ... als Beobachter und Intervenierender stets auch Teilhaber und Mitkonstrukteur der jeweiligen Beziehungswirklichkeit." (Stierlin 1989: 141).

Das systemische Beratungskonzept verbindet die psychologische mit der soziologischen Ebene und kommt damit den 'kollektiven Denkstrukturen' der Migrantinnen und Klientinnen des FIZ sehr nahe. Dies bedeutet, daß die ganzheitliche, eben nicht nur auf das Individuum fixierte Herangehensweise dieser Beratungsform gerade den Menschen entspricht, die in ihrer Sozialisations- und Lebenserfahrung besonders starke Bezüge zu ihrem Gruppenverband - der Familie und den engsten Freunden - aufgebaut haben[13].

> „Bei der Beratung und Besprechung eines Konfliktes werden die gesamten Lebensumstände der betroffenen Frau berücksichtigt. Die Beurteilung und Lösung des Problems wird vor ihrem individuellen, sozialen und kulturellen Hintergrund angesiedelt" (FIZ o.D.: 4).

Das Fokussieren auf das Individuum bzw. die Klientin im Beratungsverlauf stellt damit nur einen Teilbereich dieser Arbeitsweise dar. In einem Bild veranschaulicht, handelt es sich beim systemischen Ansatz um einen Blick durch das Weitwinkelobjektiv, während über einen Zoom immer wieder einzelne Punkte herangezogen und genauer betrachtet werden können. In der Beratung finden deshalb kulturelle, religiöse und sozio-ökonomische Bedingungen besondere Berücksichtigung. Fokussiert werden Interaktions- und Kommunikationsformen sowie Erwartungshaltungen und Abwehrreaktionen. Systemisches Arbeiten geht dabei weit über den Anspruch von Verhaltensveränderung hinaus. Es will in erster Linie bewußtseinsändernd wirken.

---

13 Dies dürfte für Personen aus nicht-industrialisierten Gesellschaften zutreffen, da hier das Überleben des Einzelnen viel stärker von der Eingebundenheit in einer Gruppe abhängt.

1.4 Paare in der Beratung

Dem konzeptionellen Beratungsansatz des FIZ folgend, werden auch Bezugspersonen der Klientin in die Beratung integriert, wenn die Aussicht besteht, damit Schwierigkeiten besser bearbeiten zu können. Da die meisten Probleme der verheirateten Frauen mit ihrer Ehe eng verknüpft sind, handelt es sich bei den Paarberatungen um eine folgerichtige Entwicklung. Damit hat sich ein praxisorientiertes und klientinnennahes Vorgehen im FIZ gegenüber einem feministischen Dogma einzelner anderer Beratungsstellen durchgesetzt, das Männer auszugrenzen sucht.

Grundsätzlich werden die Paarberatungen zu zweit im Team - in der Regel mit einer deutschen Beraterin und einer Sprachmittlerin - durchgeführt. In der Modellaufzeit wurden insgesamt 133 Paargespräche mit 70 verschiedenen Paaren geführt. Heute nimmt schätzungsweise jede zweite Klientin diese Gespräche in Anspruch.

Durch Paargespräche, die mittels kontinuierlicher Übersetzung in den beiden Muttersprachen der Eheleute geführt werden, wird häufig ein erster tiefergehender Austausch in der Beziehung ermöglicht. Zugleich können im geschützten Raum der Beratungsstelle unangenehme und bisher zurückgehaltene Probleme thematisiert werden, wenn Vertrauen zu den Beraterinnen besteht. Zentrale Fragestellungen in den Paargesprächen basieren auf Fremd- und Selbstbildern sowie auf gegenseitigen Erwartungshaltungen.

Ziel der Paargespräche ist es, daß sich in erster Linie die Frau ihrer Position in ihrem Lebenskontext bewußter wird, um daraus Handlungsstrategien entwickeln zu können. Im Gegensatz zu Eheberatungsstellen, die beide Partner als ihre Klienten begreifen, bleiben im FIZ die Frauen auch während der Paarberatung die eigentlichen Klientinnen der Beratungsstelle. Paarberatungen finden statt, wenn die Frauen dies wünschen und die Männer zustimmen[14].

Dennoch beteiligen sich viele Männer an den Paargesprächen, weil sie auch für sich selbst eine Klärung der Beziehungssituation und Stabilisierung der Ehe erhoffen. Die Männer erwarten von der deutschen Beraterin Verständnis für eigenes kulturspezifisches Verhalten und eine Vermittlung ihrer Position an die Ehefrau. Es gelingt häufig, daß über die muttersprachliche Co-Beraterin dem deutschen Ehemann der kulturelle Hintergrund seiner Frau nähergebracht werden kann. Andererseits kann die deutsche Beraterin der Klientin leichter den kulturellen Kontext verständlich machen, aus der heraus ihr Ehemann handelt. Dabei geht es nie um schuldhaftes Verhalten und Schuldzuschreibungen, vielmehr soll das Bewußtsein der Beteiligten geschärft werden, geklärt werden, warum sich wer wie verhält.

---

14 Nur in Einzelfällen äußern Männer den Wunsch nach einem Paargespräch, dem die Frauen dann meist zustimmen.

Wichtige Themen in den Paarberatungen lassen sich knapp wie folgt skizzieren:

- Unterschiedliche und zum Teil kontroverse Motivationen, die zur Eheschließung zwischen deutschen Männern und Heiratsmigrantinnen führen, lassen ein Spannungsfeld innerhalb der Beziehungen entstehen. Kommen diese Paare in die Beratung, so bestehen bereits auf beiden Seiten große Enttäuschungen, da Erwartungen, die aneinander gestellt wurden, nicht erfüllt werden konnten.

- Die größeren kulturellen und finanziellen Ressourcen der Männer und ihre daraus resultierende Vormachtstellung, die zumindest in den ersten Aufenthaltsjahren dominiert, schafft Probleme in den Beziehungen.

- Die Arbeit des FIZ ist extrem erschwert, wenn Männer mit existenziellen Druckmitteln gegen ihre Frauen vorgehen, ihnen beispielsweise die Trennung mit sofortiger Meldung bei der Ausländerbehörde androhen (Vgl. Kap. IV. 1.3.2). Diese Männer vertreten gegenüber ihrer Frau häufig eine Konsum- oder auch Wegwerfmentalität und sind bereit, sich eine andere Frau zu 'holen', wenn sich die Realisierung ihrer Vorstellungen nicht erzwingen läßt.

Die Beratungsstelle konzentriert sich in ihrer Arbeit auf die Erfolge und Entwicklungsschritte der Frau. Häufig entdecken jedoch Männer in der Paarberatung für sich selbst einen eigenen Beratungsbedarf, den sie dann spontan im FIZ abzudecken suchen. Das FIZ steht für parteiliche Beratung für die Frau, lehnt deshalb Einzelberatungen mit Männern ab und verweist in solchen Fällen regelmäßig auf Lebensberatungsstellen[15].

Die Teamkonstellation im FIZ - deutsche und ausländische Kollegin - erweist sich als erfolgreich für bi-kulturelle Paarberatungen. Der Großteil der Männer ist auch im eigenen Interesse mit den Entwicklungen zufrieden, die durch die Paarberatungen in Gang gesetzt werden[16]. Für Paargespräche böte sich jedoch auch aus konzeptionellen Gründen an, das Beraterteam mit einer weiblichen Mitarbeiterin und einem männlichen Kollegen zu besetzen. Der männliche Kollege könnte dann auch als Experte für männliches Geschlechtsrollenverhalten agieren. Leider hielten organisatorische und finanzielle Beschränkungen das FIZ davon ab, diese Teamkonstellation zu testen.

Weder die gleichberechtigte Beteiligung männlicher und weiblicher Berater, noch die von deutschen und ausländischen Kollegen und Kolleginnen

---

15 Die Beraterinnen schätzen den individuellen Beratungsbedarf von den Männern, die an Paargesprächen teilnehmen, auf ein Drittel ein. Innerhalb der Modellaufzeit hat jedoch nur ein Mann für sich den Schritt in eine andere Beratungsstelle gewagt.

16 Nach Einschätzung der Beraterinnen sind nur ca. 10% der Männer mit den Paargesprächen und deren Resultaten unzufrieden. Diese Männer halten in der Regel an ihren Machtpositionen fest, sie haben Angst vor einer Klärung der Beziehung und möchten Entwicklungen verhindern, die ihre Vormachtstellung einschränken könnten.

werden jedoch zwangsläufig die Qualität der Paarberatungen bei bikulturellen Ehen sichern. Entscheidende Kriterien für professionelles Arbeiten sind letztendlich immer in den fachlichen und persönlichen Kompetenzen der Berater und Beraterinnen zu sehen. Diese sollten sich kontinuierlich zu Fragen des Geschlechtsrollenverhaltens, wie zur kulturellen Determiniertheit von Verhalten qualifizieren und fortbilden.

1.5 Die Betreuung der Opfer von Menschenhandel

Die Betreuung, Beratung und Begleitung von Frauen, die Opfer krimineller Handlungen wurden, stellen die größten Anforderungen an eine Beratungsstelle[17]. Die Aufgabenstellung geht über klassische soziale Hilfen hinaus und wird um so intensiver, je komplexer und problematischer die Situation für die Frauen bei der polizeilichen Vernehmung, in der Prozeßvorbereitung und im Prozeßverlauf ist (Vgl. Kap. VI. 2.1.2). Die Intensität der Beratungs- und Unterstützungsangebote hängt sowohl von der Persönlichkeit der Frau als auch von der Dauer ihres Aufenthaltes in der Bundesrepublik sowie ihrem Gefährdungsgrad ab.

Frauen, die Opfer von Straftaten gegen die sexuelle Selbstbestimmung sind, sind besonders großen persönlichen Belastungen ausgesetzt. Sie stehen unter existentiellem Druck, sind häufig hoch verschuldet, können auf keine Erwerbsalternative in der Bundesrepublik zurückgreifen und haben die Aussicht, ohne Zukunftsperspektive ins Heimatland abgeschoben zu werden (Vgl. Kap. VI. 2.1.4).

Die Frauen haben Angst davor, gegen Schlepper und Händler auszusagen, weil sie damit ein uneinschätzbares Risiko für sich und ihre Familien eingehen. Sie stehen vor dem Problem, eigene Landsleute, Helfer bei der Flucht, verraten zu müssen. Innere Ambivalenzen können ihre Situation als Zeugin prägen, wenn das Verhältnis zu den Angeklagten einerseits von emotionaler Nähe und Vertrauen, andererseits aber von Angst, Unsicherheit und Abhängigkeit gekennzeichnet ist.

Die Frauen sind in eine für sie recht undurchschaubare Situation geraten. Einerseits können sie nicht einschätzen, inwieweit sie sich selbst strafbar gemacht haben und sich durch Aussagen möglicherweise weiter belasten. Andererseits können sie auch nicht überblicken, welche Informationen für das Gelingen der Strafverfolgung von Menschenhandel von Bedeutung sind, da ihnen Kenntnisse über das deutsche Rechtssystem und die Praxis von Strafverfolgung fehlen. Fragen, die ihre eigene Person und damit ihre Glaubwürdigkeit betreffen, sind ihnen unverständlich und wirken auf sie verletzend. Die Vorstellung, vor einem deutschen Gericht als Ausländerin

17 Die folgenden Ausführungen beziehen sich im Wesentlichen auf einen Vortrag der FIZ-Mitarbeiterin Maria Friedmann: 18.03. bis 20.03.1992.

aussagen zu müssen, macht ihnen Angst. Sie befürchten, öffentlich Klischees und Stereotypen ausgesetzt und als Prostituierte diskriminiert zu werden. Die Gespräche zwischen ihnen und den Behörden der Strafverfolgung, die nur mittels Sprachmittler möglich sind, werden oft als diffamierend erlebt. Die Frauen erfahren Unverständnis für ihre Situation und sind oft einer eher unsensiblen Fragestellung ausgesetzt.

Ziel des FIZ ist es, die Frauen in dieser schwierigen Situation zu stabilisieren und zu festigen. Die Beratungsstelle will die Interessen der Frauen mit Hilfe einer anwaltlichen Vertretung durchsetzen helfen, sie in ihrer Rolle als Zeugin stärken. Soziale Möglichkeiten und Hilfen für die Frauen sollen ausgeschöpft werden, ihre existenzielle Sicherung geklärt sowie Zukunftsperspektiven erörtert werden.

Das FIZ hat in solchen Fällen oft die Aufgabe eine 'Rundumversorgung' zu übernehmen. Darin inbegriffen ist die Bereitstellung einer sicheren Unterkunft und die Klärung von existenziellen sowie aufenthaltsrechtlichen Fragen. Die Beratung soll emotionale und psychosoziale Unterstützung geben, um die Frau, die Zeugin eines Strafverfahrens ist, zu stärken. Dies kann bedeuten, daß über einen längeren Zeitraum regelmäßige und häufige Kontakte notwendig werden.

Das FIZ unterstützt die Frauen dabei, sich sachlich und psychisch auf die Situation einzustellen. Den Klientinnen werden Behördenvorgänge, Strafverfolgungsmaßnahmen, Zuständigkeiten einzelner Behördenvertreter u.a. transparent gemacht, so daß sie Abläufe und Vorgänge besser verstehen und einordnen können. Die Zeuginnen werden auf den formalen Ablauf vor Gericht vorbereitet sowie darauf, ihren Lebenslauf darzulegen und einer Konfrontation mit den Angeklagten standzuhalten.

Die Beratungsstelle arbeitet mit einer anwaltlichen Vertretung - bei klarer Aufteilung von Zuständigkeiten - zusammen. Es erwies sich als vorteilhaft, wenn die Beraterin an der anwaltlichen Prozeßvorbereitung teilnimmt, da sie eher kulturell geprägte Verhaltensweisen zuordnen und so zu einer Erleichterung der interkulturellen Kommunikation beitragen kann. Verständnisfragen können manchmal schneller geklärt sowie Unsicherheiten und Ängste der Frauen besser aufgefangen werden.

Die interkulturelle Qualifikation der Beratungsstelle macht sich nicht nur in Zusammenarbeit mit der Nebenklagevertreterin positiv bemerkbar, denn auch polizeiliche Vernehmungen können mit Hilfe der Beratungsstelle manchmal klarer gestaltet werden. Die Vernehmung der Zeugin ist Aufgabe der Polizei. Im Kompetenzbereich der Polizei liegt es auch zu gestatten, ob Beraterinnen anwesend sein können.

Nur wenn ein kooperatives Verhältnis zwischen den Beratungsstellen und den Organen der Strafverfolgung besteht, können die interkulturellen

Qualifikationen der Beratungsstellen genutzt werden. Die Frauen erfahren durch die Teilnahme von (Co-)Beraterinnen bei den Vernehmungen mehr Sicherheit. Die Beratungsstelle kann mit ihrem Wissen die Aussagen der Frauen einordnen, und sie damit in ihrer Glaubwürdigkeit stärken. Ein Vorgang, der letztendlich auch der Wahrheitsfindung dient.

Das FIZ leistet parteiliche und qualifizierte Beratung für die Opfer von Menschenhandel. Die Beratung darf jedoch nicht als Hilfsmittel für die Polizei mißverstanden werden. Denn nur dann, wenn die Frauen wissen, hier findet parteiliche Unterstützung statt, unabhängig von Zeugenaussagen und Kooperationsbereitschaft mit der Polizei, kann wirkliches Vertrauen aufgebaut werden. Vertrauen und Offenheit bilden einen der Grundpfeiler, der soziale Hilfe überhaupt erst möglich macht. Das Zeugnisverweigerungsrecht für Beraterinnen wäre damit eine konsequente Maßnahme, um ihre Arbeit nochmals autonom von der Arbeit der Strafverfolgungsbehörden abzugrenzen.

2. Migrantinnenselbstorganisation

Die Selbstorganisation von Migrantinnen sollte sozial isolierten Frauen die Chance geben, sich im Kreis von Landsfrauen informieren und austauschen zu können. In dieser Form erfüllte der 'Frauennachmittag des FIZ' nur begrenzt die ihm zugedachte Rolle. Zum einen, weil sich die Frauen mit ihren Schwierigkeiten eher an einzelne enge Freundinnen oder auch an die Beratungsstelle wenden und keine solidarische Grundeinstellung von Landsfrauen erwarten (Vgl. Kap. IV. 1.5.2). Zum anderen, weil neue Besucherinnen oft über ältere Teilnehmerinnen eingeführt werden und der Zugang zu den Migrantinnentreffs damit schon eine bestehende informelle Vernetzung voraussetzt.

Die Inhalte und Abläufe der Treffen wurden von den Migrantinnen selbst bestimmt, wobei eine ausländische FIZ-Mitarbeiterin über die Nutzung der FIZ-Infrastruktur organisatorische Aufgaben regelte. Der 'Frauennachmittag' sollte sich zu einer Selbsthilfegruppe entwickeln, in der die Frauen ihre eigenen Interessen und Bedürfnisse einbringen und möglichst auch umsetzen können. In der Themenstellung für die verschiedenen Treffen sollten Informationsveranstaltungen und traditionelle kulturelle Aktivitäten miteinander verknüpft werden können, um den Bedürfnissen nach kultureller Entfaltung und den Interessen nach relevanten Erkenntnissen gleichermaßen gerecht zu werden.

Dieses Konzept ging nur bei den Gruppen der lateinamerikanischen und karibischen Migrantinnen auf. Im Gegensatz zu den asiatischen Gruppen, brachten diese Frauen gleich zu Beginn mit großem Engagement viele eigene Ideen und Vorstellungen ein, die von der Erarbeitung sozialpolitischer Diskussionspapiere bis zur Etablierung einer Mutter-Kind-Gruppe und der Einrichtung einer Kunst- und Kulturinitiative reichten. Nach mehreren Diskussionen über zukünftige Inhalte konnten sich zwei Gruppen mit Frauen aus dem lateinamerikanischen und dem karibischen Raum etablieren: Eine Nachmittagsgruppe, die für Frauen mit Kindern Information und Austausch ermöglichen soll und eine Gruppe, die sich abends in ungezwungener Atmosphäre in der oberen Etage eines Gastronomiebetriebes trifft und in der Teilnehmerinnen ihre Probleme und Schwierigkeiten einbringen und sich emotionale Unterstützung und Rat holen können. In diesem Migrantinnentreff, der zumindest ansatzweise als Selbsthilfegruppe bezeichnet werden kann, wird nach Möglichkeit konkrete Unterstützung geleistet, bei schwierigen Problemen werden die Betreffenden jedoch auch an professionelle Beraterinnen des FIZ weitervermittelt.

Anders als bei der lateinamerikanischen und karibischen Migrantinnengruppe konnte sich weder bei den philippinischen noch bei den thailändischen Frauen ein Ansatz zur Selbsthilfe etablieren. Aus den Teilnehmerinnen dieser beiden 'Frauennachmittage' fanden sich jedoch kleinere Kerngruppen von engagierten und aktiven Frauen zusammen.

Die philippinische Kerngruppe versuchte im Raum Stuttgart Fortbildungsveranstaltungen für Filipinas anzubieten und bereits vernetzte philippinische Frauen als Multiplikatorinnen in ihre Gruppe zu integrieren. Diese Gruppe mit dem Namen „Damayan“ - sich gegenseitig helfen - besteht aus Frauen, die ziemlich stabile Lebensbedingungen, sowohl beruflich als auch familiär, haben und selbst die Rolle der Referentin und Multiplikatorin einnehmen wollen. Die Frauen haben ein vergleichsweise hohes Bildungsniveau. Sie versuchen einen gesellschaftskritischen Ansatz aus feministischer Perspektive in die Debatte um Frauenhandel und Migration einfließen zu lassen. Damayan gehört zudem einer bundesweiten philippinischen Organisation, dem „Philippine Women Forum“ an und sieht damit - genauso wie die bundesweite Organisation - sein Hauptanliegen in der Verbesserung der Situation philippinischer Frauen im Ausland.

Die Kerngruppe der thailändischen Frauen hat demgegenüber die Konzipierung und Planung des regelmäßigen Migrantinnentreffs übernommen, in dem sowohl informative Veranstaltungen als auch handwerkliche Aktivitäten und kulturell festliche Ereignisse vorgesehen sind. Einen problemzentrierten Ansatz, der beispielsweise die konkrete Unterstützung bei Einzelfällen beinhalten oder die Stigmatisierungen von thailändischen Frauen öffentlich aufdecken könnte, gibt es nicht[18]. Jedoch sind die Migrantinnen dieser Zielgruppen in weitverzweigten informellen Kreisen von Landsfrauen vernetzt. In diesen Freundinnenkreisen kann einzelnen Ratsuchenden private Unterstützung zukommen. Sie wenden sich an vertraute Freundinnen oder individuell ausgewählte Frauen, die ihnen über ihre persönliche Integrität und Souveränität besonders zuverlässig und seriös erscheinen.

Die Erfahrungen zeigen, daß ein kontinuierlicher Migrantinnentreff nur von relativ etablierten Einwanderinnen stabilisiert und gehalten werden kann, also von Frauen, die bereits bestimmte ausländerspezifische Probleme für sich bewältigen konnten. Solche Frauen haben beispielsweise ein eigenständiges Aufenthaltsrecht und sind sprachlich soweit gewandt, daß sie sich selbständig orientieren können. Insbesondere für die philippinischen und die thailändischen Frauengruppen trifft das zu, aber auch der lateinamerikanisch-karibische Abendtreff kann sich ohne die Beteiligung der Migrantinnen in stabilen Lebensverhältnissen nicht halten.

Die Frauen erfahren durch die Migration gemeinsame kulturelle Verunsicherungen und sind auf eine Gruppenzugehörigkeit mit Landsleuten angewiesen. Kulturelle Entwurzelung führt zum Aufbau von ethnischen Gruppen, zur Bildung von 'Wir-Gruppen' in Form einer klassenübergreifenden Gemeinschaft.

> „Die Gemeinschaft der Migranten ist jedoch fast nie so groß wie die Wirtschaftsgesellschaft (Ausnahme Auswanderungskolonien); bei wesentlichen Bezügen - gerade in der Lohnarbeit kann oder muß sich der Migrant/die Migrantin daher als Einzelne(n), als heimatlose(n) Fremde(n) ohne anerkannte Identität erfahren, was bindungsstiftende oder ideologieproduzierende Energien mobilisiert.“ (Elwert 1989: 43).

Die Bildung von ethnischen Gruppen läßt sich auf gesellschaftliche Marginalisierungssprozesse zurückführen und kann die unterschiedlichsten Haltungen der Ausgegrenzten zur Aufnahmegesellschaft demonstrieren.

> „Ethnicity kann nur verstanden werden als Produkt der Auseinandersetzung mit der Aufnahmegesellschaft; ethnisches Bewußtsein kann das Ergebnis eines solidarischen Lernprozesses sein, mag aber auch in bestimmten Fällen als Regression erscheinen.“ (Apitzsch 1993: 8).

Auch die Migrantinnen unserer Untersuchung sind in Gruppen vernetzt, wobei die sozialen Kontakte verschieden stark ausgeprägt sind, abhängig von den Lebensbedingungen der Frauen und deren kultureller und regionaler Herkunft[19]. Die Landsfrauennetze dürften unterschiedliche Charaktere haben und von konstruktiven bis zu eher regressiven Auseinandersetzungen

---

18 Vgl. hierzu die Auswertung der Migrantinneninterviews, die ergab, daß sich drei Viertel der thailändischen Frauen von dem Stigma der 'Käuflichkeit' diskriminiert fühlen.

19 Unternimmt eine Frau in einer ländlichen Region den ersten Schritt zur Migration, dann folgen in der Regel weitere Frauen aus der Dorfgemeinschaft ihrem Beispiel. Durch soziale Kontakte ergibt sich für diese Frauen jetzt die Chance zur Ausreise, und der Anreiz wird durch die direkte Konfrontation mit der Statusverbesserung von Migrantinnenfamilien verstärkt.

mit der Aufnahmegesellschaft reichen. Die Netzwerke der Filipinas sind im Vergleich zu den thailändischen und lateinamerikanisch-karibischen Frauen gegenwärtig am stärksten ausgebaut und reichen teilweise auch über den informellen Rahmen und den regionalen Bezug hinaus[20].

Die Gemeinsamkeiten zwischen den Frauen liegen nicht alleine in deren kultureller Herkunft, sondern auch in dem Weg ihrer Migration, der für Einreisewillige aus der 'Dritten Welt' und aus anderen ökonomisch unterprivilegierten Ländern frauenspezifisch ist. Außerdem gibt es Ähnlichkeiten ihrer Situation im Aufnahmeland, die infolge spezifischer Einreise- und Aufenthaltsbedingungen häufig von sexueller Ausbeutung und einseitigen Abhängigkeiten geprägt ist.

Selbsthilfegruppen werden gewöhnlicherweise von Gleichgesinnten aufgebaut, die sich gegenseitig unterstützen wollen und gemeinsame Nachteile zu bewältigen suchen. Die Teilnahme erfordert individuelle Verantwortlichkeit, in der Gruppe wird nachdrücklich Wert auf direkte soziale Interaktion gelegt. Oft arbeiten die Gruppen ursachenorientiert (vgl. Daum 1987: 14). Selbsthilfe in einem Gruppenprozeß zu verwirklichen, verlangt die Offenheit der Beteiligten und den Mut, zu den eigenen Problemen zu stehen. Denn

> „Zu den Merkmalen der für die Selbsthilfegruppenarbeit geeigneten Personen gehört ihre Gruppenfähigkeit. Sie müssen aus eigenem Antrieb den Austausch über ihre Lebensprobleme suchen ..." (Simmel-Joachim 1993: 14).

Der Aufbau von Landsfrauennetzen, die sich mit ihrer eigenen spezifischen Problematik befassen, ist jedoch nur schwer zu erreichen. Diese Ideen ließen sich noch am ehesten bei dem lateinamerikanisch-karibischen Migrantinnentreff verwirklichen. Die Frauen aus diesen Kulturkreisen sehen sich in der Regel nicht genötigt, ihre Probleme zu verschleiern. Im Gegenteil, viele Frauen erkennen in der Gruppe eine Chance für persönliche Entlastung, die sie wahrnehmen wollen.

Bei den Frauen aus Thailand und den Philippinen müssen Auswirkungen in Betracht gezogen werden, die das Klischee der 'Käuflichkeit' bewirkt. Das Stereotyp bezieht sich in erster Linie auf Frauen aus Südostasien. Sie stellten die erste große Gruppe der Migrantinnen, mit denen Frauenhandel, Heiratshandel und Sextourismus in Verbindung gebracht wurde. Wie die Befragung ergab, versuchen sie der Stigmatisierung und der Abwertung zu entgehen, indem sie sich von den Problemen und von den 'gekauften Frauen' distanzieren und ihre eigenen Schwierigkeiten verheimlichen. Die stigmatisierte Gruppe der 'gehandelten' Frauen kann aus Angst vor Abwertung keine wirkliche Solidarisierung untereinander erreichen, der Aufbau von Selbsthilfe ist damit verhindert oder zumindest erschwert.

---

20 In verschiedenen deutschen Städten lassen sich philippinische Vereine und Kulturgruppen finden, die in der Regel zusammen mit den deutschen Ehemännern aufgebaut werden.

Unabhängig von der Existenz potentieller informeller Netzwerke ist die Gründung von Migrantinnengruppen - ob mit oder ohne Anspruch an Selbsthilfe - wichtig. Denn die Institutionalisierung von Migrantinnennetzwerken schafft für die Frauen einen festen sozialen Raum, der als Einrichtung bei Bedarf genutzt werden kann, und an den sich jederzeit neue Frauen wenden können. Diese Migrantinnengruppen können wichtige Themen aufgreifen, sich zur zentralen Informationsquelle und zum Ort des Austauschs von Erfahrungen entwickeln. Sie können aber auch ein Stück Heimat bringen, emotional stützen und aufbauen, und damit die kulturelle Identität der Migrantinnen aus Übersee stärken helfen. Gerade wegen ihres offiziellen und formalen Charakters kann die Selbstorganisation eines Migrantinnentreffs integrierend wirken. Der Migrantinnengruppe ist damit eine Stellung in der Aufnahmegesellschaft eingeräumt. Sie bietet einen Platz, wo die Frauen Gleichgesinnte treffen und den geschützten Raum für sich in Anspruch nehmen können.

Zentraler Ansatz beim Aufbau von Migrantinnengruppen sollte sein, von der klischeehaften Vorstellung der Opfer des Frauenhandels aus der 'Dritten Welt', die sich über den gemeinsamen Nenner der Ausbeutung solidarisieren, abzurücken. Das bedeutet, daß ethnozentrische Idealisierungen und Erwartungen deutscher Unterstützerinnen oder auch etablierter Landsfrauen erkannt werden. Verallgemeinerungen hinsichtlich kultureller Determinierung, geschlechtsspezifischer Diskriminierung und Problemlösungsstrategien müssen aufgedeckt werden. Die solidarischen Frauen und Unterstützerinnen müssen sich selbst von klischeehaften Vorstellungen befreien.

Aus feministischer Perspektive ist es schwer, von diesem Konzept der Solidarisierung von Unterdrückten untereinander abzurücken, da sie aus Opfern der gesellschaftlichen Verhältnisse verantwortungsvoll Handelnde macht, die sich nicht an den Rand der Gesellschaft drängen lassen wollen. Denn

> „Die Selbsthilfegruppen sind Ausdruck einer neuen Idee von sozialer Gerechtigkeit, in der basisdemokratische Formen der Mitgestaltung und Mitverantwortung die Beziehungen der Menschen zueinander bestimmen. Nicht der Staat in seiner fürsorgenden Allmacht soll wissen, was gebraucht wird, sondern die Betroffenen selbst.“ (Simmel-Joachim 1993: 13).

Damit wirkt Selbsthilfe gegen Fremdbestimmung und kann zu mehr gesellschaftlicher Macht führen.

Neben den problemspezifischen Hindernissen, die einer Gründung von Selbsthilfegruppen entgegenstehen, lassen sich die Konzepte zur Selbsthilfe - wenn überhaupt - nur in modifizierter Form auf die Zielgruppe der Migrantinnen anwenden. Der Selbsthilfeansatz wurde im sozialen Kontext westlicher Industriegesellschaften entwickelt und impliziert individualistisch

geprägte Lebensvorstellungen[21]. Demgegenüber leben die Migrantinnen wesentlich stärker familienorientiert, d.h. ihr Ziel liegt in der Regel primär im sozialen und finanziell verantwortungsvollen Handeln gegenüber ihren Familienangehörigen und nicht im Prozeß einer abgegrenzten individuellen Selbstverwirklichung (vgl. Kap. II. 2). Ansätze der Selbsthilfe müßten jeweils erst auf ihre Anwendbarkeit in den einzelnen Gruppen überprüft werden. Kulturspezifischen Verhaltensrichtlinien können plausible Erklärungen für den unterschiedlichen Ablauf in den verschiedenen Migrantinnengruppen liefern.
Helma Lutz macht auf die Gefahren eines dualistischen Ansatzes aufmerksam, der, anstatt Unterschiede zuzulassen, rassistische Ausgrenzungen mit versteckten Abwertungen verstärken kann:

> „Der wichtigste Unterschied zwischen dem 'alten' und dem 'neuen' Rassismus ist bei genauerem Hinsehen allerdings vordergründig. ... Dabei wird ein deutlicher Unterschied gemacht zwischen 'unserer' westlichen, aufgeklärten Kultur des Abendlandes, die angeblich von Individualität, Rationalität und einer starken Neigung zu Homogenität geprägt ist. Die Kultur der 'Fremden' dagegen ist gekennzeichnet vom (primitiven traditionellen) Kollektivismus, der dem (der) Einzelnen das Recht auf Selbstverwirklichung abspricht." (Lutz 1993: 145).

Gerade jedoch die Selbstverwirklichung der Migrantinnen in Gruppenzusammenschlüssen sollte realisiert, ihnen keine westlich orientierten Konzepte der Problembewältigung aufoktroyiert werden. Genauso wenig sollten sie aber auch auf kulturspezifische Verhaltensschemata, die spezifische Interaktionen im Herkunftsland prägen, festgelegt werden. Dennoch verlangt die kulturelle Biographie der Migrantinnen genauso wie ihre persönliche ihre Berücksichtigung. So wirken beispielsweise einer egalitären Gruppenbildung - der Basis von gegenseitiger Selbsthilfe - stark hierarchische Gesellschaftsstrukturen, wie sie im thailändischen Kulturkontext zu finden sind, entgegen.

Ohne versteckte Bewertung müssen Differenzen zugelassen werden, sowohl in Hinsicht auf die idealtypische Gruppengestaltung der westlichen Selbsthilfe als auch in Hinsicht auf die kulturellen und regionalen Herkunftsgebiete der Frauen und deren schulischen und beruflichen wie auch materiellen Statusunterschied.

> „Auch das kulturell Sichtbar-Werden der Differenz ist ein Akt der Gleichberechtigung: ... Differenzen brauchen gesellschaftliche Freiräume einschließlich finanzieller Möglichkeiten um sichtbar zu werden, zur Sprache zu finden und Wertschätzungen zu erfahren, damit der Reichtum der in den unterschiedlichen soziokulturellen Situationen entwickelten Formen zu kommunizieren und zu produzieren, auf ökologisch unterschiedliche Weise zu arbeiten, zu verbrauchen, zu feiern und zu genießen nicht in der Eintönigkeit des sich ausbreitenden monokulturellen andro- und eurozentrischen Industriesystems verloren geht." (Prengel 1990: 131).

---

21 Vgl. zur sozialhistorischen Entwicklung der Selbsthilfebewegung die Abhandlung von Simmel-Joachim 1993, auch Daum 1987: 18ff.

Die Erfahrungen des FIZ zeigen, daß die Migrantinnengruppen sehr unterschiedlich gestaltet sein können, abhängig von den methodischen Herangehensweisen und den inhaltlichen Aufgabenstellungen, die sich die Frauen jeweils setzen. Alle drei Gruppen - die philippinische, die thailändische und die lateinamerikanisch-karibische - wurden mit infrastruktureller Unterstützung der Beratungsstelle FIZ aufgebaut. Auf dieser Ebene können die vielfach existierenden Beratungsstellen in der Bundesrepublik eine wichtige Funktion einnehmen, die der Unterstützung der Migrantinnennetzwerke dient und diese nicht zu dominieren sucht. Eine Aufgabe, die die Souveränität der Mitarbeiterinnen der Beratungsstellen fordert. Denn sie müssen trotz infrastruktureller Abhängigkeiten der Gruppen Vertrauen in deren eigene Dynamiken und unabhängige inhaltliche Kompetenz legen.

Da Beratungsstellen in der Regel selbst nur über knappe finanzielle Ressourcen und damit über eng begrenzte Arbeitskapazitäten verfügen, ist es zudem aus dieser Perspektive wichtig, Gruppen mit den Chancen auf gegenseitige, wenn auch begrenzte Hilfe inhaltlich zu unterstützen. Denn es können hier nicht institutionalisierte professionelle Beratung dem Informations- und Unterstützungspotential von Migrantinnengruppen gegenübergestellt werden. Beides ist sinnvoll und hat seine jeweils eigene Berechtigung mit völlig unterschiedlichen Ansätzen. In den formellen und informellen Migrantinnennetzwerken liegt wiederum eine große Bedeutung für Frauen, die professionelle Unterstützung benötigen. Denn einem Großteil der Klientinnen des FIZ wurde der Zugang zur Beratungsstelle durch eine Landsfrau ermöglicht. Auch der 'Frauennachmittag' fungiert hier im weiteren Sinn als sozialer Raum, über den Frauen mit schwerwiegenden Problemen zur Beratungsstelle mit professioneller Begleitung weitergeleitet werden.

3. Das Wirken in der Öffentlichkeit

Beratungsstellen haben aufgrund ihrer Praxisarbeit mit den Betroffenen und ihrer daraus resultierenden Stellung in der Gesellschaft einen zwar geringen, jedoch bestehenden Einfluß auf die öffentliche Meinung. Mitarbeiterinnen von Beratungsstellen werden als Expertinnen von Medien angefragt und als Referentinnen geladen. Ihre Darstellung der Probleme trägt auch zum öffentlichen Bewußtsein bei und ist für die Medienberichterstatter, neben den Informationen von Strafverfolgungsbehörden, eine der zentralen Informationsquellen. Die Beratungsstellen kennen durch ihre Arbeit die Situation der betroffenen Frauen genau und setzen sich für deren Verbesserung ein. Deshalb haben sie sich meist zur Aufgabe gestellt, die Probleme und ihre strukturellen Hintergründe für die Öffentlichkeit sichtbar zu machen und gezielte Lobbyarbeit für die Frauen zu betreiben[22].

Mit den verschiedensten inhaltlichen als auch methodischen Problemen sind die Mitarbeiterinnen der Beratungsstellen in der Öffentlichkeitsarbeit konfrontiert:

Zum einen sind sie keine 'Medien-Profis', kommen eher von dem Berufsfeld der Sozialarbeit und haben sich in Eigeninitiative zentrale Kenntnisse einer geeigneten Öffentlichkeits- und Informationsarbeit angeeignet. So mußte erst über die Praxis gelernt werden, daß zu detaillierte Beschreibungen von Sextourismusorten oder die Bereitstellung von Vermittlungskatalogen als Anschauungsmaterial eher der Werbung als der Prävention dienen. Oder auch, daß das namentliche Nennen von Vermittlern in der Öffentlichkeit eher einen Zugewinn an Kunden als einen regionalen Protest hervorruft.

Möglicherweise haben in der Vergangenheit die aktiven Frauengruppen und Beratungsstellen selbst zu einem Bumerangeffekt in der Öffentlichkeit beigetragen. Im Kampf um genügend Mittel für ihre Arbeit wurden 'Fälle' dramatisiert, die Zielgruppen der Beratungsstellen verallgemeinernd zu hilflosen Opfern stigmatisiert, um die Notwendigkeit einer umfangreichen sozialen Infrastruktur für Migrantinnen deutlich zu machen.

Zum anderen beweisen Erfahrungen aber auch, daß gute Informationsarbeit nicht automatisch zu guter Medienberichterstattung führt. Detailliert und gesellschaftskritisch beschriebene Inhalte können den Gesetzmäßigkeiten einer patriarchalen Medienwelt zum Opfer fallen. Dies führt dazu, daß sich die Beratungsstellen Nischen in der Medienwelt suchen und solide Kontakte mit seriösen Journalisten und Journalistinnen aufbauen, um diese bei Bedarf als Informationsträger nutzen zu können. Problem dieser Strategie ist jedoch, daß sich die Beratungsstellen auf 'ihre' Informationsträger fixieren und sich der 'anderen' Medienwelt entziehen. Diese Haltung läßt zu, daß Berichte über die Situation betroffener Frauen ohne die kritische und differenzierte Stellungnahme von Expertinnen verbreitet werden.

Nachdem die Phänomene Frauenhandel und Sextourismus mehr als zehn Jahre in großer Vielfalt und spektakulärer Ausgestaltung in den Medien vorgetragen wurden, sind allgemeine Informations- und Öffentlichkeitsveranstaltungen von Beratungsstellen nur noch dünn besucht. Das öffentliche Interesse an solchen Hintergrundveranstaltungen ist weitgehend gesättigt. Die Bevölkerung weiß heute im allgemeinen von den Grausamkeiten, die manche Frauen zu erleiden haben, und von den scheinbar unüberwindbaren Hürden, um Abhilfe zu schaffen.

---

22 Vgl. Vortrag von Lap-Chew 29. - 31. Oktober 1993.

Sich dieser Problematiken bewußt, haben die Beratungsstellen verschiedene Methoden und Strategien entwickelt, die ihrem wirklichen Interesse, einer differenzierten und kritischen Aufklärung gerecht zu werden, nachzukommen suchen:

Da von den Beratungsstellen strukturelle Veränderungen intendiert sind, geht es in der Öffentlichkeitsarbeit heute verstärkt darum, den spektakulären Einzelfällen gesellschaftskritische Ansätze entgegenzustellen. Erläuterungen und Erklärungsmuster zielen auf ein Verständnis für die Situation der Betroffenen ab und beziehen das gesamte System internationaler und geschlechtsspezifischer Zusammenhänge ein. In der Regel wird versucht, die Situation der Betroffenen in den Kontext internationaler Migration zu setzen und die Lebensbedingungen von Migrantinnen in Abhängigkeit von ausländerrechtlichen Zwängen und strafrechtlichen Grundlagen darzustellen. Indem Bezugspunkte zu den Lebensbedingungen der Menschen in den westlichen Industriegesellschaften gesetzt werden, sollen Marginalisierungstendenzen gegenüber den Migrantinnen abgebaut werden.

Wie das FIZ konzentrieren sich auch andere Beratungsstellen in eigener Initiative eher auf Fachtagungen und versuchen damit, bestimmte Berufsgruppen in die Diskussionen zu involvieren, bzw. auch Einzelfragen in ExpertInnenrunden gründlicher aufzugreifen. Die Informationsarbeit verlagert sich langsam von einer breiten Öffentlichkeitsarbeit in eine gezielte Lobbyarbeit. So wurden Fachtagungen zu so verschiedenen Themen wie 'Thai-deutsche Vernetzung', 'Strafverfolgung von Menschenhandel', 'Männermotivation', 'Kinderprostitution' u.v.m. veranstaltet.

Gleichzeitig haben sich, als Lerneffekt aus der Stigmatisierung von Migrantinnen zu hilflosen Opfern, Initiativen zur Stärkung von Migrantinnengruppen entwickelt. So setzt beispielsweise das Kontakt- und Frauen-Informationszentrum für Afrikanerinnen, Asiatinnen, Südamerikanerinnen (Kofiza) in München seinen Schwerpunkt in den Aufbau und die Fortbildung von Migrantinnengruppen. Die Verbesserung der rechtlichen Stellung von Migrantinnen hat eine bundesweite Kampagne zur Änderung des § 19 Ausländergesetz zum Ziel. Die Kampagne, die von der Beratungs- und Informationsstelle für Migrantinnen aus Afrika, Asien und Lateinamerika in Herne in Zusammenarbeit mit anderen Beratungsstellen initiiert wurde[23], ist eine konkrete Umsetzung der neu strukturierten Öffentlichkeitsarbeit.

> „Hinsichtlich der inhaltlichen Schwerpunktsetzung wurde die bisher vordergründige Aufklärung über Strukturen des Frauenhandels aufgegeben und statt dessen mehr

23 Bis März 1994 waren an der Kampagne zudem beteiligt: agisra, Frankfurt; agisra, Köln; Ban Ying, Berlin; FIZ, Stuttgart; Kofiza, München; Kofiza, Nürnberg; Ökumenische Asiengruppe, Frankfurt; Philippinischer Sozialdienst; Evangelische Frauenarbeit, Frankfurt; IAF, Frankfurt; Terre des Femmes; In Via, Freiburg; Solwodi, Mainz; Solwodi, Boppard; Amnesty for Women; Südströmungen.

Gewichtung auf Migrationsursachen, weltwirtschaftliche Verflechtungen sowie die rechtliche und soziale Lebenssituation der Migrantinnen in Deutschland gelegt. Damit soll zum einen eine differenzierte und der Komplexität entsprechende Informationsarbeit geleistet und zum anderen politische Verantwortung hiesiger Gesellschaft postuliert sowie gegen Diskriminierung und Stigmatisierung der Migrantinnen angegangen werden.“ (Beratungs- und Infostelle für Migrantinnen aus Afrika, Asien und Lateinamerika - Informationszentrum Dritte Welt Kirchenkreis Herne 1993: 6)

Neben diesen inhaltlichen Spezifizierungen und den verschiedenen Ansätzen zur Verbesserung der Situation von Migrantinnen haben sich jedoch auch Strategien in der Öffentlichkeitsarbeit herauskristallisiert, die sich im Bereich des interkulturellen Miteinanders bewegen. Agisra beispielsweise konzentrierte sich auf Anti-Rassismustrainings, die in erster Linie unter deutschen und unter ausländischen Frauen geführt werden sollen. Die Ökumenische Asiengruppe hatte demgegenüber ein Projekt des interkulturellen Lernens ins Leben gerufen, in dem der Austausch und die Auseinandersetzung zwischen Frauen verschiedener Kulturen gefördert werden soll.

In einem Vortrag auf dem 9. agisra-Vernetzungstreffen kommen die Kontroversen der Rassismusdebatte bei agisra deutlich zum Vorschein. Migrantinnen schildern sich wiederholende Erfahrungen aus 'gemischten Gruppen':

„I) Schwarze Frauen/Migrantinnen zeigen den Rassismus der weißen deutschen Frauen auf, thematisieren ihn.

II) Diese sind peinlich berührt, blocken entweder ab oder überhäufen sich und ihresgleichen mit Schuldgeständnissen und -vorwürfen.

III a) Für die weißen deutschen Frauen ist dies eine wichtige Erkenntnis und ein förderndes Erlebnis.

III b) Für uns ist dieses Muster hinderlich und bringt uns in unseren Diskussionen nicht voran.“ (Hamzhei 1993).

Kritisiert wird damit eine unbezahlte Antirassismusarbeit, die 'schwarze Frauen' für 'weiße Frauen' leisten, während 'schwarze Frauen' ihre eigenen Interessen und Prozesse deshalb zurückstecken müssen. Komplementär steht der Vortrag der 'weißen Frauen' auf diesem Arbeitstreffen. Sie zeigen sich gegenüber 'schwarzen Frauen' dankbar, von denen sie ihr antirassistisches Wissen gelernt haben. Dieses wollen sie mit ihrer Arbeit an andere 'weiße Frauen' weitergeben. Die Gruppe, die sich für diesen Vortrag verantwortlich zeigt, will ein bestimmtes methodisches Konzept entwickeln, das über kognitives Verstehen hinausreicht und emotionale Erfahrung, die Veränderung bewirken soll, einbezieht (Gruber, Hummel 1993).

Demgegenüber stand die Ökumenische Asiengruppe in Frankfurt mit ihrem Konzept des interkulturellen Lernens sowohl für einen intensiven interkulturellen Austausch, einer interkulturellen Zusammenarbeit, als auch für die Entwicklung einer neuen Form von Bildungs- und Öffentlichkeitsarbeit, die sich aus den Ergebnissen des Projektes ableiten sollten. Unter den Aspekten von Gleichheit, Differenz, Gemeinsamkeit und jeweiliger Kompetenz sollte in einem nicht-hierarchischen, gegenseitigen respektierenden Miteinander(er)leben in kultureller Vielfalt methodisch bewußt an Fähigkeiten und Stärken von Frauen angesetzt werden. Die Ökumenische Asiengruppe erhoffte sich damit eine Überwindung von Annäherungsschwierigkeiten und:

> „Auf diese Weise soll das Denken in allgemeinen Klischees aufgebrochen und auf das Besondere gelenkt werden. Im Diskurs zwischen einzelnen Frauen wird vielleicht deutlich, daß das Selbstverständnis einer asiatischen oder deutschen Frau ein gänzlich anderes ist, als es die jeweiligen Bilder aus der Perspektive des jeweils eigenen Selbstverständnisses annehmen.“ (Unveröffentlichtes Konzeptionspapier der Ökumenischen Asiengruppe, o.D.).

Ohne auf die Effizienz dieser beiden, hier beispielhaft aufgegriffenen, Konzepte eingehen zu können und deren Tragweite in Theorie und Praxis ausführlich zu diskutieren, scheinen uns die Vorlagen wenig realitätsnah. In dem Ansatz des interkulturellen Lernens mit seinem Gleichheitsgedanken werden horizontale Kommunikationsstrukturen idealistisch projiziert und hierarchisch determinierte Sozialstrukturen ausgeblendet[24]. Andererseits trägt die nach 'Schwarz - Weiß getrennte Annäherung an einen Rassismus in uns' ein dichotomes Prinzip in sich, das mit der differenzierten Wirklichkeit wenig gemeinsam hat. Dieser Ansatz ist durch seine Vereinfachung dazu prädestiniert, Vorurteile zu schaffen und zu festigen.

So unterschiedlich diese beiden Ansätze in ihrem Versuch sind, rassistisch geprägte Interaktionsbezüge - letztendlich - zu überwinden, so ähnlich sind sie sich in ihrer Hauptrichtung, die in erster Linie die Zielgruppe Frauen und deren Bereitschaft zur interkulturellen Auseinandersetzung anvisiert. Frauenhandel und Sextourismus, die strukturell auf der Basis von Rassismus und Sexismus florieren, werden eher auf der Rassismusebene bearbeitet, während die Geschlechterhierarchie in der öffentlichen Diskussion zunehmend ausgeblendet wird.

Andere inhaltliche Schwerpunktsetzungen von Beratungsstellen liegen in der Effektivierung von Strafverfolgung, der internationalen Vernetzung und der Stärkung der Situation von Migrantinnen in der Bundesrepublik. Nur wenige Tagungen sind thematisch auf das Verhalten der Männer, ohne deren sexuellen und emotionalen Bedarf die Probleme nicht existierten,

24 Das Ergebnis einer Evaluierung dieses Projektansatzes führte Ende 1993 zur Veränderung der ursprünglichen Konzeption, denn „Als ein zentrales Problem stellt sich immer wieder heraus, deutsche und asiatische Frauen zu einem interkulturellem Lernprozeß zu motivieren. ... Der sprachliche Aspekt spielt als Hemmnis sicherlich eine entscheidende Rolle ...“ Ökumenische Asiengruppe 1993: 22.

ausgerichtet[25]. Veranstalter stellen jedoch auch hier eher eine geringe Beteiligung von Männern fest.

Möglicherweise ist das Thema 'Mann' im Kontext von Frauenhandel und Sextourismus gerade deshalb schwer aufzugreifen, weil sich Männer nur selten in diese wichtigen Diskussionen involvieren lassen. Die Erfahrungen des FIZ verdeutlichen die Notwendigkeit, spezifische Programme und Methoden zu entwickeln, die auf männliche Zielgruppen zugeschnitten sind. Zentrale Aufgabenstellung wäre dabei, überhaupt einen Zugang zur Gruppe der Männer herzustellen und möglicherweise spezifische Formen der Informations- und Bildungsarbeit mit ihnen aufzubauen.

Eventuell ist andererseits aber auch der Rückzug der Frauen aus der patriarchalen Medienwelt mit seinen frauenfeindlich verarbeiteten Reizthemen ein Ausdruck für ein fehlendes Gegenkonzept, denn

> „Die Aufbruchseuphorie in den Anfängen der Frauenbewegung, die auch viele Medienfrauen erfaßte, ist steckengeblieben. Der Anspruch eine feministische Medientheorie zu entwickeln ist über vereinzelte Ansätze hinaus bisher nicht eingelöst worden. ... Auch der strukturellen Kritik und Analyse der patriarchalen Medienwelt sowie der quantitativen und qualitativen Darstellung von Frauen in den Medien ist wenig Neues hinzuzufügen: allenfalls lassen sich die Beispiele unendlich variieren." (Beiträge zur feministischen Theorie und Praxis 1991: 7).

Für politisch aktive Migrantinnen ist demgegenüber die männliche Verfügungsgewalt ein wichtiges Thema. Migrantinnengruppen protestieren gegen Diskriminierung und Unterdrückung, wie sie ihnen - sowohl in Form von Sexismus als auch von Rassismus - entgegengebracht wird. So hat sich aus dem Umfeld von Beratungsstellen die Migrantinnenintiative 'Südströmungen' gebildet, die in einer Kampagne offensiv gegen Diskriminierung vorgeht und das Selbstbewußtsein der Migrantinnen stärken will. Eine Vertreterin der Kampagne bekräftigt:

> „So können wir den Europäern zeigen, daß wir nicht die hilflosen Frauen sind, als welche wir in den Medien in oberflächlicher Weise dargestellt werden. Indem wir eine aktive Rolle zur Verbesserung unserer Situation einnehmen, können wir am besten und effektivsten dem stereotypen Bild von Ausländerinnen in den Medien entgegenwirken, wie es häufig in Berichten über Frauenhandel gezeichnet wird, ..." (Liwag 6. Mai 1993)[26].

25 Zu nennen ist die Tagung „Die Sehnsucht nach der fremden Frau - Sozialpsychologische Hintergründe von Männerphantasien und -wünschen", 16 bis 18. September 1992. Die Tagung fand in der Evangelischen Akademie Bad Boll statt. Zudem die Tagung: „Der ganz normale Mann? - Sexuelle Ausbeutung von Kindern durch Touristen" vom 03. - 05.02.1994 im Gustav Stresemann Institut in Bonn. Veranstaltet wurde diese Tagung vom Gustav Stresemann Institut und der Deutschen Kampagne gegen Kinderprostitution im Zusammenhang mit Sextourismus.

26 Die Kampagne „Südströmungen" wird von den verschiedensten Migrantinnengruppen und Organisationen, die zum „Nord-Süd-Bezug" arbeiten, unterstützt. Kontaktadresse: FIZ, Landhausstr. 62, 70190 Stuttgart.

4. Zusammenfassung

Beratungsstellen, die in dem Bereich Frauenhandel tätig sind, setzen sich hohen fachlichen Anforderungen aus. Die Lebenslagen ihrer Klientinnen können so unterschiedlich sein wie die von Zwangsprostituierten, von freiwillig tätigen Prostituierten, von Dienstbotinnen ohne Aufenthaltsrecht und von Heiratsmigrantinnen. Die Herkunftsländer der Frauen können in Asien, in Lateinamerika und der Karibik, in Afrika oder auch in Ost- und Mitteleuropa liegen. Die Arbeitsbereiche der Beratungsstellen können von der arbeitsintensiven Einzelfallhilfe und Betreuung über Gruppenarbeit bis zur öffentlichkeitswirksamen Pressearbeit reichen. Generell sollten die arbeitgebenden Verbände deshalb stärker die berufliche Fortbildung und Qualifizierung ihrer Mitarbeiterinnen fördern, die, ob inländischer oder ausländischer Herkunft, häufig von der Komplexität der Beratungsfälle und von den unterschiedlichen Arbeitsbereichen überfordert sind.

Um den Anliegen und Bedürfnissen der Frauen in ihren unterschiedlichen Lebenslagen zu entsprechen, ist es wichtig, verschiedene Unterstützungsangebote zu entwickeln. Im FIZ können die Ratsuchenden Hilfestellungen auf verschiedenen Ebenen erhalten: Krisenintervention, Einzelgespräche, psychosoziale Einzelberatung, Paargespräche und Betreuung sind möglich. Migrantinnentreffen und Sprachkurse bilden fort, informieren und vernetzen. Dabei verdeutlichte die Beratungsresonanz zu Projektbeginn, daß für viele Frauen das alleinige Angebot eines Informationspools unzureichend ist. Die meisten Klientinnen möchten - trotz Rückkehrwünschen im Alter - erst einmal in der Bundesrepublik leben und sich deshalb Handlungs- und Entscheidungskompetenz erwerben. Immer häufiger greifen die Frauen auch auf Paargespräche, d.h. dem Austausch und der Auseinandersetzung mit dem Partner im geschützten Beratungssetting, zurück. Die Beratungsstelle erweiterte damit ihr ursprüngliches Beratungsangebot, band Männer in die Beratung ein, um auf die Bedürfnisse der Klientinnen besser eingehen zu können.

Die Methodik der systemischen Beratung, die als 'ganzheitlicher Ansatz das gesamte soziale Umfeld der Klientin miteinbezieht, lieferte dem FIZ eine gute Orientierung. Dabei handelt es sich nicht um ein therapeutisches Vorgehen, sondern um eine Art Lebensberatung, die sich auf die Lösung von praktischen Problemen konzentriert. Verallgemeinernd ist festzuhalten, daß dieser Beratungsansatz, wie jeder andere westlich geprägte Beratungsansatz auch, nur in modifizierter Form - hinsichtlich der Bedürfnisse und Probleme der Zielgruppe - für die Gruppe der Migrantinnen angewendet werden kann. Jedes Beratungskonzept ist also auf seine Anwendbarkeit hin zu überprüfen und situationsgerecht anzupassen.

So vielfältig und kompliziert die Probleme der Klientinnen des FIZ sind, so ähnlich sind jedoch die inhaltlichen Stränge, an denen sie sich anordnen.

Zum 1) sind die gesellschaftlichen Rahmenbedingungen für die Migrantinnen nachteilig. Existenzielle Absicherung - Arbeit, Wohnung, Einkommen - ist für die Frauen besonders schwer zu erreichen. Ausländerrechtliche Bedingungen bewirken Abhängigkeit und Ausbeutung.

Zum 2) blieben häufig finanzielle und soziale Erwartungen der Frauen an die Lebensbedingungen im Aufnahmeland unerfüllt. Dies betrifft nicht nur Frauen, die zur Arbeit im Sexgewerbe gezwungen werden, sondern auch Dienstbotinnen und Ehefrauen.

Zum 3) dominieren in den Beziehungskonflikten die Themen von Macht- und Machtlosigkeit. Hier haben die Frauen aufgrund ihres Status als 'Ausländerin' und 'Fremde' große Nachteile zu kompensieren.

Zum 4) sind die Frauen mit Integrationsproblemen konfrontiert. Die Frauen fühlen sich ausgegrenzt, geforderte Anpassungsleistungen durch deutsche Familienangehörige verschärfen die Situation.

Die interkulturelle Zusammenarbeit liefert die zentrale Arbeitsgrundlage für die spezifischen Aufgaben der Beratungsstellen. Besonders in der Beratungsarbeit wurde dieser Arbeitsansatz im FIZ erprobt. Daraus leiten sich folgende Überlegungen ab:

Die arbeitsrechtliche Gleichstellung von ausländischen und inländischen Mitarbeiterinnen stellt eine wichtige Grundlage für die gemeinsame Auswertung der Arbeit und für die Konzipierung der Beratung dar. Beratung im interkulturellen Team - bei dem grundsätzlich die einzelnen Rollen und Zuständigkeiten unterschiedlich verteilt sein können, - erfordert ein hohes Kooperationspotential bei den Kolleginnen, eine klare Rollenverteilung im Arbeitsprozeß und eindeutige Kompetenzen und Qualifikationen. In der Teamarbeit stellen sich die Mitarbeiterinnen der gegenseitigen Kontrolle, um eigene Projektionen zu vermeiden.

Dabei kann im Beratungsteam die Chance zur Auseinandersetzung mit eigenen Fremdheitserfahrungen verstärkt und ein Prozeß des interkulturellen Lernens eingeleitet werden. Andererseits können aber auch subtile Mechanismen der Diskriminierung reproduziert werden, die von Vorurteilen und rassistischen Einstellungen geprägt sind. Gerade bei nicht gleichberechtigten Arbeitsverhältnissen zwischen inländischen und ausländischen Mitarbeiterinnen kann eine fachlich begründete Arbeitshierarchie latent vorhandene Vorurteile verstärken und reaktivieren helfen, weshalb hier besondere Sensibilität und Reflexionsbereitschaft gefordert sind.

Auch in einer gelungenen Migrantinnenvernetzung drückt sich die Fähigkeit zum interkulturellen Arbeiten aus. Beratungsstellen sollten die Migrantinnenvernetzung unterstützen, ihre Infrastruktur für sie nutzbar machen, ohne die Inhalte der Gruppen zu bestimmen. Obwohl die Selbstorganisation von Migrantinnen nicht unbedingt oder eher selten zur Selbsthilfe führt, erfüllen die Netzwerke eine wichtige Rolle. Sie stellen eine feste Instanz für Frauen dar, in die sie sich integrieren und an die sie sich anlehnen können. Migrantinnen finden in diesen Gruppen ein Stück 'Heimat' und können so ihr Selbst in der Migration stärken.

Als Ergebnis läßt sich festhalten, daß sich die Frauen in Anlehnung an ihre kulturelle sowie auch persönliche Biographie unterschiedlich organisieren. In den unterschiedlichen Gruppen finden sich differente Ausdrucksformen und zwischenmenschliche Umgangsweisen der verschiedenen Kulturkreise wieder. Andererseits wirken sich der Erfolgsdruck in der Migration und das Klischee der 'Käuflichkeit' zwischen den Frauen entsolidarisierend aus. Gegenseitigem Vertrauen und gegenseitiger Unterstützung werden damit zusätzliche Grenzen gesetzt.

Wie andere Beratungsstellen auch, hat das FIZ verschiedene Konzepte der Öffentlichkeitsarbeit ausprobiert. Zum einen mußte die Beratungsstelle ihre eigene Rolle erkennen, die in der Öffentlichkeit durch Falldarstellungen zur Entwicklung und Reproduktion von Klischees beitrug. Neue Konzepte der Medienarbeit sollten nun die strukturellen Aspekte der Probleme - Geschlechterhierarchie und Nord-Süd-Problematik - in den Vordergrund rükken. Jedoch haben auch Beratungsstellen als 'Expertinnen in der Medienwelt' nicht die Kontrolle über Nachrichtenverwertung, so daß mit diesem verantwortungsvollen und vorsichtigen Umgang mit der Presse höchstens einzelne plakative Schlagzeilen verhindert wurden, die patriarchale Berichterstattung - Sex and Crime - jedoch weiter existiert.

In der Öffentlichkeits- und Informationsarbeit der Beratungsstellen gibt es Versuche, die eigenen Informationen und deren Verwertung durch die Medien zu kontrollieren, indem sich die Einrichtungen auf einzelne Medienträger und Journalistinnen beschränken. Dies scheint jedoch eine problematische Strategie zu sein, da den 'anderen' Medienträgern kritische Informationen vorenthalten werden. Vielmehr sollte versucht werden, sich mit einem kritischen Ansatz in allen Bereichen der Öffentlichkeitsarbeit deutlich einzubringen.

Eine sicherlich sehr wichtige Strategie stellt die bundesweite Kampagne zur Änderung des § 19 AuslG dar, in der auch das FIZ involviert ist. Diese öffentlichkeitsorientierte Aktion der Beratungsstellen ist deswegen von besonderer Bedeutung, weil sie folgerichtig die konkreten Erfahrungen aus der Praxis zu einem Politikum macht. Aus der Einzelfallarbeit mit Migrantinnen wurde die Notwendigkeit von rechtlichen Veränderungen abgeleitet, die jetzt öffentlich eingefordert werden.

Andere inhaltliche Strategien der Beratungsstellen konzentrieren sich auf die Auseinandersetzung mit der fremden Kultur und mit Rassismus. Diese Diskussion wird jedoch weitgehend unter Frauen geführt. Bisher existiert kein fundiertes Konzept für Öffentlichkeitsarbeit, das mit Präventionsabsicht die wichtigste Zielgruppe - die Männer - ansprechen könnte. Hierzu fehlen auch Hintergrundinformationen, auf die die Bildungsarbeit mit Männern aufbauen könnte. Diese desolate Situation kann auch eine Auswirkung von Stigmatisierung sein. Da sie entsolidarisierend zwischen Frauen wirkt, lenkt sie zwangsläufig von Männern und ihrer Verantwortung ab. Männliches Geschlechtsrollenverhalten wird bislang nicht thematisiert, Männer haben aber die Probleme bedeutend mitverursacht.

VIII. Zusammenfassung der wichtigsten Ergebnisse und Empfehlungen

1. Ergebnisse

Mit dieser Untersuchung wurden die Lebensbedingungen und Hintergründe von den Migrantinnen erforscht, die aufgrund ihrer Herkunft und ihrer Lebensstrategie zur potentiellen Zielgruppe von kriminellen Handlungen zur sexuellen Fremdbestimmung zählen. Wir ermittelten die Chancen einer sozialen Unterstützung dieser Frauen und stellten die rechtlichen Bedingungen, die ihr Leben bestimmen, dar. Unsere Ergebnisse sind provozierend und in vieler Hinsicht alarmierend. Überraschend facettenreich zeigt sich die Situation; sie ist wesentlich vielschichtiger und komplexer, als bislang in der Öffentlichkeit wahrgenommen und diskutiert wurde.
Drei zentrale Erkenntnisse lassen sich aus der Erhebung ableiten:

1. Behördliche Anstrengungen im Bereich der Strafverfolgung von Frauenhandel greifen nur schlecht, sowohl in den Herkunfts- als auch in den Aufnahmeländern. Manchmal ist Strafgesetzgebung nur als Teil politischer Willensbekundung zu interpretieren, da die Strafverfolgung in der Praxis den notwendigen rechtlichen Schutz nur mangelhaft gewährt. Dies bedeutet, daß kriminellen Aktivitäten großer Spielraum eingeräumt ist.

2. Die Beratungsstellen sind mit viel Anstrengung und Arbeitseinsatz dabei, die äußersten Härten für Migrantinnen zu mildern. Dabei kämpfen sie vor allem mit den Härtefällen, die im Kontext von Menschenhandel aber auch einfach aufgrund restriktiver ausländerrechtlicher Regelungen entstehen. Von dem Engagement dieser Institutionen können immer nur einzelne Frauen, innerhalb spezifischer Grenzen, profitieren.

3. In der Bundesrepublik haben sich abhängige und damit oft ausbeuterische Arbeits- und Lebensverhältnisse für ausländische Frauen etabliert. Die Migrantinnen, deren Handeln größtenteils darauf abzielt, materiellen und sozialen Erfolg zu erreichen, nehmen dafür sogar Praktiken der illegalen Einreise und der Ausbeutung hin.

Migration ist bei der Untersuchungsgruppe eng mit dem Austausch von weiblicher Reproduktionsarbeit gegen materiellen und sozialen Erfolg verknüpft. Die Frauen gehen entweder sexuellen Dienstleistungen nach oder sie sind im Haushalt tätig, bzw. versorgen ihren Ehemann. Die Lebensbedingungen dieser Frauen sind von struktureller Benachteiligung bestimmt und deshalb ähnlich und vergleichbar. Die spezifische Situation im Herkunftsland spiegelt sich im Leben der Frauen genauso wider, wie die wirtschaftlichen, sozialen und rechtlichen Ungleichheiten in der Aufnahmegesellschaft. Die Situation der Frauen ist aber auch unterschiedlich. Sie hängt auch von persönlichen Fähigkeiten sowie von individuellen Lebensumständen ab, die wiederum von den jeweiligen Einreisebedingungen, von kulturellen Mustern sowie von einzelnen Handlungsmotiven und -fähigkeiten geprägt sind.

Es darf nicht übersehen werden, daß sich auch marginalisierte Gruppen, zu denen die Migrantinnen unserer Untersuchung zu zählen sind, Nischen und Lücken schaffen, um einzelne strukturelle Benachteiligungen zu überwinden und die Migration im eigenen Interesse nutzen zu können. Ein passives Verhalten kann beispielsweise durchaus eine vorübergehende Strategie bilden, um später, nach Klärung von aufenthaltsrechtlichen und finanziellen Problemen, eigene längerfristige Ziele umzusetzen.

Die einzelnen Lebensformen an sich verweisen deshalb nur auf strukturelle Rahmenbedingungen, lassen jedoch im Einzelfall nicht unbedingt auf einen spezifischen Grad an Ausbeutung schließen oder auf individuellen Erfolg. Die Realität zeigt ein breites Spektrum und kann gängigen Bildern zuwiderlaufen. So können auch Heiratsmigrantinnen zu sexuellen Handlungen gezwungen werden, oder Migrantinnen in der Prostitution frei und selbstbestimmt arbeiten.

Die Hintergründe der Migration wurden beispielhaft mit thailändischen Heiratsmigrantinnen analysiert. Das materielle Auskommen und der finanzielle Erfolg sind die elementaren Bereiche, die die Migration der meisten, jedoch nicht aller Frauen dominieren. Oft macht sich das materielle Aufstiegsinteresse der Frauen an der Zukunft der eigenen Kinder fest, die eine sinngebende Rolle im Leben der Migrantinnen einnehmen. Die Untersuchung zeigt auch, daß emotionale Brüche in den Biographien der Frauen eine häufige Voraussetzung bilden und den letzten Impuls zur Ausreise liefern.

Die Motive zur Heiratsmigration sind vielfältig, auch wenn die materiellen Aufstiegsinteressen dominieren. So steht bei den meisten Frauen die Versorgungsehe im Vordergrund. Allerdings sind manche Frauen auch partnerschaftsorientiert, denn bei ihnen führte die Zuneigung zum Partner zur Eheschließung. Die Untersuchung zeigt jedoch, daß ein bestimmter materieller Wohlstand der Herkunftsfamilie der Migrantin die Voraussetzung dafür bildet, daß sie sich überhaupt auf eine Liebesheirat einlassen kann.

Nur eine kleine Anzahl der Migrantinnen ist in ihren Handlungsstrategien individuell orientiert. Diese Frauen kritisieren Zwang und soziale

Kontrolle in dem Großfamiliensystem ihres Herkunftslandes. Sie sind froh, diesen sozialen Strukturen entgehen zu können und passen nicht in die Gruppe der Migrantinnen, die sich nach einer Rückkehr in die Heimat sehnt. Für diese Frauen stellen die eher individualisierten Sozialstrukturen der Bundesrepublik eine gewünschte Herausforderung dar, in der sie eine eigene Lebensplanung realisieren können.

Grundlage für die Migration sind soziale, kulturelle und wirtschaftliche Hintergründe in den Herkunftsländern, die Frauen gesellschaftlich marginalisieren. Dazu gehören:

- schlechte Bedingungen auf dem Arbeitsmarkt, die den Frauen kein ausreichendes Einkommen ermöglichen; dies trifft auch für beruflich gut qualifizierte Frauen zu;
- ein spezifisch verantwortungsloses männliches Rollenverhalten, z. B. daß Väter bei Trennung die (finanzielle) Sorge für gemeinsame Kinder verweigern;
- fehlende staatliche Sozialsysteme, die beispielsweise alleinerziehende Mütter unterstützen;
- geschlechtsspezifisch ausgerichtete Dankbarkeits- und Respektbezeugungen gegenüber Familienangehörigen, die große finanzielle Anforderungen an die Frauen stellen;
- enge moralisch-ethische Rollenvorgaben, die Frauen mit abweichendem Sexualverhalten ausgrenzen.

Das persönliche Ziel der Frauen, materiell und sozial erfolgreich zu sein, wird durch die gesellschaftlich anerkannte Formel: 'Migration ist gleich Erfolg' verstärkt. Auf die Frauen entsteht ein Druck zur Migration, um erfolgreich zu sein. Materieller Aufstieg ist sowohl aus objektiven als auch aus subjektiven Gründen erforderlich. Die Frauen müssen häufig einen großen Anteil des Auskommens ihrer Herkunftsfamilien finanzieren und sie wollen die Familie selbst aus tradierten Motiven unterstützen. Sie tragen damit gleichzeitig auch zur Anhebung der sozialen Anerkennung ihrer Familie in der Dorfgemeinschaft bei. Da mit den Auslandszahlungen meistens nur Statussymbole geschaffen und konsumiert werden, kann die Herkunftsfamilie perspektivisch jedoch nur selten finanzielle Unabhängigkeit erreichen. Die Migrantin hat sich demgegenüber in eine emanzipierte, eigenständige Rolle gegenüber ihrer Familie gebracht, innerhalb derer sie die Macht der Geldverteilung ausüben kann.

Indem sich Frauen den schlechten Lebensbedingungen in ihren Herkunftsländern entziehen, öffnen sie gleichsam ein Ventil: In den Dorfgemeinschaften werden völlig ungleiche materielle Lebensbedingungen und damit Statusverschiebungen geschaffen. Die sichtbar wohlhabend gewordenen Migrantinnenfamilien motivieren andere Frauen zur Ausreise. Ökonomische Probleme der Gesellschaft erscheinen zunehmend in die Verantwortlichkeit Einzelner gelegt. Frauen, die diese Erwartungen nicht erfüllen können, obwohl sie es durch ihre Migration in den Augen ihrer Familie und Nachbarschaft versuchten, sind die großen Verliererinnen. An der Entstehung dieses Erfolgsdrucks wirken viele Migrantinnen selbst mit, indem sie aktiv Probleme und Schwierigkeiten in Übersee tabuisieren.

Gleichzeitig kommen gesellschaftlich marginalisierte Frauen mit der Eheschließung im Ausland einer geschlechtsspezifischen Rollenvorgabe nach. Normabweichende Gruppen wie unverheiratete Mütter und Prostituierte entwickeln für sich keine alternative Lebensform im Heimatland, sondern suchen sich ihren Lebensraum in Übersee. Jedoch auch dort fühlen sie sich in einer Sonderrolle. Ihre soziale Integration ist zum einen durch die Notwendigkeit nach einer Legitimation für den eigenen Aufenthalt gestört. So bescheinigen sie deutschen Frauen ein egoistisches und 'männliches' Verhalten, weshalb sich deutsche Männer verstärkt ausländischen Ehefrauen zuwenden würden. Zum anderen grenzen deutsche Familienangehörige manchmal die Einwanderin aus, indem sie die bi-nationale Ehegemeinschaft ignorieren.

Im Herkunftsland gelten die Frauen als Gewinnerinnen und steigen in der sozialen Hierarchie auf, während sie im Aufnahmeland zu den Verliererinnen gehören. Hier sind sie mit den verschiedensten rechtlichen, sozialen und wirtschaftlichen Nachteilen konfrontiert. Ihr neuer Lebensraum beinhaltet Ausbeutung, Abhängigkeit und Diskriminierung. Die Frauen haben für sich die Strategie entwickelt, gewisse Nachteile und Ungerechtigkeiten in Kauf zu nehmen, solange sie ihre eigenen Hauptinteressen verfolgen können. Es scheint, als hätten sie aufgrund negativer Beziehungserfahrungen zum Teil auch ihre menschlichen und persönlichen Bedürfnisse zurückgesteckt. In diesem Geflecht von Vor- und Nachteilen entwickeln sich innere Ambivalenzen: Obwohl die meisten Frauen einen materiellen Aufstieg erreichen konnten und damit zufrieden sind, betrachten sie ihre eigene Migrationsbiographie recht kritisch und würden den gleichen Weg nicht unbedingt noch einmal gehen. Viele distanzieren sich auch innerlich von der Aufnahmegesellschaft, die sich in der Realität oft gravierend von ihren früheren Vorstellungen unterscheidet.

Für die Frauen gibt es als Nicht-EU-Angehörige kaum eine Möglichkeit, einen eigenständigen und unabhängigen Aufenthaltsstatus zu erreichen. Ihre bi-nationalen Beziehungen sind sowohl in Bezug auf die Zeit der Verlobung wie auch auf die Zeit der Trennung gegenüber deutsch-deutschen Paaren benachteiligt. Aufenthaltsrechtliche Bestimmungen geben den Paaren eine schnelle Heirat vor und nehmen ihnen damit die Chance, Konflikte vor der Eheschließung zu erkennen und möglicherweise abzuklären. Die durch das Ausländerrecht geschaffenen einseitigen Abhängigkeiten und ungleichen Machtverhältnisse wirken verschärfend auf Konfliktsituationen ein. Die Probleme werden durch weitreichende Kommunikations- und Verständigungsprobleme sowie durch unausgesprochene unterschiedliche Ansprüche und Bedürfnisse in der Beziehung verstärkt.

Auch an den Arbeitsverhältnissen der Migrantinnen macht sich eine strukturelle Benachteiligung fest. Die Erwerbsarbeit der Frauen ist vorwiegend ungeschützt und geprägt von beruflicher Minderbewertung, fehlenden Aufstiegschancen und schlechter Entlohnung. Dies trifft selbst bei den gut ausgebildeten Frauen zu. Wie die Frauen mit geringer oder keiner Schulbildung sind auch sie meist als Reinigungskräfte und Dienstbotinnen, oder auch als Prostituierte tätig. Dieses Ergebnis bestätigt, daß in den Industriestaaten im Dienstleistungssektor eine starke Nachfrage nach weiblichen Arbeitskräften für gesellschaftlich minderbewertete Reproduktionsarbeit besteht, die sogar die Nachfrage nach männlichen Migranten und deren Arbeitskraft sinken läßt.

> „...die verminderte Nachfrage nach der Arbeitskraft männlicher Migranten ist gleichzeitig eingetreten mit einer steigenden Nachfrage in den traditionell weiblichen Arbeitsgebieten: Dienstmädchen, Krankenschwestern, Lehrerinnen und Entertainerinnen." (Campani 1993: 192).

Besonders stark marginalisiert sind dabei die Frauen ohne Aufenthalts- und Arbeitsrecht - in unserer Untersuchung hauptsächlich die philippinischen Befragten. Ohne rechtskräftige vertragliche Regelung ist ihr Arbeitsverhältnis völlig ungeschützt. Sie sind mit ausbeuterischen Arbeitsbedingungen konfrontiert, gegen die sie sich mit rechtsstaatlichen Mitteln nicht zur Wehr setzen können, ohne ihren eigenen Aufenthalt zu gefährden. Ihr Leben ist bestimmt von einer Gratwanderung zwischen sozialer Unsichtbarkeit, einem Randgruppendasein und dem permanenten Ausweisungsrisiko. Sie sind auf die Hilfe von informellen Netzwerken ihrer Landsfrauen angewiesen, obgleich diese Kontakte auch Risiken in sich bergen, da vereinzelt Migrantinnen die nicht-legale Arbeit ihrer Landsfrauen den Behörden melden.

Illegaler Aufenthalt schafft immer besonders günstige Voraussetzungen für Ausbeutung. Auch Frauen in der Prostitution sind damit Ausbeutung und Gewalt stärker ausgeliefert, wenn sie keine Aufenthaltsrechte haben. Alle Prostituierten - ob inländischer oder ausländischer Herkunft - sind zugleich mit milieuspezifischen Mechanismen aufgrund einer gesellschaftlichen Diskriminierung ihrer Arbeit konfrontiert. Ähnlich den offiziellen Arbeitszweigen macht sich zudem auch in der Sexarbeit ausländerfeindlich begründete Benachteiligung breit. Die Arbeitsbedingungen von Migrantinnen in der Prostitution sind damit in der Regel schlechter als die der deutschen Frauen.

Frauen, die in der Prostitution freiwillig tätig sind, gestalten ihre Arbeit weitgehend unabhängig von Zuhälter- und Händlerinteressen, wie die Befragung von lateinamerikanischen und karibischen Frauen ergab. Diese Frauen sehen für sich in der Prostitution die einzige Chance, ein ausreichendes Einkommen zu erwirtschaften. Die Mehrheit der von uns befragten Frauen war verheiratet - also nicht erpreßbar über das Aufenthaltsrecht - und strebte mit ihrem Einkommen den Aufbau einer bürgerlichen Existenz für die gemeinsame Zukunft mit Ehemann und Familie an.

Die überwiegende Mehrheit der Frauen war bezüglich der Aids-Prävention und ärztlicher Kontrolluntersuchungen wegen übertragbarer Geschlechtskrankheiten völlig unterversorgt. Die große Unkenntnis gegenüber Gesundheitsrisiken kann als Konsequenz eines fehlenden 'professionellen' Selbstbildes gedeutet werden, da dies ein Abwägen von Leistung, Nutzen und Risiko beinhalten würde.

Die Einrichtung von Sperrgebieten beschränkt Prostitution auf bestimmte ausgewiesene Zonen. Versteckte Prostitution findet in den verbotenen Regionen dennoch statt. In diesem Dunkelfeld floriert Zwangsprostitution, denn dort ist Zuhältern und Händlern ein großer Handlungsspielraum gegeben. Migrantinnen, die zur Prostitution gezwungen sind, wurden a) häufig über die realen Arbeitsbedingungen, die sie erwarten, getäuscht. Sie sind b) häufig verschuldet und werden c) über das internationale Netz von Zuhälter-Frauenhändler-Organisationen kontrolliert.

Die Einreise der Frauen, die zur Prostitution gezwungen werden, wird meist von international organisierten kriminellen Gruppen arrangiert. Insgesamt erfolgt die Vermittlung der verschiedenen Migrantinnengruppen jedoch in einem breiten Spektrum, das auch über die Nutzung von solidarischen Verwandtschafts- und Freundschaftsnetzen bis hin zur Einreise mit Hilfe des (zukünftigen) Ehemannes oder durch professionelle Heiratsvermittlung erfolgen kann. In zunehmendem Maße entwickelt sich eine Grauzone, in der sich freundschaftliche Unterstützung und Profitinteresse vermischen. Auch hierarchische Sozialstrukturen und Umgangsformen, deren Wurzeln sich bis in die ehemaligen feudal organisierten geschlossenen Gruppen in den Herkunftsländern zurückverfolgen lassen, werden von Vermittlern und Anwerbern genutzt.

Nach unseren Erkenntnissen dürfte mindestens ein Fünftel der Migrantinnen von den Praktiken des Frauenhandels betroffen sein. Diese Schätzung bezieht sich auf die Frauen, die sich über organisierte profitorientierte und oft kriminelle Organisationen vermitteln ließen. Eine große Rolle spielen auch die Einreiseformen, die über informelle Freundes- und Verwandtschaftsnetze organisiert sind und nicht unbedingt profitorientiert funktionieren. Die Mehrheit der Frauen stuft diesen Weg als den sichersten ein, obgleich unsere Ergebnisse beweisen, daß auch diese Form der Vermittlung nicht vor Ausbeutung schützt.

Mit der Ausreise aus der Heimat und der Einreise sowie dem Aufenthalt in der Bundesrepublik sind die Frauen auf die Unterstützung von Vermittlern angewiesen. Nicht überraschend ist deshalb die Sichtweise der Migrantinnen, die bereit sind, auch kriminelle Strukturen hinzunehmen. Die Frauen beurteilen Vermittlernetze sehr unkritisch. Der professionelle Heiratshandel wird von ihnen mit wenigen Ausnahmen akzeptiert. Folgerichtig neigen die Frauen dazu, für eine mißglückte Vermittlung ihr eigenes Schicksal verantwortlich zu machen und versuchen nicht, die 'Händler' zu kritisieren oder gar zu kontrollieren. Auch durch das Bekanntwerden von harten Einzelfällen wird dieser subjektive Umgang, der sich aus einer Abhängigkeit heraus entwickelt, nicht revidiert. Trotz Zwang und Ausbeutung ermöglichen Vermittler immerhin die Einreise, so daß bei einer Strafverfolgung nicht zwangsläufig auf die Unterstützung der Frauen gesetzt werden kann.

Ein Problem für die Prävention von Frauenhandel ist zudem, daß die Frauen den Vermittlern ein großes persönliches Vertrauen entgegenbringen. Die Migrantinnen denken nicht daran, sich unabhängig und im eigenen Interesse gründlich zu informieren. In der Praxis sind viele Frauen über die wirklichen Lebensbedingungen im Aufnahmeland überrascht und hätten im Einzelfall möglicherweise anders entschieden, wären sie vorher aufgeklärt gewesen. Allgemeine Befürchtungen und unspezifische Informationen über die Gefahren von Frauenhandel kann die Frauen in der Regel jedoch auch nicht davon abhalten, ihr eigenes Glück im Ausland zu suchen.

Mit den Problemen Frauenhandel und Sextourismus wird in der öffentlichen Diskussion und in der politischen Praxis völlig unterschiedlich umgegangen. Während einerseits eine Dramatisierung der Probleme in der Öffentlichkeit stattfindet, sich also im gesellschaftlichen Bewußtsein Empörung breit macht, hinkt die Praxis der Gegenmaßnahmen - Prävention, Sanktionen gegen die kriminell Handelnden sowie Unterstützung der Frauen - weit hinterher. Dieser Widerspruch zwischen Übertreibung im Mediendiskurs und Rückstand in praktischen Maßnahmen wirkt sich auf die Lebensbedingungen der Frauen aus. Während sie einerseits einem weitverbreiteten Stigma der 'Käuflichkeit' und der verschiedenen Diskriminierungsformen ausgesetzt sind, erfahren sie andererseits nur geringe Unterstützung für ihre wirklichen Probleme. Im öffentlichen Diskurs wird das Problem auf die Ebene der Einzelverantwortung geschoben. Strukturelle Voraussetzungen kommen selten in den Blick, was die Entwicklung von gesellschaftskritischem Bewußtsein verhindert.

So sind staatliche Maßnahmen tendenziell auch auf kosmetische Einzelaktionen begrenzt: In den Herkunftsländern wird das Ausmaß der Probleme verdrängt. Die Migration der Frauen und deren Arbeit im Sexgewerbe - ob legal oder illegal, ob mit oder ohne Mißachtung der sexuellen Selbstbestimmung - bringt wichtige Devisen ein. Während die philippinische Regierung nach wie vor starkes Interesse an der Auslandsarbeit von Filipinas zeigt, liegt die Priorität des thailändischen Staates nach wie vor in der Förderung der Tourismusindustrie, die die Hauptdeviseneinnahmequelle des Landes darstellt. Einzelmaßnahmen gegen kriminelle Aktivitäten werden nur halbherzig initiiert oder fallen einem Geflecht von Korruption und fehlendem Engagement zum Opfer.

Auch der deutsche Staat folgt keinem Ansatz zur Veränderung von strukturellen Bedingungen, die Ausbeutung und Mißbrauch fördern. Nach wie vor bleiben ausländerrechtliche Reglementierungen sowie Überlegungen zu geregelten Einwanderungsmöglichkeiten tabu. Auch die Anwendung des Strafrechts kann nicht zufriedenstellen. Zentrale Hindernisse stehen einer erfolgreichen Rechtsprechung trotz Änderung von strafrechtlichen Grundlagen entgegen: die geringe Deliktrelevanz, die hohe Abschiebequote von potentiellen Opfern der Straftat, die Gefahr von Gewalt für die Opfer der Straftat und ihrer Familien, die fehlende Zukunftsperspektive der Zeuginnen nach Verfahrensabschluß, die Stigmatisierung von Prostituierten zu unglaubwürdigen Zeuginnen, Vorbehalte gegenüber ausländischen Frauen vor Gericht und Verständigungsprobleme durch Sprach- und Kulturdifferenz.

Die einzige umfassende institutionalisierte Parteinahme für die Frauen zeigt sich in der Arbeit der Beratungsstellen. Sie versuchen sich mit ihrem Angebot an den Bedürfnissen der Klientinnen in verschiedenen Lebenslagen zu orientieren sowie deren Interessen in der Öffentlichkeit zu vertreten. Die wenigen etablierten sozialen Einrichtungen, die die Frauen zu unterstützen versuchen, sind wegen des großen Beratungsbedarfs und wegen der Komplexität der unterschiedlichen Aufgaben erheblichen Anforderungen ausgesetzt, wie sich während der Modellaufzeit beispielhaft am Fraueninformationszentrum (FIZ) dokumentieren läßt. Es handelt sich um eine sehr spezifische Arbeit, die nicht von anderen bestehenden sozialen Einrichtungen ersetzt werden kann.

Grundlegend für die Konzipierung und auch Durchführung der verschiedenen Arbeitsbereiche im FIZ war die interkulturelle Zusammenarbeit. Voraussetzungen für eine konstruktive Kooperation im interkulturellen Team bilden gleichberechtigte Arbeitsverhältnisse und klare Zuständigkeiten und Kompetenzen sowie die Verpflichtung zur inhaltlichen Auseinandersetzung. Die spezifischen Arbeitsaufgaben signalisieren bei allen Mitarbeiterinnen in den verschiedenen Tätigkeitsbereichen einen Qualifizierungsbedarf. Dies betrifft sowohl inländische wie ausländische Kräfte, wobei die Diskrepanz zwischen Berufsqualifikation und Tätigkeitsbeschreibung bei ausländischen Mitarbeiterinnen manchmal besonders groß zu sein scheint.

Das FIZ hat sich auf die völlig unterschiedlichen Hilfsbedürfnisse der Frauen aus verschiedenen Herkunftsländern und in verschiedenen Lebenssituationen eingestellt: Priorität hat eine praxisorientierte Beratung, die sich an einem schnellen Handlungsbedarf orientiert. Auch langfristige Begleitung, Unterstützung bei Ämtern, Förderung von Spachkenntnissen, Einbindung in Migrantinnengruppen oder auch nur Informationsweitergabe sind möglich. Das Konzept der Einzelberatung geht auf einen interkulturellen systemischen Beratungsansatz zurück. Seine Anwendung wird an die kulturellen und situationsspezifischen Bedingungen der Frauen angepaßt. Da die Heiratsmigrantinnen stark daran interessiert sind, Beziehungskonflikte zu klären, wurde im FIZ das Angebot der Paarberatung aufgebaut.

Ein schwieriges Problem besteht darin, Migrantinnen den Zugang zur Beratungsstelle zu ermöglichen:

1. Als wichtigste Voraussetzung für den Zugang einzelner Migrantinnengruppen kann die Mitarbeit von muttersprachlichen Übersetzerinnen und Beraterinnen bezeichnet werden. Der Beratungsbedarf von Migrantinnen aus spezifischen Herkunftsländern wird folglich erst dann wirklich sichtbar, wenn die fach- und themenspezifischen sowie kulturellen Ressourcen für die Beratung geschaffen sind. Die Vermittlung von Klientinnen zur Beratungsstelle findet meistens über Landsfrauen statt, so daß die informelle Vernetzung von Migrantinnen und der Bekanntheitsgrad der Beratungsstelle in den Netzwerken für deren Nutzung von großer Bedeutung sind.

2. Für gesellschaftlich marginalisierte Gruppen wie Prostituierte, ist der Zugang zu Beratungseinrichtungen grundsätzlich schwieriger, als für Migrantinnen, die sich am gesellschaftlich akzeptierten Moralkodex orientieren. Daraus entwickelt sich ein Selektionsprozess. Heiratsmigrantinnen dominieren in der Beratungsstelle, während nur wenige Migrantinnen ohne Aufenthaltsrecht oder auch Prostituierte zur Beratungsstelle finden.

3. Die gezielte Unterstützung von Frauen in besonders marginalisierten Positionen und in Gewaltsituationen erfordert ein aktives Zugehen auf diese Gruppen bzw. auch das institutionell und behördlich geförderte Herstellen von Kontakten zur Beratungsstelle. Deshalb entscheidet oft das Verhalten der Strafverfolgungsbehörden oder auch Ausländerbehörden, ob Zwangsprostituierte überhaupt Zugang zur Beratungsstelle finden.

Neben der Einzelfallarbeit stellt das FIZ die Infrastruktur für den Aufbau von regelmäßig tagenden Migrantinnengruppen bereit. Oft kennen sich die Frauen zwar bereits untereinander und schöpfen auch eine gewisse Stabilität aus den informellen Netzwerken, die durch eine starke 'Wir-Gruppen-Identifikation' und das Idealisieren ihrer Herkunft gestärkt sind. Gleichzeitig wirken jedoch das Stigma sowie der Erfolgsdruck auf die Netzwerke nachteilig ein. Die Befragten grenzen sich von Landsfrauen ab, die der Prostitution nachgegangen sind oder von denen vermutet wird, der Arbeit im Sexgewerbe nachgegangen zu sein. Der starke Erfolgsdruck bewirkt Konkurrenz, was wiederum zur Entsolidarisierung führt.

Auch in fest eingerichteten und offiziellen Gruppen wirken diese Mechanismen. Sie übernehmen jedoch im Vergleich zu den informellen Netzwerken noch einmal eine ganz andere Funktion. Die Gruppen sind jederzeit offen und zugänglich für neue Teilnehmerinnen, es können Interessen verwirklicht werden, für die bestimmte organisatorische sowie finanzielle Ressourcen erforderlich sind. Das wichtigste aber, mit der Selbstorganisation schaffen sich die Frauen einen offiziellen und sichtbaren Platz in der Aufnahmegesellschaft, während informelle Migrantinnennetzwerke eher einen Randgruppenstatus einnehmen.

Die Existenz von Migrantinnenorganisationen verlangt immer eine Beteiligung von Frauen, deren Lebensbedingungen vergleichsweise stabil sind. Diese Frauen halten und organisieren die Gruppen. Es ist wichtig, Ansätze zu entwickeln, die den Bedürfnissen der unterschiedlichen Frauengruppen tatsächlich entsprechen, d.h. Abstand zu nehmen von theoretisch zwar begründeten aber idealistisch geleiteten Vorstellungen inländischer und auch ausländischer Unterstützerinnen. Damit würden die Frauen nicht nur als Opfer, sondern auch als Handelnde anerkannt.

Mit der Öffentlichkeitsarbeit sind die Beratungsstellen im Unterschied zur Beratungsarbeit nicht den Einzelinteressen des Klientels verpflichtet, sondern folgen ihrer inhaltlichen Ausrichtung, die auch strukturelle Probleme von internationaler ökonomischer Ungleichheit und von Geschlechterhierarchie fokussiert. In dieser Gesamtsicht und Reflexion ist begründet, daß sich die politische Haltung der Beratungsstellen nicht zwangsläufig mit den Einzelinteressen von Migrantinnen decken müssen, die primär eine individuelle Problemlösung verfolgen.

Beispielsweise befürworten Migrantinnen die Existenz von Heiratshändlern und tragen selten zur Sanktionierung ihrer strafbaren Handlungen z.B. über Zeugenaussagen bei. Beratungsstellen sollten jedoch öffentlich gegen diese Vermittlungen argumentieren, wenn Frauenhandelspraktiken, wie Rückgaberechte, oder frauendiskriminierende Darstellungen, wie sexistische Werbung, angewandt werden. Andererseits können sich die Interessen der Migrantinnen auch mit der politischen Arbeit der Beratungsstellen decken, wenn sie ihre Erfahrungen aus der Beratungspraxis in die Öffentlichkeit hineintragen. Ein Beispiel dafür ist die bundesweite Kampagne für ein eheunabhängiges Aufenthaltsrecht, die gemeinsam von verschiedenen Beratungsstellen im Bundesgebiet initiiert wurde.

Für die sozialen Einrichtungen besteht eine große Gefahr darin, von Einzelfällen 'überrollt' zu werden und politische Arbeit in den Hintergrund schieben zu müssen. Die Einrichtungen benötigen wesentlich mehr Raum, um in ihrer Arbeit nicht nur reagieren zu können, sondern um die Arbeit konstruktiv, also auch politikberatend und präventiv zu gestalten. Denn gerade ihr Wissen ist von großer Bedeutung, da nur sie Erfahrungen aus der Praxis in die Diskussionen um strukturelle Bedingungen und um politische Initiativen einbringen können.

2. Handlungsleitende Empfehlungen

Wir gehen von einer Verantwortung des deutschen Staates für das Marktgeschehen im internationalen Frauenhandel, im Heiratshandel und im Sextourismus und seine Folgen aus. Damit leitet sich eine besondere Verpflichtung gegenüber den Migrantinnen ab, die auf struktureller Ebene Opfer der internationalen Machtverhältnisse sind und die in erster Linie im Interesse deutscher Männer in die Bundesrepublik einreisen, weil sie für sie sexuelle sowie familiäre und häusliche Arbeit leisten. Die Unterstützung der Frauen kann deshalb nicht nur als humanitärer Akt betrachtet werden, sondern sie stellt auch eine wichtige politische Maßnahme gegen Ausbeutung dar, die mit Prävention und Strafverfolgung begleitet sein muß.

Die Verantwortung des deutschen Staates kann sich damit zugleich nicht nur auf die Gruppe der Migrantinnen beziehen, die einen legalen Aufenthaltsstatus und damit ein offizielles Bleiberecht erreichen konnten. Vielmehr besteht gerade auch bei illegalen Frauen in der Reproduktionsarbeit - Prostitution und Hausarbeit - ein großer Handlungsbedarf, weil sie am stärksten marginalisiert und ausgebeutet werden. Staatliche Maßnahmen sollten von der Vorstellung eines menschenwürdigen Umgangs mit allen Frauen geleitet sein und müssen deshalb spezifische Zwangslagen und sozio-kulturelle Entwurzelung der Betroffenen berücksichtigen.

Die Empfehlungen konzentrieren sich auf rechtliche und politische Handlungsfelder mit dem Ziel, die objektiven Rahmenbedingungen für die Migrantinnen zu verbessern, so daß ihnen mehr Freiraum zu selbstbestimmtem und eigenständigem Handeln eingeräumt wird. Hinter den Empfehlungen steht der Gedanke, daß die Frauen ihre Situation selbst stärker in die Hand nehmen können und damit zugleich weniger auf institutionalisierte soziale Hilfe angewiesen sind. Damit stehen Vorschläge im Mittelpunkt, die den Migrantinnen ein gleichberechtigteres Leben im Aufnahmeland ermöglichen. Sie sollen sich sowohl auf die Partnerschaften der Frauen wie auch auf deren Arbeitsverhältnisse auswirken, in denen bislang eine von der Gesellschaftsordnung bedingte Ungleichgewichtigkeit existiert.

Den empfohlenen Maßnahmen liegt das Prinzip von Freiwilligkeit zugrunde. Damit sprechen wir uns deutlich gegen eine Form der 'Zwangsberatung' aus, wie sie in der Studie des Bundesministeriums für Frauen und Jugend (1992: 335) erwogen wurde. Wir gehen davon aus, daß Integration nur unter der Vorgabe von Freiwilligkeit gelingen kann und Zwangsmaßnahmen Diskriminierung und Ausgrenzung verstärken.

Außerdem wird die große Bedeutung von gesellschaftskritischer Aufklärung und Sensibilisierung der deutschen Öffentlichkeit und vor allem der deutschen Männer betont. Systematisch konzipierte Präventionsarbeit, die einer Solidarisierung in Hinsicht auf patriarchale Interessen entgegen arbeitet, muß in der Bundesrepublik jedoch erst noch entwickelt werden. Immer noch sind keine empirisch fundierten Kenntnisse über die Hintergründe der starken Nachfrage von deutschen Sextouristen und Freiern und die Vielzahl der Heiratskandidaten, die gezielt eine ausländische Ehefrau suchen, vorhanden. Zentrale Voraussetzung für zielgruppengerecht konzipierte Präventionsarbeit bilden noch durchzuführende Forschungsvorhaben, deren Ergebnisse die Grundlagen für die Entwicklung vorbeugender Maßnahmen liefern können[1].

Aus dem Ansatz der Gleichberechtigung ergeben sich Vorbehalte gegenüber den kontrovers diskutierten Forderungen von Prostituiertenselbsthilfegruppen und Beratungsstellen, die ausländische Prostituierte anderen Berufsgruppen gegenüber bevorzugen wollen. Dieser sehr pragmatisch konstruierte Ansatz würde perspektivisch ausländische Frauen aus Nicht-EU-Staaten zu Sexarbeiterinnen in der Bundesrepublik - mit dieser fast einzigen legalen Einreise- und Erwerbschance - denunzieren. Wir wenden uns deshalb gegen eine besondere Einreise- und Arbeitserlaubnis für ausländische Prostituierte[2], setzen uns jedoch für die Einführung von sozial- und arbeitsmarktverträglichen Einreise-, Aufenthalts und Arbeitsmöglichkeiten für Nicht-EU-Angehörige, unabhängig von der Eheschließung, ein.

Aus dem Ansatz der Gleichberechtigung leitet sich jedoch zugleich die Forderung ab, die Ungleichbehandlung von Prostituierten gegenüber anderen Erwerbstätigen auszuräumen. Die rechtliche Diskriminierung von Pro-

---

1 Die verschiedenen Ansätze zur Prävention, die in der Studie des Bundesministeriums für Frauen und Jugend (1992: 331) angeführt wurden, sollten auf der Grundlage von fundierten Forschungsergebnissen überprüft und angewendet werden.

2 Im Gegensatz zu den Anregungen in der Forschungsarbeit des Bundesministeriums für Frauen und Jugend 1992: 337.

stituierten trifft ausländische wie deutsche Frauen, die alle spezifische Nachteile in Kauf nehmen müssen.

Soziale Einrichtungen sind in erster Linie für die Verbesserung der jeweils konkreten Situation der Frauen wichtig.

> „Soziale Arbeit ist damit eingebunden in die Bemühungen unserer sich als sozial und demokratisch verstehenden Gesellschaftsordnung, ihre Legitimität unter Beweis zu stellen. ... Sie (die sozialen Probleme, d.A.) müssen beherrscht werden, damit sie nicht zum sozialen Sprengsatz werden oder politisch unliebsame Erscheinungen hervorrufen." (Simmel-Joachim 1993: 3).

Ein wichtiges Ergebnis dieser Studie ist aber auch, daß soziale Einrichtungen mit dem Anspruch von gesellschaftskritischer Öffentlichkeitsarbeit wichtige politische Diskussionen anregen und wesentliche Impulse geben können, die sich wiederum auf strukturelle Bedingungen auswirken. Beratungsstellen sollten für sich die Chancen nutzen, aus der Praxisarbeit mit den Frauen sozialpolitische Lobbyarbeit zu betreiben.

Um den wirklichen Anforderungen des Klientels in seiner Vielfalt und in seinem Selbstbestimmungsinteresse nachkommen zu können, muß sich die Arbeit sozialer Einrichtungen professionalisieren. Zudem liegt eine zentrale Aufgabe der Beratungsstellen darin, die Voraussetzungen für interkulturelle Kommunikation und interkulturelles Lernen zu schaffen. Dies sowohl innerhalb der eigenen personellen Struktur wie auch zwischen dem Klientel, dem Klientel und den Beraterinnen und dem Klientel und ihren Lebenspartnern.

Mit dem Ziel, interkulturelle Verständigung und Entstigmatisierung der Frauen zu fördern, sollten Beratungsstellen wie das FIZ die Selbstorganisation von Migrantinnen, deren Vernetzung und Austausch unterstützen. Gesellschaftskritisch orientierte Migrantinnengruppen, die in der Öffentlichkeit aktiv werden, sind dafür prädestiniert, den Klischees entgegenzuwirken. Entstigmatisierung findet darüber statt, sich einen eigenen Raum in der Öffentlichkeit zu schaffen, so daß andere, dem Stigma widersprechende Bilder an öffentlicher Präsenz gewinnen.

Hinter solchen Überlegungen steht u.a. auch das Ziel, eine Solidarisierung unter den Frauen sowie zwischen den Frauen und ihren Unterstützerinnen und Unterstützern zu erreichen. Gleichzeitig wenden wir uns mit solchen Vorschlägen gegen eine effekthaschende und abschreckende Öffentlichkeitsarbeit, die leicht - trotz möglicherweise gut gemeinter Absichten - ausgrenzende und marginalisierende Effekte verstärkt. Dies bedeutet jedoch nicht, die Probleme aus Angst vor Stigmatisierung und Ausgrenzung 'herunterzuspielen'. Vielmehr sollten Strategien eingesetzt und Formen gefunden werden, wie eine bisher als zu resignativ charakterisierte Anti-Diskriminierungspolitik verändert und offensiv weiterentwickelt werden kann.

Die Beratungsstellen sollten auch in Hinsicht auf Migrantinnen und Migrantinnengruppen kritische Aufklärungsarbeit leisten und 'unangenehme' Themen, wie Erfolgsdruck, Stereotypen, Solidarität und Konkurrenz, Geschlechterverhältnis u.a., ansprechen, ohne auf inhaltlichen Konsens und Zustimmung zu drängen. Ziel sollte vielmehr sein, auch unterschiedliche Haltungen zwischen der sozialen Institution und ihren Klientinnen deutlich zu machen und vorsichtig einen Diskurs zu fördern, ohne inhaltliche Differenzen einzuebnen. Möglicherweise könnte mit der sukzessiven Enttabuisierung von verschiedenen Themen auch der Kenntnisstand der Familien und Freunde in den Heimatprovinzen über die realen Lebensbedingungen in Übersee erweitert werden.

Deutlich zeigte die durchgeführte Erhebung, daß die Probleme auf justizieller Ebene nicht zu lösen sind. Gleichwohl kann eine effektivere Strafverfolgung des Menschenhandels und eine Verstärkung der Kontrollen bei Heiratshändlern bzw. internationalen Arbeitsvermittlern die extreme Ausweitung der kriminellen Praktiken in diesem Feld verhindern. Damit würden wichtige politische Signale gesetzt, und für manche Frauen ließe sich Gerechtigkeit erreichen. Einzelne Maßnahmen müssen dann jedoch darauf abzielen, die Deliktrelevanz auf der einen Seite zu stärken sowie die Frauen auf der anderen Seite zu entkriminalisieren und ihnen die Chance einzuräumen, sich ohne die Gefährdung der eigenen Existenz zu wehren. Aussagen gegen Zuhälter und Händler sind mit Hilfe dieser Strategien noch am ehesten zu erreichen.

Mehr Strafverfahren wegen Menschenhandel sind erst dann zu erwarten, wenn sichergestellt ist, daß potentielle Opfer und Zeuginnen nicht abgeschoben und daß Kontakte zu Beraterinnen hergestellt werden. Damit wird auch eine bessere finanzielle Ausstattung von sozialen Einrichtungen erforderlich, denn alle bekannt gewordenen Beratungsstellen arbeiten an ihren Kapazitätsgrenzen und könnten weitere Aufgaben nicht ohne eine Verbesserung ihrer Infrastruktur verkraften.

Zugestimmt werden kann der Argumentation, daß sich jede Frau selbst für die Vermittlung in die Ehe entscheiden können soll, so daß kein Verbot von internationalen Heiratshändlern - das zudem illegale Praktiken fördern würde - befürwortet wird. Die Bekämpfung von Ausbeutung in der Vermittlung kann nur dann gelingen, wenn sich die Personen in der 'Opferrolle' aus dieser Zuschreibung befreien und anders als erwartet, nämlich selbstbestimmt und aktiv, handeln. Strategien gegen Frauen- und auch Heiratshandel sollten deshalb immer in Programme und Projekte einfließen, die das Selbstbewußtsein der Frauen und deren eigenverantwortliches Handeln fördern. Die Frauen sollten angeregt werden, die Vermittlung besser zu kontrollieren, sich selbst stärker abzusichern. Dafür sollten Kenntnisse über kriminelle Vermittlungspraktiken transparent gemacht und auch über objektive Eckdaten - wie aufenthaltsrechtliche Bestimmungen, Rechtsstatus von Prostituierten, Gesundheitsgefährdung durch übertragbare Krankheiten u.a. - weitergegeben werden. Ein Schritt wäre z.B. auch die Weitergabe von Kontaktadressen, damit die Frauen in Krisensituationen eine größere Chance haben, eine Beratungsstelle aufzufinden.

Aufklärungsarbeit muß jedoch primär in den Herkunftsländern ansetzen. Nach Erfahrung des FIZ verhindern Informationen die Ausreise von Frauen dann nicht mehr, wenn diese bereits erste Schritte zur Abwicklung der Migration unternommen haben. Deshalb sollten Frauen schon vor der Vorbereitung einer Ausreise über potentielle Schwierigkeiten informiert werden[3].

Entscheidend für die große Migrationsbereitschaft bei den Frauen sind jedoch die schlechten sozio-ökonomischen und frauendiskriminierenden Bedingungen in ihren Heimatländern. Diese Erkenntnisse sollten in entwicklungspolitischen Maßnahmen des Bundesministeriums für Wirtschaftliche Zusammenarbeit und Entwicklung (BMZE) Berücksichtigung finden.

Bislang verfolgt das BMZE einen Integrationsansatz: In den Projektkonzeptionen und -durchführungen wird zwar auf die gleichberechtigte Beteiligung von Frauen geachtet, und der Förderung der ökonomischen Situation von Frauen und deren Integration in die bestehenden marktwirtschaftlichen Strukturen kommt große Bedeutung zu. Jedoch werden patriarchale Strukturen und Geschlechterhierarchie nur ungenügend berücksichtigt, so daß Frauen auch über Entwicklungshilfeprogramme 'instrumentalisiert' werden. Autonome Frauenverbände kritisieren dieses Konzept, ihre kritischen Anmerkungen sollten in zukünftigen Projektvorhaben stärker berücksichtigt werden.

3. Maßnahmen

Die im folgenden stichpunktartig aufgeführten Maßnahmen, die es zu ergreifen gilt, zielen auf eine Entmarginalisierung der Frauen ab, sie haben deren soziale, rechtliche und ökonomische Gleichstellung im Sinn. Zugleich beziehen sie sich auf präventive Vorhaben - empfehlen Forschung und ent-

3 Ein gutes Beispiel ist hier die Arbeit der „Foundation for Women" in Thailand, die u.a. verschiedene Projekte zur Aufklärung und Bewußtseinsbildung von Frauen in den nördlichen und nordöstlichen Provinzen startete. Es entstanden zwei Aufklärungsbroschüren 'Kamla' und 'Kamkaew', die mit Text und Bild die Probleme von Migration und von Sextourismus, Frauenhandel und Prostitution illustrieren.

wicklungspolitische Schritte - und regen eine Verbesserung der Strafverfolgung an.

Die Darstellung verweist auf verschiedene Aufgaben, die nach ihren politischen Zuständigkeiten sowie nach inhaltlichen Zusammenhängen geordnet sind. Einzelne Maßnahmen greifen ineinander, andere sind erfüllt, wenn eine übergeordnete Regelung getroffen wurde.

3.1 Maßnahmen zum Aufenthalts- und Arbeitsrecht

Für (Heirats-)migrantinnen:

1. Einführung eines 'Verlobtenvisums'
   Das Verlobtenvisum sollte im Gegensatz zum Visum zur Eheschließung ohne Konkretisierung eines Heiratstermins eine Einreise auf Grundlage der Einladung des deutschen Partners erlauben und mindestens eine Aufenthaltsdauer von einem halben Jahr vorsehen[4];

   Aufenthalt für schwangere, unverheiratete Frauen ohne eigene Aufenthaltsrechte, wenn sie für ihr Kind in der Bundesrepublik eine Vaterschaftsanerkennungsklage führen wollen.
   Der Aufenthalt müßte bis zur Entscheidung im Vaterschaftsfeststellungsverfahren gültig sein, damit die Frauen finanzielle Ansprüche an den deutschen Vater ihres Kindes richten sowie aufenthaltsrechtliche Ansprüche des Kindes geltend machen können;

2. Eigenständiges Aufenthaltsrecht ab Eheschließung;

3. Anwendung der Härtefallregelung ab Eheschließung;

4. Erstellung eines Richtlinienkataloges für Härtefälle;
   Er sollte in Kooperation mit Beratungsstellen erarbeitet werden. Gründe für besondere Härten sollten gegeben sein, wenn Frauen im Heimatland verschuldet sind, wenn finanzielle Verpflichtungen an Familienangehörige bestehen, und wenn in der Heimat eine Existenz aufgegeben wurde, die nicht mehr herstellbar ist. Die Gründe sollten sich auch auf die eheliche Situation in der Bundesrepublik beziehen, so daß sich Frauen von gewalttätigen Ehemännern ohne Gefährdung ihres Aufenthaltes trennen können. Außerdem sind Trennungen zu berücksichtigen, die nicht aufgrund eines ehelichen Zerwürfnisses zustandekommen, wie beispielswei-

---

4 Die IAF fordert lange schon die Einführung eines Verlobtenvisums. Zur Begründung: „Bikulturellen Paaren wird nicht selten die Verlobungszeit, also die Zeit, die dem gegenseitigen Kennenlernen vor der Eheschließung dienen soll, aufenthaltsrechtlich unmöglich gemacht. Wenn die nicht-deutsche Partnerin oder der nicht-deutsche Partner noch im Ausland lebt, gibt es keine Aufenthaltserlaubnis oder gar Arbeitserlaubnis für die ausländischen Verlobten." IAF 1991: 69.

se die Inhaftierung des deutschen Ehemannes oder seine längere Abwesenheit aus therapeutischen Gründen[5];

5. Keine Abschiebung nach Trennung vom Ehepartner für den Zeitraum von einem Jahr, wenn kein eigenständiges Aufenthaltsrecht vorliegt.
   Um die vom Gesetzgeber vorgesehene einjährige Trennungszeit und damit auch die Chance einer möglichen Versöhnung zu geben, sollte der Aufenthalt der Frauen ohne eigenständiges Aufenthaltsrecht (§ 19 AuslG) auch dann nicht beendet werden, wenn Sozialhilfe beansprucht werden muß.

6. Ein Aufenthaltsrecht, damit das Umgangsrecht wahrgenommen werden kann.
   Diese Forderung steht für Frauen, die nicht das Sorgerecht für ihr Kind bei der Scheidung erhielten und kein eigenes Aufenthaltsrecht haben.

Für illegal beschäftigte Migrantinnen:

1. Es sollte eine Legalisierung des Aufenthalts ermöglicht werden, wenn Frauen bereits ihren Lebensmittelpunkt in der Bundesrepublik haben, bzw. auch ihren eigenen Unterhalt erwirtschaften.

2. Politische EntscheidungsträgerInnen sollten sich mit der Entwicklung und Umsetzung von (minimalen) Arbeitsstandards für den informellen Arbeitssektor beschäftigen.
   Gewerkschaften könnten in ihrer Funktion als Arbeitnehmervertretung eine wichtige innovative Kraft sein. Außerdem sollten RegierungsvertreterInnen der Herkunftsländer der Frauen eingebunden werden.

Für Opfer von Menschenhandel:

1. Von einer Bestrafung wegen ausländerrechtlicher Vergehen sollte abgesehen werden;

2. Dauerhafte Aufenthaltsgenehmigung und auch Arbeitsrecht;
   Für die Opfer von Menschenhandel ist eine Rückkehr in der Regel unzumutbar, wenn Gewalterfahrungen der Frauen sowie soziale Stigmatisierungen in der Heimat, Schulden und familiäre Verpflichtungen berücksichtigt werden.

3. Aufenthalts- und Arbeitsrechte bis zur Klärung ihrer Situation, mindestens aber bis zum Prozeßende;

---

5 Vgl. hierzu auch die Stellungnahme der Bundesweiten Initiative zur Änderung des § 19 Ausländergesetz (c/o Informationszentrum Dritte Welt) an den Minister des Innern zum Gesetzentwurf der Regierungskoalition hinsichtlich der Änderung des Asyl- und Ausländerrechts vom 10.12.1996.

Zeuginnen sollten eine Aufenthaltsbefugnis erhalten, jedenfalls aber eine Duldung auf mindestens sechs Monate[6]. Die Frauen sollten für diese Zeit eine besondere Arbeitserlaubnis erhalten, um sicherzustellen, daß sie für die Dauer dieses Aufenthaltes auch Zugang zum Arbeitsmarkt haben.

4. Erlaubnis zur beruflichen Bildung in der Bundesrepublik sowie Zugang zu Fördermaßnahmen;

5. Einräumen einer Dreimonatsfrist ('Rest-period') für Frauen, die aufgrund von beweiskräftigen Umständen potentielle Opfer von Menschenhandel sind.
   Während dieser Zeit sollen sich die Frauen psychisch stabilisieren können, um sich über ihre eigene Lebensplanung sowie einer möglichen Zeugenaussage in einem Menschenhandelsverfahren klar zu werden.

Für ausländische Prostituierte:

1. Von der Ausweisung wegen Verstoßes gegen eine für die Ausübung der Gewerbsunzucht geltende Rechtsvorschrift oder behördliche Verfügung (§ 46 AuslG Nr. 3) ist abzusehen.

2. Von der Ausweisung wegen Gefährdung der öffentlichen Gesundheit (§46 AuslG Nr. 5) ist abzusehen.

Für Prostituierte:

1. Die arbeitsrechtliche Behandlung von Prostitution als Erwerbsarbeit;
   Dazu würde auch die Abschaffung von Sperrgebieten gehören, wie sie bislang von Ländern und Kommunen über Regelungen im EGStGB eingeführt sind.

Für Frauen aus nicht EU-Staaten:

1. Entwicklung von legalen Einwanderungsmöglichkeiten für Arbeitsmigrantinnen und -migranten aus nicht EU-Ländern, die arbeitsmarkt- und auch sozialverträglich sind.

2. Verstärkte Anerkennung von Berufsabschlüssen;
   Die Einstufung von im Heimatland erworbenen Berufsausbildungen als anerkannte Berufsabschlüsse in der Bundesrepublik sollte vergleichbar den Anerkennungsverfahren der EU-Staaten durchgeführt werden.

3. Den formellen Sektor der Arbeitsmigration über bilaterale Arbeitsabkommen sowie über die Einrichtung von Anlaufstellen (Arbeitsattaché)

---

6 Vgl. hierzu ExpertInnengespräch Menschenhandel an der Fachhochschule Frankfurt, Presseerklärung: „Nicht nur reden, sondern auch handeln“ vom 07. 03.1997.

bei den jeweiligen Auslandsvertretungen der Herkunftsländer der Frauen stärker absichern.
Die legale Möglichkeit einer zeitlich befristeten Arbeitsmigration ist sehr gering und betrifft vornehmlich die Vermittlung von Künstlerinnen.

3.2 Soziale Hilfen

Die Infrastruktur verbessern durch:

1. Flächendeckende Einrichtung von Beratungsstellen, die praktische Lebensberatung durchführen;
   Hier sind vor allem auch Beratungskapazitäten für Frauen aus mittel- und osteuropäischen Ländern aufzubauen.

2. Einrichtung von Zufluchtswohnungen;
   Die Regelungen zur Finanzierung solcher Wohnungen müssen vorübergehend die Verrechnung von pauschalen Kosten zulassen. Dies ist wichtig, um Frauen in Krisensituationen aufnehmen zu können, obwohl deren Aufenthalt bei Sozialhilfebezug gefährdet wäre, oder um Frauen in Not ohne Aufenthaltsrecht vorübergehend Unterkunft zu gewähren.

3. Schaffung eines eigenen Haushaltstitels (auf Länderebene) zur Finanzierung des Lebensunterhalts von Zeuginnen in einem Menschenhandelsverfahren.

4. Einrichtung von beruflichen Beratungsstellen für Migrantinnen;
   Sie sollten mit qualifizierten Sprachmittlerinnen bzw. sprachlich kompetenten Beraterinnen besetzt werden und die Migrantinnen zur Arbeitsmarktsituation sowie über Aus- und Fortbildungsmöglichkeiten informieren.

5. Berufsbildungsprojekte für Migrantinnen aus Nicht-EU Staaten;
   Sie sollten Umschulung und Fortbildung von Migrantinnen fördern[7].

6. Sprachkurse;
   Hierzu gehört auch die Aufklärung über Auswirkungen von sprachlich bedingten Kommunikationshürden. Die Konzeptionen der Sprachkurse sollten speziell auf die Zielgruppen zugeschnitten sein. Insbesondere sollten Kurse für Frauen ohne Schulbildung, bzw. mit besonders niedriger beruflicher Qualifikation angeboten werden.

---

7 Der Modellversuch Berufsbildung für Frauen in der Migration des Vereins „Infrau e.V." wird vorgestellt in: Reinhart 1993.

7. Ausweitung des Rückkehrerinnenprogrammes;
   Dieses sollte in Kooperation mit NROs vor Ort ausgebaut werden und Existenzgründungsmaßnahmen sowie die Möglichkeiten von beruflicher Bildung beinhalten.
   Als Träger dieser Maßnahmen sollten kleinere Einrichtungen bevorzugt werden, da sie in der Regel flexibler arbeiten und auf den jeweiligen Bedarf direkter reagieren können. Denkbar sind auch Zwischenformen in der Trägerstruktur, so daß kleine Gruppen von großen Verbänden unterstützt werden.

Soziale Hilfen professionalisieren durch:

1. Ausreichende finanzielle Ausstattung für bestehende Beratungsstellen, damit der Aufbau von professionellen Dienstleistungen möglich wird. Beratungsansätze wie der systemische Ansatz - sollten in modifizierter, an die Zielgruppe angepaßter Form, angewendet werden. Es sollte auch erwogen werden, in enge Kooperation mit Lebensberatungs- bzw. Männerberatungsstellen zu treten, um regelmäßig den Beratungsbedarf der Ehemänner abdecken zu können. Für die Unterstützung der Opfer von Menschenhandel sind Betreuungs- und Beratungskonzepte zu entwikkeln.

2. Gleichstellung von deutschen und ausländischen Mitarbeiterinnen in Beratungsstellen;

3. Gezielte berufliche Qualifizierung und Weiterbildung der Beraterinnen und Übersetzerinnen auf Kosten der Verbände;
   Diese Forderung bezieht sich sowohl auf deutsche Beraterinnen, die häufig trotz formaler Qualifikation von den komplexen Problemstellungen überfordert sind, als auch auf ausländische Beraterinnen, denen häufig methodisches Handwerk sowie eine fachliche Orientierung fehlt.

4. Nationale, europaweite und auch internationale Vernetzung der Beratungsstellen;
   Die Beratungsstellen sollen sich austauschen können, sowie eine gemeinsame professionelle Lobbyarbeit auf den verschiedenen politischen Ebenen entwickeln.

Den Zugang der Migrantinnen zu Beratungsstellen verbessern durch:

1. Mitarbeit qualifizierter Migrantinnen als Beraterinnen und Sprachmittlerinnen;

2. Aufsuchende Sozialarbeit in Rotlichtvierteln;

3. Anonyme Beratungsmöglichkeiten für Prostituierte;
   Diese Forderung ist auch für Beratungsstellen für Geschlechtskrankheiten besonders wichtig.

4. Anonyme Beratungsmöglichkeiten für Frauen ohne Aufenthaltsrecht;

5. Informationsbroschüren, die auf Beratungsmöglichkeiten verweisen sowie über wichtige Themen informieren, wie über Aufenthaltsrecht, sexualisierte Gewalt, ansteckende Krankheiten.
   Die Informationen sollten in die Sprachen der Frauen übersetzt werden und optisch und sprachlich so gestaltet sein, daß auch Frauen mit geringer Schulbildung die Inhalte verstehen können. Informationsbroschüren sollten an den Deutschen Botschaften in den Herkunftsländern der Frauen sowie an wichtigen Grenzübergängen zur Bundesrepublik Deutschland ausgelegt werden. In der Bundesrepublik sollten sie den Frauen auch in Ausländerbehörden, in Gesundheitsämtern, Sprachschulen, ausländischen Lebensmittelläden u.a. zugänglich gemacht werden.

6. Etablierte soziale Einrichtungen sowie Notrufzentralen sollten über die Arbeit von Beratungsstellen informiert werden, um die Frauen weitervermitteln zu können.
   In die Informationsnetze sind vor allem auch Einrichtungen und 'Hotlines' aus ländlichen Regionen einzubinden.

3.3 Maßnahmen zur Kontrolle und Sanktion krimineller Aktivitäten

Auf strafrechtlicher und gewerberechtlicher Ebene:

1. Überwachung der internationalen Heiratsvermittlungen;
   Gemäß § 38 Nr. 6 GewO werden die Landesregierungen ermächtigt, für die Vermittlung von Eheschließungen per Rechtsverordnung die Überwachung zu regeln. Über § 35 GewO kann das Gewerbe untersagt werden (vgl. agisra 1990: 347).

2. Kontrolle der vom Arbeitsamt anerkannten internationalen Arbeitsvermittlungen, die Frauen im Bereich von künstlerischen Darbietungen vermitteln.

3. Nebenklagerecht für alle Opfer von Menschenhandel;
   Nebenklage muß auch nach § 180b StGB möglich werden.

4. Beiordnung einer eigenen Dolmetscherin für die Opfer von Menschenhandel vor Gericht;

5. Verbesserung des persönlichen Schutzes der Frauen;
   Es ist zu eruieren, warum so wenige Frauen in Zeugenschutzprogramme aufgenommen werden. Möglicherweise sind Aufnahmekriterien sowie Schutzmaßnahmen an die spezifische Situation der Frauen anzugleichen.
6. Schaffung von speziellen Strafverfolgungseinheiten bei der Polizei, Einrichtung von Sonderdezernaten bei der Staatsanwaltschaft sowie von speziellen Strafkammern bei Gericht zur Verfolgung von Menschenhandel (vgl. Bundesministerium für Frauen und Jugend 1992: 341);
7. Einholung von unabhängigen Gutachten in den Gerichtsverfahren über soziale, kulturelle, politische und ökonomische Hintergründe sowie über kriminelle Verflechtungen in den Herkunftsregionen[8];
8. Verbesserung der europaweiten sowie internationalen Kooperation bei der Strafverfolgung;
9. Binationale Rechtshilfeabkommen zwischen den Herkunfts- und den Aufnahmeländern;
10. Gewinnabschöpfung bei Menschenhändlern;
11. Finanzielle Kompensation (Wiedergutmachung) für die Opfer von Menschenhandel;
    Eine Möglichkeit besteht darin, einen vermögensrechtlichen Anspruch im Strafprozess (Adhäsionsverfahren) geltend zu machen (§§ 403ff. StPO).

Soziale Rahmenbedingungen:

1. Verwaltungsanweisung für Strafverfolgungsorgane und auch Ausländerbehörden, Migrantinnen in Kontakt mit Beratungsstellen zu bringen, wenn die Lebensumstände der Frauen den Verdacht auf Menschenhandel zulassen.
   Wichtig ist es, den Frauen zu verdeutlichen, daß die Beratungsstellen nicht im Auftrag der Strafverfolgungs- oder Ausländerbehörde arbeiten, sondern für die Unterstützung der Migrantinnen stehen. Soziale Hilfe durch Beratungsstellen ist zentral für die psychische Stabilität der Opfer von Menschenhandel, die auch Zeuginnen sind.
2. Hinzuziehen der Beraterinnen bei Vernehmungen durch Vermittlungsbeamte;
   Das kulturspezifische Wissen der Beraterinnen und Sprachmittlerinnen

8 Wir sprechen uns jedoch im Gegensatz zur Studie des Bundesministeriums für Frauen und Jugend (1992: 340) gegen psychologische Gutachten aus. Letztere sollen die Glaubwürdigkeit der Frauen vor Gericht abklären. Eine solche Forderung käme einer Diskriminierung der Opfer von Menschenhandel gleich.

kann die Kommunikation und die Verständigung zwischen der Migrantin und der Polizei unterstützen.

3. Zeugnisverweigerungsrecht für Mitarbeiterinnen von Beratungsstellen.

3.4 Aufklärende und entstigmatisierende Maßnahmen

1. Unterstützung von Migrantinnen-Selbstorganisationen;
   Die Migrantinnengruppen sollten finanzielle Unterstützung von öffentlicher Hand erhalten. Bestehende Beratungsstellen sollten bei Bedarf ihre Infrastruktur zur Verfügung stellen, ohne die Inhalte der Gruppen zu dominieren.
2. Verbesserung von Austausch und Zusammenarbeit zwischen Beratungsstellen und Migrantinnennetzwerken;
3. Fachtagungen und Fortbildungen durch Beratungsstellen und Migrantinnennetzwerke für MedienberichterstatterInnen;
4. Fachtagungen und Fortbildungen durch Beratungsstellen für staatliche Einrichtungen wie z.B. Jugendamt, Schule, Polizei, Zeugenschutz, Gericht, Ausländeramt, Gesundheitsamt auf kommunaler Ebene (vgl. Lenz, Ramil-Weiss, Thiemann 1993: 124);
5. Bundesweiter Austausch und Vernetzung zwischen staatlichen Einrichtungen und Beratungsstellen;
6. Erprobung von Konzepten des interkulturellen Lernens in Beratungsstellen;
   Mitarbeiterinnen sollten sich im Umgang mit 'Fremdem' fort- und weiterbilden. Praxisbegleitung über Supervisionen ist unumgänglich.
7. Fortbildung der Mitarbeiterinnen von Beratungsstellen, die für Öffentlichkeitsarbeit zuständig sind, auf Kosten der Verbände;
8. Aufklärungsfilme über die Lebenssituation von Frauen in den Urlaubsländern auf Langstreckenflügen in bekannte Sextourismuszentren;
   Bei der Produktion der Filme sollte auf Sachlichkeit und auf differenzierte Darstellung geachtet werden. Die deutsche Fluggesellschaft Lufthansa sollte neben anderen Fluggesellschaften dafür gewonnen werden, diese Filme zu zeigen, bzw. auch finanziell deren Produktion zu unterstützen.
9. Klagebefugnis für Frauenorganisationen zur Unterbindung von sexistisch-rassistischer Werbung von Heiratshändlern und Reiseveranstaltern (vgl. agisra 1990: 338).

3.5 Entwicklungspolitische Maßnahmen

1. Stärkere Berücksichtigung von Geschlechterhierarchien in den Herkunftsländern der Frauen in den Ansätzen der Entwicklungshilfeprojekte;

2. Aufbau von einkommensschaffenden Projekten - insbesondere für Frauen - in den Herkunftsländern;
   Ziel der Maßnahme ist u.a. auch, die Ersparnisse der Migrantinnen zunehmend in produktive Bereiche fließen zu lassen. Über die NROs vor Ort sollte eine professionelle Unternehmensberatung sichergestellt werden, auf die die Migrantinnenfamilien unterstützend zurückgreifen können. Eine gute Voraussetzung für die Realisierung solcher Projektideen könnte die enge Vernetzung von Migrantinnengruppen in der Bundesrepublik, bzw. auch von Beratungsstellen, an denen Migrantinnengruppen angesiedelt sind, mit den NROs vor Ort bieten. Finanzielle Unterstützung durch das BMZE sollte solchen Projekten im Rahmen von entwicklungspolitischen Maßnahmen zukommen.

3. Förderung von bewußtseinsbildenden und aufklärenden Maßnahmen von NROs in den ländlichen Provinzen der Herkunftsregionen der Frauen;

4. Auf Folgeprobleme von Frauenhandel, Heiratshandel und Sextourismus in Gesprächen mit politischen Entscheidungsträgern aus den Herkunftsländern der Migrantinnen aufmerksam machen;
   Nachdrücklich sollte auf die Notwendigkeit von ernsthafter Prävention und Strafverfolgung hingewiesen werden.

3.6 Forschungsvorhaben

Zur Prävention:

1. Empirische Studie über männliche Nachfrager;
   Diese Studie sollte u.a. männliches Sexualverhalten und Versorgungsinteresse eruieren. Wir empfehlen eine baldige Erhebung, die die Sekundärliteratur aus dem internationalen Forschungsterrain hinzuzieht und einen empirischen Teil mit explorativem Charakter beinhaltet.

2. Handlungsorientiertes Forschungsprojekt, das Verhaltensänderung bei Sexreisenden - sowohl Männern als auch Frauen - im Blick hat;
   Es sollten an einer Untersuchungsgruppe Aufklärungsansätze getestet und deren Auswirkungen auf das Reiseverhalten der Personen evaluiert werden. Um ein aussagekräftiges Ergebnis zu bekommen, sollte diese Studie auch quantitativ angelegt sein und ein repräsentatives Sample enthalten.

3. Auswertung und kritische Analyse der Medienberichterstattung zu Frauenhandel und Prostitutionstourismus;
   Die Ergebnisse dieser Untersuchung sollten an Berufsverbände von Journalisten und Journalistinnen sowie an den Deutschen Presserat weitergeleitet werden. Diese Institutionen sollten ihre Mitglieder auf die Probleme und ihre Folgen aufmerksam machen können. Dahinter steht das Ziel, eine öffentliche Berichterstattung zu fördern, die ein vielseitigeres und damit realitätsgetreueres Bild zur Lebensrealität von Migrantinnen in der Bundesrepublik zeichnet. Das Dritte-Welt-Journalistinnen- und Journalistennetz wäre hier beispielsweise ein guter Kooperationspartner.

Handlungsgrundlagen für soziale Hilfen und Strafverfolgung:

1. Empirische Studien über die Situation der 'gehandelten' Frauen aus mittel- und osteuropäischen Ländern;
   Diese Studie sollte ähnlich der vorliegenden Erhebung die Lage der Frauen differenziert erfassen und sich besonders auf die Handels- und Vermittlungsstrukturen konzentrieren.
2. Kriminologische Studien auf EU-Ebene zum strafrechtlichen Umgang mit Menschenhandel in den verschiedenen Mitgliedsstaaten;
   Als Stichpunkte für die zu entwickelnden Fragestellungen wären zu nennen: Umfang und spezifische Formen von Menschenhandel, Deliktrelevanz und Gesetzgebung, Umdefinitionen, statistische Erfassung von Menschenhandel u.a. (vgl. agisra 1990: 363ff).

Die Empfehlungen des Berichtes konzentrieren sich auf Handlungsmöglichkeiten aus der Sicht eines Aufnahmelandes. Ihr Schwerpunkt liegt auf den Bereichen Unterstützung der Migrantinnen, Prävention, und Sanktion der Straftäter. Vorschläge zur Veränderung von ausländerrechtlichen und arbeitsrechtlichen Bedingungen sind darin genauso enthalten, wie die Verbesserung sozialer Hilfen, die Förderung von interkultureller Kommunikation und Aufklärung sowie die Initiierung von Forschungsaufgaben und die Veränderung entwicklungspolitischer Handlungsrichtlinien.

Die Realisierung von einzelnen vielen kleinen Schritten kann im Einzelfall eine wichtige Hilfe sein und sie kann Signale für politische Veränderung setzen. Perspektivisch werden die betroffenen Gesellschaften - Herkunfts- wie Aufnahmeländer - jedoch nicht umhin können, sich grundsätzlicheren, kritischen Fragen zu stellen. Dazu gehört auch die Frage nach der gesellschaftlichen Funktion von Frauenhandel, Heiratsmigration und der Ausbeutung von weiblicher Reproduktionsarbeit. Die Bedeutung dieser Phänomene ist nicht von dem Deviseninteresse in den Herkunftsländern, das auf Kosten der Frauen realisiert wird, abzukoppeln. Genausowenig kann das Interesse nach kostengünstiger weiblicher Reproduktionsarbeit in den Aufnahmeländern ignoriert werden. Die Frauen werden aus dieser Sicht funktionalisiert, ihr Leben ist stark bestimmt von den verschiedenen internationalen ökonomischen Machtverhältnissen und den spezifischen sozialen Bedingungen. Gleichwohl sind die Frauen aber auch als Subjekte an dem Geschehen beteiligt, mit einer eigenen selbstbestimmten Intention und auch mit einem eigenen Handeln, das sie in Verantwortung für sich selbst tragen.

Literaturhinweise, Vorträge und TV-Dokumentationen

Abel, Maria Henriette 1988: Vergewaltigung - Stereotypen in der Rechtsprechung und empirische Befunde. Weinheim, Basel.

Achawanitkul, Kritaya 1994: Kurzfassung des Berichtes über Frauenmigration und Frauenhandel in Thailand - von der Forschungsprojektarbeit zur Eruierung von Lösungsansätzen. (Institut für Sozial- und Bevölkerungsforschung an der Universität Mahidol), (Übersetzung: Suma Glunk), Bangkok.

agisra (Hrsg.) 1990: Frauenhandel und Prostitutionstourismus - Eine Bestandsaufnahme. München.

agisra 1993: Beratungskonzept. (Unveröffentlichtes Papier) Frankfurt.

Aguilera D.C.; Messick, J.M. 1977: Grundlagen der Krisenintervention. Einführung und Anleitung für helfende Berufe. In: Brem-Gräser, Luitgard 1993: Handbuch der Beratung für helfende Berufe. Band 1, München.

Akademie für öffentliches Gesundheitswesen in Düsseldorf 1995: Prostitution im Grenzland - Beratung und Hilfe jenseits von Zwang und Aufsicht. Berichte & Materialien. Band 12, Düsseldorf.

Apitzsch, Ursula 1993: Migration und Ethnizität. In: Peripherie: Modernisierung ohne Alternative. Nr. 50, (13. Jahrgang), (5-18).

ASIATINNEN, München, 1/91.

BANGKOK POST 08.08.1987: Panel against AIDS Tests for Tourists.

BANGKOK POST 07.12.1989: It's Time for Feminists to Reconsider.

BANGKOK POST 01.02.1990: The Cultural Basis of Sexism.

BANGKOK POST 03.06.1991: Centre to Save Women Forced into Flesh Trade.

BANGKOK POST 17.09.1991: Aiming to Loosen the Gangsters Grip on Prostitution.

BANGKOK POST 06.02.1992: What the Laws Say.

BANGKOK POST 31.12.1992: Too Much of a Good Thing?

BANGKOK POST 16.01.1993: Move to Amend Prostitution Bill Gets Support from Academics.

BANGKOK POST 16.01.1993: Prostitutes May Have to Register.

BANGKOK POST 09.03.1993: Chuan: Govt to Continue War on Child Sex Trade.

BANGKOK POST 02.04.1993: Chuans's War on 'Sexploitation' Seen as a Failure.

BANGKOK POST 04.06.1993: NESDB (National Economic and Social Development Board) to Execute Govt Plan on AIDS Control.

BANGKOK POST 16.06.1993: Dept Pushes for Stronger Penalties for Prostitution.

BANGKOK POST 05.07.1993: Women Remain Most at Risk of HIV Infection.

BANGKOK POST 07.07.1993: WB Praises AIDS Effort.

BANGKOK POST 08.07.1993: WHO Praises Thai Effort against AIDS.

BANGKOK POST 10.07.1993: Men to Become Focus of AIDS Campaign.

BANGKOK POST 11.07.1993: Spotlight Returns Once Again on Sextrade in Thailand.

BANGKOK POST 29.09.1993: Sex Dealers One Step Ahead.

Beiträge zur feministischen Theorie und Praxis 1991: Feministische Öffentlichkeit - patriarchale Medienwelt. Nr. 30/31.
Beneker, Hanna; Wichtmann, Eva 1994: Grenzüberschreitende Dienstpläne. Frankfurt.
Beratungs- und Informationsstelle für Migrantinnen aus Afrika, Asien und Lateinamerika - Informationszentrum Dritte Welt Kirchenkreis Herne o.D.: Jahresbericht 1993.
Beratungs- und Informationsstelle für Migrantinnen aus Afrika, Asien, Lateinamerika und Osteuropa, Ökumenische Asiengruppe 02. April 1997: 15 Points Concerning Trafficking in Women and Exploitation of Female Working Power.
Bohnsack, Ralf 1993: Rekonstruktive Sozialforschung. Einführung in Methodologie und Praxis qualitativer Forschung. Opladen.
Brem-Gräser, Luitgard 1993: Handbuch der Beratung für helfende Berufe. Band 1, München.
Brigitte-Dossier 1994: Handelsware Frau - Das Geschäft mit der Not. Nr. 23, (95-110).
Brunner, Ewald Johannes 1988: Pioniere systemischen Denkens. In: Reiter, L.; Brunner, E.J.; Reiter-Theil, S. (Hrsg.): Von der Familientherapie zur systemischen Perspektive. Berlin, Heidelberg, New York u. a., (273-284).
Bundeskriminalamt (Hrsg.) 1993: Logistik der organisierten Kriminalität. Wiesbaden.
Bundeskriminalamt 22.05.1996: Lagebild Menschenhandel 1995. Wiesbaden.
Bundesminister für Arbeit und Sozialordnung 08.03.1993: Pressemitteilung: Neuer Erlaß zur Arbeitserlaubnis für Ausländer.
Bundesministerium für Frauen und Jugend (Hrsg.) 1994: Dokumentation zur rechtlichen und sozialen Situation von Prostituierten in Deutschland. Bd. 15, Bonn.
Bundesministerium für Frauen und Jugend (Hrsg.) 1992: Umfeld und Ausmaß des Menschenhandels mit ausländischen Mädchen und Frauen. Stuttgart.
Bundesministerium für Gesundheit 1995: Aids, Sex und Tourismus - Ergebnisse einer Befragung deutscher Urlauber und Sextouristen. Band 33, Baden-Baden.
Bündnis 90/DIE GRÜNEN 09.12.1993: Antrag zu Aufenthaltsrecht der ausländischen Familienangehörigen bei Beendigung der Lebensgemeinschaft nach § 19 Ausländergesetz. (Drucksache 12/6421).
Cahill, Desmond 1990: Intermarriages in International Contexts. Quezon City.
Campani, Giovanna 1993: Labour Markets and Familiy Networks: Filipino Women in Italy. In: Rudolph, Hedwig; Morokvasic, Mirjana: Bridging States and Markets - International Migration in the Early 1990s. Berlin, (191-208).
Caritasverband für die Diözese Hildesheim e.V. o.D.: Projektbericht der Beratungsstelle für ausländische Frauen - 1. Mai 1989 - 30. April 1991. Hannover.
Coomaraswamy, Radhika 1997: Statement by the Special Rapporteur on Violence against Women, its Causes and Consequences. (United Nations Office at Geneva, Commission on Human Rights, Fifty-third session, 10 March to 18 April 1997).

Commission on Filipinos Overseas 1990: Comparative Distribution of Educational Qualification of Filipinos vs. their German Partners. Eine unveröffentlichte Statistik. Manila.

Daum, Werner 1987: Selbsthilfegruppen - Eine empirische Untersuchung von Gesprächs-Selbsthilfegruppen. Bonn.

De la Laubère, Simon 1988: A new Historical Relation of the Kingdom of Siam. Done out of French by A.P., London, T.Horne. In: Meyer, Walter: Beyond the mask. Saarbrücken.

Deutscher Bundestag, Ausschuß für Frauen und Jugend 01.12.1993: Protokoll Nr. 60. 12. Wahlperiode.

Deutscher Bundestag 1997: Drucksache 13/4948.

Deutsche Gesellschaft für die Vereinten Nationen e.V. (DGVN) 1993: Weltbevölkerungsbericht 1993. Bonn.

Die Grünen 1991: Beruf Hure, Entwurf eines Gesetzes zur Beseitigung der rechtlichen Diskriminierung von Prostituierten, Bonn.

Die Zeit 29.04.1994: Anschaffen fürs Elternhaus.

Dietrich, G. 1983: Allgemeine Beratungspsychologie. Eine Einführung in die psychologische Theorie und Praxis der Beratung. In: Brem-Gräser, Luitgard 1993: Handbuch der Beratung für helfende Berufe. Band 1, München.

Elwert, Georg 1989: Nationalismus, Ethnizität und Nativismus - über Wir-Gruppenprozesse. In: Elwert, Georg; Waldmann, Peter (Hrsg.): Ethnizität im Wandel. Saarbrücken. (21-60).

Evangelische Akademie Bad Boll, Frankfurter Institut für Frauenforschung e.V., Fraueninformationszentrum Stuttgart, Ökumenischen Asiengruppe e.V. 1993: Die Sehnsucht nach der fremden Frau - Sozialpsychologische Hintergründe von Männerphantasien und -wünschen. Protokolldienst 8.

Falk, Bernhard 1989: Status Quo im Frankfurter Bahnhofsviertel oder Sicherheitsgewinn durch Sperrgebietsverordnung? In: Kreuzer, Margot: Prostitution - Eine sozialgeschichtliche Untersuchung in Frankfurt a.M., von der Syphilis bis Aids. Stuttgart.

FAZ 08.03.1997: Es erinnert an Sklavenhaltung.

FAZ 27.04.1995: Verschärfter Kampf.

FIZ - Fraueninformationszentrum Dritte Welt, Zürich o.D.: Jahresbericht 1992. Zürich.

FIZ, Fraueninformationszentrum o.D.: Jahresbericht 1991.

FR 12.06.1996: Signal wider den Frauenhandel.

FR 08.08.1996: Der Mythos vom Frauenhandel - Ausländische Huren sind freiwillig hier.

FR 11.03.1997: Tagung über Menschenhandel - die Opfer nicht sofort abschieben.

Franger, Gaby; Pablo, Marissa 1993: Abenteuer Ehe - Heiratsmigrantinnen gestern und heute; Begleitbuch zur gleichnamigen Ausstellung. Hrsg.: Frauen in der Einen Welt, Sonderheft 8.

Friedmann, Maria 18.03-20.03.1992: Soziale und rechtliche Hilfen für Zeuginnen. (Vortrag auf der Tagung: Delikt Menschenhandel, eine Herausforderung an Strafverfolgungsbehörden und Justiz) Bad Boll.

Frommel, Monika 1992: Anmerkungen zum Entwurf eines Strafrechtsänderungsgesetzes des Bundesrates (BR-Dr. 638/91) zum Menschenhandel. In: Streit. Heft 2, (10. Jahrgang), (68 - 70).
Galtung, John 1972: Eine strukturelle Theorie des Imperialismus. In: Senghaas, Dieter (Hrsg.): Imperialismus und strukturelle Gewalt - Analysen über abhängige Reproduktion. Frankfurt. (29-104).
Gesetzesantrag des Landes Nordrhein-Westfalen: Entwurf eines ... Gesetzes zur Änderung des Ausländergesetzes vom 13.01.1994, (Drucksache 36/94).
Girtler, Roland 1987: Der Strich - Sexualität als Geschäft. Wien.
Glunk, Suma 20.09.1991: Sprachprobleme. (Vortrag bei dem ExpertInnengespräch: Delikt Frauenhandel als Herausforderung an Strafverfolgungsbehörden und Justiz) Stuttgart.
Gräning, Bärbel 1984: Prostitutionstourismus in Thailand - die sexuelle Verfügung über Frauen in ihrer historischen Entwicklung. (Diplomarbeit im Fachbereich Sozialwissenschaft Universität Bremen), Bremen.
Greitemeyer, Dagmar o.D. (Hrsg.): Systemische Hefte, Tübingen.
Gruber, Katharina; Hummel, Diana 29.-31. Oktober 1993: Konzept für die antirassistische Bildungsarbeit mit weißen deutschen Frauen. (Vortrag auf dem 9. agisra-Vernetzungstreffen) Mainz.
Haage, Bärbel 16. bis 18. September 1992: Männer einbeziehen oder ausschließen. (Vortrag bei der Tagung: Die Sehnsucht nach der fremden Frau) Bad Boll.
Hamzhei, Modjgan; del Mar Castro Varela, Maria 29. - 31. Oktober 1993: 'Transforming Internalized Racism' (TIR) Bausteinkonzept für Migrantinnen und schwarze Frauen. (Vortrag auf dem 9. agisra-Vernetzungstreffen) Mainz.
Hantrakul, Sukanya 1983: Prostitution in Thailand. (Paper proposed to the Women in Asia Workshop, Monash University), Melbourne.
Hartfiel, Günter; Hillmann, Karl-Heinz 1972: Wörterbuch der Soziologie. Stuttgart.
Heggenberger, Monika 1991: Bericht über die thailändisch-deutsche Frauenfachkonferenz in Berlin vom 14. - 19 Januar. In: Südostasieninformationen. Nummer 1, (7. Jahrgang).
Henning, Juanita Rosario Vicenta 21.11.1995: Kolumbianische Prostituierte in Frankfurt/Main - Ein Beitrag zur Kritik gängiger Ansichten über Frauenhandel und Zwangsprostitution. (Diplomarbeit an der Fachhochschule Frankfurt/Main) Frankfurt a.M.
Hess, Henner 1978: Das Karriere-Modell und die Karriere von Modellen. Zur Integration mikro-perspektivischer Devianztheorien am Beispiel von Appartement-Prostituierten. In: Hess, Henner; Störzer, Hans Udo; Streng, Franz: Sexualität und soziale Kontrolle. Heidelberg. (1-30).
Hirsch, Michèlle 1996: Plan of Action against Traffic in Women and Forced Prostitution. (Council of Europe) Strasbourg.
Hydra (Hrsg.) 1988: Beruf: Hure. Hamburg.
IAF, Verband bi-nationaler Familien und Partnerschaften, Interessengemeinschaft der mit Ausländern verheirateten Frauen e.V. 1991 (Hrsg.): Mein Partner oder meine Partnerin kommt aus einem anderen Land - Ein Wegweiser für die Selbsthilfe. Frankfurt.
IAF-Informationen 2/94: Trennung - Scheidung.

International Labour Office 1996: International Labour Migration of Asian Women: Distinctive Characteristics and Policy Concerns.
International Organization for Migration (IOM) 1995: Trafficking and Prostitution: the Growing Exploitation of Migrant Women from Central and Eastern Europe.
Jull, Marnie 1992: Altering the Ideas of Men and Women. In: Friends of Women. Newsletter Vol. 3, No.1, (16-18).
Kalpaka, Annita; Räthzel, Nora 1990: Die Schwierigkeit, nicht rassistisch zu sein. Leer.
Kießling, Dieter 1988: Wie das Beratungsangebot für Ausländer verbessert werden kann. In: Informationsdienst zur Ausländerarbeit: Thema: Ausländerpolitik. Nr. 1, (64-65).
Kontos, Silvia 1983: Öffentliche und private Frauen - zum prekären Verhältnis von Prostitution und Feminismus. In: Kriminalsoziologische Bibliographie. Heft 38/39, Wien. (67-80).
Kreuzer, Margot 1989: Prostitution - Eine sozialgeschichtliche Untersuchung in Frankfurt a.M., von der Syphilis bis Aids. Stuttgart.
Lap-Chew, Lin 29. - 31. Oktober 1993: Information Work / Education / Awareness-Raising. Concept and Practice of the Foundation against Trafficking in Women (STV), the Netherlands. (Vortrag auf dem 9. agisra-Vernetzungstreffen).
Lamnek, Siegfried 1988: Qualitative Sozialforschung. Band 1: Methodologie. München.
Lenz, Ilse; Ramil-Weiss, Norma; Thiemann, Heidi 1993: Internationaler Frauenhandel - Ein Untersuchung über Prostitution und Heiratshandel in Nordrhein-Westfalen und die Interventionsmöglichkeiten von Institutionen und Frauengruppen. Herausgegeben vom Ministerium für die Gleichstellung von Frau und Mann des Landes Nordrhein-Westfalen. Düsseldorf.
Lenz, Ilse 1987: Zwischen fremden Spiegeln ... Zur Figur der wandernden Prostituierten in ostasiatischen Gesellschaften. In: Peripherie. Nr. 27, (7. Jahrgang), Berlin. (51-72).
Limpisawas, Rangsima 1990: Drei Monate in Deutschland. In: Südostasien Informationen. Nummer 1, (6. Jahrgang), (19-20).
Lipka, Susanne 1985: Das käufliche Glück in Südostasien. Münster.
Liwag, Emmalyn 1993: Internationaler Protesttag gegen Gewalt an Frauen in Frankfurt a.M. in: Südostasien-Informationen 4/92, abgedruckt in: agisra, Rundbrief Nr. 6.
Loogen, Bettina; Schlattmann, Angelika 1993: Zur Prostitution und Entwicklung der Hurenbewegung in der Bundesrepublik. (Diplomarbeit im integrierten Diplomstudiengang Sozialwissenschaften, Universität - Gesamthochschule Duisburg) Duisburg.
Luther, Hans U. 1990: 'Tiger' auf dem Sprung - in die Falle? In: Südostasien Informationen: Industrialisierung - Weg aus der Armut?. Nr. 4, (6. Jahrgang), (22-23).
Lutz, Helma 1991: Welten verbinden. Frankfurt.
Lutz, Helma 1992: Rassismus und Sexismus, Unterschiede und Gemeinsamkeiten. In: Foitzik, Andreas; Leiprecht, Rudi; Marvakis, Athanasios; Seid, Uwe (Hrsg.):

Ein Herrenvolk von Untertanen, Rassismus - Nationalismus - Sexismus. Duisburg. (57-79).
Lutz, Helma 1993: Sind wir uns immer noch fremd? Konstruktionen von Fremdheit in der weißen Frauenbewegung. In: Hügel, Ika; Lange, Chris; Ayim, May; Bubeck, Ilona; Aktas, Gülsen; Schultz, Dagmar (Hrsg.): Entfernte Verbindungen - Rassismus, Antisemitismus, Klassenunterdrückung. Berlin. (138-156).
Mach-Hour, Elisabeth 03.03.1994: Zwischen Toleranz und Befremdung: Ausländerinnen in Bayern. (Vortrag auf dem Kongreß Frauen in Bayern der Bayrischen Staatsregierung).
MANILA TIMES 14.06.1990: Cory Signs Law Banning Mail-Order Brides.
Mansfeld, Cornelia 1993: Frauen als Fremde - Frauen und Fremdenfeindlichkeit. In: Informationsdienst zur Ausländerarbeit. Nr. 1/2, (53-56).
Marcelino, Elizabeth 1990: Zum Verständnis der Psychologie des Filipino. (Forschungsinstitut Dritte Welt/Industrieländer Script IV. FDI/Stiftung für Kinder) Osnabrück.
Maurer, Mechthild 1991: Tourismus - Prostitution - Aids. Zürich.
Mayr, Gaby; Richter, Karin 15.03.1994: Kriminalreport Frauenhandel - ein Gentlemendelikt. (Westdeutscher Rundfunk).
Memmi, Albert 1987: Rassismus. Frankfurt.
Meyer, Walter 1988: Beyond the Mask. Saarbrücken.
Ministerium für Arbeit, Gesundheit und Soziales des Landes Nordrhein-Westfalen 1992 (Hrsg.): Situation erwerbstätiger Ausländerinnen. Köln.
NEWS 08.06.1993: Chances Good for Filing Raps on Mail-Order Bride.
NEWS 10.06.1993: More Witnesses Testify in Mail-Order Bride Hearing.
Niesner Elvira; Anonuevo Estrella; Songsiengchai-Fenzl, Petchara 1991: Die Würde der Frau ist unantastbar, Verfahren gegen Frauenhandel - Beobachtungen. Frankfurt.
Niesner, Elvira 1992: Evaluation - am Beispiel eines Modellvorhabens zur Beratung von Migrantinnen. In: Brückner, Margit (Hrsg): Frauen und Sozialmanagement. Freiburg. (89-103).
Niesner, Elvira 1994: Frauenhandel und Menschenhandel - Prozeßbeobachtung. In: Bryde, Brun-Otto: Das Recht und die Fremden. Schriften der Vereinigung für Rechtssoziologie, Baden-Baden. (85-96).
Innenministerium des Landes Nordrhein-Westfalen 28.11.1996: Ausländerangelegenheiten - eigenständiges Aufenthaltsrecht für ausländische Ehegatten (§19 AuslG). (Erlaß).
Ökumenische Asiengruppe o.D.: Gesamtprojekt: Interkultureller Austausch zwischen asiatischen und deutschen Frauen; Teilprojekt: 'Tourismus-Börse' von asiatischen für deutsche Frauen. (Unveröffentlichtes Konzeptionspapier) Frankfurt.
Ökumenische Asiengruppe 1993: Jahresbericht. Frankfurt.
Organization for Migration (IOM) 1995: Trafficking and Prostitution: The Growing Exploitation of Migrant Women from Central and Eastern Europe.
PANAY NEWS - BACOLOD 21.05.1993: German Exposes Germans in Mail-Order-Bride Racket.
Pareja, Reynaldo; Rosario, Santo 1992: Sexo Trabajo y sociedad. Santo Domingo.

PDS/Linke Liste 01.12.1993: Antrag zur Änderung des § 19 des Ausländergesetzes. (Drucksache 12/6291).
Philippine Information Center: Jahresbericht 1992. Bonn.
Philippine Migration Review 1990, Vol. IV No. 1 Second Quarter.
Phongpaichit, Pasuk 1982: From Peasant Girls to Bangkok Masseuses, Women, Work and Development 2. (International Labour Office) Genf.
Portera, Agostino 1992: Personenzentrierte Beratung und Krisenintervention im interkulturellen Setting. In: Straumann, Ursula: Beratung und Krisenintervention. Köln. (207 - 222).
Prengel, Annedore 1990: Annäherung an eine egalitäre Politik der Differenzgedanken gegen Sexismus und Rassismus. In: Beiträge zur feministischen Theorie und Praxis. Nr. 27, (127-132).
Reinhart, Gudrun: Zukunftsorientierte Berufschancen für Migrantinnen. In: Informationsdienst zur Ausländerarbeit: Migrantinnen. Nr. 1/2 93, (70-74).
Ruenkaew, Pataya 1994: Frauen in Thailand: Zwingt Verantwortung zur Prostitution? In: Afrikanisch-Asiatische Studentenförderung e.V.: Frauen und Verantwortung in den Kulturen der Länder Afrikas. Frankfurt, (124-134).
Santos, A.; Lee, L.; Chia, I. 1992: Macro View: Contextualizing the Overseas Migration of Filipino 'Maids'. In: Kalayaan, Center for Women's Resource, Kaibigan, Women's Resource and Research Center: The Philippine Country Report on the Trading of Maids in the Asia Pacific Region.
Schirmer, Mechthild: Zur Zukunft der Ausländersozialberatung. In: Informationsdienst zur Ausländerarbeit: Thema: Sozialdienste und Kommunale Ausländerarbeit. Nr. 1/90, (32-34).
Schmidt, Heinz, G. 1985: Der neue Sklavenmarkt - Geschäfte mit Frauen aus Übersee. Basel.
Schröder, Michaela; Gschwend, Ute 1993/94: Wa(h)re Frau - Möglichkeiten der Sozialarbeit/Sozialpädagogik zur Unterstützung von vom Frauenhandel betroffener Frauen - Untersucht an ausgewählten Projekten. (Diplomarbeit an der Evangelischen Fachhochschule Darmstadt) Darmstadt.
Schulte, Regina 1984: Sperrbezirke. Tugendhaftigkeit und Prostitution in der bürgerlichen Welt. Frankfurt a.M..
Sereewat, Sudarat 1983: Prostitution - Thai-European Connection. Weltkirchenrat Genf.
Simmel-Joachim, Monika 1993: Selbsthilfe Unterstützung: Soziale Arbeit von Gleich zu Gleich? (Vortrag im Rahmen der Fachtagung der Deutschen Arbeitsgemeinschaft Selbsthilfegruppen) Cloppenburg.
Skrobanek, Siriporn Sommer 1983: Die transnationale Sexploitation von Thai-Frauen. In: Peripherie. Nr. 13, (4. Jahrgang).
Skrobanek, Siriporn 1983: The Transnational Sex-Exploitation of Thai Women. (Magisterarbeit am Institut of Social Studies) Den Haag.
SPD-Bundestagsfraktion 02.12.1993: Frauenhandel in Deutschland ist ein Geschäft ohne Risiko. (Pressemitteilung zur Anhörung zum Thema Frauenhandel des Bundestagsausschusses für Frauen und Jugend).
Statistisches Bundesamt: Ausgewählte Strukturdaten für Bund und Länder. Volkszählung vom 25. Mai 1987, Fachserie 1, Heft 1.

Statistisches Bundesamt: Bevölkerung und Erwerbstätigkeit. Volkszählung vom 25. Mai 1987, Fachserie 1, Heft 1.
Statistisches Bundesamt 1990: Eheschließende nach bisherigem Familienstand. In: Fachserie 1, Bevölkerung und Erwerbstätigkeit, Reihe 1, Gebiet und Bevölkerung.
Statistisches Bundesamt 1993: Bevölkerung und Erwerbstätigkeit. Reihe 3, Haushalte und Familien 1991, Wiesbaden.
Statistisches Bundesamt o.D.: Ausländer am 31.12.1995 nach Bundesländern, Altersgruppen, Familienstand und Aufenthaltsdauer. Wiesbaden.
Stierlin, Helm 1989: Individuation und Familie. Frankfurt.
Stierlin, Helm 1992: Nietzsche, Hölderlin und das Verrückte - Systemische Exkurse. Heidelberg.
Straumann, Ursula 1992: Personenzentrierte Beratung und Krisenintervention unter integrativen und kooperativen Aspekten - Ein Weiterbildungskonzept In: Straumann, Ursula (Hrsg.): Beratung und Krisenintervention. Köln. (12-28).
THE NATION 13.09.1987: Government Cover-Up or Just Ignorance.
THE NATION 30.11.1987: Tourists Should be Declared AIDS-free.
THE NATION 02.02.1991: PDA Estimates 2 Million Aids Cases by Year 2000.
THE NATION 06.11.1992: Renewing the Debate on Legalizing Prostitution.
THE NATION 09.11.1992: Archaic Prostitution Act Must Go.
THE NATION 08.01.1993: Chuan Must Ensure New Prostitution Bill is Enacted.
THE NATION 18.03.1993: 'Night Flowers' of North to Help the South Bloom.
THE NATION 19.03.1993: 'Prostitutes' Parade' Idea Drawing Fire.
THE NATION 20.03.1993: Govt Rains on Prostitutes' Parade.
THE NATION 22.03.1993: Prostitutes out of Parade Plan.
THE NATION 17.04.1993: Missing the Target.
THE NATION 07.06.1993: Woe of Asia's Female Migrants, by Prasai, Surya B.
THE NATION 18.08.1993: Law on Oldest Profession too Dated.
THE SUNDAY POST 04.07.1993: Move to Set Up Patpong II Gets Mixed Reactions.
THE SUNDAY POST 15.08.1993: Moves Underway to Explain the Problems of Working in Japan.
THE SUNDAY POST 15.08.1993: Prostitutes in Japan: A Shriek of Silence.
THE VISAYAN DAILY STAR 5-6.06.1993: German Says: I'm Ready to Face Charges.
THE VISAYAN DAILY STAR 08.06.1993: Mail Order Bride Hearings Start.
THE VISAYAN DAILY STAR 10.06.1993: 2 More Testify vs. German.
THE VISAYAN DAILY STAR 16.06.1993: German Embassy Acts on Lauks Case.
THE VISAYAN DAILY STAR 17.06.1993: Prosecutor, NBI to Press Mail-Order Bride Probe.
THE VISAYAN DAILY STAR 18.06.1993: German Embassy to Aid Local Probers.
Thiemann, Heidi 1987: Frauenrolle und Prostitution in Thailand. Köln.
Thitsa, Khin 1980: Providence and Prostitution - Image and Reality for Women in Buddhist Thailand. London.

Thomson, Suteera o.D.: Gender Issues in Thailand Development. (A paper prepared for the United Nations Development Programme, Thailand. Gender and Development Research Institute) Bangkok.
Thomson, Suteera 1994: Women Acting for Change: Towards an equitable Society. (A paper prepared for the FES Conference on Women acting for Change, June 13-14, Bonn, Germany. Gender and Development Research Institute) Bangkok.
TODAY News-Views 16.06.1993: NBI Recommends Charges vs. Lauks.
Treffinger, Elvira August 1993: Das Schweigen ist gebrochen. In: agisra-Rundbrief.
TV-Magazin 16.-22.10.1993: Ich habe mich 20 Jahre für ihn aufgeopfert - und dann das.
UNFPA (Bevölkerungsfond der Vereinten Nationen) - Deutsche Gesellschaft für die Vereinten Nationen 1993: Weltbevölkerungsbericht 1993. Bonn.
Verein katholischer Mädchensozialarbeit Nürnberg e.V. o.D.: KOFIZA, Kontakt- und Frauen- Informations-Zentrum für Afrikanerinnen, Asiatinnen, Latein-Amerikanerinnen: Tätigkeitsbericht April 1992 - Mai 1993. Nürnberg.
Weber, Christa 1992: Ausländische Prostituierte in Frankfurt am Main. (Unveröffentl. Diplomarbeit) Frankfurt.
Wycisk, Susanne Dezember 1993: Soziodemographie der bundesdeutschen Dritte-Welt-Touristen. In: Südostasien-Informationen. Nr. 4.